Die Angst

Waxmann Verlag GmbH
Steinfurter Straße 555, 48159 Münster
info@waxmann.com

Psychotherapiewissenschaft in Forschung, Profession und Kultur

Schriftenreihe der
Sigmund-Freud-Privatuniversität Wien

Herausgegeben von Bernd Rieken

Band 5

Die Sigmund-Freud-Privatuniversität in Wien ist die erste akademische Lehrstätte, an der die Ausbildung zum Psychotherapeuten integraler Bestandteil eines eigenen wissenschaftlichen Studiums ist. Durch das Studium der Psychotherapiewissenschaft (PTW) wird dem Umstand Rechnung getragen, dass Psychotherapie eine hoch professionelle Tätigkeit ist, die – wie andere hoch professionelle Tätigkeiten auch – neben einer praktischen Ausbildung eines eigenen akademischen Studiums bedarf. Das hat zur Konsequenz, dass die wissenschaftliche Beschäftigung mit ihr nicht mehr ausschließlich den Nachbardisziplinen Psychiatrie und Klinische Psychologie mit ihrer nomologischen Orientierung obliegt, sodass die PTW als eigene Disziplin an Konturen gewinnen kann.

Vor diesem Hintergrund wird die Titelwahl der wissenschaftlichen Reihe transparent: Es soll nicht nur die Kluft, welche zwischen Psychotherapieforschung und Profession besteht, verringert, sondern auch dem Umstand Rechnung getragen werden, dass man der Komplexität des Gegenstands am ehesten dann gerecht wird, wenn neben den üblichen Zugängen der Human- und Naturwissenschaften auch Methoden und/oder Fragestellungen aus dem Bereich der Kultur-, Sozial- und Geisteswissenschaften Berücksichtigung finden.

Egon Fabian

Die Angst

Geschichte, Psychodynamik, Therapie

Waxmann 2013
Münster/New York/München/Berlin

Bibliografische Informationen der Deutschen Nationalbibliothek Die Deutsche Nationalbibliothek verzeichnet diese Publikation in der Deutschen Nationalbibliografie; detaillierte bibliografische Daten sind im Internet über http://dnb.d-nb.de abrufbar.

Psychotherapiewissenschaft in Forschung, Profession und Kultur, Band 5
ISSN 2192-2233
ISBN 978-3-8309-2893-5

© 2010, 2013 J.G. Cotta'sche Buchhandlung Nachfolger GmbH, Stuttgart

Waxmann Verlag GmbH
Postfach 8603, 48046 Münster
www.waxmann.com
info@waxmann.com

Umschlaggestaltung: Anne Breitenbach, Tübingen
Titelbild: © Kitty – Fotalia.com
Satz: Sven Solterbeck, Münster

Gedruckt auf alterungsbeständigem Papier,
säurefrei gemäß ISO 9706

Inhalt

TEIL I
Die Angst

1. Vorwort: Angst und der heutige Mensch

Stefan Zweig schrieb in seiner Autobiographie, „Die Welt von Gestern. Erinnerungen eines Europäers", 1944, über das Ende des 19. und Anfang des 20. Jahrhunderts: „In dem einen kleinen Intervall, seit mir der Bart zu sprossen begann und seit er zu ergrauen beginnt, in diesem einen halben Jahrhundert hat sich mehr ereignet an radikalen Verwandlungen und Veränderungen als sonst in 10 Menschengeschlechtern, und jeder von uns fühlt: zu vieles fast!" (Zweig 1944/2002, S. 8). „Mein Vater, mein Großvater, was haben sie gesehen? Sie lebten jeder ihr Leben in der Einform. Ein einziges Leben von Anfang bis zum Ende, ohne Aufstiege, ohne Stürze, ohne Erschütterung und Gefahr, ein Leben mit kleinen Spannungen, unmerklichen Übergängen; in gleichem Rhythmus, gemächlich und still, trug sie die Welle der Zeit von der Wiege bis zum Grabe. Sie lebten im selben Land, in derselben Stadt und fast immer sogar im selben Haus; was außen in der Welt geschah, ereignete sich eigentlich nur in der Zeitung und pochte nicht an ihrer Zimmertür" (S. 9/10). „Alles in unserer fast tausendjährigen österreichischen Monarchie schien auf Dauer gegründet und der Staat selbst der oberste Garant dieser Beständigkeit" (S. 15). „Alles stand in diesem weiten Reiche fest und unverrückbar an seiner Stelle und an der höchsten der greise Kaiser; aber sollte er sterben, so wusste man (oder meinte man), würde ein anderer kommen und nichts sich ändern in der wohlberechneten Ordnung […]. Dieses Gefühl der Sicherheit war der erstrebenswerteste Besitz von Millionen, das gemeinsame Lebensideal" (S. 16).

Und Franz Alexander, aus der gleichen Monarchie stammend, charakterisiert die Zeiten die darauf folgten in seinen Erinnerungen 16 Jahre später mit den Worten: „We are living in a rapidly changing world. The speed of this change since the industrial revolution one hundred and fifty years ago has continuously increased, and during the past fifty years it has reached an unprecedented rate" (Alexander 1960, S. VII). Oft in der Geschichte fanden die Menschen, dass sie mit dem raschen Tempo der Veränderungen nicht mehr Schritt halten können, dass es die kurze Spanne ihres Lebens und ihre Wandlungsfähigkeit überfordert. Camões, der Nationaldichter Portugals, klagte um 1560 (1997, S. 49):

> Es wandeln sich die Zeiten und die Wünsche,
> das Wesen wandelt sich und das Vertrauen.
> Die ganze Welt besteht aus Wandel
> Und nimmt stets neue Wesenszüge an.
> Und selbst der Wandel ist nicht mehr wie er war.

Doch auch rapide Veränderungen fangen langsam und kündigen sich allmählich, oft kaum spürbar an. Alexander führt die Wurzel der Veränderung im letzten Jahrhundert auf die Zeit vor dem Ersten Weltkrieg zurück. Aber die menschliche Natur passt sich noch langsamer an, besonders wenn die Generationen – alte kulturelle und soziale

Grundpfeiler – morsch werden und zusammen zu brechen drohen, oder zum Teil schon zusammengebrochen sind. Es ist dabei von Bedeutung, dass die Veränderungen, die wir seit einigen Jahrzehnten durchmachen, global sind: kein Gebiet bleibt ausgespart. „We are living in a time of constant and confusingly rapid change which leaves no aspect of human life unaffected" (Alexander 1960, S. 127).

Extrem rapide Veränderungen in fast jedem Bereich des Lebens führen zu Unsicherheit, Desorientierung, Destabilisierung und zu einem Vakuum bezüglich ethischer Normen und Werten, besonders in unserer Jugend. Hinzu kommen die tiefgreifenden Folgen der Migration von Menschen aus armen Ländern und der weltweiten Globalisierung, die alte Traditionen und Werte verdrängt. Technologisierte Uniformität setzt sich überall dort durch, wo früher lokale kulturelle Bräuche tief verwurzelt waren. Damit verbunden ist der Abbau sozialer Verhaltensnormen und der Zerfall ethischer Werte zugunsten einer Pseudoethik des Wirtschaftlichen und des Hedonismus; ferner die weitere Abschwächung des Einflusses des Glaubens, der früheren sozialen Strukturen, sowie das weitgehende Fehlen von echten Vorbildern. Wie schon bemerkt, stellen die sozialen, technologischen und kulturellen Veränderungen, die während einer Lebensspanne seit Bestehen der Menschheit noch nie so rasant gewesen sind, die Anpassungsfähigkeit des Individuums auf eine harte Probe. Ältere Menschen müssen die neuen Medien und Technologien in raschem Tempo erlernen und mit den aufeinanderfolgenden Weiterentwicklungen Schritt halten, um in ihrer Arbeit und ihrem Beruf bestehen zu können, oft verdrängt von den Jüngeren, die mit diesen Medien aufgewachsen sind. Bei den Jugendlichen haben die neuen Medien, die Fernsehfilme, Spielautomaten und elektronischen Apparate das Märchenerzählen, oft auch das Lesen und die alten Spiele ersetzt. Die soziale Kommunikation wird formalisiert, Vereinsamung wird durch die Massen-Elektronik beschleunigt.

Man könnte unsere aktuelle Gesellschaft in einem historischen Kontext vielleicht als eine Epoche des Übergangs, der Transition verstehen (Schmid 2007), zwischen dem Verfall alter und dem Bestreben nach neuen ethischen Normen und nach der Eroberung einer neuen Stabilität. Aufgrund der rapiden Veränderungen, der „radikalen Enttraditionalisierung der Lebensformen" (Keupp 1994, S. 336), die die Menschheit noch nicht ausreichend integrieren kann, wird die Frage der Identität des heutigen Menschen zu einem wesentlichen Problem unserer Zeit. Alexander drückt es so aus: „My father's generation could without any doubts devote their lives to the realization of a progressive, enlightened national culture dedicated to fostering the spiritual qualities of the citizen, the Platonic Utopia of a society led by the intellectual elite. This was something they believed in without inner conflict" (Alexander 1960, S. 44).

Eine solche alles Mitreißende, in immer schnellerem Tempo, quasi exponentiell zunehmende Veränderung um uns hat psychologische Folgen. Sie betreffen unsere Ängste, unsere Beziehungen zur Welt und zu den Menschen, unser Gefühl der eigenen Identität. In Alexanders Worten: „There is a growing conviction among psychoanalysts and social scientists that [the] growth toward an integrated self is more difficult in our turbulent era and is becoming one central issue of our times" (ebenda, S. IX).

Die Krise des „integrierten Selbst", der Identität, berührt den Alltag, die menschlichen Beziehungen, die Edukation, soziale Probleme, Wirtschaft und Politik, die Wissenschaft, die Medizin und nicht zuletzt auch die Psychotherapie. Die klinische Arbeit zeigt, dass der Einfluss der globalen Probleme potenziert ist durch den Zerfall traditioneller familiärer Strukturen und der Gruppenkohäsion, mit dem Ergebnis einer wachsenden Isolation des Individuums. Darüber hinaus, das häufige Fehlen des Vaters als Identifikationsfigur und die Seltenheit echter Vorbilder in der nationalen und Weltpolitik sind Faktoren, die die Entwicklung der Persönlichkeitsstörungen und anderer sog. Frühstörungen (Persönlichkeitsstörungen und Psychosen) begünstigen (Fabian 2007b, S. 2). Identitätsprobleme neigen dazu, die existentielle Angst zu vergrößern.

Natürlich lebten die Menschen auch in anderen Zeiten mit ihren Ängsten: Die Lebenserwartung war kürzer, Krankheiten, Seuchen, Kriege, Armut bedrohten die Menschen. Jedes Zeitalter hatte „seine" Ängste, die mit der besonderen Geschichte der Zeit verbunden waren. Unsere Ängste hängen stark mit den Verunsicherungen, den Bedrohungen unserer Zeit, mit dem Nachlassen oder dem Untergang traditioneller Strukturen, den rapiden Veränderungen der Technologie und ihren Gefahren, mit der identitätsmäßigen Unsicherheit, v.a. der Jugend, zusammen.

Haben wir heute spezifische Ängste, die andere Epochen nicht, oder weniger kannten? Battegay schreibt: „Die Angst hat die Menschen zu allen Zeiten beschäftigt. Sie scheint aber noch nie so dominant wie heute gewesen zu sein. Der moderne Mensch, obschon er kaum einen Ort findet, an dem er für sich selbst sein kann, fühlt sich zutiefst vereinsamt. Allein steht er oft seinen Lebensaufgaben gegenüber. Angst bemächtigt sich deshalb seiner" (Battegay 1970/1996, S. 6).

Grinker und Co-Autoren (1968, S. 165) nennen 15 Faktoren, die in unserer Zeit eine allgemeine Zunahme der existenziellen Angst zur Folge haben, darunter „greater urban unrest and stimulation of hate", „cramped, restricted, mechanized living conditions" und „increased expectations of generalized conformity". Medard Boss zählt dazu auch die „Übermacht der Maschinen [...]. Denn sie ist es, die auch uns selber nur mehr als Rädchen in der Apparatur einer riesenhaften Sozialorganisation verstehen und behandeln lässt" (Boss 1962, S. 17). Und diese Zeilen schrieb Boss vor 45 Jahren, als die „Übermacht" des Computers, des Internet und der Elektronik noch nicht zu ahnen war!

Wir sind zum ersten Mal in der Geschichte für unsere Ängste selbst verantwortlich, wir haben sie größtenteils selbst heraufbeschworen. Zum ersten Mal in der Geschichte sind es Bedrohungen von *Menschenhand*, die unsere existentiellen Ängste schüren. Diejenigen, die unser Schicksal mit ihren Entscheidungen bestimmen, die Staatsmänner, die Politiker, die Leiter der großen Konzerne, die Militärs, haben kein Interesse, sich über ihre Macht- und Profitstreben hinwegzusetzen: Im Gegenteil, sie verfolgen sie eifrig und rücksichtslos hinter ihren humanistischen Lippenbekenntnissen. Und dieser Zustand hat sich dermaßen als gewöhnliche ‚Normalität' etabliert, dass er von der Bevölkerung ohne großen Protest – zumindest ohne einen weltweiten Protest, der daran etwas ändern könnte – toleriert wird. Wir haben uns an die ‚Normalität' der ‚Sachzwänge', schon längst gewöhnt, obwohl wir im Grunde wissen, dass sie meist von den Interessen der Macht und des Geschäfts diktiert sind; auch an die Politiker, die außer ihren eigenen und den Parteiinteressen selten moralische und menschliche Größe zeigen. Schon der Weg zu den oberen Rängen der nationalen und internationalen Politik wird durch bürokratische Normen bestimmt, so dass Menschen mit authentischer Persönlichkeit und Weitblick nicht einmal die Widerstände ihrer Parteien und deren unmittelbaren bürokratischen Interessen überwinden könnten. Das Ergebnis sind fast ausnahmslos profillose, identitätsarme, routinierte Menschen, die nicht einmal selber merken, dass ihre ‚klugen‘ Worte keine Echtheit und Glaubwürdigkeit, ihre Gedanken keine Kreativität und Vision besitzen. Sie waren oft selber früh angepasste, emotional deprivierte Menschen, die die Macht als Kompensation ihrer inneren Dürftigkeit brauchen. Es „wird denen ‚Normalität‘ bescheinigt“, schreibt Arno Gruen in „Der Wahnsinn der Normalität“, „die sich von ihren menschlichen Wurzeln getrennt haben. Und diese sind es, denen wir die Macht anvertrauen und die über unser Leben und unsere Zukunft entscheiden lassen. Wir glauben, dass sie den richtigen Zugang zur Realität haben und mit ihr umgehen können.“ Insofern, folgert Gruen, haben wir „mit dem Ende des Dritten Reiches die Voraussetzungen [des Faschismus] keineswegs abgeschafft. Noch immer wird statt menschlicher Substanz das äußere Erscheinungsbild gefördert, wird Anpassung statt innerer Unabhängigkeit belohnt. Heute geben sich diese Voraussetzungen mehr denn je den Schein von ‚Humanität‘ und ‚Menschenfreundlichkeit‘. Das Schreckliche versteckt sich immer öfter hinter lächelnden Mienen und kommt als Freundlichkeit scheinbar rücksichtsvollen Verhaltens daher. Daher ist es schwieriger geworden, die tatsächliche Krankheit unserer Zeit zu erkennen“ (Gruen 1987/1996, S. 10–11). Auch wenn wir ahnen, dass wir „solchen Menschen die Macht [anvertrauen], über unser Schicksal zu bestimmen, obwohl sie der Verantwortung gar nicht gewachsen sind“, tun wir es dennoch, „weil diese Menschen unsere Phantasien von Realismus und Stärke verkörpern“ (ebenda, S. 23–24).

Angst gehört, wie ich im nächsten Kapitel betonen werde, zur menschlichen Existenz, zur *conditio humana*. Verändert hat sich aber die Subtilität der technologischen, von Menschen geschaffenen Bedrohungen, die dank seiner Unersättlichkeit, die ihm diktiert, der Versuchung des Machbaren nachzugeben, uns wie ein Golem aufgehört haben, zu gehorchen und uns in ihrer Macht haben.

Viele Autoren meinen, dass Angst als allgemeine Empfindung seit Anfang des 20. Jahrhunderts, und besonders in den letzten Jahrzehnten, deutlich zugenommen hat (Twenge 2000, Hoyer et al. 2005, Fabian 2005a). Der frühere Mensch fürchtete sich vor Blitz und Donner, vor der Pest (Hoffmann 1994); er brachte diese ‚Strafen‘ in Verbindung mit seinen Sünden und suchte Gnade und Vergebung bei den Göttern, die es zu beschwichtigen galt. Jeder konnte sein Leben tugendhafter gestalten, seinen Glauben stärken. In unserem Zeitalter sind dieser Glaube und die damit verbundene Hoffnung nicht mehr Teil unserer Welt. „Die Angst [ist] längst nicht mehr ein Problem des einzelnen: Sie ist zur ‚Krankheit‘ unseres [des 20.] Jahrhunderts geworden. Sie äußert sich nicht nur im Leben des Individuums, sondern im Kollektiv, in der Gesellschaft“ (G. Condrau 1962/1976, S. 7). In Anlehnung an einen Gedicht von W. H. Auden, „The Age of Anxiety“, spricht man von einem Zeitalter der Angst, die in Kunst, Literatur und Philosophie mehr und mehr im Mittelpunkt steht. Freilich hätten Kafkas Romane und Erzählungen nicht den Popularitätsgrad erreicht, den sie heute besitzen (trotz der einzigartigen literarischen Qualitäten seiner Schriften), wenn sie nicht dieses Empfinden einer vagen, unerklärlichen, unheimlichen Angst für viele Leser ausdrücken würden.

Die Angst vor der Leere, vor der Begegnung mit sich selbst, kommt zum Ausdruck, quasi als Symptom, auch in der allgegenwärtigen akustischen Füllung, die uns allenthalben begegnet: in Restaurants, auf den Flughäfen, in öffentlichen Gebäuden; „muzak“ nannte sie Arthur Koestler (1968/1976, S. 173), um sie von „music“ zu unterscheiden. Die Jugendlichen (und die vielen „jugendlichen“ Erwachsenen) müssen sich durch ohrenbetäubende Musik in Discos, Autos, und durch Ohrenstöpsel von der Leere und Langeweile schützen; ihre Popmusik, der genuinste Ausdruck ihrer inneren Welt und ihrer Not, drückt Wut, oft blinde Revolte und Verzweiflung aus, die Suche nach einem Sinn in Liebe oder Sex. Sie scheinen in einen Teufelskreis zu geraten, der sie auf der Flucht vor der Angst (oft nur als innere Leere wahrnehmbar) in die Wut, von der frustrierten Wut wieder in die Angst treibt. Aktivität und Konsum werden als Auswege von unserer Marktwirtschaft angeboten und nach Kräften gefördert. „Das Lebensbewusstsein [wird] reduziert zu dem", schreibt Gruen (1986/2002, S. 122), „was der Markt an Ware bietet. Unsere Persönlichkeit ist dann tatsächlich durch die Produkte der Industrie definiert. Das Resultat ist, dass wir von Begierden motiviert werden, die wohl den Bedürfnissen des Kommerzes entsprechen, nicht aber unseren eigenen. Die Verstärkung dieser Art von Verlangen, von Appetit, wird oft und gern mit Bewusstseinserweiterung und Entfaltung der Persönlichkeit gleichgesetzt [...]. Unser Streben, so scheint es, geht nach immer mehr Technik und Techniken, denn sie geben uns die Illusion einer Großartigkeit. Beobachten wir jedoch die Menschen, so sehen wir, wie viele umherhasten, sich in unzählige Aktivitäten stürzen, um ihrem unbekannten, aber störenden Inneren zu entgehen, das sein Recht fordert. Dieses Innere macht ihnen Angst, wobei die Einsicht, dass sie Angst haben und dass sie Unfähigkeit und Hilflossein fürchten, völlig fehlt. Statt Angst fühlen sie z.B. Langeweile, wodurch sich ihre rasende Aktivität nur verstärkt." Der Philosoph Wilhelm Schmid schreibt: „Vergeblich ist der Versuch, das Vakuum an Sinn mit materiellen Gütern zu füllen. [...] Materieller Wohlstand [produziert die] Erfahrung von Sinnlosigkeit" (Schmid 2007, S. 76–77).

In der Kunst und der Architektur unserer ‚Post-Moderne' können wir die Schatten der Orientierungslosigkeit, der Angst, der Ohnmacht und der Wut, die aus dieser Ohnmacht resultiert, deutlich spüren. Angst beherrscht auch viel von der ‚klassischen' zeitgenössischen Musik: Denken wir z.B. an Schostakowitsch, Berg, Schnittke ...

Die moderne Architektur „mag eindrucksvoll sein", schreibt Gruen (ebenda, S. 119), „sogar Schwung haben. Aber wenn wir fertig sind [sie mit unseren Augen zu überfliegen], befinden wir uns immer noch auf der Suche nach etwas mehr. Das Auge ist nicht ‚gesättigt', man ist nicht zur Teilnahme angeregt worden. Ja, vielleicht gab es dem Betrachter sogar unmittelbar ein Gefühl von Macht; das füllt aber auch nicht aus, da es einen dazu bringt, nur nach mehr zu suchen. Dieses Beispiel zeigt, dass unsere Stimulus-Welt uns nicht mehr in unserem Inneren anrühren/bewegen kann. Sie zwingt uns, nach immer mehr Stimuli Ausschau zu halten, die uns dann wiederum nur von außen her bewegen. Die Spirale dreht sich immer weiter, und so werden wir in der Tat Stimulus-gebunden. Um uns lebendig fühlen zu können, werden wir immer mehr Äußeres brauchen, und das Stimulus-Gebundensein wird zu einem Lebensdrang! Die Stimuli selber treiben uns nun auf einen Kurs, der uns an sie bindet, obwohl sie uns innerlich leerlassen. Da wir aber meinen, dass wir nur mehr von ihnen bräuchten, um die Leere zu füllen, steigert sich unser Bedarf für das, was im Grunde nur Leere bringt. Vielfältig ist die Art dieser Stimuli: laute Musik, große Autos, glitzernde Farben ohne Nuancen, schimmernde Geräte, irgendetwas, so lange es nur Steigerung an Stimulation liefert."

Aber noch etwas hat sich in unserer Zeit geändert: die Mechanismen, die früher die Angst linderten und Hoffnung schafften: die Religion, der Glaube, die menschliche Gemeinschaft, das Leben in großen Gruppen; Grinker und Co-Autoren sprechen von „fewer sanctuaries for relief of anxiety" (Grinker et al. 1968, S. 165). Der Mensch vereinsamt immer mehr, lange nicht mehr nur in der Anonymität der Großstädte; die Großfamilie und die traditionellen sozialen Strukturen lösen sich überall auf, in Europa schon seit der Industriellen Revolution vor etwa 150 Jahren, und andere Kontinente folgen, vom technologischen Fortschritt verblendet, in raschem Tempo. Die Sicherheit alter Bräuche, Mythen, kultureller Traditionen schwindet wie die Gletscher auf Grönland. Der moderne Mensch bleibt angesichts seiner Ängste allein. Das ist das Neue. Mit dem Verschwinden der Sicherheit der alten sozialen Strukturen *und* des Glaubens verschwindet auch der Halt, und der Mensch sieht sich alleine konfrontiert mit dem Nichts. Mircea Eliade schreibt: „Die Angst vor dem Nichts des Todes scheint ein ausschließlich modernes Phänomen zu sein" und fügt hinzu: „Der These von der Unvorstellbarkeit des persönlichen Todes begegnen wir fast nur im Denken der Neuzeit" (zit. b. J. E. Meyer 1979/1982, S. 18).

Angst ist auch mit Terror verwandt, ein Begriff, der auf Robespierre und seine Schreckensherrschaft in der französischen Revolution zurückgeht. „Angst, Furcht und Schrecken gehören auch in der Politik eng zusammen und feiern dort ‚fröhlichen Urstand'" (Hellner 1969, S. 62). Wer seine – oft überwältigende – Angst nicht spürt, macht anderen Angst: „Um die eigene Angst zu betäuben, werden Furcht und Schrecken verbreitet" (ebenda); der Zusammenhang zwischen Angst und Aggression wird im Kapitel 21 (Angst und Aggression in der Psychotherapie) näher untersucht.

Die Medien und die Populärwissenschaft haben sich des aktuellen und medienwirksamen Themas Angst angenommen: Sie haben eine wahre Angstkultur geschaffen (Süddeutsche Zeitung v. 10. Januar 2008, S. 11). Andererseits sind es auch die Medien, darunter auch die ernst zu nehmenden, die beängstigende Nachrichten bagatellisieren („Erdbeeren aus Grönland?", kündigt ein Artikel aus der Süddeutschen Zeitung an (vom 17. August 2007), in dem die Prognose, dass „der Meeresspiegel bis zur Jahrhundertwende allein durch das Wasser des grönländischen Eises bis zu 15 Zentimeter steigen wird", gleichrangig ist mit der Erwartung der Erdbeerzüchtung). Die Populärwissenschaft, unterstützt von manchen Fachleuten, hat eine wahre Flut von „Ratgebern" hervorgebracht, die die Angst als ein fast überflüssiges Übel bagatellisiert und „wirksame" Wege für ihre Bekämpfung verspricht, um die „Ängste zu besiegen" und „Endlich frei von Angst und Panik" oder „Frei von Angst – ein Leben lang" sein zu können. Im Internet wird geworben: „Man braucht im Leben nichts zu fürchten", „Angstfrei leben". Ein bekannter Angst-Forscher (B. Bandelow) verspricht sich von den Vomeropherinen, neuen Substanzen, die gegen Angst wirken sollten, einen derartigen Durchbruch, dass er hofft, nur halb scherzhaft, „es wird vielleicht ein Nasenspray gegen Ängste entwickelt werden" (psychoneuro 3/2005, S. 115). Es ist nicht nur ethisch bedenklich, sondern auch nicht ungefährlich, wenn v.a. Fachleute die Angst und ihre Zunahme zum ‚besiegbaren' Symptom verharmlosen und dies mit verschiedenen Trainings etc. erreichen wollen; sie erinnern oft an frühere Marktschreier und Kurpfuscher, die das Unwissen ausnutzten und versprachen mit ihren Zaubersprüchen die Befreiung von Leid und Unglück. Sie verheißen ein Leben ohne Angst, so wie sie die Hoffnung und Illusion nähren, der Mensch könnte eines Tages ohne Schmerz und ohne zu altern leben.

Angst ist – ich möchte es nochmals betonen –, als existentielle Angst ein Urgefühl menschlichen Daseins. Es wird nie ein Leben ohne Angst geben. Die Menschen unterscheiden sich weniger dadurch, ob sie Angst haben; sie unterscheiden sich in der Art, wie sie gelernt haben, die Angst auszudrücken. Und sie unterscheiden sich wesentlich in der Art, wie sie mit der Angst umgehen, mit anderen Worten in ihrer Art, die eigene *Angst vor der Angst* zuzulassen oder abzuwehren, zu verdrängen oder zu konfrontieren. Obwohl wir heute mit einer Vielfalt von Ängsten zu leben haben, die unsere Vorfahren nicht kannten – oder vielleicht gerade deswegen, da wir damit auch die Verdrängung der Angst dadurch besser gelernt haben –, weichen wir der Angst mehr aus als früher: Wir vermeiden die Angst der Begegnung mit der eigenen Urangst, die Angst vor der Angst. Dies ist das Hauptthema des II Teils des Buches.

Die Konsequenzen dieses Denkansatzes für die Therapie von Patienten, die unter Angst leiden, werde ich im Kapitel 22 (Therapie der Angststörungen) ausführlicher diskutieren.

2.   Was heißt Angst? Was ist Angststörung? Panik, Phobien, Furcht, situative Angst, existentielle Angst

Hellner gibt folgende Definition von Angst: „Ein mit Beengung, Erregung, Verzweiflung verknüpftes Lebensgefühl, dessen besonderes Kennzeichen die Abschaltung der willensmäßigen und verstandesmäßigen Steuerung der Persönlichkeit ist" (Hellner 1969, S. 8). Er zitiert ferner die Definition von Schulte (1961): „Ein qualvolles, unbestimmtes Vitalgefühl der Beengung, in dem man sich ohnmächtig Unbekanntem, Unangreifbarem und Unbezwingbarem ausgeliefert fühlt, ohne das sich die Möglichkeit eines Ausweges oder einer Abhilfe eröffnet. Die Angst ist vorwiegend eine Sache der Tiefenperson, der emotional vegetativen Schicht, des Gefühlsgrundes, also der leibnächsten Sphäre. Sie bezieht körperliches mit ein [...]. *Angst ist immer Körperliches, Seelisches und Geistiges zugleich* [...] *eine Sache des ganzen Menschen*" (Hellner ebenda, S. 8–9, kursiv im Original). Rachman definiert sie als „die angespannte Erwartung eines bedrohlichen, aber unbestimmten Ereignisses, ein Gefühl unangenehmer Beunruhigung" (1998/2000, S. 9).

Diese Definitionen betonen das Unangenehme des Angstgefühls, die Ohnmacht, die durch dieses Gefühl entsteht. Trotzdem hinterlassen sie das Gefühl, dass ihnen etwas Wesentliches fehlt, etwas, das die Dichter und die Philosophen besser verstanden haben. Rudolph (2004, S. 25) gibt zu, dass die Wissenschaftler Angst schwer definieren können und räumt ein: „Dort, wo sich Wissenschaftler schwer tun, [können] die Philosophen weiter[helfen]." Das überrascht nicht, wenn wir bedenken, dass Wissenschaftler mit biologischem Wissen „erzogen" werden und mit anderen, hauptsächlich emotional zu begreifenden Gefühlen und Prozessen oft große Schwierigkeiten haben. Sie entsprechen nicht ihrem Vokabular, meistens auch nicht ihrer Welt, sie versuchen sie zu vermeiden, oder zumindest zu objektivieren und zu messen. Dadurch ersparen sie sich auch die Begegnung mit ‚negativen‘, unangenehmen Gefühlen, wie der Angst.

Philosophen haben damit weniger Schwierigkeiten. H. Schmitz z.B. beschreibt Gefühle im Allgemeinen als „räumliche, ortlos ergossene, leiblich ergreifende Atmosphären, vergleichbar dem Wetter und der reißenden Schwere, wenn man ausgeglitten ist und entweder schon stürzt oder sich gerade noch fängt" (Schmitz 2000, zit. b. Rudolph

2004, S. 25). Spricht hier ein Philosoph oder ein Dichter? Wie wir im Kapitel 5 (Zum Thema Angst in der Philosophie) sehen werden, sind es nicht die Philosophen, sondern die Dichter und Künstler, die die Angst immer schon am besten *begreifen* und spürbar machen konnten.

Philosophen wie Klages, Heidegger und andere haben erkannt, dass die Angst stets Todesangst bedeutet, zumindest in ihrer tieferen, existentiellen Form – „Angst als Begegnung mit dem Nichts" (Hellner 1969, S. 8). Die tiefe Quelle der Angst, die Urangst, ist also die Todesangst. „Letzten Endes ist Angst immer etwas", schreibt Hellner – im Übrigen kein Psychiater, sondern ein philosophierender Chirurg – (ebenda, S. 81), „was aus der Bedrohung des Ewigen, unsterblichen Lebens im Individuum, das sterben muss, entsteht und sich im Sterbenmüssen gegen die Auflösung des individuellen Lebens auflehnt". Die Formen, unter denen diese Urangst auftritt, sind jedoch extrem variabel. Sie hängen vom Zeitalter und seiner Geschichte, vom kulturellen Hintergrund, von der psychischen Struktur des Menschen ab, aber auch von seinen geistigen Eigenschaften, und vor allem von seiner eigenen Geschichte (s. Kapitel 8, Die vielen Gesichter der Angst).

Es ist nicht verwunderlich, dass die Menschheit, allen voran Philosophen und Mediziner, mit dem Verständnis dieses bedrohlichen, allgegenwärtigen Gefühls und dem Versuch seiner Linderung seit Menschengedenken gerungen haben. Für die Medizin, besser gesagt für die Psychiatrie und die Psychotherapie, ist das Phänomen Angst zu einem ‚Problem', zu einem Symptom geworden, das gelindert und nach optimistischerer Einschätzung auch ‚geheilt' werden kann. Selbst Freud ließ noch 1917 erkennen, dass er irrationale Angst als ein heilbares Problem betrachtete, als ein „Rätsel, dessen Lösung eine Fülle von Licht über unser ganzes Seelenleben ergießen müsste" (Freud 1917, S. 408).

G. Meyer fasst zusammen: „Die Beschäftigung mit dem Phänomen der Angst erfolgte im Wesentlichen, sieht man einmal von soziologischen, theologischen und historischen Studien ab, durch zweierlei Strömungen. Die eine Strömung setzt sich zusammen aus Betrachtungen von Philosophen, die sich mit der Angst als einem Bestandteil der *conditio humana* auseinandergesetzt haben und versuchten, dieselbe über die Natur des Menschen als einen selbstbewussten, denkenden und fühlenden Wesen zu beschreiben. Ein Weg dazu bestand in der phänomenologischen Betrachtung der Angst. Die andere Strömung griff das Phänomen der Angst von Ihrer pathologischen Seite her auf. Dies war Aufgabe der Mediziner und ‚Irrenärzte', sich mit den Angsterscheinungen ihrer Patienten auseinander zu setzten und hypothetische Erklärungsmodelle zu liefern. Diese Erklärungsansätze basierten im Wesentlichen auf dem Versuch, Angsteffekte und ihre Konditionen auf organische Grundlagen zurückzuführen [...]. Patienten, die unter Angstzuständen litten, sei es in Form von Phobien, Panikattacken oder generalisierten Angststörungen, galten als ‚nervös', hereditär belastet oder konstitutionell geschwächt. Da man nach organischen, physiologischen und neurologischen Substraten forschte, blieb die Auseinandersetzung mit den klinischen Formen der Angst den Medizinern überlassen, die ihrerseits durch ihre schulisch bedingte, vorwiegend mechanistisch geprägte Denkweise an das Phänomen herangegangen sind" (Meyer 2005 S. 20–21).

Dieses Denken stand auch am Anfang der Psychoanalyse, denn Freud, ähnlich in der mechanistischen Tradition der Medizin geschult, betonte die *„dispositionellen bzw. konstitutionellen Faktoren"* (Meyer, ebenda, S. 86/87, kursiv im Original), die neben den psychodynamischen eine wichtige Rolle spielten. Auch für die Entstehung der Angst-neurose kommt laut Freud eine hereditäre „Disposition" (Freud 1895, S. 329) in Frage. Freud lernte bis zum Alter von 26 Jahren bei Ernst Brücke, der zusammen mit Helmholz und Du Bois-Reymond in Wien den wissenschaftlichen Positivismus vertrat. „Nur die gemeinen physikalisch-chemischen Kräfte, argumentierten Sie, sind im Organismus wirksam. Unerklärliche Phänomene müssen durch die physikalisch-mathematische Me-thode allein angegangen werden [...]. Als Freud in Wien studierte, waren die Positivisten am Ruder" (Gay 1989, S. 45). M. Boss spricht in diesem Zusammenhang von Freuds „technisch vergegenständlichtem Denken über den Menschen" (Boss 1962, S. 19).

Die neurobiologische Erforschung der Angst hat große Fortschritte gemacht, indem sie die *Korrelate* der Angst im Gehirn aufgeklärt hat. Sie hat uns geholfen zu verstehen, *wie* und *wo* Angst entsteht, welche Zentren und Nervenbahnen für sie ‚zuständig' sind. Zur Erhellung des Wesens der Angst als elementare Erfahrung des Menschen und des Menschseins hat sie nichts beigetragen. Die moderne Wissenschaft behandelt auch die Angst – wie auch alle anderen psychischen Phänomene – als Tatsachen, die sich operati-onalisieren und ‚objektiv' analysieren lassen. Die auf diese Art gewonnenen Erkenntnis-se, die wir im Kapitel 12 (Neurobiologie der Angst) näher betrachten, werden dann als ‚wissenschaftlich' oder ‚evidenz-basiert' rationalisiert.

Arno Gruen bemerkt, dass die Wissenschaft sich nach Descartes von der mensch-lichen Erfahrung distanziert und sich in einen erkennenden und einen erfahrungsge-richteten Teil gespalten hat: „Für Descartes war der ideale Mensch ein leeres Subjekt, das allmählich mit Objektivität gefüllt werden müsse". Damit dient das rein „abstrakte Denken [dem] Schutz gegen die Erlebnisse in der Kindheit" und die Wissenschaft wird zum „Ausdruck unserer Entfremdung von uns selbst" (Gruen 1997/2005, S. 187; s.a. Kapitel 16, Professionelle Angst). Nirgendwo zeigt sich diese Entfremdung deutlicher als in der wissenschaftlichen Erforschung der Angst. Und die Auffassung, Angst sei ein Forschungsobjekt wie jedes andere, ohne Relevanz für den angstspürenden Menschen – und schon gar nicht für den Untersucher –, zieht sich implizit durch die Wissenschaft.

In einer Tagung über Angststörungen, die von einem Pharmakonzern im Jahre 2006 organisiert wurde, entwickelte sich nach etlichen, sehr komplizierten Vorträgen über die synaptischen Verbindungen und die Rezeptoren der Angstleitung, eine Round-Table-Diskussion über die Behandlung von Angst-Patienten. Der Vorsitzende erzählte halb amüsiert über einen Patienten, der ihn seit Jahren immer wieder telefonisch bedränge und sich nicht durch Versuche „abspeisen" lasse, ihn dem Oberarzt weiter zu delegie-ren; Medikamente haben bisher kaum eine Wirkung gezeigt. Der Wissenschaftler schien nicht verstanden zu haben, dass der unter Angst Leidende eine *Person* braucht, zu der er Vertrauen gefasst hat – in diesem Fall seine Person – und nicht ein Medikament oder einen von ihm delegierten Arzt. Ein anderer Experte versuchte, ihm Ratschläger zu er-teilen. Daraufhin wandte sich der Vorsitzende zu ihm und fragte zynisch: „Willst Du ihn haben?" „Nein, nein". Gelächter breitete sich unter den Hunderten von Zuhörern aus. Man musste sich fragen, ob irgendeiner dieser Zuhörer jemals unter Angst gelitten hat.

Die Psychiatrie hat also viel zur Klassifikation der Angst, aber wenig zu ihrem tie-feren Verständnis beigetragen. Sie hat sie nach ihren verschiedenen klinischen Manifes-tationsformen klassifiziert und in diagnostische Einheiten eingeteilt. Sie unterscheidet zwischen ‚phobischen Störungen' und ‚anderen Angststörungen', zwischen Generalisierter Angststörung, spezifischen und sozialen Phobien und Panikstörung. Die Pharmaindustrie gibt sich große Mühe, spezifische Mittel gegen die verschiedenen Ängste zu entwickeln, als handele es sich um Krankheitssymptome, die miteinander nichts oder wenig zu tun hätten und unterschiedliche Gegenmittel benötigten. Enorme finanzielle Mittel werden gebraucht, immense Gewinne sind zu erhoffen, denn es gibt wohl kaum psychiatrische und wenige somatische Patienten, die nicht unter Angst leiden.

Die heutige Psychiatrie befindet sich in einer eindeutig biologistischen Phase. Nach dem erheblichen Einfluss der Psychoanalyse auf die Psychiatrie in den USA der 60er und 70er Jahre, die zu einer Synthese im Sinne der Dynamischen Psychiatrie führte (Alexander und Ross 1952, Ellenberger 1985, Castelnuovo-Tedesco 1991), als es allgemeines Ziel war, „nicht nur bessere Psychiater, sondern bessere Therapeuten zu entwickeln – Therapeuten, die bereit [waren], die Patienten zu verstehen und mit ihnen empathisch mitzufühlen in ihren existentiellen Problemen" (Kandel 1998, S. 458, Übers. E. F.), steuert die heutige Psychiatrie einen Kurs der fast ausschließlichen Begeisterung durch die neurobiologische Wissenschaft an. Kandel selber äußert in seinem weitsichtigen Artikel die Zuversicht, dass „eine größere Betonung der Biologie [...] aus der Psychiatrie eine technologisch verfeinerte und wissenschaftlich rigorosere medizinischen Disziplin machen wird", bedauert aber gleichzeitig die „unglückliche, ja tragische" Entwicklung, die dazu führte, dass „die reichen Einsichten, die aus der Psychoanalyse kamen, durch die Annäherung zwischen der Psychiatrie und den biologischen Wissenschaften verloren gingen" (ebenda S. 467, Übers. E. F.). Diese implizite Warnung wird heute wenig beachtet. Abgesehen davon, dass in Deutschland die vorwiegend amerikanische Synthese zwischen Psychiatrie und Psychoanalyse aus historischen Gründen weitgehend ausgeblieben ist (in der Nazizeit wanderten die meisten, in der Mehrzahl jüdischen Analytiker hauptsächlich in angelsächsische Länder aus, sofern sie nicht verfolgt oder ermordet wurden; die Psychoanalyse wurde damit „vom europäischen Kontinent verbannt [und] verdrängt" [R. Jacoby 1983/1990, S. 14]), können wir heute eher eine Tendenz der Biologiefaszination beobachten, die durch die Traumatherapie, in deren „Übertreibung" sich „Deutschland spezialisiert" (Kernberg 2000, S. 87), und die neuere Entwicklung der bildgebenden Verfahren gefördert wird. Freilich vermag das ‚Hineinschauen in das Gehirn' viele zu begeistern; doch soll man nicht aus den Augen verlieren, dass wir durch die modernen bildgebenden Methoden nicht Gefühle ‚sehen', sondern lediglich deren hirnphysiologischen Korrelate. Sie sind nicht mehr – in Analogie zu Platons Höhlengleichnis in seiner „Politeia" – als Zeichen des Lebens, die in der Höhle als Schatten wahrgenommen werden.

Auch die moderne Psychologie hat sich dieser Denkweise angeschlossen. M. Boss schreibt, dass sie „Angst- und Schulderscheinungen ausschließlich als Defekte einer Psyche oder eines psychischen Apparates verstehen [...]. [Dem] Ziel der Beseitigung von Funktionsstörungen dienen [alle] maßgeblichen psychologischen Theorien. Man versucht darin die Angst- und Schuldgefühle wie eine chemische Verbindung gedanklich zu analysieren. Stets gilt es, ihr Entstehen auf eine einfache Ursache zurück zu führen [...]. Damit dieses theoretische Unterfangen gelinge, bedient sich die Psychologie der nämlichen Denkoperationen, die in der Wissenschaft von der sog. leblosen Natur so reiche Frucht getragen hat" (Boss 1962, S. 19–20).

Der Drang der Psychoanalyse selber zur ‚Wissenschaftlichkeit‘ bzw. der tiefenpsychologischen Psychotherapie ist heute – nicht zuletzt aus Anpassungsgründen – wieder sehr groß, denn damit könnte man den alten Traum Freuds verwirklichen, die Psychoanalyse und das Unbewusste endlich ‚beweisbar‘, ‚objektiv‘ wissenschaftlich zu machen und damit auch die Skepsis (und nicht selten die Überheblichkeit) der biologischen Forschung ein für alle Mal beenden, und eine anerkannte ‚echte Wissenschaft‘ zu werden. In ihrer ‚Kindheit‘ war ja selbst die Psychiatrie einmal in einer solchen Position.

Psychoanalyse ist aber nicht gleich Psychoanalyse – auch wenn in der Wissenschaft eine solche Sichtweise erwünscht und ‚manualisierte‘ analytisch basierte Verfahren beliebt sind (Milrod et al. 2007, Hoffmann 2008). Auch innerhalb der Psychoanalyse gibt es immer noch Machtkämpfe, trotz vordergründigem Zusammenschluss; auch hier geht es um Macht, Prestige, und nicht zuletzt auch um wirtschaftliche Interessen in unserem bürokratisch immer vollständiger kontrollierten Gesundheitswesen.

Trotz großer Bemühungen der Psychiatrie, Angst du klassifizieren, ist es leicht festzustellen, dass Panik, phobische Ängste, generalisierte Angst, soziale Phobien, Furcht eng zusammenhängen. Sie können, wie andere Symptome auch, phänomenologisch beschrieben und klassifiziert werden, aber es ist eine Illusion, damit auf den Grund der Angsterfahrung stoßen zu wollen. Phobien und generalisierte Ängste unterscheiden sich zwar durch ihre Auslösermechanismen, doch ist das Erlebte, das Erfahrene in der Angst bei beiden identisch; die Intensität variiert erheblich auch innerhalb jeder dieser getrennten Angstformen, beispielsweise von einer harmlosen Phobie bis zu einer verheerenden, panischen Phobie-Symptomatik.

Jeder Mensch kennt die Erfahrung von Angst, es sei denn, er hat im Laufe seiner frühen Entwicklung ‚gelernt‘, die Angst zu verdrängen oder gar zu ersticken, wenn die Umgebung sie nicht verstanden, auf sie nicht adäquat reagiert oder sie sogar unterdrückt oder bestraft hat. Häufig geschieht dies heute noch, vor allem durch angstfeindliche Ideologien der Stärke und der ‚Männlichkeit‘, die unvorstellbar viel Leid und viele Opfer in der Geschichte der Menschheit verursacht haben. Menschen, die gelernt haben ihre Ängste abzuwehren, glauben oft (und ihre Umgebung auch) sie nicht zu haben, oder sie überwunden zu haben. Abwehren und unterdrücken ist aber nicht gleich überwinden. Im Gegenteil: Die auf diese Weise abgewehrten Ängste zeigen sich immer wieder in den verschiedensten Formen, unter verschiedenen ‚Masken‘. Sie sind besonders dann gefährlich, wenn sie ideologisch hochgehalten und manipuliert werden – z.B. durch Militär- oder Diktaturregime. Über diesen Aspekt der Angst wird im Kapitel 9 (Defizitäre Angst), ausführlicher diskutiert.

Nicht die Angst selber, sondern der Umfang und die Erscheinungsformen der Angst sind kulturell und durch die eigene Geschichte determiniert. Angst ist eine urmenschliche Erfahrung. In Riemanns Worten (1989, S. 7): „Angst gehört unvermeidlich zu unserem Leben. In immer neuen Abwandlungen begleitet sie uns von der Geburt bis zum Tode.“ Wir können von existentieller oder Urangst sprechen, die unterschiedliche Manifestationsformen annehmen kann. Ihre Klassifikation und getrennte Untersuchung sollten nicht darüber hinwegtäuschen, dass sie Erscheinungsformen einer und derselben Urangst sind. Angst ist immer die Domäne der Kunst und der Literatur gewesen. Wer den ‚Schrei‘ von Edvard Munch oder die Bilder von Bosch, Kubin, van Gogh und den Surrealisten gesehen, die Gedichte Ingeborg Bachmanns oder Kafkas Prosa gelesen hat, wird mehr von der Angst verstanden haben, als durch viele Abhandlungen der Fachliteratur.

Die meisten Patienten, die sich an einen Psychiater oder Therapeuten wenden, leiden unter Angst, wenn auch nicht immer bewusst. „Kaum einer kommt zum Nervenarzt, an dessen Mark nicht in offener oder heimlicher Weise Angst und Schuld nagen würden", schreibt M. Boss (1962, S. 13–14). Angst erscheint häufig unter dem Deckmantel anderer Beschwerden, z.B. „unter der kalten, glatten Fassade einer leeren Langeweile" (ebenda, S. 16). Angststörungen zählen neben der Depression zu den häufigsten psychischen Störungen überhaupt. Die Lebensprävalenz (d.h. die Wahrscheinlichkeit, dass eine solche Erkrankung im Laufe eines menschlichen Lebens auftritt) soll insgesamt bei 14–20% liegen (Kapfhammer 2000, Zwanzger, Deckert 2007, Köllner, Kindermann 2007); manche Autoren sprechen sogar von „fast 30%" (Kessler et al. 2005). Bei Kindern und Jugendlichen betrage die Prävalenz mindestens 3,5 bis 8%, mit einem Altersgipfel um das elfte Jahr (Warnke et al. 2001). M. E. werden diese Zahlen für die Angststörungen für Erwachsene und Kinder viel zu niedrig eingeschätzt. Viele, wenn nicht die meisten Patienten, tauchen unter verschiedenen Diagnosen wie ADHS (vor allem bei Kindern und Jugendlichen), Zwang, Verhaltensstörungen, etc. beim Psychiater auf. Hinzu kommen die zahlreichen Patienten, die ihre Angst körperlich, mit einer großen Vielfalt von Symptomen und Erkrankungen ausdrücken (s.a. Kapitel 10, Angst und Körper – psychosomatische Aspekte). Sie geraten nicht selten in das ‚Räderwerk' der somatischen Medizin. Sie werden dann ausführlich nach verschiedenen Störungen und Verdachtsmomenten untersucht; mit der erheblichen Verfeinerung der Labortechniken und anderer apparativen Untersuchungsmethoden hat auch die Anzahl der unklaren Grenzfälle, der Verdachtsdiagnosen, die ihrerseits ‚abgeklärt' werden müssen, deutlich zugenommen. So kreisen immer größere Zahlen von Patienten durch die Warteräume der Praxen, Krankenhäuser und Labors, deren Ängste durch die medizinischen Prozeduren abgelenkt oder ‚betäubt' werden. Auch die Ängste der Ärzte werden damit ‚beruhigt' bzw. auf ‚organische' Bahnen gelenkt; am häufigsten jedoch werden sie subtil dem Patienten weiter delegiert (Fabian 2004a). Viele Menschen verbergen ihre Ängste auf sozial akzeptierter Weise in ‚erlaubten Bahnen'; sie verdrängen oder kompensieren sie, ohne dass sie als Symptom erkennbar wird. Dies passiert erst, wenn die ‚Sicherheitsstrategien' – etwa die berufliche Position, die Arbeit, oder eine symbiotische Partnerschaft – versagen.

Liest man aufmerksam die Definition von Angststörungen in den gängigen Diagnosesystemen, so wird klar, dass die Trennlinie schwer zu ziehen ist: Wann wird Angst zur Krankheit oder zur krankhaften Störung? Wann ist sie behandlungsbedürftig? Wie viel Angst ist ‚normal'? Und eine besonders wichtige und fast vergessene Frage: Wann wird die Angst *zu wenig*?

In diesem Zusammenhang müssen wir auch präziser definieren, was wir unter dem Begriff ‚krankhafte Angst' verstehen. Angst in ihrer ursprünglichen Form von Urangst, d.h. existentieller oder Todesangst – nicht nur im engeren Sinn von Angst (Furcht) vor dem Tod, sondern allgemeiner, als die Angst vor dem Nicht-mehr-Sein, vor der Auflösung – ist dem Menschen eigen. Er kann sie spüren, oder nicht. Er kann bewusst emotional, rational-philosophisch mit ihr hadern, oder sie ignorieren oder verdrängen. Er kann unter ihr leiden – vor allem unter einer ihrer verschiedenen Formen (s. Kapitel 8, Die vielen Gesichter der Angst). Wie wir sehen werden, bedeutet die Tatsache, dass jemand nicht unter Angst leidet keineswegs, dass dieser Mensch ‚gesünder‘ ist als andere, sondern u. U. dass er die Angst tief abwehrt oder nicht imstande ist, sie zu spüren. Das äußere Bild von einem Menschen, der kaum oder nur geringfügig unter existentieller Angst leidet und einem, der ‚Angst nicht kennt‘ mag ähnlich sein. Doch kann im ersten Fall die Angst bewusst sein, der Mensch hat sich womöglich mit ihr auseinandergesetzt (und tut es weiter, immer wieder in seinem Leben), während im zweiten Fall (der sog. defizitären Angst) die Angst lediglich abgewehrt oder ignoriert wird und meistens sich durch andere Ausdruckswege äußert, z.B. durch psychosomatische Krankheiten und Symptome, oder durch Verletzungen (s. Kapitel 9, Defizitäre Angst).

‚Normal‘ ist also eine Angst, wenn

1. sie bewusst ist, nicht geleugnet oder abgewehrt wird;
2. sie in ihrem Ausmaß nicht das Leben – sowie zwischenmenschliche Kontakte und Beziehungen – hindert, sondern eher als „Motor des Lebens“ (Battegay 1970/1996) fungiert;
3. auch die Angst vor ihr (die Angst vor der Angst) bewusst wird und der Mensch sich mit ihr auseinandersetzt.

Krankhafte (pathologische) Angst, die umgekehrt verdrängt, abgewehrt wird, nicht bewusst ist, drückt sich durch andere Gefühle aus (z.B. Aggression) oder nimmt überhand und verhindert durch ihre Ausmaße ein zielbewusstes, genießendes Leben in Beziehung zu anderen Menschen und Gruppen.

Es gibt keine Angststörungen als Symptom oder Krankheit allein. Die sog. ‚Angstkrankheiten‘ der Psychiatrie sind theoretische Gebilde, denn die Angst als lebenshemmende, alles unterdrückende, oft panikartig auftretende Angsterkrankung existiert nie allein, in Reinform. Angsterkrankung im Sinne der sog. Generalisierten Angststörung (Generalized Anxiety Disturbance, GAD), die im angelsächsischen Raum – und mittlerweile auch in Deutschland – als Diagnose sehr beliebt ist, ist eine Fiktion. Die Angststörung ist immer Teil eines Prozesses, in dem Depression, Zwangssymptome, Aggression und Selbstaggression, irrationale Schuldgefühle, Scham, Misstrauen, Abgrenzungsprobleme, Abhängigkeit, Unentschlossenheit, Kontaktstörungen, Gruppenängste u.a. das Bild ergänzen.

Angst liegt *jeder* psychischen, psychiatrischen und psychosomatischen Störung in unterschiedlichem Ausmaß zu Grunde. Lediglich sind ihre Manifestationsformen, komplexen Verbindungen mit anderen Symptomen wie Aggression, Sinnestäuschungen, Antriebsstörungen, oder psychosomatische Symptome und Erkrankungen usw. nach Außen unterschiedlich, so dass die Psychiatrie von jeher versucht war, der Klassifizierung auf Grund der Symptomatik große Bedeutung beizumessen. Bereits der belgische Psychiater Guislain, ein Arzt der Romantik, sah in der Angst den Hauptfaktor in der Genese von ‚Geisteskrankheiten‘ (Ellenberg 1985, S. 303). Deshalb ist, wenn man Statistiken liest, nach denen die Angststörungen die „zweithäufigste psychische Erkrankung“ sei (Köllner, Kindermann 2007, S. 73), immer daran zu denken, dass damit nur die ‚offiziell‘, nach ICD diagnostizierten – und vor allem ‚offenen‘, nicht etwa unter körperlichen Angstmanifestationen verborgenen – Angststörungen gemeint sind; ihre Häufigkeit wäre sonst unvergleichbar höher! Köllner und Kindermann räumen selber ein, dass die

Erkennung der Angststörungen „dadurch erschwert [ist], dass sich die Mehrzahl der Betroffenen zunächst mit körperlichen Symptomen vorstellt" (ebenda).

Wie unterscheiden sich Angst und *Furcht*? Mit dieser Frage haben sich Philosophen ebenso wie Psychiater beschäftigt. Nach Jaspers ist Angst „unbestimmt, gegenstandslos", während Furcht einen bekannten Auslöser hat und „gerichtet" ist (Hellner 1969, S. 20). Kierkegaard unterscheidet zwischen Angst vor Unbestimmten und Furcht vor etwas Bekanntem, schon Erfahrenen. Schneider, Schulte (Hellner ebenda, S. 20) und auch Battegay (1970/1996) weisen auf die Schwierigkeit hin, Angst und Furcht sauber voneinander zu trennen. Ausführlicher möchte ich das Thema in Kapitel 8 (Die vielen Gesichter der Angst – Stufen der Konkretisierung) behandeln.

In der Fachliteratur werden in der Regel vier Untergruppen von Angststörungen unterschieden (Kapfhammer 2000, S. 1181) und phänomenologisch charakterisiert: Generalisierte Angststörung, Panikstörung, allgemeine phobische Störungen und soziale Phobie. Auch Mischformen wie z. B. Agoraphobie mit Panikstörung werden beschrieben (ICD 10, S. 153–164).

Generalisierte Angststörung (GAS, oder engl. GAD, Generalized Anxiety Disturbance) wird von Kapfhammer folgendermaßen beschrieben: „Imponiert ein anhaltend erhöhtes Angstniveau ohne beherrschende Paniksymptome mit einer zentralen unrealistischen Besorgnis oder übertriebenen Katastrophenerwartung, dann liegt eine generalisierte Angststörung vor. Symptome einer muskulären Verspannung, autonom-nervösen Hyperaktivität und Hypervigilanz im Umweltbezug bestimmen das klinische Bild. Meist nehmen die Beschwerden einen chronischen Verlauf" (Kapfhammer 2000, S. 1181). Man fragt sich: Wann ist Angst „unrealistisch" oder „übertrieben"? Etwa bei einem Patienten, bei dem maligne Zellen anlässlich einer Routineuntersuchung festgestellt wurden, und der vor allem, was an einen Tumor auch von weitem erinnert, mit Angst reagiert? Oder bei Menschen, denen die Klimaveränderung als Katastrophe vorkommt und die „übertrieben" erschrocken reagieren, im Gegensatz zu den „ruhigeren", aber auch untätigen und indolenten Zeitgenossen?

Panikstörung: „Unerwartet, d.h. ohne unmittelbar erkennbare Gefahr auftretende Angstanfälle einer bestimmten Häufigkeit und zeitlichen Dauer ohne eine somatische Ursache sowie eine anhaltende Besorgnis vor wiederkehrenden Angstanfällen definieren die Panikstörung. Typisches formales Merkmal der Panikattacke ist ihr crescendohaftes Ansteigen. Ein Paniksyndrom wird durch eine Vielzahl somatischer Symptome charakterisiert, kann von Todesangst, einem Gefühl des Kontrollverlusts, einer unmittelbar bevorstehenden seelischen und körperlichen Katastrophe, einer Depersonalisation und Derealisation begleitet sein" (Kapfhammer ebenda). Was heißt „ohne unmittelbare Gefahr"? Braucht die Todesangst immer eine „unmittelbare" Gefahr, um sich zur intensiven Angst, zur Panik zu steigern?

Panikattacken und ihre verschiedenen körperlichen und psychischen Manifestationsformen liegen rund der Hälfte der Arztbesuche und ca. 20% der Besuche in den Notfallambulanzen der USA zugrunde (Milrod et al. 2007).

Die DSM-IV-Kriterien (Diagnostisches und Statistisches Manual, ein Diagnosesystem der American Psychiatric Association (APA) für die Panikstörung fordern dass der Patient sich im Anschluss an einer Panikattacke „mindestens 1 Monat lang" über das Auftreten oder die Bedeutung der Attacke Sorgen mache. Auch in diesem Fall eine willkürliche Zeitspanne um der Kategorisierung willen; worauf ist die Entscheidung begründet, dass es 4 und nicht 2 oder 6 Wochen sind?

Panik ist mit dem Namen des Gottes Pan assoziiert und hat auch erotische und sexuelle Implikationen. Pan ist „der große phallische Gott der Bewohner des Peloponesos und besonders Arkadiens [...], ein Gott mit Bockshörnern und Bocksbeinen" (Kerényi, 1966/1992 I, S. 138). Wenn auch Pan Liebling der Götter war, verursachte er unter den Menschen und besonders den Nymphen große Unruhe und Angst aufgrund seiner sexuellen Eskapaden. Allerdings erschreckte er nicht nur die Nymphen, sondern sandte auch den „Pan-Schrecken", die „Panik", den Persern vor der Schlacht von Marathon (490 v. Chr.) (Irmscher 1962/1990, S. 400).

Panik ist nichts anderes als eine nicht mehr abgrenzbare, kontrollierbare Steigerung der Angst, eine Angstspirale. Man kann sich fragen, weshalb eine eigene Diagnoseziffer im DSM oder ICD (Panikstörung, episodische paroxysmale Angst 41.0) notwendig ist, um eine intensive, verzweifelte Angst zu charakterisieren? Hat man für die Steigerung von Schmerzen auch eine eigene Diagnose? Die Unterscheidung von generalisierter Angst und Panik geschieht allein auf der Grundlage der Art des Auftritts der Angst: In der Panikstörung werden die „wiederkehrenden schweren ‚Angstattacken' durch keine „spezifische Situation oder besondere(n) Umstände" ausgelöst und sind „deshalb auch nicht vorhersehbar", während das „wesentliche Symptom" der generalisierten Angststörung „eine generalisierte und anhaltende Angst" ist, die auch „nicht auf bestimmte Situationen in der Umgebung beschränkt" ist, „d.h., sie ist frei flotierend" (Internationale Klassifikation psychischer Störungen, ICD-10 2005, S. 160 und 161). Die Unterscheidung ist künstlich, weil nur durch den Umstand der plötzlichen oder paroxysmalen Erscheinungsart getrennt. „Das neue Wort ‚Panikattacke' bringt gegenüber ‚Angstanfall' natürlich keinerlei inhaltliche Bereicherung, es ist halt nur zeitgenössischer", schreibt Hoffmann (1994, S. 27).

Die unterschiedliche Klassifikation hat aber zu unterschiedlichen medikamentösen Behandlungsrationalen geführt, was freilich nicht zuletzt ihre Aufrechterhaltung begründet. So empfehlen z.B. Hales et al. (1997) einen Behandlungsalgorithmus der Angstkrankheiten, der von psychiatrischen Publikationen und der Pharmaindustrie gern übernommen werden (z.B. Therapietabellen Psychiatrie 2004, S. 9). Der Hauptunterschied in der pharmakologischen Behandlung bestehe in der Priorität der Antidepressiva vor den Benzodiazepinen bei den Panikstörungen (s. Kapitel 22, Therapie der Angst, Medikamentöse Behandlung). Neuerdings werden sogar unterschiedliche Bahnen im Gehirn unterschieden (s. Kapitel 8, Die viele Gesichter der Angst und 12, Neurobiologie der Angst).

Phobien: „Den Phobien gemeinsam ist die irrationale Furcht vor bestimmten Situationen oder Objekten, so dass ein heftiges Bedürfnis nach einem sicherheitsstiftenden Vermeidungsverhalten auftritt. Über die Vermeidung gelingt eine Kontrolle der umschriebenen situativen oder objektgerichteten Furcht [...]. Die häufigsten spezifischen Phobien beziehen sich auf Tiere, enge Räume, Höhen, Flugzeuge, auf gefährliche Gegenstände, Blut, körperliche Verletzungen, auf medizinische Utensilien und Orte. Bei krankheitsbezogenen Phobien, wie z.B. der ‚Karzinophobie' oder der ‚Herzneurose', führt eine Vermeidungshaltung nicht mehr zu einer wirksamen Angstkontrolle. Übergänge der Krankheitsphobien zur Hypochondrie sind fließend." Dabei helfe die bewusste Einsicht auch nicht, dass die Ängste und Befürchtungen „übertrieben und unvernünftig" seien (Uexküll 2003, S. 803).

Auch hier ist zu fragen: Lässt sich immer sagen, ob eine Furcht „irrational" ist? Wir nennen eine Furcht vor radioaktiver Bestrahlung beispielsweise krankhaft oder gar ‚psychotisch' ohne immer genau zu wissen, ob nicht tatsächlich eine solche im Übermaß vorhanden und vielleicht von Behörden heruntergespielt wird, was in der Vergangenheit schon in verschiedenen Ländern nicht selten passiert ist?

Nach ICD-10 werden zusätzlich folgende Varianten der Phobien aufgelistet (wobei hier die Begriffe „Angst" und „Furcht" synonym verwendet werden): Angst vor dem Vorliegen einer Krankheit (Nosophobie), einer körperlichen Entstellung (Dysmorphophobie), vor einem Infektions- oder Vergiftungsrisiko, vor medizinischen Institutionen (z.B. Krankenhäusern), ferner werden spezifische Formen wie Agoraphobie (Angst in offenen Plätzen oder vor Menschenmengen (ICD 40.2)), Angst vor Auftritt in der Öffentlichkeit (soziale Phobien, ICD 40.1) oder isolierte Formen wie Angst vor „bestimmte(n) Tiere(n), Höhen, Donner, Dunkelheit, Fliegen, geschlossene(n) Räumen, Urinieren oder Defäzieren auf öffentlichen Toiletten, Verzehr bestimmter Speisen, Zahnarztbesuch, Anblick von Blut oder Verletzung oder die Furcht, bestimmten Krankheiten ausgesetzt zu sein", bzw. Angst vor geschlossenen Räumen (Klaustrophobie) (S. 156–9, ICD 40.2) unterschieden. Schon diese Auflistung lässt das Formalistische einer solchen Einteilung erkennen, wenn z.B. zwischen der Angst, sich in Menschenmengen zu befinden und der Angst, in solchen aufzutreten, unterschieden wird. Bei Kindern und Jugendlichen kommen noch Angst vor Tieren (Zoophobie), vor fremden Personen (Xenophobie) und vor Gewitter (Brontophobie) hinzu (Warnke et al. 2001). Es liegt aber auf der Hand, dass ein Kind (und auch ein Erwachsener), das unter einer Angststörung leidet, diese Angst in noch schwerer Form spüren wird, wenn es sich im Dunkeln, in geschlossenen Räumen oder in einem Sturm befindet. Jeder Therapeut einer psychiatrischen oder psychotherapeutischen Klinik kennt die Steigerung der Angst und ihre verschiedenen Manifestationsformen nachts. Zudem erinnern die lateinischen Namen an die Zeiten, in denen diese Bezeichnungen zur Pathologisierung des Patienten und Markierung der Distanz zwischen ihnen und den Ärzten dienten. Man spricht von Phobie-Varianten, die auch nicht jedem Arzt geläufig sind, wie Emetophobie – Angst vor Erbrechen, bzw. Aichmo- (Angst vor spitzen Gegenständen), Myso- (Angst vor Berührung), Kerauno- (vor Blitzschlag), Nykto- (vor der Nacht) und Phobophobie (Angst vor der Angst) (Boss 1962, S. 14). Es gibt in der Tat fast nichts, das keine phobischen Ängste erzeugen kann.

Im ICD 10-Manual heißt es: „Phobische Angst ist subjektiv, physiologisch und im Verhalten von anderen Angstformen nicht zu unterscheiden und reicht von leichtem Unbehagen bis hin zu panischer Angst" (ICD-10, 2005, S. 155, kursiv E. F.). Trotzdem werden die Formen Angst-, phobische und Panikstörungen bzw. ihre Unterformen voneinander unterschieden und kategorisiert – der psychiatrischen Tradition der phänomenologischen diagnostischen Einteilung folgend.

Soziale Phobie: (unter denen nach verschiedenen Studien bis zu 13% der Allgemeinbevölkerung leidet [Lundbeck Ratgeber „Soziale Phobie" 2006, S.17]) wird mittlerweile diagnostisch „eigenständig bewertet [...]. Hier ist eine unangemessene, häufig dauerhafte Furcht vor und Vermeidung von sozialen Situationen eigen, in denen Menschen einer interpersonalen Bewertung ausgesetzt sind. Angst vor leistungsbezogenem Versagen, vor sozialen Beschämung und Demütigung sind typisch. Sozialphobische Ängste können eng umschrieben (z.B. vor öffentlichem Sprechen) sein, oder aber generalisiert fast alle zwischenmenschlichen Kontakte und Aktivitäten beherrschen. Eine ausgeprägte Erwartungsangst bei bevorstehender Konfrontation mit einer bestimmten sozialen Situation ist kennzeichnend" (Kapfhammer ebenda, S. 1182/83).

Wird „unangemessen" hier nicht zu konkret verstanden? Die sozialen Phobien fließen zusammen mit Kontaktangst, die sich in Gruppen i. S. der Gruppenangst erheblich steigern kann.

Agoraphobie wird als ein „Vermeidungsverhalten gegenüber sozialen Situationen" beschrieben, „in denen das Auftreten von Angstanfällen befürchtet wird. In der ursprünglichen Bedeutung meint Agoraphobie eine Angst vor öffentlichen Plätzen, bezieht sich aber meist breiter auf zahlreiche soziale Orte und Menschenansammlungen. Typisch bei dieser Angst ist, in eine hilflose Situation geraten zu können. Eine Generalisierung des Vermeidungsverhaltens wird häufig beobachtet. Sie führt dann zu einer grundlegenden Veränderung in den bisherigen Lebensgewohnheiten und impliziert einen sozialen Rückzug. Agoraphobie ist sehr häufig eine Folge von Panikattacken" (Kapfhammer ebenda).

Die oben kurz umrissenen Varianten der Angst werden im Kapitel 8 (Die vielen Gesichter der Angst) ausführlicher beschrieben.

Manche Kliniker, denen die subjektive menschliche Erfahrung der Angst und ihre therapeutischen Implikationen wichtiger erscheinen als die wissenschaftliche Kategorisierung, und die in der klinischen Arbeit die ‚reinen' Fälle von Panik, Phobie oder GAD vermissen (z.B. Thomä 1995), halten wenig von eine scharfen Abgrenzung verschiedener Angstsymptome. „Die Einteilung in verschiedene Ängste", schreibt Flöttmann (1989/2005, S. 92), „bringt weder für die Diagnose noch für die Therapie einen Sinn, da die Psychodynamik die gleiche bleibt." Insbesondere der von der Pharmaindustrie unterstützten Tendenz, für verschiedene Symptome ihre ‚eigenen' chemischen Mittel zu finden und dies mit zweifelhaften neurobiologischen Forschungsergebnissen zu untermauern, stehen sie skeptisch gegenüber (vgl. Thomä ebenda, S. 1051). Die Verwandtschaft untereinander und die Überlappungen dieser unterschiedlichen ‚Syndrome' sind zu groß und die Kriterien zu ihrer Unterscheidung weisen auf einen künstlichen Charakter hin, so dass das Bedürfnis der Wissenschaft nach Kategorisierung und Systematik spürbarer ist als die eigentliche, subjektive Wirklichkeit der Angst. Angst ist *per se* subjektiv, das intensivste Affekt, das Seele und Körper gleichermaßen bewegt, aufwühlt, beunruhigt und oft hilflos macht und unvermeidliches Leid verursacht. Einige Kritiker, die die Nützlichkeit klarer diagnostischer Klassifikationen eindeutig befürworten, betonen, dass diagnostische Konstrukte nur dann sinnvoll sind, wenn sie u.a. auch eine „adäquate Erklärung […] von Merkmalen, Zusammenhängen und Verläufen erlauben" (Wittchen, Schulte 1988, S. 6). Gerade diesem Aspekt weichen die gängigen diagnostischen Systeme aus in ihrem Bestreben, ‚Objektivität' zu beanspruchen.

Unter *Realangst* oder *situativer Angst* versteht man eine reaktive Angst, die aufgrund konkreter Auslöser entsteht und deren Intensität und Dauer diesen Gründen angemessen ist. Sie kann psychodynamisch moduliert sein – d.h. ihre Manifestation und Qualität sind durch die frühen Erfahrungen der Person bestimmt, aber sie stellt keine Wiederholung früher Ängste dar. Diese Angst, die auch von Freud als notwendige Angst mit selbst- und arterhaltender Funktion beschrieben wurde (Freud 1917), „ist auf die äußere Realität gerichtet" (Battegay 1884/1992, S. 37) und stellt eine ‚normale' Angst dar, die nicht fehlen darf, ohne den Menschen zu gefährden (s. Kapitel 9, Defizitäre Angst). Inwieweit ihr Fehlen ein Charakteristikum unserer Zeit ist, in der die Zeichen der kollektiven Gefahr für die gesamte Menschheit massiv verdrängt und von den Machthabern und Politikern faktisch ignoriert werden, ohne dass dadurch große Menschengruppen rebellieren, wird in den Kapiteln 9 (Defizitäre Angst) und 23 (Ausblick) diskutiert. Defizitäre Angst und Realangst sind phänomenologisch nicht immer leicht zu unterscheiden.

Freud selber meinte aber auch, dass die Unterscheidung zwischen Realangst und neurotischer Angst (oder Angststörung) aufgrund des Kriteriums der realen oder imaginären Gefahr („einer Gefahr, die wir nicht kennen"), nicht aufrecht zu erhalten ist, da indem wir die „unbekannte Gefahr zum Bewusstsein bringen, verwischen wir den Unterschied zwischen Realangst und neurotischer Angst [und können] die letztere wie die erstere behandeln" (Freud 1926, S. 198). Thomä (1995, S. 1046) vertritt eine ähnliche Meinung.

Allerdings verbergen sich oft auch unter der Realangst gut maskierte Ausläufer der existentiellen Angst. Anna Freud hat diese Tatsache erkannt, als sie schrieb: „Diese Realängste werden von der Analyse als phantastische Ängste entlarvt, für die es sich lohnt, Triebabwehr in Tätigkeit zu setzen" (A. Freud 1964, S. 51).

Mein Anliegen in diesem Buch ist zu zeigen, dass in all diesen verschiedenen klinischen Varianten der Angst Manifestationsformen der einen Urangst, der dem Menschen eigenen existentiellen Angst, erkennbar sind.

Wichtig ist, um die Bedeutung der Angst für den heutigen Menschen und für die Psychotherapie zu verstehen, einen Einblick der Verbindung von Angst und Religion, und der Beschäftigung der Philosophie mit der Angst zu widmen. Dabei werde ich zunächst den verschiedenen historischen und kulturell-religiösen sowie den philosophischen Aspekten der Angst nachgehen. Im darauffolgenden Kapitel (Angst in der Psychoanalyse), steht das Verständnis, das wir durch die Psychoanalyse gewonnen haben, im Mittelpunkt. Weitere Kapitel beschäftigen sich mit Trauma und Angst, bzw. mit neurobiologischen, gruppendynamischen und transgenerationalen Aspekten der Angst. Die verschiedenen Erscheinungs- und Abwehrformen – die vielen Gesichter der Angst – werden beschrieben.

Meiner Meinung nach ist Angst ein primäres Gefühl, ein Grundaffekt. Sie ist wahrscheinlich das erste und ursprünglichste Gefühl im Leben und viele andere Gefühle (besonders Aggression, Hass, Langeweile) werden aus ihr abgeleitet bzw. kanalisiert. Angst liegt jener Aggression zugrunde, die eine intensive, mit äußeren Auslösern nicht in Proportion stehende Qualität aufweist. Dies bedeutet keinen reduktionistischen Ansatz, sondern betont die oft auch in der Psychotherapie, aber auch in der Soziologie, Sozialpsychologie, Pädagogik und Politik missverstandene Tatsache, dass destruktive Aggression oft dort konkret genommen wird, wo sie nur ein Ausdruck unbewältigter, unerträglicher Angst ist. Eine solche Anschauung hat wichtige Folgen für die Psychotherapie und würde auch den Medien helfen, ‚unerklärliche' und sensationsträchtige Phänomene wie Amoklauf, Rechts- und Links-Radikalismus und Kriminalität (schon in den Schulen) mehr in ihrer Tiefe zu begreifen (s. Kapitel 21, Angst und Aggression in der Psychotherapie). Angst wird vielleicht am meisten von allen Affekten verdrängt; jeder Mensch hat seine *persönliche*, biographisch gewachsene Art von Angst und von Angstverdrängung. In diesem Zusammenhang wird die Bedeutung der defizitären Angst für die menschliche Geschichte und für die Therapie beleuchtet.

Der zweite Teil des Buches ist der Angst vor der Angst und ihrer Bedeutung gewidmet. Meiner Meinung nach hat sich der heutige Mensch, mehr noch als seine Vorfahren, auf zahlreiche Strategien geradezu ‚spezialisiert‘, die alle dazu dienen, ihm die Angst for der Angst, d.h. die Angst vor der Begegnung mit seiner Urangst, die auch die Begegnung mit sich selber bedeutet, zu ersparen.

Zum Schluss findet sich ein Kapitel zur Behandlung der Angststörungen und ein Schlusskapitel (Ausblick) über die Bedeutung der Angst als ‚Motor‘ menschlichen Lebens und individueller Entwicklung.

3. Angst – Schicksal des Menschen. Angst und Einsamkeit. Kulturelle Faktoren

> Die Fähigkeit des Menschen, die Endlichkeit seiner Existenz zu sehen, und im Einklang mit dieser schmerzlichen Entdeckung zu handeln, ist vielleicht seine größte psychische Errungenschaft.
>
> Kohut 1966

Wie im vorherigen Kapitel betont, ist Angst dem menschlichen Leben immanent Im Laufe seiner Evolution ist der Mensch zu einem bewussten Wesen geworden, das als einziges Lebewesen die Bewusstheit seiner zeitlichen Begrenzung erlangt hat; „Die Bedrohung des ewigen, unsterblichen Lebens im Individuum, das sterben muß“ (Hellner 1969, S.81) begründet, warum er immer wieder, wie ein ewiger Hiob, sich gegen die Begrenztheit seines Lebens und die diese begleitende Todesangst auflehnt. „Hat also der Mensch nicht lebenslänglich Grund genug, um sein Leben zu bangen, sich vor dem Tode, seinem Nicht-mehr-sein-Dürfen zu fürchten?“ fragt sich M. Boss (1962, S. 32) und fügt hinzu: „Im Grunde fürchtet jede Angst dessen [d.h. des menschlichen Daseins] Vernichtung, die Möglichkeit also, einmal nicht mehr da sein zu dürfen“ (ebenda, S. 28). Das ist sein Schicksal, das ist auch seine Größe. Letztere aber nur in dem Maße, in dem er sich dieses Schicksals mit voller Bewusstheit annimmt, mit dieser Bewusstheit lebt und die dadurch bedingte Angst zulässt und aushält, bzw. aus ihr Kraft und Motivation für seine Taten schöpft. Kohut betont die Bedeutung der Trennungen, mit denen sich der Mensch immer wieder auseinandersetzten muss: „Die Erkenntnis der Vergänglichkeit wird im Ich vollbracht, das auch die emotionale Arbeit zu verrichten hat, die verschiedenen Trennungen vorangeht, sie begleitet und ihnen folgt“ (Kohut 1966, S. 581).

Oft versteckt sich aber der Mensch vor seiner schicksalsbedingten Angst, also versucht, der Angst vor der Angst – oft lebenslang – auszuweichen. Dann fehlt ihm nicht nur die menschliche Tiefe, sondern auch die geistige Kraft und die Fähigkeit, mit den Mitmenschen in echten Kontakt zu treten. Meist tritt dann Wut, manchmal auch Hass, an die Stelle der Angst. Deshalb kehrt sich die Angst des Königs in Ionescos „Der König stirbt“ (Le roi se meurt) in Wut, in Wut darüber, dass *andere* nach *seinem* Tod ungestört weiterleben werden (Ionesco 1972, S. 98). Der König stellt hier paradigmatisch den Menschen dar, der die Tatsache seines Todes hartnäckig ignoriert und darauf besteht, sie zu ignorieren, und der deshalb auch nicht richtig leben kann, sondern dessen Leben aus Machstreben, Abhängigkeit und Leere, aus der Abwehr eines echten Sinns besteht.

Schon Zulliger sprach 1966 von drei kindlichen Angstäußerungen, nämlich Angst, allein zu sein, Angst vor der Dunkelheit und Angst vor fremden Personen als „drei Fälle, [die sich] reduzieren [lassen] auf eine einzige Bedingung: das *Vermissen der geliebten (ersehnte) Person*" (S. 17, kursiv im Original). Zulliger hat auch früh erkannt, dass die verschiedenen Formen der „Angst vor körperlichen Beschädigungen (Kastrationsangst) die Trennung von hochgeschätzten Objekten – am eigenen Körper – zum Inhalt [haben], und dass die ursprüngliche Angst, die *Urangst* der Geburt, bei der *Trennung von der Mutter* entstand" (S. 18, kursiv im Original). Fairbairn bestätigt: „Die früheste und ursprüngliche Form der Angst, die das Kind erlebt, ist die Trennungsangst" (Fairbairn 1992/2000, S. 275). Schon vor der Geburt kann das Kind traumatisiert werden, durch (meist unbewusste) Ablehnung der Mutter, durch offene oder verborgene Aggression oder Feindschaft, oder Beziehungstraumata fangen – wahrscheinlich öfter als wir denken – vor der Geburt an.

Nach Ammon „erfährt [das Kind] die Ablehnung durch die Mutter als eine existentielle Verlassensangst und Vernichtungsdrohung" (Ammon 1980, S. 57); später erweiterte Ammon dieses Verständnis der Genese der Angststörungen auf die gesamte Primärgruppe, in der die Mutter für das Kind die zentralste, aber nicht die einzig wichtige Person ist. Winnicott formuliert die Entstehung der pathologischen Angst beim Kind als Funktion der Länge der Trennungszeit von der Mutter folgendermaßen: „Versuchen wir einmal, diese Gedanken so zu formulieren, dass die Bedeutung des Zeitfaktors zur Geltung kommt: Das Gefühl, dass die Mutter da ist, dauert x Minuten. Wenn die Mutter länger als x Minuten weg ist, verblasst ihr Bild, und damit verringert sich die Fähigkeit des Kindes, das Symbol der Einheit mit der Mutter zu verwenden. Das Kind ist verzweifelt, aber diese Verzweiflung wird bald behoben, wenn die Mutter nach x + y Minuten zurückkommt. In x + y Minuten hat sich das Kind nicht verändert. Aber in x + y + z Minuten ist das Kind *traumatisiert* worden. In x + y + z Minuten kann die Rückkehr der Mutter die Veränderung beim Kind nicht mehr beheben. Traumatisierung bedeutet, dass das Kind einen Bruch in der Kontinuität des Lebens erlebt hat, so dass jetzt primitive Abwehrmechanismen aufgebaut werden, mit denen es sich gegen eine Wiederholung der ‚undenkbaren Angst‘ oder der akuten Verwirrung wehrt, die zur Desintegration der beginnenden Ich-Strukturierung gehört [...]. Nach einem Verlassenheitserlebnis vom Ausmaß x + y + z muss ein Kind neu beginnen und ist dabei für immer der Wurzeln beraubt, die eine *Kontinuität mit dem eigenen Ursprung* bieten könnten" (Winnicott 1971/2002, S. 113, kursiv im Original).

Mit dieser Formulierung verdeutlicht Winnicott die frühe Traumatisierung der Verlassenheit durch die Mutter; er schildert auch den Prozess, durch den das Urvertrauen („die Kontinuität mit dem eigenen Ursprung") schwindet und eine „Narbe" hinterlässt, die pathologische Abwehrmechanismen in Gang setzen, um der Retraumatisierung zu entkommen. Danach muss das Kind „neu beginnen" – denken wir an Balint's Bezeichnung der Psychotherapie als ‚Neubeginn‘ (Balint 1970/1973). Freilich lässt Winnicott aus heutiger Sicht drei wichtige Faktoren neben dem Zeitfaktor unberücksichtigt: erstens die Qualität der Beziehung zur Mutter, denn bei guter Bindung und Vertrauen an die Mutter ist die kritische Zeitspanne x + y + z länger als bei unsicherer Bindung oder ambivalenter Beziehung. Zweitens spielen die komplexen und unbewussten kumulativen Traumatisierungen eine wichtige Rolle (M. Khan 1974/1977) und bahnen die Verlassenheitsgefühle stark an. Drittens hängt der Prozess der Verlassenheit nicht nur von der Mutter ab, sondern von der gesamten Primärgruppe, auch wenn darin die Mutter – oder die Hauptbindungsperson – die wichtige Rolle spielt.

Winnicott bringt die Fähigkeit, Angst zu ertragen, mit dem Urvertrauen in Verbindung, die durch die richtig verstandene und empfundene „holding"-Funktion der Mutter entsteht. Babys, die „das Versagen der Umwelt in (einem) hohen Maße erfahren mussten, [tragen] die Erfahrung von unvorstellbarer oder archaischer Angst in sich" (Schacht 2003, S. 223). In Winnicotts Worten: „They know what it is like to be dropped, to fall forever [...]. They have experienced trauma, and their personalities have to be built round the organisation of defences following trauma" (Winnicott 1970, zit. b. Schacht, ebenda). Zu den wesentlichen Eigenschaften einer Mutter, die ihr Kind empathisch annimmt und richtig erzieht, zählt Winnicott das körperliche Anwesendsein, die Fähigkeit, angemessen zu Begleiten, körperliche wie seelische Bedürfnisse zu erkennen und zu befriedigen, zu schützen, Kontinuität zu ermöglichen und vor allem das Baby als *eigenständiges* menschliches Wesen in seinem eigenen Recht zu betrachten (Winnicott 1948, zit. b. Schacht, ebenda). Mit seiner Sichtweise reiht sich Winnicott, mit seinem Schüler Masud Khan und vor allem mit Bowlby, zu den Gründern der modernen Bindungstheorie und -forschung. Spätere Autoren haben seine Betonung der seelischen Gesundheit und des Vertrauens in Abhängigkeit von der Fähigkeit der Mutter, ‚holding' zu ermöglichen, übernommen. Karl Menninger schreibt z.B.: „Die Beziehung des Kleinkinds zur Mutter (Nahrung, Wärme, Berührung, Gehaltenwerden usw.) ist die eigentliche Grundlage des Urvertrauens im Leben" (K. Menninger 1968, S. 133).

Auch Sullivan sieht die Entstehung der Angststörungen beim Säugling als bedingt „durch bestimmte Arten emotionaler Störungen in der mütterlichen Bezugsperson. Aus letzterem erwächst die gesamte, ungemein bedeutsame Struktur der Angst sowie von Leistungen, die nur in Beziehung zum Konzept der Angst zu verstehen sind [...] derartige Erfahrungen, die der Säugling wahrscheinlich als primitive Angst oder als primitive Furcht erlebt, [kehren wieder] sehr viel später im Leben unter besonderen Bedingungen – vielleicht bei jedem, mit Sicherheit aber bei einigen Menschen" (Sullivan 1953/1980, S. 32). Die moderne Bindungsforschung hat diese frühen Erkenntnisse in vollem Maße bestätigt.

Erst später, vornehmlich durch Ammon, ist erkannt worden, dass die Mutter zwar wesentlich ist für die frühe psychische Entwicklung (und die Angsttoleranz) des Säuglings und Kleinkindes, dass sie aber nicht ‚allein', nicht in einem beziehungsmäßig ‚leeren Raum' steht, und dass die bewusste und unbewusste Dynamik der Primärgruppe um das Kind *und* die Mutter von zentraler Bedeutung sind für die Entwicklung, die späteren Identifikationen und die verinnerlichten Beziehungen – d.h. für die gesamte psychische Struktur des Kindes (s.a. Kapitel 13, Gruppendynamik der Angst).

Kinder identifizieren sich auch mit den Ängsten ihrer wichtigen Bezugspersonen, können andererseits aber auch die Angst für Bezugspersonen, die dessen unfähig sind, ausdrücken. Auf diese Weise können gesamte Familien ihre Gefühle, darunter auch Angst, an das Kind delegieren.

Für den Säugling sind Verlassenheit, Tod, und die Urerfahrung der Angst wahrscheinlich identisch. „Die Möglichkeit, allein gelassen zu werden, ist deshalb zweifellos die schwerste Bedrohung im Leben" (Fromm 1941/2006, S. 21). Es wird berichtet, dass in der Zulusprache das Wort ‚Angst' unbekannt sei; stattdessen werde sie mit dem Satz umschrieben: „Mutter, warum bist du weggegangen?"

Der Mensch, der „nackte Affe" (Morris 1967), hat sich vom Instinkt der Tiere emanzipiert – oder man könnte sagen, er wurde von seinen Instinkten im Tausch für seine höhere Intelligenz verlassen. Das begründet seine sehr lange Lebensunfähigkeit in den frühen Jahren – physisch einige Jahre lang, psychologisch noch viel länger. Je mehr Urvertrauen das kleine Kind verinnerlicht, desto weniger leidet er später unter Trennungs- und Verlassenheitsangst. Er wird diese durch Beziehungen und Verbündung mit anderen Menschen überwinden, aber nicht vermeiden können. Trennungs- und Verlassenheitsängste begleiten ihn durch das Leben, sie gehören zu seinem Schicksal.

Die Urangst ist dem Menschen eigen, weil er a) todesbewusst ist, b) im Gegensatz zu den Tieren genetisch bzw. instinktmäßig nicht ausreichend ‚programmiert' ist, c) eine überlange Trennungs- und Reifungszeit in seiner Kindheit und Jugend hat und d) sein soziales Gefühl ist im Vergleich zu dem der anderen Primaten durch die Zivilisation abgeschwächt.

Was den Menschen am deutlichsten vom Tier unterscheidet ist sein Bewusstsein: das Bewusstsein von Schmerz, von Freude, von Trauer, von Liebe und vom Tod: das Bewusstsein seines zeitlich begrenzten Seins. Je geistig differenzierter der Mensch, um so ausgeprägter wird dieses Bewusstsein sein Leben bestimmen. Die gesamte menschliche Kultur verdankt viel von seinen Errungenschaften dem Bewusstsein um die Begrenztheit menschlicher Existenz, der Angst vor dem Tod.

Intensive, pathologisch gesteigerte Angst ist mit Einsamkeit verbunden. Existenzangst und Einsamkeit sind siamesische Zwillinge, sie sind ohne einander unvorstellbar. Zweig spricht in seiner Angst-Novelle (1912/2005, S. 45), geradezu hellseherisch von „dieser selbstmörderischen Einsamkeit der Angst". Die Urerfahrung des Menschen mit der Angst ist gleichzeitig die Erfahrung, mit der Angst alleine gelassen zu werden. Diese Angst steckt ihm ‚in den Knochen', wenn er es nicht anders kennt, als dass niemand ihm in der beängstigenden Situation der Angst zur Hilfe kommt, oder ihn nicht einmal jemand versteht. Die Eltern, oder besser gesagt die Primärgruppe, verstehen die Angst nicht, weil *ihre* Angst in der Kindheit nicht verstanden oder aktiv unterdrückt wurde; sie wiederholen ihre eigene Erfahrung mit der Angst, so wie sie auch ihre Erfahrungen mit Aggression und Gewalt (Ammon 1981) wiederholen. Sie gehen der Angst des Kindes aus dem Weg, weil sie die eigene Angst nicht spüren wollen: Man kann oft von einer transgenerationalen Verkettung der Angst sprechen. Mit der Todesangst alleine zu bleiben ist die Erfahrung des Todes schlechthin; die Erkenntnis der engen Verbindung zwischen Angst und Einsamkeit ist für die Psychotherapie der Angststörungen (s. Kapitel 22, Therapie der Angststörung) von großer Bedeutung.

Auch phobische Ängste (z.B. beim Kind) sind nicht als neurotische Ängste zu betrachten, d.h. sie basieren nicht primär, wie Freud dachte, auf verdrängte ödipale Phantasien, sondern sind Manifestationen der existentiellen Angst. Sie können in körperlich

‚gebundenen', d.h. fixierten Form auftreten. Zulliger zählt dazu bei Kindern die Kastrationsangst, nächtliche Angstattacken, Angst vor Straßen, Brücken, Plätzen (agoraphobische Ängste), vor Dunkelheit, Autoritäten, ‚bösen Menschen', Tieren, Wasserscheu, Angst vor Blut, vor Schule, Prüfungen, Klausuren u.a. (Zulliger 1966, S. 81). Damit erweist er sich als Pionier einer einheitlichen Angstbetrachtung, die die unterschiedlichen katalogisierten Formen der Angst, wie sie heute in der psychiatrischen Literatur und Praxis differenziert werden, früh überwunden hat.

Die Bedingungen, unter denen die Urangst pathologische Dimensionen annehmen und das Leben dominieren kann, sind allerdings erst später – u.a. dank der Bindungsforschung – erhellt worden, vor allem in Verbindung mit der Borderline-Persönlichkeitsstörung.

Die Angst zählt zu den körperlichsten aller Gefühle. Zorn, Ärger können unterschiedliche Empfindungsqualitäten haben: Sie können mehr als psychisch oder mehr als körperlich empfunden werden; ebenso können Trauer, Eifersucht, Neid körperliche Aspekte haben und Schmerzen verursachen, die als körperlich empfunden werden. Urangst ist immer primär körperlich, oder, besser gesagt, sie ist an der Grenze von Soma und Psyche. Sie ist also *psychosomatisch* im ursprünglichen Sinne des Begriffes. Freud hat dieser Tatsache in seinen frühen Schriften Rechnung getragen, als er die Angst als Ergebnis nicht abgeführter somatischer Erregung annahm (s. Kapitel 6, Angst in der Psychoanalyse). Der Körper drückt aber nicht nur die Angst aus, er ‚speichert' sie auch, er ‚erinnert sich' an seine frühesten, vorsprachlichen Erfahrungen (Stern 1992, Streeck 2000, Ansermet, Magistretti 2005, Hüther 2005b, Geuter 2006).

Angst ist ein Basisaffekt (Compton 1980, S. 740). Andere Gefühle haben oft ihren Ursprung in der *einen* existentiellen Angst, die das Leben bedroht und unsicher macht, den Menschen an die Begrenzung seines Lebens, an den Tod erinnert. Das bedeutet nicht, dass es keine primäre Wut oder primäre Traurigkeit gibt: Nämlich wenn sie situationsbedingt und adäquat auftreten, so wie es eine situative Furcht gibt.

„Die Bekämpfung der Angst nennt der Mensch törichterweise Mut. Er schämt sich seiner Angst", schreibt Hellner (1969, S. 69). In der *patriarchalischen Kultur* gilt Angst als feige, unmännlich, als das „Weibliche". Alle Mythologien der patriarchalischen Kulturtraditionen liefern Beispiele von unerschrockenen Helden, die bereits als Kinder die Tapferkeit und den unerschrockenen Wagemut späterer Heldentaten vorwegnahmen. Die beliebtesten Heroen von der Antike bis heute, die gefeiertsten mythologischen Figuren der Griechen, der Finnen oder der Germanen, oder die unerschrockenen Kämpfer für die ‚gerechte Sache' der Kreuzzüge, des Kampfs gegen die ‚Ungläubigen' oder die unerschrockenen Seefahrer folgen dem gleichen Muster. Sie alle verkörperten das ‚männliche' Ideal der Angstlosigkeit. Selten handelt es sich um die *Überwindung* der Angst für eine ‚gute Sache', wobei der Gedanke, es könnte sich um ein *krankhaftes Fehlen* des Angstgefühls handeln, sich bis heute noch nicht allgemein durchgesetzt hat (siehe Kapitel 9, Defizitäre Angst). Sogar den nordamerikanischen Indianern, die im Kampf um die einzig wahren Religion bekämpft und ausgerottet wurden, wurde projektiv vom westlichen Menschen die Angstlosigkeit („ein Indianer kennt keine Angst") zugeschrieben. Herakles, gewissermaßen der Vorahn und der Prototyp aller abendländischen Helden, der bereits als Kind gewalttätig wird, „weigert sich, seine Prinzipien zu verändern […] und erschlägt Linus [seinen Musiklehrer] mit seiner Lyra" (Graves 1955/1975, Band

2, S. 92, Übersetzung durch E. F.). Schon als Säugling hatte er eigenhändig die beiden Giftschlangen, die die Göttin Hera im Zorn geschickt hatte, erdrosselt. Angst und ‚Erweichung‘ kannte er nicht: „Den kleinen Herakles hatte noch nicht einmal seine Amme jemals weinen sehen“ (Trencsényi-Waldapfel 1989, S. 198). So spricht auch der jugendliche Held des finnischen Volksepos, Lemminkäinen, der „den Kniff auch für den Bären und den Wolf kennt“, angesichts der aus dem Boden kriechenden Ottern und Schlangen:

> So ein Tod ist Kindersache,
> ist nicht Untergang des Mannes.
> [Daraufhin] fasst [er] die Ottern mit den Fingern,
> hielt die Schlangen in den Händen,
> schlug wohl tot an zehn der Schlagen,
> hundert wohl der schwarzen Würmer (Kalevala 1967/1979, S. 180).

Egil, der legendäre norwegisch-isländische Held, begeht seinen ersten Mord im Alter von sechs Jahren, „weil ein anderer Junge im Ballspiel gewinnt [...], den letzten im hohen Alter“ (Egils Saga 1976, S. 9).

Die Beispiele könnten endlos fortgesetzt werden. Der Mann ist tapfer, stark, waghalsig, unerschrocken. Und das ‚Weibliche‘ wird verachtet, weil die Gefühle, für die es steht, dem Mann eigentlich Angst machen. Diese Angst müssen die Männer aber bekämpfen, denn sie müssen ‚männlich‘ sein; das ist auch die ambivalente Botschaft ihrer Mütter: „Gehöre mir, entferne dich nicht von mir, aber sei gleichzeitig ein Mann (für mich), stark und furchtlos.“ „Mit ihm oder auf ihm“, sagte die spartanische Mutter zu ihrem in den Kampf ziehenden Sohn, d.h. lebend, mit dem Schild, oder tot, auf dem Schild – wie die Toten vom Kampf nach Hause getragen wurden – lieber tot als besiegt.

Delumeau stellt sich in seinem Buch „Angst im Abendland“ die Frage, warum so viel über Heldentaten, und so wenig über Angst erzählt wird: „Warum dieses beharrliche Schweigen über die Rolle der Angst in der Geschichte?“ Seine Antwort lautet: „Zweifellos wegen einer weit verbreiteten Verwirrung der Geister, bei den Begriffen Angst und Feigheit, Mut und Tollkühnheit“ (Delumeau 1978/89, S.11). Er zitiert G. Delpierre (1974, S. 7): „Das Wort Angst ist so mit Schande beladen, dass wir es verstecken. Wir vergraben in unserem tiefsten Inneren die Angst, die uns in den Eingeweiden sitzt“ und gibt zahlreiche Beispiele aus der Geschichte des Mittelalters und der Renaissance, aus denen ersichtlich wird, dass die Tradition des Mutes und der Tapferkeit – und ebenso die „Schande“ der Angst – im westlichen Denken aus der Zeit der griechischen Antike übernommen und bis in die Neuzeit gepflegt wurde (s.a. Kapitel 5, Zum Thema Angst in der Philosophie). „Die Lobreden auf Karl den Kühnen [...] sind hochtrabend. Er war stolz und von großem Mut, er trotzte jeder Gefahr und kannte weder Angst noch Schrecken; und wenn Hektor von Troja tapfer war, so war es jener ebenso“ (zitiert nach Chastellain, 1826). Mut, Kühnheit, Heldentum wurden mit ‚hoher Geburt‘, hingegen Angst, d.h. Feigheit, mit ‚niederer Geburt‘ assoziiert: „Niedere Geburt verrät sich durch Furcht“ (Äneis, 4. Gesang, 13, zit. b. Delumeau ebenda, S. 13). Diese traditionelle Auffassung der Angst, die durch unsere Zivilisation (und nicht nur die westliche!) zieht, hat tragische Folgen. Sie hat geprägt und prägt weiterhin unser Denken, unsere Erziehung und unser politisches Handeln. „Ich bin klein und mager“, sagt ein Ausbilder der berüchtigten Nationalgarde vom Diktator Somoza, der durch die berüchtigte Spezialausbildung mit ihrer unmenschlichen Demütigung gegangen ist und jederzeit zum Töten auf Befehl bereit ist. „Bevor ich zur Nationalgarde ging, hatte ich vor allem und jedem Angst. Heute habe ich keine Angst. Das ist das Wichtigste. Das nenne ich einen Mann" (Gruen 1997/2005, S. 124). „Das Männliche ist das reduzierte Bewusstsein. Es blockiert unser Leben, indem es darauf besteht, dass das Weibliche Schwäche ist" (ebenda, S. 46).

Freilich gilt das Gesagte besonders für die Erziehungstradition des männlichen Geschlechts. Frauen ‚dürfen‘ schwach, gefühlsbetont, ‚ängstlich‘ sein. Ihnen ist in unserer Kultur ‚gestattet‘, die Gefühle zu zeigen, die bei Männern eher tabu sind, ja diese in vielen Partnerschaften und Familien für die Männer ‚stellvertretend‘ auszudrücken. So findet man oft Frauen, die die für ihre männlichen Partner ‚tabuisierten‘ Angstgefühle ausdrücken, so wie die Männer oft die Aggression ‚für zwei‘ austragen. Daraus kann man aber nicht den Schluss ziehen, dass die patriarchalische Kulturtradition nur für die Männer gilt; sie charakterisiert und prägt Gesellschaft und Kultur *insgesamt,* und selbst die Spaltung in weibliche und männliche ‚Rollenverhalten‘ ist bereits Teil dieser Tradition.

Spätestens seit den 68er Jahre des letzten Jahrhunderts haben wir dies erkannt. Und Romane, Filme, Artikel gaben uns die Hoffnung, dass die Wende zum Matriarchat, oder noch besser, zu einem „androgynen Zeitalter" (Ammon 1986a), die große Chance der Menschheit, ihre Chance zum Frieden und vielleicht auch zum Überleben, schon angebrochen war.

Wird die Menschheit diese Chance ergreifen? Arno Gruen bezweifelt es: „Denn in unserer Kultur, die beherrscht ist von der Ideologie der männlichen Überlegenheit, gründet die weibliche Selbstachtung nur zu oft auf den männlichen Kriterien und verleugnet die eigenen weiblichen Eigenschaften" (Gruen 1987/1996, S. 39). Wenn ich neuerdings Frauen sehe, die vielen Männer in ihrem rücksichtslosen Autofahren in nichts nachstehen, im einzigen Bestreben, alle anderen Autofahrer zu überholen, oder Frauen, die als Managerinnen, als ‚harte‘, ‚männliche‘ Politikerinnen es den Männern ‚gleichmachen‘ oder sie auch auf dem ‚eigenen Gebiet‘ der männlichen Macht- und Leistungsideologie sogar übertreffen und darauf stolz sind, dann zweifle ich auch daran.

Die patriarchalische Kultur, in seinen verschiedenen Varianten, wie militaristische, Frauen verachtende, Helden blind idealisierende oder despotische Ideologien, wird durch Familienideologien weitergegeben und ‚gefiltert‘. Viele Menschen wachsen in Familien auf, die solche Ideologien zu eigen gemacht und explizit oder unterschwellig in die Erziehung ihrer Kinder – meist der Jungen – einsetzten. Solche Traditionen oder Ideologien haben deshalb großes Gewicht, weil sie auch den Kontakt innerhalb der Familien bestimmen. Viele Patienten berichten von Eltern bzw. Primärgruppen, in denen die Akzeptanz und Anerkennung förmlich vom ‚tapferen‘ Verhalten des Kindes (vor allem des Jungen) bestimmt war, andererseits ‚mutloses‘ Verhalten als feige, ‚Schlappschwanz‘, ‚halber Mensch‘, etc. diffamiert und zur Verachtung oder Erniedrigung des Kindes, ja sogar zum Kontaktabbruch und Liebesentzug führte. Eine solche ‚Konditionierung‘ (Arno Gruen nennt ihre psychische Folge „Der Fremde in uns" [Gruen 2000] und betont, dass „diese Mütter weiterhin im männlichen Mythos gefangen sind und ihn ihren Kindern aufzwingen" [Gruen 1987/1996, S. 103]) führt unweigerlich zur Verkümmerung der kommunikativen Kraft der Angst. Dort wo Angst zum zwischenmenschlichen Kontakt und insbesondere in der Entwicklung des Kleinkindes notwenig wird (weil das Kind nur

mit Angst seine Umwelt entdecken kann), wird die Angst und ihre Äußerung zum Anlass des Kontaktabbruches. Das Verhalten von Familien bezüglich der Ängste der Kinder
ist ein gewichtiger Faktor in der Erziehung und ist in Verbindung mit den transgenerationalen Aspekten der Angst zu sehen (siehe Kapitel 17, Angst und Erziehung sowie
Kapitel 14, Transgenerationale Aspekte).

Kulturelle Traditionen, so auch das ‚Verstecken‘ von Gefühlen – darunter auch
Angst –, werden durch Identifikation von einer Generation zur Nächsten tradiert. Dabei
geht es hauptsächlich um die Identifikationsprozesse mit den wichtigsten Bezugspersonen (vgl. Fabian 2005b). Kinder übernehmen „auch all jene Strategien ihrer Vorbilder“,
schreibt Hüther (2007, S. 227), „die diese zur Regulation ihrer eigenen emotionalen
Befindlichkeit einsetzen. Dazu zählen sowohl das Verstecken von Gefühlen wie auch
das übertriebene zur Schau stellen von emotionalen Gesten und mimischen Ausdrucks-
formen [...]. Die ursprüngliche Offenheit des kindlichen emotionalen Ausdrucks wird
nun immer stärker in eine private Gefühlswelt internalisiert. Vor allem in den westlichen Kulturen führte das zu einer zunehmenden Entkopplung der durch Mimik und
Gestik zum Ausdruck gebrachten und der tatsächlich subjektiv empfundenen Gefühle.
Die eigenen Gefühle werden so immer stärker kontrolliert und vom Körperempfinden
abgetrennt.“

Erst allmählich im Laufe des 20. Jahrhunderts ändert sich die Einstellung gegenüber
der Angst. Ihre Bedeutung für die menschliche Existenz wird erst in Kunst und Literatur
erkannt. Die Philosophie der Existenzialisten, inspiriert nach Kierkegaard, vertieft die
Einsicht in die Bedeutung der Angst. So schrieb Sartre: „Alle Männer haben Angst. Alle.
Wer keine Angst hat, ist nicht normal; das hat nichts mit Mut zu tun“ (Sartre 1962, S. 52).

Mit der Einstellung zum Heldentum hat sich in unserer Zeit auch die Einstellung
zum Tod verändert. „Die Glorifizierung der für das Vaterland Gefallenen“, die noch in
der Generation unserer Großväter dem „natürlichen Empfinden“ entsprach, schreibt J.
E. Meyer in „Todesangst und Todesbewusstsein der Gegenwart“, „diese in der Vergangenheit anscheinend selbstverständliche Tendenz einer heroischen Rechtfertigung des
Sterbens und des Tötens ist seit dem zweiten Weltkrieg im öffentlichen Bewusstsein vieler Völker, speziell auch in Deutschland, sehr zurückgetreten. Die ehrwürdige Formel ‚er
lebte und starb für‘ [vermag] die Hinterbliebenen nicht mehr unmittelbar zu erreichen“
(J. E. Meyer 1979/1982, S. 2). Insgesamt hat sich aber auch die Aufmerksamkeit der Menschen verlagert: „Es geht in der öffentlichen Diskussion heute gerade *nicht um den Tod,
sondern um das Sterben*“ (ebenda S. 5, kursiv im Original). Und mehr noch: um „das
Sterben des anderen“ (ebenda S. 55).

In diesem Buch ist von Angst als Existenzangst in ihrer metaphysischen Qualität die
Rede. Viel von der psychotherapeutischen Literatur handelt zwar von Angst, man hat
jedoch beim Lesen den Eindruck, dass es um eine greifbare, konkret verständliche, nahe
Angst geht, meistens eine ‚Angst vor‘, sei sie vor dem Unbewussten, vor einer Gefahr,
oder vor der Vernichtung. Selbst wenn das Thema Verlassenheitsangst ist, hat man oft
das Gefühl, dass der Autor selber diese Angst nie erfahren hat. Hier geht es um die Angst,
die Künstler und Schriftsteller besser kennen, als die meisten Psychotherapeuten: Die
Angst, die in Kafkas Romanen und Kurzgeschichten, in Bachmanns Lyrik, in Ingmar
Bergmans Filmen zentrales Thema ist.

Doch die Todesangst hindert den Menschen nicht nur am Leben, bedroht ihn nicht nur, sondern, wie Battegay (1970/1977) betont, ist gleichzeitig ein wesentlicher Motor des Lebens: „Nicht zuletzt ist es die Angst vor dem Tode, die die Menschen davor zurückhält, gänzlich der Erfüllung ihrer Triebanliegen zu leben" (S. 93). Sie wirkt sich „als lebenserhaltendes Prinzip aus" (ebenda, S. 95). Ohne Angst „würde [der Mensch] keine Anstrengungen unternehmen, um sich weiter zu bringen, sich zu wandeln, denn es würde ihn keine Angst mehr dazu treiben [...]. Ohne Angst besteht die Gefahr des Stillstands, der Starre und des Verfalls" (ebenda, S. 101). In diesem Zusammenhang kritisiert Battegay die Sozialeinrichtung des „Sozialstaates", die eine Illusion der Sicherheit bei den Menschen erzeugt. Diesem Aspekt der Angst, als Motor menschlicher Entwicklung, wird das vorletzte Kapitel dieses Buches (Kapitel 23, Angst und menschliche Entwicklung) gewidmet.

4. Aspekte von Angst und Religion

Bleib bei uns, denn es wird Abend werden
Lukas 24, 29

Angst schuf die Götter
Hellner 1969

Vergleichen wir zwei musikalische Beispiele miteinander, zwei musikalische Gebete in traditioneller Form: das Madrigal *Timor et tremor* (Angst und Zittern) von Orlando di Lasso (ca. 1564) und den Satz *Agnus Dei* aus Beethovens *Missa Solemnis* von 1823. In beiden wird Todesangst mit eindrucksvoller Intensität musikalisch ausgedrückt. Bei Lasso „zittert" der Mensch, allein und ohnmächtig gegen die Macht der Angst; erst am Ende des Madrigals, in der der Mensch gleichsam seinen Kopf in tiefem Vertrauen auf den Schoß Gottes legt, kehrt allmählich Ruhe, Frieden und Zuversicht zurück. Der Mensch vertraut in vollem Maße Gott, der ihm in der Stunde seiner Todesangst beisteht und Trost spendet. Beethovens Musik – man könnte sie sein musikalisches Testament nennen –, zeigt die Zweifel des modernen Menschen, der, wenn auch gläubig, nicht mehr ganz sicher ist, ob er in seiner Angst nicht doch allein gelassen wird. In der Reprise des Hauptthemas – Agnus Die, miserere – rebelliert der Mensch, er fordert Gott energisch, verzweifelt, wütend auf, ihn zu schützen, ihn in seiner Todesangst nicht allein zu lassen. Hoffnung ist noch da, aber nicht mehr die Selbstverständlichkeit des Glaubens. Der moderne Mensch, ein Hiob, hadert mit seinem Schicksal, hofft und zweifelt.

Die beiden Beispiele verdeutlichen die Entwicklung der Einstellung zur Angst in der Musik, als Widerspiegelung der Wandlung des Glaubens seit dem Spätmittelalter. Sie illustrieren den Anfang der Abschwächung der *Selbstverständlichkeit* des Glaubens in der westlichen Kultur der Neuzeit. Der Halt, den die Religion bot, der Schutz vor der Angst, vor dem *endgültigen* Tod (das heißt die Hoffnung auf das nächste Leben, auf die Ewigkeit) wird durch den Vormarsch des Rationalismus, der modernen Wissenschaft und des Atheismus in Frage gestellt. Der Glaube und auch schon das Beten für sich waren eine Möglichkeit der Einflussnahme auf das eigene Schicksal. Glaube bedeutet, z.B. im Kontext des Neuen Testaments, Überwindung des Todes (wie Jesus selber, der den tod überwunden hat). Je tiefer, je ehrlicher und makelloser der Glaube, desto sicherer die Erlösung vor dem endgültigen Tod, der Angst aller Ängste.

Die Angst in ihrer Grundform, als Angst vor dem Tod, dem Nichts, ist das Wissen von der Endlichkeit des menschlichen Lebens. In der Neuzeit bleibt der alte Glaube ohne Ersatz, es ist ein „religiöses Vakuum" entstanden (Fromm 1991/2006, S. 37), denn die Aufklärung, die Ratio, verkörpert durch die Fortschritte der Medizin, der Wissenschaft und der Technologie, lassen uns in unserer existentiellen Angst allein. „Was so typisch für unser heutiges Leben ist, ist das Versagen alter traditioneller Unsterblichkeitsideologien", schreibt E. Becker (1976, S. 281). In Battegays Worten: „Nie war stärker als in der Gegenwart zu erkennen, dass die Menschen zutiefst sich danach sehnen, über sich hinaus leben zu können, und zwar auch dann, wenn sie nicht glauben können" (Battegay 1970, S. 88). Der Volksdichter drückt es im Gedicht „Aufklärung" (aus der Sammlung „Des Knaben Wunderhorn", 1808) in Form eines Gebets aus:

> O laßt mich doch bei meiner Bibel,
> Laßt mich in meiner Dunkelheit;
> Denn ohne Hoffnung wird mir übel
> Bei dieser aufgeklärten Zeit

Die Folge der Abschwächung, ja des Verschwindens des Glaubens im großen Maßstab der Bevölkerung ist aber, nach Landsberg, nicht die Zuwendung an das ,diesseitige' Leben: „Und selbst wenn man zugestehen würde, dass die Neuzeit mit einem plötzlichen [...] Verschwinden [...] des Glaubens an eine jenseitige Unsterblichkeit begonnen hätte, so würde daraus noch keineswegs folgen, dass dieser Verlust der Transzendenz den Menschen diesseitiger und weltlicher gemacht hätte: Die Geschichte dieser Jahrhunderte beweist vielmehr, dass der Glaubensverlust die Menschen nicht auf die Welt und ein Diesseits, sondern vielmehr auf sich selbst zurückgeworfen hat" (Landsberg, zit. b. J. E. Meyer 1979/1982, S. 19).

Nicht nur die Gebete: Jede religiös-ethische Handlung ist beim religiösen Menschen im Grunde mit der Hoffnung verbunden, das Leben nach dem Tod zu ermöglichen oder seine Bedingungen zu verbessern – auch in den nichtchristlichen Religionen: vergleiche das Karma-Prinzip und die Dualität Paradies/Hölle in den großen Religionen). Hobbes meinte, alle Religionen ließen sich von der Angst ableiten (Marinoff 1999/2005, S. 253). „Kaum gab es Menschen auf der Erde", schreibt Hoffmann (1994, S. 25), „da schufen sie, als eine der ersten Kulturtaten, Instanzen zur Bewältigung der Angst, die dann meist Götter genannt wurden". Für C. G. Jung sind „die Mehrzahl der Religionen komplizierte Systeme der Vorbereitung des Todes" (zit. b. Meyer 1979/1982, S. 18). Horst-Eberhard Richter spricht vom „Gotteskomplex" des Menschen, dem die *Panik erzeugende Angst* vor Ohnmacht, Schwäche, Abhängigkeit, Leid, Ausgeliefertsein, narzisstischer Auflösung und vollständiger Macht- und Bedeutungslosigkeit" zugrunde liegt (G. Meyer 2007, Bd. 2, S. 340, kursiv im Original).

Allerdings muss der Mensch das Paradies, den ewigen Frieden und die Nähe des Vaters mit guten Taten, rechter Führung und ehrlichem Glauben verdienen, sonst droht die ewige Verdammung der Hölle – die immer noch nicht das ontologische Nichts des modernen Todes ist (die einzige Religion, die eine Art Auflösung oder Eingang in das

All als Erlösung von allem Leid als Endziel und Zustand des inneren Friedens verspricht, ist der Buddhismus; doch dieser vermag es nicht, den westlichen Menschen zu trösten, weil er ihm kulturell fremd ist). Die Urangst ist letztendlich der Grund aller Religionen und allen Philosophierens.

Im ältesten Teil des alten Testamentes, dem Pentateuch, in den Büchern der Richter, der Könige und der Propheten, ist nirgendwo von Angst als solcher die Rede, sondern nur von Gottesfurcht. In der Genesis findet man mehrmals Gottes Ruf an den Gläubigen: „Fürchte dich nicht!" Todesangst wird durch Gottesfurcht ersetzt. Im späteren Buch Hiob steigert sich die Gottesfurcht doch wieder zur Todesangst in einem Traum (Hiob 4.14): „Wenn tiefer Schlaf die Menschen überfällt, kam Furcht und Zittern über mich und ließ erschaudern alle meine Glieder [...]. Wie erst jene, die im Lehmhaus wohnen, die auf den Staub gegründet sind; schneller als eine Motte werden sie zerdrückt. Vom Morgen bis zum Abend werden sie zerschlagen, für immer gehen sie zu Grunde, unbeachtet" (Hiob 4.19–20).

Erst in den Psalmen kommt das neue Motiv des Trostes und des Schutzes hinzu:

> Muss ich auch wandern in finsterer Schlucht,
> ich fürchte kein Unheil; denn du bist bei mir,
> dein Stock und dein Stab geben mir Zuversicht (Psalm 23).

Im Psalm 27 ist die Formulierung noch deutlicher:

> Der Herr ist mein Licht und mein Heil:
> Vor wem sollte ich mich fürchten?
> Der Herr ist die Kraft meines Lebens:
> Vor wem sollte mir bangen? [...]
> Meine Bedränger und Feinde,
> Sie müssen straucheln und fallen.
> Mag ein Heer mich belagern:
> Mein Herz wird nicht verzagen.

Die Gottesfurcht ist hier keine Bedrohung mehr, sondern die Hingabe an Gott und die ‚Freude' an seinen Geboten wird zur Quelle des Glücks und Wohlstands:

> Wohl dem Mann, der den Herrn fürchtet und ehrt
> Und sich herzlich freut an seinen Geboten.
> Seine Nachkommen werden mächtig im Land,
> das Geschlecht der Redlichen wird gesegnet.
> Wohlstand und Reichtum füllen sein Haus,
> sein Heil hat Bestand für immer (Psalm 112, Der Segen der Gottesfurcht).

Und in den Sprichwörtern Salomos heißt es: „Die Gottesfurcht ist ein Lebensquell, um den Schlingen des Todes zu entgehen" (Sprichwörter 14.27). Der evangelische Pastor und Psychoanalytiker Pfister fasst zusammen: „Der unreligiöse Mensch, der Gottes Existenz leugnet, wird daher immer von Angst reden, wo der religiöse von Furcht, etwa Furcht vor Gott redet" (Pfister 1975, S. 30). Die Furcht kann in Liebe sublimiert werden, solange „in der Ehrfurcht der Furchtbetrag, das tremendum, [nicht] zu stark anschwillt [und] die Liebe in Gefahr [bringt]" (ebenda, S. 449). Binder weist auf den Unterschied zwischen Furcht und unbestimmter Angst in der Religion hin: Man redet „von der *Angst* vor dem Dämon, aber nur von der *Furcht* vor Gott" (Binder 1949, S. 709, kursiv im Original).

Im Neuen Testament verdichtet sich die Zuversicht der Erlösung durch den Glauben zu einem zentralen Glaubensbekenntnis. Im Markus-Evangelium sagt Jesus dem Synagogenvorsteher: „Sei ohne Furcht; glaube nur!" (Markus 5.36). Ähnlich bei Matthäus (14.27): „Habt Vertrauen, ich bin es; fürchtet Euch nicht!" Auch der Märtyrertod für den gerechten Glauben verspricht Erlösung: „Aber auch wenn Ihr um der Gerechtigkeit willen leiden müsst, seid ihr selig zu preisen" (1 Petrus 3.14). In den Evangelien wechselt sich das alte Motiv der Gottesfurcht – „fürchtet Euch vor dem, der nicht nur töten kann, sondern die Macht hat, Euch auch noch in die Hölle zu werfen" (Lukas 12.5) – mit dem Motiv der Liebe zu Gott ab, vertreten durch seinen Sohn Jesus, der die Rettung verheißt: „Furcht gibt es in der Liebe nicht, sondern die vollkommene Liebe vertreibt die Furcht" (1 Johannes 4.18). Das Mittel zur Überwindung der Angst durch Sicherung des Schutzes und der Liebe von Gott ist die Bekämpfung, möglichst die Tötung der Sünden: „Wenn Ihr nach dem Fleisch lebt, müsst Ihr sterben; Wenn Ihr aber durch den Geist die [sündigen] Zutaten des Leibes tötet werdet Ihr leben" (Römer 8.13).

Zu den Bedingungen der Erlösung gehört auch der Gehorsam gegenüber der Obrigkeit: „Denn es gibt keine staatliche Gewalt die nicht von Gott stammt; jede ist von Gott eingesetzt" (Römer 13.1). Solche ‚Bedingungen' liegen der von Erich Fromm so genannten „autoritären Religion" zu Grunde; wie man aus der Geschichte weiß, sind die Folgen solcher Macht- und Unterwerfungsideologien für die Geschichte nicht zu überschätzen.

Insgesamt kann man fünf Aspekte der Religion bzw. des Glaubens feststellen, die der Verminderung der Todesangst dienen:

1. das Versprechen der Unsterblichkeit im Sinne eines Lebens nach dem Tod, die allen Religionen, so verschieden sie auch sein mögen, gemeinsam ist, und damit die Befreiung vor dem endgültigen Tod (und weitgehend auch der Angst vor dem Tod);

2. zumindest die drei großen monotheistischen Religionen versprechen eine allmächtige Vaterfigur, die für jeden einzelnen Menschen Sorge trägt – und dies in dem Maße, in dem der Einzelne die Gesetzte dieses Vaters befolgt. Freud schreibt: „Es ist leicht zu zeigen, dass das Ich-Ideal allen Ansprüchen genügt, die an das höhere Wesen im Menschen gestellt werden. Als Ersatzbildung für die Vatersehnsucht enthält es den Keim, aus dem sich alle Religionen gebildet haben. Das Urteil der eigenen Unzulänglichkeit im Vergleich des Ichs mit seinem Ideal ergibt das demütige religiöse Empfinden, auf das sich der sehnsüchtige Gläubige beruft. Im weiteren Verlauf der Entwicklung haben Lehre und Autoritäten die Vaterrolle fortgeführt; deren Gebote und Verbote sind im Ideal-Ich mächtig geblieben und üben jetzt als *Gewissen* die moralische Zensur aus" (Freud 1923, S. 265, kursiv im Original);

3. die gemeinschaftsbildende und bindende Kraft der religiösen Gemeinden ist nicht zu unterschätzen. Gemeinsamer Glaube verbindet und zementiert das Gemeinschaftsgefühl; „Die sozialen Gefühle ruhen auf Identifizierungen mit anderen aufgrund des gleichen Ich-Ideals" (Freud ebenda);

4. die möglichst minutiöse Befolgung aller religiösen Vorschriften garantiert ein bis
ins Detail reglementiertes Leben, das keinen Aspekt sozialer, ethischer, religiöser
oder häuslicher Betätigung außer Acht lässt und damit *per se* – wie jeder Zwang
– angstbindend wirkt. Der religiöse Jude beispielsweise muss lernen, hunderte von
Regeln einzuhalten: Sie betreffen Verhalten, Beruf, Essen und Fasten, Gesundheit
und Krankheit, Sexualität und die Beziehung der Geschlechter zueinander, Moral,
Rechte und Pflichten, Geburt und Tod, Alltag und Feste. Ähnlich im Islam: Das Beten fünfmal täglich und die dutzenden Rituale vervollständigen die Vorschriften und
sorgen für das Minimieren der ‚ungebundenen‘ Zeit, in der Grübeln und Angstgefühle auftreten könnten;
5. die Kirche hat es verstanden, die Todesangst in einzelne, „fassbare“ Komponenten
zu zerlegen, und damit zu konkretisieren. In einer Hierarchie der Ängste (und der
Sünden) lehrte die Kirche, schreibt Delumeau, dass „die Wölfe, das Meer und die
Sterne, die Pest, die Hungersnöte und Kriege [...] weniger furchtbar [sind] als der
Teufel und die Sünde und der Tod des Körpers weniger als jener der Seele [...]. Sie
[die Kirche] lenkte ihre gefürchteten Untersuchungen in zwei Richtungen, einmal
gegen die ewigen Sündenböcke, die jedermann zumindest dem Namen nach kannte,
die Ketzer, Hexen, Türken, Juden usw., zum Anderen gegen jeden Christen, da der
Satan auf alle Karten setze, und jedermann, wenn er nicht aufpasse, zum Handlanger
des Teufels werden könne. Deswegen war eine gewisse Angst vor sich selbst von
Nöten“ (Delumeau 1978/1989, S. 39–40). Dadurch wurde „eine globale Todesangst
[...] auf diese Weise in verschiedene Ängste zerlegt, die zwar jede für sich furchtbar,
aber doch ‚benannt‘ und erklärt waren“ (ebenda, S. 39). Die „Benennung“, die Konkretisierung, macht die diffuse existentielle Angst erträglicher, wie ich im Kapitel 8
(Die vielen Gesichter der Angst) noch ausführlich diskutieren werde.

„Gleichzeitig diente eine ganze Ikonographie, in der über die Jahrhunderte hinweg
Totentänze, Jüngste Gerichte und letzte Ölungen [die] neben einer Flut von frommen
Bildern stehen“ (ebenda, S. 43), die Angst – besonders der Armen – zu schüren. „So
bemühten sich die geistlichen Führer des Abendlandes mit einer Schocktherapie die
beklemmende kollektive Angst, die [durch die Pest, die Kriege, das Schisma der Kirche
usw.] von immer größerer Belastung herrührte, durch theologische Ängste zu ersetzten“ (ebenda, S. 40). „Und der Mensch des Abendlandes empfand mehr und mehr einen
seltsamen Genuss bei der Darstellung des siegreichen Todeskampfes der Gemarterten
[...] Die vor großen Menschenmengen aufgeführten Mysterienspiele und die religiöse
Kunst in all ihren Erscheinungsformen popularisiert mit unzähligen Ausschmückungen
die Geißelung und den Todeskampf Christi [...], die Enthauptung Johannes des Täufers
[...], die Steinigung des heiligen Stefanos“ usw. (ebenda, S. 34–36).

Im Mittelalter lebte der Mensch mit dem Tod, sozusagen in der Nachbarschaft des
Todes. Nach Tillich verdient vor allem „die Zeit der Vorreformation und der Reforma-
tion [...] den Namen ‚Zeitlater der Angst‘, [indem sie als] Zorn Gottes ausgedrückt und
durch die Vorstellungen von Hölle und Fegefeuer gesteigert“ wurde (Tillich 1991, S. 51).
In der Romantik findet die Mystifizierung und Verherrlichung des Todes ihren Ausdruck. Die Postromantik bringt den Materialismus und die Verwissenschaftlichung des
Todes als Abwehr der darin enthaltenen Angst. Heute haben wir den Tod in die Ferne

gebannt; umso heftiger ist uns die Angst vor dem Tod zurückgeblieben. Wir tabuisieren sie, und sie beherrscht uns.

Der Philosoph Ludwig Feuerbach (1804–1872) (zit. b. Weischedel 1966/1987, S. 244) fasst es zusammen: „An die Stelle des Glaubens ist der Unglaube getreten, an die Stelle der Bibel die Vernunft, an die Stelle der Religion und Kirche die Politik, an die Stelle des Himmels die Erde, des Gebetes die Arbeit, der Hölle die materielle Not.“

Wir leben heute im Zeitalter der Technologisierung und Computerisierung des Lebens und der Zeit, im Zeitalter der Globalisierung. Tod und Todesangst werden mehr und anders verdrängt als früher.

„Der Jenseitsglaube ist [den meisten Menschen] abhanden gekommen“ – schreibt Battegay – „Aber auch die Hoffnung, in den kommenden Geschlechtern weiterzuleben, hat sie verlassen. Die Wandlung vollzieht sich in unserer Zeit so rasch, daß die Menschen oft – nicht zu unrecht – fürchten, schon kurz nach ihrem Hinscheiden vollkommen ins Dunkel der Vergessenheit und Bedeutungslosigkeit zu verfallen. Und was ängstigt den Menschen mehr als wahrzunehmen, dass seine Aufgabe mit seinem Ableben erfüllt oder gar unerfüllt zu Ende sein könnte?“ (Battegay 1970/1996, S. 88).

Der Glaube, der Generationen von Menschen eine Linderung, eine Hoffnung in ihrer Angst vor der Endgültigkeit des Todes war, war nur um den Preis des Gehorsams, der Verdummung und des Gefügigmachens im eigenen Interesse der Kirche und der Machthaber aufrechtzuerhalten. Die Unterdrückung zahlreicher Generationen von Kindern, ihre Erziehung zur Unterwerfung und zum Unterwerfen der nächsten Generation geschah immer im Namen des Glaubens, von der Bibel begründet, von den Kirchen aufrechterhalten und rücksichtslos gefordert. Mit der Zeit wird „Gehorsam dann zum eigentlichen Sinn des Lebens“, schreibt Arno Gruen. „Es sei an die Kriegsverbrecher erinnert, die diese Entschuldigung oft vorbringen [...]. Unter dem Deckmantel des Befehls geschahen alle Arten von Grausamkeiten und Mordtaten, ohne dass einer die Verantwortung dafür hat übernehmen müssen“ (Gruen 1989/1996, S. 34).

Der Glaube war also eine Krücke. Aber diese Krücke ist den Menschen ersatzlos entzogen worden. Hoffnung, Glaube und Sinngebung hängen eng zusammen, aber auch das Gefühl der Solidarität, des Zusammenhalt und der Zugehörigkeit zu den anderen Menschen, des Individuums als Gruppenwesen.

Im gleichen Maße, wie die Religion immer als Trost für den angstgeplagten Menschen in Frage kam und der Glaube ihm Sicherheit vermittelte, bemühte sich die Katholische Kirche und bald nach ihrer Entstehung auch die Protestantische, im Laufe der Jahrhunderte die Todesangst zu schüren. Die Geschichte der Kirchen mit ihrer rücksichtslosen und blutigen Verfolgung Andersgläubiger, „Ketzer, Hexen, Juden und anderen Minderheiten“ die direkt oder indirekt durch die Kreuzzüge und viele andere Kriege und kriegerischen Auseinandersetzungen provozierte Eskalation und Bestrafung ‚Ungläubiger‘ ist ein immer noch empörendes und trauriges Kapitel der Geschichte, das von den Kirchen noch lange nicht verarbeitet und betrauert wurde. Sogar an ehrlichen, jenseits des politischen Kalküls der Kirchenväter und -funktionäre stattfindenden Ansätzen fehlt es bis heute, wenn man von wenigen positiven Bespielen absieht. Der oft passive, leider noch häufiger aktive Beitrag der beiden Kirchen zum Antisemitismus war bekanntermaßen ein ‚idealer‘ Wegbereiter aller hassvollen Ausschreitungen gegen die Juden, von den Kreuzzügen und Pogromen des Mittelalters bis zum Faschismus und zum Holocaust der Nazizeit (vgl. u.a. Delumeau 1985/1978, Teil 2, Poliakov 1955/1981, Goldhagen 2002/2004).

Es ist eine traurige Eigentümlichkeit der abendländischen Geschichte, dass Glaube, wahre Religiosität und Ethik einerseits, und Kirchen, Macht, Heuchelei und Zwang andererseits, miteinander im Laufe der Jahrhunderte unentwirrbar verbunden waren – und noch heute, auch wenn verschleiert, es geblieben sind. Zusammen mit der Religiosität verliert auch die bindende Kraft von Feiern und Festen wie Weihnachten an Kraft, da ihre Symbolik nicht mehr im gleichen Maße wie früher allgemein akzeptiert wird. Auch damit ist ein menschliches und gruppenschaffendes Element weitgehend verloren gegangen.

Die Frage: Wie kann das ethische Vakuum wieder gefüllt werden? – ist eine der schwierigsten und wichtigsten Fragen unserer Zeit. Sie wird wesentlich bleiben für das Überleben der Menschheit und ihrer Kultur.

5.   Zum Thema Angst in der Philosophie

Der Tod überrascht nicht den Weisen;
Er ist immer bereit zu gehen.

La Fontaine

Die Angst beschäftigt den fühlenden und denkenden Menschen seit seinen Anfängen – dadurch, dass er, wie oben erwähnt, ein bewusstes und damit auch todesbewusstes Wesen geworden ist. Das älteste erhaltene Buch der Menschheit, das Epos von Gilgamesh, handelt von der Suche nach der Unsterblichkeit, die auch das Thema des Ausweichens vor dem endgültigen Tod und vor der Todesangst darstellt. Philosophie ist seit ihrem Beginn Auseinandersetzung mit dem Sinn des Lebens, d.h. auch mit seiner Einmaligkeit und Begrenztheit. Dieses Kapitel kann nicht mehr als einen kurzen Exkurs in das umfangreiche Thema darstellen.

Nach Montaigne heißt Philosophieren schlechthin „sterben lernen"; es heißt, nach Cicero, „sich auf den Tod vorbereiten" (Montaigne 2006, S. 49).

Horaz, Ovid, Seneca, Marc Aurel haben wunderbare Sätze zum ‚richtigen' Sterben, das eine Voraussetzung des ‚richtigen' Lebens ist, hinterlassen. „Wer die Menschen sterben lehrte, würde sie leben lehren" (Montaigne 2006, S. 63). Auch in der Literatur begegnen wir dieser Erkenntnis. In Alboms „Dienstags mit Morrie" sagt der alte, sterbenskranke Mann dem jüngeren: „Wenn du lernst, wie man stirbt, dann lernst du, wie man lebt" (Albom 1997/2002, S. 99). Umgekehrt, den Gedanken des Todes zu verdrängen heißt, sich dem bewussten Leben nicht zu erschließen, blind in den Tag hinein zu leben. Erst das Bewusstheit um die Begrenztheit – und Einmaligkeit – der uns zur Verfügung stehenden Zeit kann uns lehren, dem Sinn des Lebens näher zu kommen, bewusster zu leben und menschlicher miteinander umzugehen.

„Nur klein ist der Rest deines Lebens. Lebe wie auf einem Berge" (d.h., mit freier Aussicht), schreibt Marc Aurel (1977, S. 159). „Denke, in welcher Beschaffenheit des Leibes und der Seele dich der Tod antreffen wird" (S. 188). Die Erinnerung an den Tod, *memento mori*, das Bewusstsein der Gegenwart des Todes mitten im Leben, *media vitam in morte sumus,* und die Kunst zu sterben, *ars morendi,* waren jahrhundertelang Leitfaden für das selbstbewusste Leben des sich selbst und das Leben hinterfragenden Menschen.

Doch ist nicht zu verkennen, dass Philosophieren leicht die Grenze zwischen der bewussten Reflektion und der Abwehr unwillkommener Gefühle wie der Angst durch Rationalisierung überschreiten kann. Oft ist diese Grenze subtil, manchmal undeutlich.

Epikur argumentierte beispielsweise sehr einfach: „Der Tod geht uns nichts an, denn solange wir sind, ist der Tod nicht da; aber wenn der Tod da ist, sind wir nicht mehr" (Weischedel 1966/1987, S. 64). Die vorherrschende Einstellung der griechischen Antike zur Angst insgesamt und besonders zur Todesangst wird am ersichtlichsten in der Philosophie der Stoiker. Sie vertraten explizit die Überwindung der menschlichen ‚Schwächen‘, darunter auch der Ängste, durch Stärkung der inneren Disziplin und Einsicht in die ‚Eitelkeit‘ der Gefühle. Die Überwindung der Emotionalität, der affektiven ‚Täuschungen‘ durch die Ratio ist ein zentrales Thema auch bei Sokrates und zieht durch die ganze griechische und altrömische Philosophie, um „Jahrhunderte später von Ignazius von Loyola übernommen" zu werden (Ellenberger 1985, S. 79).

Dabei ist es bemerkenswert, dass das Thema Angst in der Philosophie der Alten insgesamt wenig Platz einnimmt. Die griechisch-römische Antike beschäftigt sich kaum mit der Angst als solcher. Für Platon reiht sich die Angst zusammen mit „Gelüsten und Begierden [...] und mancherlei Trugbildern" (Platon 1973, S. 80), oder mit „Irrtum und Unwissenheit [...], wilder Liebe und allen anderen menschlichen Übeln" (ebenda, S. 91). Sie zählt zu den Folgen von Lust und Begierde, die vom Leib verursacht werden; die körperlichen Übel dürfen aber den Philosophen, d.h. den aufrichtigen, tugendhaften Menschen, nicht überwältigen: „Es scheint gewissermaßen einen Pfad zu geben, der uns hinausführt, weil, solange wir bei unserer Forschung neben der Vernunft noch den Leib haben und unsere Seele *mit diesem Übel befleckt* und verbunden ist, wir niemals hinreichend das gewinnen werden, wonach wir trachten. Das ist aber, wie wir meinen, die Wahrheit", schreibt Platon (ebenda, S. 79–80). Ziel ist also, „dass man die Seele soviel als möglich vom Körper losmache" (ebenda, S. 81); sie darf „auf keinen Fall der Lust erliegen" (S. 11). Schon Heraklit meinte, es sei schwer genug, die eigenen Gefühle zu bekämpfen, jedoch noch schwerer, die eigene Lust zu bekämpfen" (zit. b. Aristoteles 1953/1982, S. 96).

Das heißt nicht, dass die griechische und römische Antike der Angst keine Bedeutung beimisst; im Gegenteil, der Zähmung der Angst und der Besänftigung der ‚zuständigen‘ Götter kam große Bedeutung zu. Delumeau macht auf diese aufmerksam: „Es wird nun verständlich [...] warum die Griechen Deimos (die Furcht) und Phobos (die Angst) zu Göttern erhoben haben, die sie sich in Kriegszeiten gewogen zu machen suchten. Die Spartaner, ein kriegerisches Volk, hatten Phobos einen kleinen Tempel geweiht, und Alexander der Große brachte diese Gottheit vor der Schlacht von Arbella ein feierliches Opfer dar. Den griechischen Göttern Deimos und Phobos entsprachen die römischen Gottheiten Pallor und Pavor [...]. Pan, der ursprünglich die Nationalgottheit der Arkadier war [...], wurde mit Beginn des 5. Jahrhunderts zu einer Art nationalem Schutzheiligen der Griechen. Die Athener schrieben ihm die Niederlage der Perser vor Marathon zu und weihten ihm ein Heiligtum auf der Akropolis, das in jedem Jahr mit rituellen Opfern und Fackelzügen geehrt wurde" (Delumeau 1978/1989, S. 22–23).

Für Platon ist der „niedrigste Seelenteil, in dem die Affekte beheimatet sind, ohne dass die Vernunft steuernd eingreifen könnte"; hier sitzen die Affekte, die Leidenschaften (die z.B. von der Dichtung oder vom Theater angesprochen werden), die Platon ablehnt (Neumann 2001, S. 38). Es kann vermutet werden, dass die alten Philosophen nicht die Gefühle insgesamt, sondern die starken Affekte, die ‚blinden‘ Leidenschaften verurteilen, denen der ‚Alltagsmensch‘ die Vorherrschaft einräumt, und die der Philosoph als ‚Schwächen‘ mittels Reflexion zu bekämpfen vermag. Tugend als das höchste Wohl ist hauptsächlich den Philosophen vorbehalten, die nach Platon auch den Staat regieren sollten. Die Gefahr kommt auch hier von der „beinahe unreglementierten Vorherrschaft des Untersten, des begehrlichen Seelenteils" (Neumann 2001, S. 89).

Aristoteles spricht von Angst (*phobos*) bzw. vom Ängstlichen (*phoberos*) nur im Zusammenhang des Mutes, der Tapferkeit, insgesamt der *Tugenden*. Angst wird unter einem moralischen Aspekt verstanden, der Mut und Heldentum im ‚richtigen‘ Kampf verherrlicht, wie es später im Mittelalter und – unter dem Deckmantel des Patriotismus – bis heute tief in den Menschen verinnerlicht ist. Dabei geht Aristoteles differenzierter vor: Bei der Angst, wie bei allen Gefühlen, soll das richtige Maß zwischen zu viel und zu wenig, der goldene Mittelweg, gefunden werden: „Der Mann, der alles vermeidet oder fürchtet [...] ist ein Feigling; der Mann, der überhaupt nichts befürchtet und jeder Gefahr begegnet, wird tollkühn" (Aristoteles: 1953/1982, S. 94). Angst vor Erdbeben oder vor Überschwemmung sei normal (ebenda, S. 129). Für Aristoteles sind alle Gefühle, darunter auch die Angst, der Tugend untergeordnet. Angst ist also nicht in sich verwerflich, sondern es kommt darauf an, was und aus welchem Motiv der Mensch etwas befürchtet. „Wir befürchten alle Übel – z.B. Schmach, Armut, Krankheit, Mangel an Freunden, Tod – all diese werden den mutigen Mann beunruhigen, weil manche von ihnen ist es richtig und ehrenhaft zu befürchten, und schändlich, nichts zu befürchten, z.B. die Schmach" (ebenda, S. 127). Ähnlich verhält es sich mit dem Tod: Es kommt darauf an, ob der Tod *ehrenhaft* ist, wie z.B. „Tod im Krieg, wo die Gefahr am größten und am rühmlichsten ist. [Entsprechend wird der] mutige Mann einer sein, der furchtlos ist, angesichts eines ehrenhaften Todes" (ebenda, S. 128, kursiv E. F.).

Der Held der Antike ist ein Mensch der zwar Angst spürt, aber sich dieser nicht beugt, sondern sie im Dienste höherer Ideale überwindet. Damit ist das ‚klassische‘ Gleichgewicht zwischen Affekten, Willen und ethischen Zielen angestrebt. Spätere patriarchalische Kulturen (alt-germanischen oder finnischen Mythologien) pervertieren dieses Gleichgewicht. Über das Bewusstsein darüber, welchen unermesslichen Schaden die Ideologie der männlichen Furchtlosigkeit, die in jeder Militärmentalität weiterlebt und Angst als weibliches Attribut mit Scham bedeckt und abspaltet, im Laufe der Geschichte angerichtet hat und noch anrichtet, habe ich im letzten Kapitel gesprochen. Die Idealisierung des Krieges und des Heldentums, die mit der Antike beginnt, prägt unsere Kultur bis zum heutigen Tag. Wenige – hauptsächlich Künstler, Literaten oder Philosophen – haben es gewagt, vor allem seit dem sinnlosen Gemetzel des 1. Weltkriegs, ihre Stimme gegen den ‚heldenhaften Tod für das Vaterland‘ zu erheben; Goya war eine der noch früheren Ausnahmen.

Wie bereits betont, lebten die Menschen im Mittelalter in enger Nachbarschaft mit dem Tod. Die Philosophie des Mittelalters aber ist eine Philosophie der Religion, des Glaubens und des Weges nach Erläuterung und Selbstaufgabe für das Jenseits.

Am Ausklingen der Renaissance sei hier Spinoza erwähnt. Wie die Stoiker, weist er den Gedanken an den Tod mit Überlegenheit zurück: „Über den Tod denkt der freie Mensch am wenigsten nach; seine Weisheit ist nicht ein Nachsinnen über den Tod, sondern über das Leben" (Spinoza 1927, S. 229). Auch in diesem Satz stehen nebeneinander hohe Ideale des Lebens, eine richtige Einstellung, die nicht das Leben als höchstes Gut außer Acht lassen sollte, und verborgene Abwehr von Todesangst.

In der europäischen Philosophie tritt das Thema Angst erst mit Kirkegaard in den Mittelpunkt. Für ihn ist Angst mit Schuld gekoppelt, mit der unausweichlichen Schuld die den Menschen seit dem Sündenfall begleitet und seine Entscheidungsfreiheit eingeschränkt bzw. in Frage stellt. Angst ist nach Kierkegaard gleichzeitig das Zentrum menschlicher Existenz, ein ubiquitäres Gefühl, das den Menschen durch sein Leben begleitet: „Angst kann man vergleichen mit schwindlig sein. Derjenige, dessen Auge plötzlich in eine gähnende Tiefe hinunterschaut, der wird schwindlig [...]. Angst ist der Schwindel der Freiheit, der entsteht, indem der Geist [...] die Freiheit nun hinabschaut [...] und da die Endlichkeit ergreift [...]. Weiter kann die Psychologie nicht kommen und will es auch nicht." (Kierkegaard 1844, S. 57). Für Kierkegaard ist die Angst dem ‚denkenden‘ Menschen bedrohlicher als dem ‚einfachen‘: „Je mehr Geist, um so mehr kann sich der Mensch ängstigen" (zit. b. Uexküll 2003, S. 798).

Der Dichter Baudelaire greift Kierkegaards Metapher des Abgrunds in seinem gleichnamigen Gedicht „Le gouffre" (Der Abgrund) vom 1861 auf (Baudelaire 1861/1973, S. 275):

> Den Wind der Angst spüre ich auf meiner Haut [...]
> Oben, unten, überall, die Tiefe [...],
> die Stille, der Raum!

Die psychologisch nicht weiter analysierbare Angst als Urgefühl menschlicher Existenz wurde von Schriftstellern und Dichtern aufgegriffen, da man sie am besten metaphorisch, gefühlsmäßig begreifen kann. Doch ist Kierkegaard der erste unter den Philosophen, die nicht nur über Angst distanziert und kühl ‚philosophiert‘: Kierkegaard beschreibt die gespürte, die *erlittene* Angst, die zur Metapher des modernen Menschen wird. Unter seinen ‚Nachfolgern‘ aus der neueren Literatur kann man beispielhaft Kafka, Camus, Beckett, Buzzati, Saramago, unter den Dichtern Celan, Bachmann, Nelly Sachs erwähnen. Der tschechische Dichter Skácel (1957/1991, S. 93) spricht von der elementaren Angst, die er beim Augenschließen sieht:

> Ich schließe die augen
> Und sehe [...] den schwarzen storch, die erblühte angst

Die rationalisierte Angst verliert ihren richtigen Sinn, ihre ‚körperliche‘ Qualität. Nicht die ‚gedachte‘ Angst der Philosophen trifft die Essenz der Angst, sondern diejenige, die Künstler und Schriftsteller spüren und mit ihren Mitteln besser mitteilen können, weil sie sie *erleiden*, statt sie zu rationalisieren. Es ist die Angst, die über Kafkas Romanen und Kurzgeschichten wie ein Schleier schwebt, die in Bachmanns Lyrik, in Ingmar Bergmanns Filmen zum ergreifenden Thema wird. Ingeborg Bachmann, selbst in Philosophie promoviert, betont mit vehementem Ausdruck in ihrem Roman „Das Buch Franza" von 1966 die elementare Natur der Angst, die sich der psychologischen Analyse widersetzt:

> Ich rede über die Angst. Schlagt alle Bücher zu, das Abrakadabra der Philosophen [...] die die Metaphysik bemühen und nicht wissen, was die Angst ist. Die Angst ist kein Geheimnis, kein Terminus, [sie ist] nicht systematisierbar, [...] nicht disputierbar, sie ist der Überfall, [...] der massive Angriff auf das Leben.

Im letzten Jahrhundert sind es hauptsächlich die Philosophen, die als Existentialisten bezeichnet wurden, die das Thema Angst „als Grundtatbestand des Daseins" (Störig 1950/1993, S. 600) in der Nachfolge Kierkegaards weiterentwickelt und zu einem zentralen Anliegen ihrer Philosophie gemacht haben, darunter vor allem Karl Jaspers, Martin Heidegger, Jean-Paul Sartre und Gabriel Marcel. Tillich (1991) betont, dass beim Menschen die „Angst [...] dem existenziellen Gewahrwerden des Nichtseins" entspricht (S. 35).

Jaspers spricht, ähnlich wie Baudelaire, vom „starren Dunkel des Nichts", vom „bodenlosen Abgrund" der „eigentlichen Angst, [...] aus der kein Weg mehr ist" (Weischedel 1966/1987, S. 271). Jaspers unterscheidet zwischen Angst vor dem Tode und Angst vor dem Sterben (d.h. vor den körperlichen Qualen des Sterbens) und äußert die Hoffnung, dass diese letztere durch die Fortschritte der Medizin einmal gelindert wird, wenn ein Tod ohne Qualen möglich sein wird. Demgegenüber steht die gänzlich andere Angst vor dem Tod selber als „Erlöschen des eigenen Lebens [...]. Vor der Angst vor diesem Tode kann keine ärztliche Therapie befreien, sondern nur das Philosophieren" (Jaspers 1965/1980, S. 159). Der Autor dieses Buches kann nur die erste Hälfte dieser Aussage nachvollziehen. Das Philosophieren mag eine intellektuell-geistige Auseinandersetzung mit dem *Gedanken* des Todes sein – das muss es sogar sein, denn sonst ist alles Philosophieren seicht und menschenfern. Aber die tiefe, emotionale Dimension der Todesangst, das Existentielle, das darin enthalten ist, vermag das *Denken* nicht zu ergründen, und noch weniger uns davor zu befreien. Allerdings ist Jaspers Schlussfolgerung, dass die ärztliche Therapie von der Todesangst grundsätzlich nicht befreien kann, eine zentrale Aussage, die ich im Kapitel über die Therapie der Angst (Kapitel 22) wieder aufgreifen werde. Auch Jaspers' Äußerung über die Bedeutung der Grenzsituationen ist für die Psychotherapie sehr wichtig; damit meint er die „Krisis", die das „Wesen des Menschen [...] erst bewußt" werden lassen. „Grenzsituationen erfahren und Existieren ist dasselbe" (zit. b. Battegay 1981/2005, S. 11). Die schwierigste Aufgabe der menschlichen Existenz schlechthin ist der Weg der Überwindung dieser Angst, um leben und frei sein zu können: „Der Sprung aus der Angst zur Ruhe ist der ungeheuerste, den der Mensch tun kann" (Jaspers 1913, zit. b. Klußmann 1998, S. 309).

Auch für andere Philosophen wie Klages oder Heidegger ist die existentielle Angst „stets Todesangst" (Hellner 1969, S. 8). Für Heidegger ist die Angst *die* „menschliche Grunderfahrung" schlechthin (Störig 1950/1993, S. 616); sie ist mit der Endlichkeit des Lebens verbunden und Teil der menschlichen Existenz: „Das Wovor dieser Angst ist das In-der-Welt-sein selbst" (Rentsch 2001, S. 144). In der Angst wird der Mensch „mit der Unausweichlichkeit des Todes und mit der möglichen Nichtigkeit der Welt konfrontiert". Entsprechend ist der Mensch ein „Geworfener", ein „in das Nichts Hineingehaltener"

(Weischedel 1966/1987, S. 277). Daraus folgt aber gerade das genuinste Gefühl menschlicher Existenz, folgert Heidegger in „Sein und Zeit": „In der hellen Nacht des Nichts der Angst ersteht die ursprüngliche Offenbarkeit des Seienden als eines solchen: dass es Seiendes ist – und nicht Nichts" (Weischedel ebenda, S. 280). Dieser Satz verdeutlicht zweierlei: Erstens, das Gefühl des Seins entsteht erst aus dem Bewusstsein des Nichts, aus der Angst um die Endlichkeit menschlicher Existenz; zweitens verschleiert Heideggers kühl-intellektuelle, zum Obskuren neigende Formulierung, die so viele Philosophen und Intellektuelle fasziniert hat, kaum die Tatsache, dass sie von einem gefühlskalten, ja opportunistischen Menschen geschrieben wurde, der bereit war, mit den Nazis zu kooperieren: einer derer, die „die Metaphysik bemühen und nicht wissen, was die Angst ist".

Auch Sartre, der von Heidegger entscheidend beeinflusst wurde, vertritt in seinem Oeuvre den Gedanken, dass „die Ungewissheit unserer Existenz [...] das Gefühl der Angst, der Verlassenheit [verursacht]. Das Erleben und Ahnen des Nichts macht uns Angst und führt zur Sehnsucht nach Leben". Sartre nennt es „Seinsbegierde" (Rattner, Danzer 1997, S. 50). Der Mensch ist „zur Freiheit verurteilt", d.h. zu eigener Verantwortung und Authentizität. Diese Verantwortung muss auch eine politische sein, der Mensch muss handeln – eine Überzeugung, die Sartre selber in die Tat umsetzte.

Aus der Perspektive des Bewusstseins des eigenen Seins und des Todes kann der Mensch die Wirklichkeit des Todes zwar gedanklich, aber nicht *emotional begreifen*. Er kann sein narzisstisches Wesen nicht transzendieren. Deshalb sind die Denker, wie die Künstler und Dichter, die persönlich über *ihre* Angst geschrieben haben, die menschlich authentischsten, die uns das Wesen der Angst zu vermitteln versucht haben.

6.   Angst in der Psychoanalyse

Freuds Angstmodelle wurden des Öfteren in der psychoanalytischen Literatur dargestellt. Ausführliche Darstellungen und Kommentare sind bei vielen Autoren nachzulesen (vgl. F. Alexander und H. Ross 1952, Brenner 1955/1982, Compton 1972a, Ellenberger 1985, Mertens 1992, Plänkers 2003, am ausführlichsten bei G. Meyer 2005, Bd. I). Die Sekundärliteratur zum Thema ist ebenfalls sehr umfangreich und wird für die Zeit bis 1972 durch Compton in zwei Artikeln (1972a und b) kritisch diskutiert. Ich werde mich deshalb an dieser Stelle lediglich auf eine Zusammenfassung beschränken und nur einige der wichtigen Autoren, deren Schriften zum Thema Angst prägend sind, erwähnen.

Freud unterscheidet zwischen Realangst (oder Signalangst) und neurotischer Angst (im Kapitel 25, „die Angst", aus seinen „Vorlesungen zur Einführung in die Psychoanalyse" von 1917). Realangst entspricht der Angst, die von realen Gefahren ausgelöst wird und Schutzcharakter hat. Er betont an mehreren Stellen in seinen Schriften, dass der Angst eine notwendige Schutzfunktion beim Menschen zukommt und deutet an, dass eine ‚gesunde' Angst zur Normalität gehört. In „Jenseits des Lustprinzips" schreibt er: „Ich glaube nicht, dass die Angst eine traumatische Neurose erzeugen kann; an der Angst ist etwas, was gegen den Schreck und also auch gegen die Schreckneurose schützt" (Freud 1920, S. 10). Neurotische Angst, die wir heute als pathologische Angst, Angstneurose, oder generell Angststörung bezeichnen, kann die Form von Phobien annehmen, wenn sie „aus unlenkbarer Trieb-Stimulation, sexueller oder aggressiver Natur" resultiert (F. Alexander, H. Ross 1952, S. 58), oder manifestiert sich als „Über-Ichangst", wenn sie durch die Spannung unbewusster Gewissenskonflikte entsteht.

In seiner *ersten Angsttheorie*, die Freud mit seiner Arbeit über die Angstneurose von 1895 begründete, trennte er die Angstneurose, die er als körperlichen Ursprungs ansah, von der so genannten Neurasthenie. Die Angstneurose leitete er von nicht abgeführter sexueller Energie ab: „Zur Angstneurose [...] führen alle Momente, welche die psychische Verarbeitung der somatischen Sexualerregung verhindern" (Freud 1895, S. 335–36). In Abhängigkeit vom Sexualverhalten des Patienten entscheidet sich, so Freud, welche Störung bei ihm auftreten wird. Leidet der Patient unter „der Zurückhaltung oder der unvollkommenen Befriedigung", d.h. praktiziert er „Abstinenz bei lebhafter Libido, so genannte frustrane Erregung und der Gleichen" (Freud 1898, S.497–8), so entstehe, bei entsprechender Disposition, das klinische Bild einer Angstneurose. Später fasste Freud die Neurasthenie, die Angstneurose und die Hypochondrie als Aktualneurosen zusammen. Zu dieser Zeit versuchte er mit der ‚Verführungstheorie', nach der eine Neurose als Folge einer sexuellen Verführung in der Kindheit sich später manifestiere, eine einheitliche Ätiologie der Neurosen zu finden. „Psychoneurotische Erkrankungen und die mit ihr verbundenen Ängste seien also das Produkt eines frühen sexuellen Traumas" (Meyer 2005, S. 34).

1917 bestätigte Freud in seinen „Vorlesungen" die verdrängte Sexualität („verdrängte libidinöse Triebregungen") als Quelle der Angstneurose. Er unterschied davon jedoch, wie oben bemerkt, die „Realangst" – z.B. die Angst des Kindes vor Dunkelheit, Einsamkeit oder vor fremden Personen – und verband diese mit der Angst vor *Verlassenheit*. Realangst könne jedoch auch nur eine maskierte Angstneurose sein: „Wir [sehen] beim kleinen Kinde, dass sich etwas als Realangst gebärdet, was mit der neurotischen Angst den wesentlichen Zug der Entstehung aus unverwendeter Libido gemein hat" (Freud 1917, S. 423). Damit hat Freud „seine frühe Angsttheorie im Wesentlichen als grundlegend für alle Formen der Angstentstehung postuliert" (Meyer 2005, S. 38).

Freud (1926) bezeichnete seine erste Angsttheorie als ökonomisch, d.h. dass die somatische Erregung, die außerhalb des Psychischen entsteht und der die psychische Umsetzung versagt bleibt, durch Angst manifestiert wird. In seiner Arbeit über Angstneurose von 1895 spricht Freud zum ersten Mal von *„frei flottierender Angst"*, als einer „ängstlichen Erwartung [die] jederzeit bereit ist, sich mit irgendeinem passenden Vorstellungsinhalt zu verbinden". Diese „ängstliche Erwartung ist das Kernsymptom der Neurose. Sie kann plötzlich ins Bewusstsein hereinbrechen [...] und so einen Angstanfall hervorrufen" (Freud 1895, S. 318–319). Der Angstanfall kann sich körperlich als „Äquivalente des Angstanfalls", oder psychisch als „rudimentäre Angstanfälle" manifestieren (ebenda, S. 319).

Demgegenüber änderte Freud 1926 mit seiner Arbeit über „Hemmung, Symptom und Angst" seine Auffassung von der Angst infolge seiner Relativierung der Verführungstheorie von 1897 (Meyer 2005, S. 34), wodurch „für Freud die Bedeutung der Phantasie in den Vordergrund [rückte], deren psychische Realität er betonte. [Damit] verabschiedete sich Freud auch von seiner ersten Angsttheorie" (Plänkers 2003, S. 491–492). In seiner *zweiten Angsttheorie*, beeinflusst durch Otto Ranks Theorie des Geburtstraumas, bezeichnet Freud die Angst als eine Reaktion auf eine Bedrohung des Ichs. Die Quelle der Bedrohung ist das Über-Ich. Die Angst ist jetzt nicht mehr Folge der

Verdrängung, sondern ihr Motor (ebenda, S. 492); Motiv der Verdrängung ist die *ödipal begründete Kastrationsangst*. „Von daher stellt", schreibt Meyer (ebenda, S. 60) „seine zweite Angsttheorie auch eine *psychologische* Theorie dar, im Gegensatz zur ersten, die von ihrem Inhalt her eine *somatische* war." Alexander und Ross betrachten sie als eine Trauma-Theorie (F. Alexander, H. Ross 1952, S. 57).

In der Folge integrierte Freud seine zweite Angsttheorie in seine Strukturtheorie – gemeint ist vor allem sein topisches Modell (Freuds ‚klassisches‘ Modell der psychischen Struktur, bestehend aus Ich, Es und Über-Ich) und unterschied „nun drei Arten von Gefahrenquellen, auf die das Ich mit Angstbildung reagieren kann. Das Ich kann Angst entwickeln vor der Realität (Realangst), vor dem Es (Es-Triebangst) und vor dem Über-Ich (Über-Ichangst). Mit dieser Theorie ist es Freud gelungen, ein *mehrdimensionales Angstkonzept* zu erstellen, was der multifaktoriell bedingten Angstproblematik theoretisch gerechter zu werden verspricht, als seine früheren Auffassungen beschreiben es vermocht hätten" (Meyer 2005, S. 64, kursiv im Original). Die „Kastrationsangst [ist] der Kern, um den sich die späteren Gewissensangst [d.h. Über-Ichangst] ablagert, sie ist es, die sich als Gewissensangst fortsetzt" (Freud 1923, S. 288).

Liest man Freuds Werke über Angst kritisch, so fällt es auf, dass Freud nicht die gleiche Angst meint, von der in diesem Buch die Rede ist: nicht die Todesangst, die existentielle Angst, sondern eine sekundäre Angst, die durch Bedrohung von innen oder von außen, bzw. durch Verdrängung entsteht. Es ist eher eine Unlust, die man auch als Unbehagen bezeichnen kann. In den „Vorlesungen" von 1917 spricht Freud tatsächlich von Angstzuständen als einer „Gruppierung von Unlustempfindungen, Abfuhrregungen und Körpersensationen" (S. 411).

In anderen Fällen wird bei Freud die Angst als ‚Furcht vor‘ verstanden. Beim „kleinen Hans" wird so die ödipale Angst vor dem Vater zur Grundlage seiner Neurose, indem diese Angst (als phobische Angst) auf das Pferd verschoben wird (Freud 1926, S. 131). Und wenn die Angst dramatisch wird, dann nimmt sie die Form der *Kastrationsangst* an, der Angst, vor dem Übermächtigen Vater kastriert zu werden (ebenda, S. 137). Dies sei der richtige Grund der Tierphobie, „eine Affektreaktion des Ichs auf die Gefahr [...] der Kastration" (S. 157). Auch die Agoraphobie wehrt eine Gefahr ab, eine „Triebgefahr", nämlich „die Versuchung, seinen erotischen Gelüsten nachzugehen, wodurch er [der Patient] wieder wie in der Kindheit die Gefahr der Kastration, oder eine ihr analoge, heraufbeschwören würde" (S. 157). Überhaupt werden „Symptome geschaffen, um die Gefahrsituation zu vermeiden, die durch die Angstentwicklung signalisiert wird" (S. 159). Deshalb haftet ihnen ein „peinliches Unbehagen" an, „in dem wir das Äquivalent der Angst erblicken dürfen, das die Kranken selbst der Angst gleichstellen" (S. 159).

Auch die Angst des Kindes stammt, so Freud schon in seiner „Traumdeutung" von 1900, aus einer „sexuellen Erregung [...], die von ihrem Verständnis nicht bewältigt wird" und die sich dann in der Form von „nächtlichen Angstanfälle(n) mit Halluzinationen (Pavor nocturnus)" manifestieren kann (Freud 1900, S. 591). Liest man die Geschichte des „kleinen Hans", des „Urahns" der psychoanalytischen Phobieforschung, im Kontext seiner Biographie, gewinnt man eine gänzlich andere Perspektive und ein anderes Verständnis seiner Ängste. Es wird ersichtlich, dass Hansens Verhalten sich veränderte, nachdem er „der Mittelpunkt" seiner Eltern gewesen war. Meyer schreibt: „Als er 3 Jahre und 6 Monate alt war, [gebar] seine Mutter ein Mädchen, was für Hans ein einschneidendes Ereignis bildet. Durch die Geburt seiner Schwester Hanna war Hans nun nicht mehr das einzige Kind [...], sein Verhalten ihr gegenüber stellte ein Gemisch aus Neugierde, Ablehnung und Neid dar. Aussagen wie [im Fieber] ,Aber ich will kein Schwesterl haben!' (Freud 1909, S. 248) zeigen unzweideutig, dass er seine Schwester als störende Rivalin in der Liebe der Eltern erlebte und diese am liebsten beseitigt wissen würde" (G. Meyer 2005, S. 43). Später erfahren wir, dass „als er im Alter von 3 ½ Jahren mit der Hand am Glied von der Mutter gesehen wurde, drohte sie ihm mit Kastration: „Wenn Du das machst, lass ich den Doktor A. kommen, der schneidet Dir den Wiwimacher ab" (Freud 1909, S. 245). „Etwa im Alter von 4 Jahren und 9 Monaten veränderte sich das Verhalten von Hans zunehmend. Er entwickelte Befürchtungen, dass seine Mutter *weggehe und nicht mehr wiederkommen würde*. Hervorstechend in der Ausbildung seiner Störung waren massive Angstanfälle" (G. Meyer ebenda, S. 44. kursiv E. F.).

Dass der „kleine Hans" später Angst ,vor dem Pferd' bekommt, ist offenbar eine Verschiebung der Verlassenheitsangst von der Mutter auf ein externes, phobisches Objekt, das vermeidbar und leichter erträglich ist. Während die Verlassenheit durch die Mutter (bereits durch die Geburt der kleinen Schwester emotional z.T. erfahren; war damals Eifersucht nicht auch, wie wir es aus klinischer Erfahrung wissen, negativ belegt?) außerhalb seiner Entscheidung oder Einflussnahme lag, konnte er die durch das Pferd verursachte Angst vermeiden, in dem er sich weigerte, dass Haus zu verlassen – und damit zweierlei erreichen: Einerseits die konkretisierte Angst besser ,in Griff' zu bekommen, andererseits die Eltern dazu zu bewegen, seine Angst ,ernst zu nehmen', die sie ansonsten, wie heute noch vielen Eltern, wenig oder gar nicht beachtet hätten. In der Fallbeschreibung des „kleinen Hans" sieht man am deutlichsten, wie Freud selber die psychodynamische Erklärung der Angst seiner Theorie des Ödipus-Komplex unterordnet, die Angst also sozusagen *ödipalisiert*.

Die Deutung der Angst in Richtung des Ödipus-Komplexes und der frühkindlichen Sexualität, und die Verkennung der interpersonellen Seite der Angst, und überhaupt das Fehlen eines Betrachtungsversuches aus der Sichtweise des Kindes, werden hier deutlich. Ellenberger kontrastiert seine eigene feinfühlige psychodynamische ,Ergänzung' mit der ,klassischen' Sichtweise Freuds (Ellenberger 1985, S. 703). In seiner Beschreibung wird deutlich, welche Rolle dem Verhalten der Mutter zukommt, die nach einer eher zur Grenzenlosigkeit neigenden Überfürsorglichkeit auf einmal bedrohlich wird und mit Kastration droht, gerade in einer Zeit, in der die mögliche Abschwächung der Aufmerksamkeit (und damit der Liebe und Fürsorge) der Mutter durch die neugeborene Schwester für den kleinen Hans eine Grenzerfahrung bedeutet. Die Rolle des ,abwesenden' Vaters und anderer Bezugspersonen wird erst viel später in der Psychoanalyse erkannt.

Die Angst ist also bei Freud die wilhelminische Angst vor der Strafe des Vaters, die sich später in der Angst vor dem eigenen Gewissen, dem Über-Ich, dem ,Erbe' der väterlichen Instanz niederschlägt, ein ,Unbehagen', dessen Wurzeln in der ödipalen Ambivalenz des Knaben liegen. Immerhin gibt Freud zu (in „Jenseits des Lustprinzips" von 1920) „dass man die Angst nicht vollständig beseitigen kann" (Ellenberger 1985, S. 721). Zurecht stellt G. Meyer fest, dass Freud „in der Erstellung und Beschreibung seiner einzelnen Angstkonzepte nie von einer ,Urangst' gesprochen [hat], die er als grundlegend für alle weiteren Angstbildungen ansah" (Meyer 2005, S. 95). Selbst sein Begriff der „frei flottierenden Angst" bezeichnet, wie weiter oben bemerkt, eine „ängstliche Erwartung", keine tiefere, essentielle Existenzangst (Freud 1895, S. 318–319).

Die Angst unserer Zeit (und nicht nur unserer Zeit!) ist hingegen die existentielle Angst. Wir kennen sie in ihrer „Reinform" beim Boderline-Patienten, dem früh verlassenen Menschen, oder dem vor der Auflösung seines Ichs in Scheinwelten flüchtenden schizophrenen Patienten.

Nur selten ergründet Freud die Tiefen solcher Ängste und deutet einmal an, überraschend die Grundlage des ödipalen Denksystems verlassend, dass die Kastrationsangst tiefere Gründe haben könnte: „die Kastration wird [...] etwas dem Tod ähnliches [...], die Todesangst als Analogon der Kastrationsangst" (1926, S. 160). Gleichzeitig lehnt es Freud ab, die Todesangst als Quelle verschiedener Angstmanifestationen anzusehen: „Der voll tönende Satz: ‚Jede Angst sei eigentlich Todesangst', schließt kaum einen Sinn ein, ist jedenfalls nicht zu rechtfertigen" (Freud 1923, S. 288). Immerhin lässt dieser Satz erkennen, dass es eine solche Vorstellung in den 20er-Jahren des letzten Jahrhunderts gegeben haben muss. Freud musste die Todesangst ‚lokalisieren', in seine Strukturtheorie hineinfügen: „Ich meine, dass die Todesangst sich zwischen Ich und Über-Ich abspielt" (Freud ebenda, S. 288).

Bowlby betont, dass Freud lediglich psychologisches „Material" aus den Analysen, aus der „Untersuchung einer mehr oder weniger gut entwickelten Persönlichkeit, die bereits mehr oder weniger gut funktionierte" (Bowlby 1973/1976, S. 44) zur Verfügung stand, und dass er daraus versuchte, die Psychologie der Kindheit zu rekonstruieren. Freud hatte kein besonderes Interesse, seine Kinder oder Kinder im Allgemeinen zu beobachten; er gab einmal zu: „Bei meinen eigenen Kindern, die einander rasch folgten, habe ich die Gelegenheit zu solchen Beobachtungen versäumt" (Freud 1900, S. 258).

Überraschenderweise erwähnt Freud an mehreren Stellen in seinem Werk die ursprüngliche Bedeutung der kindlichen Angst als Quelle späterer Ängst und vor allem der Angstneurose, beispielsweise wenn er in seinen „Drei Abhandlungen zur Sexualtheorie" von 1905 zur Bedeutung der Trennung von der Mutter für das Kind schreibt: „Die Angst der Kinder ist ursprünglich nichts anderes als der Ausdruck dafür, dass sie die geliebte Person vermissen" (1905, S. 125); er wiederholt sie in Verbindung mit seiner zweiten Angsttheorie, in der er die Bedeutung des Geburtstraumas betont: „Wir werden es auch als beziehungsreich erkennen, dass jener erster Angstzustand aus der Trennung von der Mutter hervorgeht" (Freud 1918, S. 411) – und noch einmal, fast wörtlich, mehr als 20 Jahre später in „Hemmung, Symptom und Angst": „Wenn das Kind allein, in der Dunkelheit, ist und wenn es eine fremde Person an Stelle der ihm vertrauten (der Mutter) findet, [reduzieren sich die theoretischen Überlegungen] auf eine einzige Bedingung, das Vermissen der geliebten (ersehnten) Person. Von da an ist aber *der Weg zum Verständnis der Angst* [...] *frei*" (Freud 1926, S. 167, kursiv E. F.). Eine eigene Erinnerung Freuds? Wie ist sonst zu erklären, dass Freud über 20 Jahre an seinem Gedanken festhält, trotz der radikalen Veränderung seiner Angsttheorie? Hadert der Mensch Freud mit dem Wissenschaftler in ihm? Schließlich tritt doch der denkende Theoretiker Freud an Stelle des fühlenden und erklärt, dass der Säugling, der „alle seine Bedürfnisse ohne Verzug befriedigt" haben will, die „Unbefriedigung, [das] Anwachsen der Bedürfnisspannung, gegen die er ohnmächtig ist", und die er „bereits aus Erfahrung" kennt (ebenda, S. 168), als Gefahr registriert und unbedingt vermeiden will. Aus der *existentiellen* Angst des

Säuglings wird so Bedürfnisspannung und Unbefriedigung und „eine Reihe grundverschiedener Zustände", die Ängste „vielleicht höchst ungleicher Ursachen bezeichnen" (Bowlby 1973/1976, S. 49). Der Rationalist Freud, der Schüler des Positivismus, vermeidet die tiefen Angstgefühle, so wie er, als Kind seiner Zeit, auch die Traumatisierung des Kindes durch seine Umgebung verdrängt und damit die Weichen für die weitere Forschung der Psychoanalyse für viele Jahre stellt. Die Psychoanalyse wird sich lange Zeit auf die Beschreibung und Erforschung der Phobien konzentrieren; alle Formen der Phobien wie Höhenangst, Klaustrophobien, Erstickungsängste, Agoraphobie usw. (vgl. Fenichel 1977, II, S. 19–20) werden auf Onanieverbot, Kastrationsangst und ödipale Konflikte zurückgeführt.

Auch nach Anna Freud werden die Abwehrstrategien des Ichs „durch die drei großen Ängste in Bewegung gesetzt, denen das Ich ausgeliefert ist, durch Triebangst, Realangst und Gewissensangst" (A. Freud 1964, S. 55). Auch für sie stellt die Angst in ihren drei Formen zwar eine Bedrohung für das Ich dar, wird aber gleichzeitig als „Unlust" bezeichnet, womit sie Angst auch als einen unangenehmen, irritierenden Affekt darstellt und ihr keine existentielle Bedeutung beimisst: „In letzter Linie dient jede einzelne Abwehrhandlung immer wieder der Sicherung des Ichs und der Ersparung von Unlust" (ebenda, S. 55).

Auf die Schilderung der Angsttheorien von Freuds Nachfolgern, etwa von Karl Abraham, Otto Rank, Ernest Jones, Paul Federn, Wilhelm Reich und anderen möchte ich hier verzichten und auf die akribisch ausgearbeitete Studie von Guido Meyer, „Konzepte der Angst in der Psychoanalyse" in zwei Bänden von 1905 verweisen.

Es ist erstaunlich, dass der sonst in seinem Denken unangepasste, oft sogar revolutionäre Ferenczi zu den Autoren gehört, die die existentielle Dimension der Angst zugunsten des ödipal-erotischen Aspektes übersehen. So führt er in seinem „kleinen Hahnemann" – dem Gegenstück zu Freuds „kleinen Hans" – die Angst auf die Kastrationsangst zurück und erklärt die Angst des Kindes ausschließlich als Angst vor dem Vater. Noch erstaunlicher ist diese ‚Linientreue' des frei denkenden Schülers Freuds in seiner Beschreibung des tragischen Schicksals des Prinzen Alexej, der von seinem Vater, dem Zaren Peter dem Großen, eigenhändig zu Tode gepeitscht wurde. Hier wird der ödipale und der masochistische Aspekt von Seiten des Sohnes („die hypnotische Gläubigkeit und Gefügigkeit in der masochistischen Komponente des Sexualtriebs" [Ferenczi 1909, S. 39]) analysiert, ohne der Angst des Opfers zu gedenken, des vom Vater gehassten und von der Mutter preisgegebenen, verlassenen Zarewitsch. Auch hier wird deutlich, wie weit die Beschäftigung mit der Libidotheorie und der erotischen Komponente des Ödipuskomplexes den Blick für die Angst versperrt hat (vgl. dazu auch Sloterdijk 2006, der aus dieser Tendenz eine generelle Ablehnung der Psychoanalyse ableitet). Auch Ferenczi übernimmt unkritisch die Sichtweise Freuds über die Angst als ‚Unlust', die sich seiner Ansicht nach bereits nach der Geburt manifestiert: „Versuchen wir, uns in die Psyche des Neugeborenen nicht nur (wie es die Pflegepersonen tun) einzufühlen, sondern auch hinein zu denken, so müssen wir uns sagen, dass *das hilflose Schreien und Zappeln des Kindes* eine scheinbar recht unzweckmäßige Reaktion auf die unlustvolle Störung ist, die die bisherige Befriedigungssituation in Folge der Geburt plötzlich erfahren hat" (Ferenczi 1913, S. 153, kursiv E. F.). Die existentielle Angst des „hilflos schreienden und zappelnden Kindes" findet auch bei Ferenczi nur einen blinden Fleck. Wie bei Freud nimmt auch für ihn die Kastrationsangst einen zentralen Platz in der Verursachung späterer Ängste ein: „Die Angst der Erwachsenen vor der Masturbation ist also aus der infantilen (Kastrations-)Angst und aus der juvenilen (Inzest-)Angst zusammengesetzt" (1912, S. 125).

Die ‚moderne' Angst, die in unserer Zeit die Menschen in ihrem Bann hält, die durch das Abnehmen der ‚Sicherheiten' der Religion und der alten Weltordnung uns ‚wehrloser' macht als früher, und gegen die wir – als Individuen *und* als Menschheit – eine Vielzahl von Abwehrmethoden entwickelt haben, diese Angst hat ihre Wurzeln in der Trennungsangst. Sie wird von einer „instinktbedingten" (Bowlby 1961, S. 424), biologisch durch die lange Zeit der kindlichen Ohnmacht determinierten Urangst begründet und wird durch eine unangemessene, nicht kindgerechte, qualitativ falsche und/oder zu kurze Symbiose zur *Angstkrankheit*. Sie wurde uns durch die Beschäftigung mit den Entstehungsbedingungen der sog. Frühstörungen, vor allem der Borderline-Persönlichkeitsstörung, bekannt und nachvollziehbar.

Wie gesagt, hat Freuds eigene „Verdrängung" der Urangst die Psychoanalyse für viele Jahre geprägt. „Die Angstneurose wurde allmählich zu einem Terminus, der alles oder auch nichts bedeuten kann" (Mentzos 1984/1997, S. 11–12). Diese Feststellung überrascht nicht, wenn man sich durch Freuds verschiedenen Phasen der Angst- und Phobienkonzeption führen lässt und den damit verknüpften komplizierten, und oft abstrakten theoretischen Überlegungen folgt. Mentzos' Überlegungen spiegeln die Veränderungen der Einstellung zur Angst, die durch die spätere Entwicklung der Objekttheorie beeinflusst wurden wider. Der frühgestörte Patient entwickelt Symptome, die ihm die befürchtete Begegnung mit der tieferen Angst ersparen, „die Tatsache, dass er überhaupt Angst vor intensiven Affektregungen (und sicher nicht nur aggressiven!) hat, weil er sie aufgrund der Schwäche der Selbstobjektinteraktionsrepräsentanz nicht richtig unterbringen kann" (Mentzos ebenda, S. 141).

Doch auch diese theoretische Erklärung in der vertrauten Sprache der Psychoanalyse – die für viele ähnliche steht – verschleiert die Tatsache, dass die an den Theorien Freuds und seiner Nachfolger geschulten Therapeuten oft die Intensität und das Elementare der Angst, unter der der Patient – auch der angstneurotische – leidet, verkennen; solche Therapeuten verdrängen die Angst, sind nicht imstande, mit ihrem theoretischen Instrumentarium zu erfassen. Es zeigt sich auch, wie nachteilig sich Theorien auswirken können, die nicht auf dem Boden der klinischen Beobachtung entstehen und sich in abstraktem Theoretisieren verlieren.

Deutlich zeigt sich diese Tendenz beispielsweise in den Fallgeschichten phobischer Kinder, die Compton (1992) aus der psychoanalytischen Literatur gesammelt und kommentiert hat. In seiner Diskussion von Bornsteins Arbeit von 1931 über die Phobie des 2 ½-jährigen Mädchens Lisa, die unter einer „Phobie des Sich-Hinlegens" litt, schreibt Compton: „Im Kontext einer fokal gestörten Mutter-Kind-Beziehung [die Mutter ist jedes Mal beim Brustfüttern des Säuglings in Ohnmacht gefallen, sei jedoch sonst scheinbar liebevoll und ergeben gewesen] und eines strengen Sauberkeitstrainings, [wurde] der Ausbruch der Angst beim Schlafengehen [...] scheinbar durch die Beobachtungen des Penis eines kleinen Jungen und das Wechseln einer Menstruationseinlage seitens einer Dienerin ausgelöst" (Compton 1992, S. 233, Übers. E. F.). Der unverbindlich gehaltenen Beschreibung der Mutter als „sonst scheinbar liebevoll und ergeben" wird nicht nachgegangen, da der Grund der Angsterzeugung bereits theoretisch feststeht und keiner weiteren Erklärung bedarf.

Ein weiterer Fall, von Schürmann (1949), über ein 2 Jahre und 5 Monate altes Mädchen, verdeutlicht die theoretisierende Tendenz und ihre Folgen noch prägnanter. Schürmann schildert Sandys Hunde-Phobie bei folgender Lebensgeschichte: „Sandys Vater wurde vor ihrer Geburt ermordet und eine 7 Jahre ältere Schwester starb, als Sandy 2 Jahre alt war" (Compton ebenda, S. 234). Zweimal wurde Sandy von ihrer Mutter für längere Zeiten getrennt (aufgrund chirurgischer Eingriffe); schließlich bemerkt der Autor, dass „die Ängste beim Schlafengehen fast sofort nach der Rückkehr der Mutter aufhörten" (S. 235). Compton schließt daraus, dass es hier eine Unklarheit in der Genese der Phobie besteht zwischen der *störenden* Lebenserfahrung des Mädchens, dem Objekt ihrer Ängste – die Hunde – und ihrer Sorge um ihren Körper im Allgemeinen und ihren Genitalien im Besonderen" (S. 236, Übers. und kursiv E. F.). Eine frühe Lebensgeschichte voller Tod und Verlassenheit wird hier als „störend" empfunden – wohl im Sinne der „Störung" einer Theorie durch unpassende biographische Details gemeint.

Für den heutigen Leser nicht weniger erschütternd liest sich der Bericht von Sperling (1952) über das Mädchen Linda, das mit 7 Monaten unter extremen Herzrasen-Attacken litt. Sauberkeitstraining wurde mit 6 Monaten begonnen, mit 7 Monaten wurde die Brusternährung abrupt beendet, kurz nach einer 7-wöchigen stationären Behandlung wurde ein Bruder geboren. Darüber hinaus „wurde erfahren, dass ihre Mutter keine kleinen Mädchen mochte und keine wollte, während sie von ihrem kleinen Jungen begeistert war" (Compton ebenda, S. 236). Neben der ‚phobischen' Symptomatik litt Linda unter Appetitverlust und nächtlichen Angstattacken, bei denen sie aufwachte und schrie, dass ein Hund, eine Katze oder ein Fisch ihre Finger beißen würde. In der Diskussion tauchen lediglich Überlegungen über oral-sadistische Impulse und Penisneid auf.

Die Tradition der Ödipalisierung der Angst durch die Psychoanalyse setzt sich fort. Folgende Krankengeschichte liest man bei Brenner (1955/1982):

> Ein späteres Beispiel ist „der Fall einen jungen Mannes mit einer pathologischen Furcht vor Krebs. Auch hier war der infantile Konflikt „ödipaler Natur", während der auslösende Faktor der erfolgreiche Abschluss der Berufsausbildung des Patienten und die Aussicht auf eine baldige Heirat waren; beides bedeutete unbewusst für ihn die Befriedigung gefährlicher, ödipaler Phantasien. Das Symptom des Patienten drückte die unbewusste, ödipale Phantasie aus, eine Frau zu sein und vom Vater geliebt und geschwängert zu werden. Die Erwartung oder Angst, todkrank zu sein, die den einen Teil seines Symptoms bildete, symbolisierte die Phantasie, kastriert und somit weiblich zu sein, während die Vorstellung, etwas wachse in seinem Körper, die den Rest seines Symptoms ausmachte, die Phantasie ausdrückte, er sei geschwängert worden und ein Kind wachse in ihm. Zu gleicher Zeit hielt sein Ich, so gut es konnte, seine lebenslangen Abwehrmechanismen gegen diese angsterregenden ödipa-

len Wünsche aufrecht [...]. *Auch die Sorgen über Krankheit und Tod waren also ein Teil seines Symptoms.*" (Brenner 1955/1982, S. 172, kursiv E. F.)

Da schon theoretisch von vornherein klar ist, dass die Genese der Ängste ödipal ist, wird kein Wort über die Beziehung des Patienten zu Vater oder Mutter verloren; ebenso wenig werden darüber Überlegungen angestellt, in wie weit wichtige Schritte im Leben des Patienten, (Identitätsschritte), archaische Ängste auszulösen vermögen.

Trotz der Stellung der Angst als „Zentralproblem" der Psychoanalyse zieht ein blinder Fleck für die existentielle Angst durch die gesamte psychoanalytische Literatur hindurch.

Wie Freud, räumte auch Melanie Klein der Angst eine zentrale Stelle in ihrer Theorie ein; sie beschäftigte sich 25 Jahre lang mit der Problematik (Klein 1975, III, S. 45). Für Klein stellen „die Angst und ihre Verarbeitung [...] ein zentrales Problem der Psychoanalyse dar. Die verschiedenen psychoneurotischen Erkrankungen können als mehr oder minder missglückte Versuche der Angstbewältigung aufgefasst werden [...]. Die Bewältigung des Angstdruckes wird zum vornehmsten Ziel des Ichs" (1975, II, S. 185). Der Ort der Angsterzeugung – worunter sie in erster Linie die Gewissensangst versteht – ist für M. Klein das Über-Ich, gleichzeitig der Ort der verinnerlichten Objekte. Damit erhält „der Begriff der Innenwelt mit Klein den Charakter einer *Beziehungswelt*" (Plänkers 2003, S. 495, kursiv im Original); Klein begründet die Objektschule, die bis heute eine der einflussreichsten psychoanalytisch Schulen bleibt. Klein sieht die Bewältigung der „normalen Angst" als sehr bedeutend für die Ich-Entwicklung an: Sie ist die erste, die die Angst als den „Entwicklungsmotor des Seelenlebens" betrachtet (Plänkers ebenda, S. 496). Dabei betont sie die „Vorteile", die die Projektion der Angst nach außen mit sich trägt: „Außer der Erleichterung, die die Projektion dadurch gewährt, dass sie es ermöglicht, innere Triebreize wie äußere zu behandeln, [...] ergeben sich [dadurch auch] starke Antriebe für die Entwicklung des Wißtriebes und alle Aktivitäten" (II, S. 229). Damit betont M. Klein die Implikationen der Überwindung mit Angst für eine Gesunde seelische Entwicklung. Die Aufgabe des Ichs ist damit, „mit Hilfe der Beziehung zu den Objekten und zur Realität" die Angst „*zu bewältigen*" wobei dieses „Bestreben grundlegend [wird] für die *Ich-Entwicklung* und die *Realitätsanpassung*" (II, S. 231, kursiv im Original).

Dabei geht es Klein um die inneren Angstsituationen, die durch Verinnerlichung von ambivalent besetzten Objekten entstanden sind und sadistische Phantasien provozieren. „Die früheste Phase menschlicher Beziehung wird von oral-sadistischen Trieben beherrscht" (Klein 1987, S. 69). Nach ihrem Verständnis sind diese aber nicht Folge der Verlassenheit, sondern der schon bei der Geburt vorhandenen sadistischen Phantasien, die gegen die (sexuell) vereinten Eltern projiziert werden. Diese werden zur Grundlage der späteren Angst – und der Schuldgefühle, die bei Klein immer mit der Angst verknüpft sind. Der Ursprung der Angst bleibt allerdings auch bei Melanie Klein „endogen" – sie entsteht durch projektive Abwehr der frühen aggressiven Phantasien und ist nicht dem Leben inhärent. Sie kann durch erfolgreiche Bewältigung des Ichs überwunden werden.

Ab 1948, mit dem „Beitrag zur Theorie von Angst und Schuldgefühl" führt M. Klein mit großer Entschiedenheit den Freudschen Todestrieb als relevant für die Genese der Angst (und des Schuldgefühls) ein. Die Theorie des Todestriebs, von Freud nach dem Ersten Weltkrieg konzipiert, verlieh der Psychoanalyse eine pessimistische Richtung, die möglicherweise auf biographische Ereignisse im Leben Freuds zurückzuführen sind.

Der Todestrieb sei nach M. Klein bereits in der Anfangsphase des Lebens aktiv: „Wir [müssen], wenn wir die Existenz eines Todestriebs postulieren, auch davon ausgehen, dass dieser Trieb in den tiefsten Schichten der Psyche eine Reaktion in Form der Angst vor der Vernichtung des Lebens auslöst." „Wenn jemand Freuds Todestrieb mit allen Konsequenzen ernst nahm, so war es Melanie Klein", schreibt Gay (1989, S. 526). Also nicht die Angst vor der Vernichtung, d. h. vor der Verlassenheit, sondern vor dem eigenen Todestrieb und den eigenen sadistischen Phantasien ist, nach Klein, die Quelle der Angst. Angst und Schuldgefühle resultieren aus der dadurch bedingten Aggression – eine Annahme, die auf spätere Autoren (z.B. Kernberg) einen entschiedenen Einfluss ausgeübt hat.

Selbst Kinder-Psychoanalytiker, wie D. Burlingham, haben Freuds ödipalisiertes Verständnis der Angst kritiklos übernommen. Als Beispiel kann hier ein Abschnitt aus ihrer Analyse der phobischen Ängste des Mädchens Joan zitiert werden:

> Joan spielt weiter, dass wilde Tiere sich auf die beiden Kinder stürzen. Die Kinder fürchten sich, die Mutter beruhigt sie und versichert, dass es nichts Arges ist und dass sie tapfer sein müssen. Die Kinder sind dann tapfer, aber die wilden Tiere stürzen sich trotzdem auf sie und zerkratzen ihnen das Gesicht. Die Mutter hält die Kinder und die wilden Tiere immer wieder auseinander.

Burlinghams ödipale Deutung ist: „Die Mutter der Phantasie trennt die Kinder voneinander, wie in der Wirklichkeit Joan die Eltern im Schlafzimmer voneinander trennen will [...]" (Burlingham 1980/1984, S. 123). Ähnlich interpretiert sie die Angst des 4-jährigen Bobby und seine Verlassenheit durch die ihrerseits verlassene, unreife, sich an ihn klammernde Mutter, die „ein perfektes Baby" haben wollte, in Begriffen von „Phantasien über Geschlechtsverkehr", „Abwehr gegen Kastrationsangst", „Bobby als Penis der Mutter" und „des Vaters", ohne die existentielle Dimension der Angst auch im entferntesten wahrzunehmen (Burlingham ebenda, S. 231–253).

Liefert die historische Betrachtung des Hintergrundes der ‚wilhelminischen' Zeit und Moral hier eine ausreichende Erklärung? Auch wenn wir den Stand der damaligen psychoanalytischen Theorie, die strenge Anpassung an diese und den Mangel an Beobachtungen, die vor allem die spätere Bindungstheorie lieferte, berücksichtigen, sind wir immer noch verblüfft über die Realitätsferne und Empathielosigkeit der theoretischen Debatten in diesen Fallbeschreibungen, die alles in ein enges theoretisches Gerüst einzwängen müssen. Wie viel mehr ‚wussten', auch auf diesem Gebiet, viele Schriftsteller und Künstler! Edvard Munchs „Schrei" entstand um diese Zeit (1893). Hier zeigt sich deutlich nicht nur die Unzulänglichkeit eines Konfliktmodells, dass mit dem Phänomen Angst nicht richtig fertig zu werden vermag, und das Unvermögen, sich von einer Theorie zu verabschieden, sondern (was die Berichte aus heutiger Sicht so erschütternd macht) auch die therapeutische Praxis, die daraus erwachsen ist. Stand nicht die gesamte Psychoanalyse, die anfänglich so revolutionär alles Herkömmliche in Frage stellte, unter dem Einfluss ‚alter' pädagogischer Vorstellungen, denen gemäß ein Kind mit seinen Gefühlen möglichst wenig ‚stören' und stattdessen möglichst rasch sozialisiert werden soll? Hätte eine umfassendere Angsttheorie nicht auch dazu führen müssen, die traditionelle Auffassung der Angst als dem Mann ‚fremd' zu revidieren? Vielleicht war der Angriff auf die wilhelminische Sexualität doch weniger radikal als ein Angriff gegen eine noch von Patriotismus, Kampfesmut und Männlichkeit geprägte jahrtausendealte Kultur, in der Todesangst, zumindest für den Mann, immer schon als Feigheit gegolten hatte.

Die Objekttheorie Bions „schuf ein Verständnis der Psyche, worin die emotionalen Erfahrungen nicht als ‚Affekte‘ von den sie konstituierenden Objektbeziehungen getrennt sind, sondern gerade die Verbindungsglieder zwischen den Objekten darstellen. Inhalte und das Erleben der Angst sind dann an einen gelingenden oder misslingenden Prozess der Psychisierung innerhalb einer Beziehungserfahrung gebunden“ (Plänkers 2003, S. 500). Der Säugling ist demnach auf die Bereitschaft und Fähigkeit der Mutter angewiesen, die von ihm gespürten, noch nicht abstrahierbaren und benennbaren Gefühle – wie Angst, Hunger, Schmerz u.ä. – zu ‚speichern‘ und in verbaler, bearbeiteter Form ihm zurück zu geben. Diese Fähigkeit der Mutter, die Gefühle des Säuglings zu tragen und zu ‚denken‘ nennt Bion „*containment*“; sie ist wesentlich für die gesunde Entwicklung des Kindes. Der sehr plastische Begriff des „containment“ hat eine große Verbreitung gefunden, da er die Bedeutung der Empathie vor die der konkreten Fürsorge stellt und für die Therapie einen wertvollen konzeptionellen Rahmen ermöglicht. Die gelungene (oder misslungene) interpersonelle Beziehung zwischen Mutter und Kind wird auf diese Weise durch Verinnerlichung zu einem intrapsychischen Element, das später zur Grundlage anderer Beziehungen, des Vertrauens und der Kontaktfähigkeit des Erwachsenen wird. Diese Ansicht, die mit den Erkenntnissen der modernen Bindungstheorie koinzidiert, liefert auch die Grundlage für die meisten heute praktizierten Therapiekonzepte in Deutschland.

Im Übrigen hat die Objekttheorie, neben vielen nützlichen Entwicklungen, auch eine abstrakt-trockene Theoretisierung begünstigt, die bis heute viel von der Literatur über Angst prägt. Sie benutzt oft eine intellektuelle Sprache, die auf M. Klein zurückgeht und vom emotionalen Aspekt des Themas distanziert bleibt. So stellen beispielsweise Scheibe et al. Überlegungen an über die Angst von Patienten, die an einer Generalisierten Angststörung leiden, die sie als „Angst vor dem Zerfall fragiler Objektrepräsentanzen in archaische Partialobjekte“ (Scheibe et al. 1997, S. 140) deuten.

All die bisher diskutierten Theorien konzentrieren sich fast ausschließlich auf die Bedeutung der Mutter für die Entwicklung des Kindes; die anderen Personen der Primärgruppe werden noch weitgehend ausgeblendet. Die Rolle des Vaters wird erst spät in der Psychoanalyse thematisiert – und dann eher als eine Abstraktion, die (in der Sprache des Systemischen Therapieansatzes) die Triangulierung der Kleinfamilie ermöglicht (vgl. M. B. Buchholz 1993, 1995); im eigenen Recht erst bei Peter Blos (1985/1990). Dadurch wird dem Vater lediglich die Rolle verwiesen, dem zweibeinigen psychischen ‚Stuhl‘ mehr Stabilität zu verleihen, „eine trianguläre, dreidimensionale Raumstruktur [...], die die Basis bildet für die grundsätzlich ödipale Struktur des Denkens“ (Plänkers 2003, S. 505).

Unter den modernen deutschsprachigen Autoren haben Hoffmann und Mentzos den Versuch unternommen, Persönlichkeitsstruktur und Angststörung miteinander zu korrelieren. Mentzos ordnet z. B. die verschiedenen Angstformen in einem zweidimensionalen Koordinatensystem ein (Mentzos 1997/1984, S. 19), auf dem er die Pole zwischen „psychotischer (Desintegrations-)Angst“ und „reifer Über-Ich-Angst“ einerseits, und zwischen „diffuser, körpernaher“ und „konkreter, entsomatisierter Furcht“ aufzeichnet.

Auf diesem Koordinatensystem platziert er z.B. den „kleinen Hans" unter „Angst vor Liebes- oder Autonomieverlust" und „konkreter, entsomatisierter Furcht".

Freilich zeigt sich die Persönlichkeitsstruktur auch in der Art und Manifestation der Angstsymptomatik, so dass eine Person mit ‚schwacher‘, eher ‚psychotischer‘ oder ‚psychosenaher‘ Struktur („gering integrierte" oder „desintegrierte Struktur" nach Rudolph 2004 bzw. Arbeitskreis OPD 2006) mehr zu einer ‚primitiven‘, körperlich bzw. psychosomatisch ausgedrückten Angstform neigt, als eine ‚höher strukturierte‘ Person mit einem ‚starken Ich‘. Doch wird hier der Tatsache keine Rechnung getragen, dass Menschen mit einer sog. ‚psychosomatischen‘ Struktur eher zu einer ‚höher strukturierten Angst‘ neigen; dies täuscht aber, weil sie die Angst im Extremfall gar nicht spüren, sondern ‚ersatzweise‘ psychosomatisch ausdrücken. Nach Mentzos‘ Schema könnte eine solche Angstform auch mit einer ‚reifen‘ Kastrationsangst vereinbar sein (Feld oben links, bei „panischer Angst der Gesunden bei Naturkatastrophen"). Insgesamt fehlt das Konzept der „defizitären Angst" (vgl. Kapitel 9) und dieses Fehlen verfälscht alle Einordnungssysteme der verschiedenen Angstformen, denn dadurch wird eine nicht vorhandene bzw. ‚höher strukturierte‘ Angst mit einer defizitären, abgewehrten Angst ‚verwechselt‘.

Dieser Mangel zieht auch durch die testpsychologischen Messinstrumente der Angst (s. Kap. 20). Auch Panik kann Ausdruck einer ‚defizitären‘, nicht gespürten Angst sein, die plötzlich ‚ausbricht‘, nachdem sie lange Zeit (oder immer schon) abgewehrt wurde. Auslöser des Ausbruchs ist oft eine existentielle Grenzsituation, in der der Mensch seiner bisher fern vom eigenen Selbst gelebten Existenz – z.B. durch die Erfahrung einer Krankheit, des nahen Todes oder eine Bedrohung – bewusst wird. Dann kann Panik nicht nur Folge, sondern der Auslöser einer ‚schlummernden‘ Angst sein. Auch in Mentzos‘ Koordinatensystem wird die Unterscheidung zwischen abgewehrter und (neurotisch) verdrängter Angst nicht deutlich. Offenbar dieses Mangels bewusst hat Mentzos zusätzlich auch eine Angsttypologie vorgeschlagen.

Auch Hoffmann ordnet die verschiedenen Formen der Angst nach dem Grad ihrer Organisiertheit ein (Hoffmann 1994). Er unterscheidet zwischen mehr neurotischen und präpsychotischen Formen, die er auf einem Kontinuum ordnet. Auch Klußmann hat ein Schema (modifiziert nach Pöldinger 1984) vorgeschlagen (Klußmann 1998, S. 316).

Bei allen Schemata dieser Art wird es deutlich, dass eine künstliche Einteilung zwar dem Bedürfnis nach einer ‚wissenschaftlichen‘ Systematik gerecht wird, aber die emotionale Realität des Phänomens Angst als erlebtes Gefühl nicht berücksichtigt. Hier zeigt sich am deutlichsten, dass ein Konfliktmodell dem Phänomen Angst beim Menschen nicht adäquat ist, weil es nicht vermag, dessen Tiefe und Intensität Rechnung zu tragen. Sie berücksichtigen ferner nicht, dass alle Arten der Furcht und Angst (mit Ausnahme der situativen Angst) Manifestationen der gleichen *Urangst* sind, unabhängig von ihren symptomatischen Äußerungen. Die Persönlichkeitsstruktur kann zwar die Manifestationsformen ändern – sie tut es auch nicht konstant, sondern je nach Situation und entsprechend der eigenen biographisch bestimmten Eigenart. Auch Grawe betont den Zusammenhang zwischen dem Auslöser einer aktuellen Angstsymptomatik und des autobiographischen Kontexts dieser Angst, des ‚impliziten Gedächtnisses‘ (Grawe 1998). Die Persönlichkeitsstruktur ändert aber nicht die *Qualität*, das *Erlebnismäßige*, das *Gespürte* in der Angst.

Von den Nachkriegs-Analytikern, die sich mit dem Thema Angst beschäftigt haben, sind hier vor allem Fritz Riemann, Karl König, Raymond Battegay und Günter Ammon zu nennen.

Die bekannteste Monographie ist Riemanns „Grundformen der Angst" (München 1961, bis heute 35 Auflagen). Riemann unterscheidet 4 Grundformen der Angst, denen er Persönlichkeitstypen zuteilt (Riemann 1961/2003, S. 15), wie vor ihm schon Schulz-Hencke mit seiner typologischen Klassifikation (Schulz-Hencke 1951):

> Die Angst vor der Hingabe (der die schizoide Persönlichkeit entspricht), die Angst vor der Selbstwerdung (die depressive Persönlichkeit), die Angst vor der Veränderung (die zwanghafte Persönlichkeit) und die Angst vor der Notwendigkeit (die hysterische Persönlichkeit).

Riemann betont, dass die Grundformen lediglich Varianten einer einzigen Urangst sind, die seit den Anfängen der Menschheitsgeschichte zum Leben gehört (Riemann ebenda, S. 10). Seine ausführliche Untersuchung des Phänomens Angst verlässt nicht den Boden der klinischen Erfahrung, versucht dabei, wie andere Forscher, eine typologische Klassifikation der Angsttypen zu bieten. Bemerkenswert ist dabei, dass Riemann die Unterschiede dieser Typen nicht psychogenetisch begründet, sondern über biologische bzw. konstitutionelle Faktoren zu erklären versucht (S. 16, 18).

Karl König führt zum Verständnis des „phobischen Charakters" das Konzept des „steuernden Objekts" ein, der introjizierten Mutterfigur, die „die gesunde motorische Expansivität des Kindes ängstlich verfolgt und einschränkt", oder die sich zum Kind distanziert verhält und die Entwicklung des Selbstwertgefühls des Kindes störend beeinflusst. „Als Ersatz für das mangelhaft ausgebildete innere steuernde Objekt werden in der Außenwelt steuernde Ersatzobjekte gesucht; entweder in der Mutter, von der das Kind abhängig bleibt, oder in späteren Beziehungspersonen, Beziehungsgruppen oder Institutionen" (König 1986/2000, S. 17). In seiner Monographie „Angst und Persönlichkeit" von 1986 stellt König die phobische Charakterstruktur in den Mittelpunkt und erklärt sie durch das mangelhaft verinnerlichte mütterliche („steuernde") Objekt. „Die phobische Charakterstruktur disponiert zum Entstehen einer Angstkrankheit" (König und Tischtau-Schröter, zit. bei Battegay 1984/1992, S. 38). Damit stellt König eine Angsttypologie auf, die sich nach der verinnerlichten Mutterbeziehung richtet und in Wiederholung dieser Beziehung spätere Abhängigkeiten erklärt.

Battegays Monographie „Angst und Sein" erschien 1970 und liegt in einer 3. Auflage vor. Battegay charakterisiert die pathologische Angst folgendermaßen: „Wo die Angst einen Menschen isoliert, einschüchtert, entmutigt, immobilisiert, inaktiviert, zu sinnloser Raserei, zu blinder Aggression oder zum Suizid treibt, wo sie ihn in irgend einer Art in seiner Entfaltung, in seinen mitmenschlichen Beziehungen behindert, oder wo sie störend in seine somatisch-vegetativen Funktionen eingreift, dort wird sie zum Ausdruck psychischen Krankseins" (Battegay 1970/96, S. 106). Dieser Charakterisierung entspricht auch Ammons Auffassung von „destruktiver Angst" (s. weiter unten), zumal Battegay als Einziger auch den Zusammenhang zwischen Angst und zwischenmenschlicher Beziehung erwähnt.

Das Besondere an Battegays Ansatz ist, dass er nicht nur die Fallen der Angst für die heutige Menschheit sorgfältig aufzeichnet und die Bedeutung der Verbindung zwischen Angst und Aggression beleuchtet („Angst, Aggression und Abwehr sind die Bastionen des Menschen", S. 9), sondern in der Angst auch ein lebenserhaltendes und notwendiges Prinzip sieht. Er hält den Menschen darauf „programmiert, auf bestimmte Situationen mit Angst und Furcht zu reagieren" (S. 94). „Wenn Angst [...] auch in der Freiheit entsteht, so ist sie auch Ausdruck der Verängstigung um die Selbstwerdung. Wie könnte der Mensch angstfrei eine Eigenständigkeit erlangen? Die Angst ist nicht nur Ausdruck, sondern auch Movens der Reifung" (S. 47). „Ohne Angst und ohne die aus ihr folgende Aggressivität würden Mensch und Tier es verlernen, sich in ihrer Umwelt durchzusetzen. Kein Anreiz würde bestehen, etwas zu schöpfen und zu schaffen" (S. 73).

Ammon bezeichnet die Angst als eine „zentrale Ich-Funktion" (1979, S. 132) und differenziert zwischen *konstruktiver, destruktiver* und *defizitärer* Angst. Die Fähigkeit, Angst wahrzunehmen und zuzulassen, steht nicht nur für sich als wichtiges Merkmal einer Persönlichkeitsstruktur, sondern er betont vor allem die Bedeutung der Angst unter dem interpersonellen Aspekt des zwischenmenschlichen Kontaktes. Entsprechend definiert Ammon *konstruktive Angst* als eine gespürte, dem zwischenmenschlichen Kontakt dienliche Form der Angst. „Sie macht den Menschen offen für andere [und] lässt ihn Hilfe annehmen" (ebenda, S. 132). Sie stellt die „wichtigsten Regulationsprinzipien des Ichs [...] und Gefühlsbefindlichkeiten des Menschen [dar] (S. 133). „Die konstruktive Angst macht den Menschen zum Menschen" (S. 132).

Dem gegenüber ist die Angst *destruktiv*, wenn sie zwischenmenschlichen Kontakt verhinder, indem sie „Vermeidungsverhalten [bewirkt], insbesondere Vermeidung neuer Erfahrungen und Beziehungen" (Burbiel et al. 1992, S. 227). „Sie ist eine überflutende Angst [...], im eigentlichen Sinne Vernichtungsangst, die nach außen agiert wird und sich in Formen destruktiver Wut äußert [...]. Sie ist eine der Ursachen der so genannten Borderline-Kriminalität, hier werden Menschen aus Angst zum Verbrecher [...]. Die Menschen schlagen um sich wie Ertrinkende, sie flüchten aus Angst in die Psychose, in die Sucht oder auch in die destruktive Sexualität" (Ammon 1979, S. 133). Der Mensch mit destruktiver Angst wehrt interpersonellen Kontakt ab, indem er andere Menschen von sich fernhält – vor allem durch paranoisches Misstrauen.

Als einer der wenigen Autoren betont Ammon die Bedeutung der *defizitären Angst* für den Aufbau der Persönlichkeit und die zwischenmenschlichen Kontakte des Individuums. Die defizitäre, nicht gespürte Angst (spürbar aber für die Umgebung) wird definiert als „eine Abwehr der Angst, als eine Flucht vor der Angst, was ein Ausweichen vor einer Auseinandersetzung mit sich selbst, mit der eigenen Identität bedeutet. Generelles Vermeidungsverhalten, Starrheit, Zwang und der Totstellreflex des Depressiven zeigen, wie ohne Angst keine Entwicklung geschehen kann" (S. 133). „Defizitäre Angst ist die Grundlage für Vermeidung von Leben und Lebensäußerungen" (S. 132). Die defizitäre Angst lässt den Menschen für andere nicht ,spürbar' werden, macht ihn alexithym; man trifft sie oft bei sog. ,psychosomatisch strukturierten' Menschen (s. Kapitel 10, Angst und Körper – psychosomatische Aspekte). Dem Menschen mit defizitärer Angst fehlt menschliche Tiefe.

Ammon versteht die Entstehung der pathologischen Angst als Folge der mangelhaften, unempathischen Mutter-Kind-Beziehung. Auf diese Weise ist pathologische Angst ein „direkter Ausdruck einer mangelhaften narzißtischen Zufuhr in der frühen Mutter-Kind-Symbiose [...]. Das nur rudimentäre Ich des Kindes erlebt dann archaische Vernichtungs- und Verlassenheitsängste, denen energetisch-ökonomisch ein narzißtisches Defizit korrespondiert" (S. 131). In der späteren Entwicklung seiner Theorie erweitert Ammon das Verständnis der frühen Mutter-Kind-Beziehung durch die Bedeutung der Gruppe, in die Mutter *und* Kind eingebettet sind. Denn die Mutter befindet sich selber in einer Gruppe, die sie freundlich annimmt und schützt, oder mit offener oder versteckter Feindlichkeit behandelt. Die (oft unbewusst) abgelehnte, von der Primärgruppe feindlich behandelte Mutter reagiert mit Abstoßung des Kindes als ‚Vertreter der Gegenpartei‘ (oft der ‚feindlichen‘ Männer oder deren Familie), oder mit Anklammerung des Kindes als ‚Alliiertes‘ gegen die Anfeindung der anderen. In solchen Primärgruppen wird die Angst des Kindes nicht verstanden, oder sogar bestraft; hier üben auch kulturelle und ideologische Motive einen negativen Einfluss. Andererseits können ganze Gruppen das Kind als Wesen im eigenen Recht ablehnen, für ihre narzisstischen Zwecke ausbeuten, oder es als „Retter" und „Sinngeber" der Primärgruppe festhalten. Solche pathologischen Dynamiken verstärken ihren Einfluss auf die Gestaltung der Persönlichkeit des Kindes, indem sie sich verinnerlichen und später auch in anderen Gruppen, wie im Kindergarten, der Schule und in beruflichen Gruppen aktiv bleiben.

Damit führt Ammon die gruppendynamische Dimension in die Psychogenese der Angststörungen ein. Ammon versteht all diese Varianten, die er als konstruktiv, destruktiv oder defizitär bezeichnet, als persönliche, durch die biographischen, gruppendynamischen Erfahrungen des Individuums determinierte Arten des Umgangs mit der ursprünglichen Existenzangst des Menschen. Es sind diese Erfahrungen, die ihn befähigen, die eigenen existentiellen Ängste anzunehmen – und damit authentisch zu werden – oder diese zu verdrängen und ein von sich und seinen tieferen Gefühlen abgespaltenes, funktionales Leben zu leben. Ammon bringt deshalb die menschliche Angst in Verbindung mit seiner Identität und sieht letztendlich die Angst vor der Begegnung mit sich und seiner Angst als Identitätsangst (ebenda, S. 351). Diese „Angst vor einer originären Identitätsleistung [...] wird mit fremdbestimmter Identität [...] abgewehrt" (S. 536), wie wir beispielsweise bei ängstlich-meidenden, zwanghaften Menschen beobachten können. Angst vor der eigenen Identitätsentwicklung kennzeichnet den depressiven Menschen (1980, S. 93), wie auch den Borderline-Patienten (1998, S. 119–120, 178–180). Der tiefere Sinn von Zwang und Bürokratie ist weniger die Macht über andere, als der Versuch, die eigene Angst zu vermeiden, indem sie verwaltet und (sich und die Anderen) und kontrolliert (vgl. Arno Gruen 1989/1996).

Dieser Zugang zur Angst hat weitgehende therapeutische Implikationen; Ammon sieht „in der Erfahrung der Angst [....] den archimedischen Punkt des therapeutischen Prozesses" (1981, S. 105).

Es ist Ammons Verdienst, die Bedeutung der Angst für die Identität des Menschen erkannt zu haben. Seine gruppendynamische Sichtweise bietet eine umfassende Erklärung für das Entstehen und die Verinnerlichung destruktiver Angst in Primärgruppen, die die Angst des Kindes nicht spüren oder sogar unterdrücken bzw. bestrafen. Die Angst wird defizitär, wenn ihre Unterdrückung oder ihr Ignorieren beim Kind extrem sind. Ammon erkannte aber auch die Bedeutung der defizitären Angst für die Depression, für die Psychosomatik und auch für viele Borderline-Kranke. Wie Battegay, hält auch

Ammon die (konstruktive) Angst für einen wichtigen Motor menschlicher Entwicklung; die Erkennung der eigenen Angst ermöglicht tiefer gehenden zwischenmenschlichen Kontakt und fördert den lebenslangen Prozess der Identitätsentfaltung. Die Bedeutung der Angst für die menschliche Entwicklung wird heute auch durch die neurobiologische Forschung bestätigt (vgl. Bauer 2005/2008, Hüther 2005a).

7. Angst in den Psychosen und der Borderline-Störung

Angst spielt eine große Rolle bei allen psychiatrischen Erkrankungen; man könnte sagen, dass *alle* psychischen Erkrankungen Manifestationsformen einer schwer regulierbaren bzw. aus der Kontrolle geratenen Angst, einer Form der Urangst darstellen: die schizophrene Psychose, die Depression, die Manie, die Persönlichkeits- oder Borderline-Störungen, die Psychosomatik, der Zwang, und erst recht die Angsterkrankungen. Unterschiedlich sind lediglich die Intensität, die Psychodynamik und das äußere Symptombild, d.h. die Art, in der der Patient versucht, seine unerträgliche Angst abzuwehren. Doch sind diese Krankheiten nicht nur Abwehr, sondern gleichzeitig auch eine Mitteilung, ein Appell an die Umgebung, auf diese Angst aufmerksam zu werden. In der Symptomatik sind auch die alten, in der Kindheit ‚wirksamen‘ Arten des Hilferufs reaktualisiert, d.h. diejenigen, die damals am ehesten von den Eltern bzw. der Primärgruppe bemerkt wurden und evtl. zu einem Schutz gegen die Angst führten. So z.B. tendiert ein Mensch dann zum psychosomatischen Ausdruck seiner Angst, wenn in seiner frühen Entwicklungszeit körperliche, psychosomatische Symptome die Aufmerksamkeit der Umgebung weckten bzw. Fürsorge und Linderung der Angst versprachen.

Streeck schreibt: „Die Persönlichkeitsstruktur des Patienten ist gleichsam ein Dokument für ihre Anpassung an und die Bewältigung von deprivierenden Verhältnissen, unter denen sie vor dem Hintergrund je unterschiedlicher individueller und biologischer Bedingungen aufgewachsen sind. Sie trägt die Spuren der Geschichte jener Mittel und Wege in sich, mit denen die Patienten ihr psychosoziales Gleichgewicht wenigstens so weit haben stabilisieren können, dass äußere Realitätsanforderungen ausreichend bewältigt werden konnten" (Streeck 2007, S. 21).

Dies gilt auch für die Angst; auch die Manifestations- und Abwehrformen der Angst tragen die „Spuren der Geschichte" in sich. Das bedeutet, dass auch der Therapeut zuerst aufgrund der eigenen Geschichte des Patienten die Symptomatik in Richtung ihrer frühen Bedeutung zu ‚übersetzen‘ lernen muss. Die meisten Patienten mit den erwähnten Diagnosen litten als Kinder darunter, dass ihre Ängste, vor allem ihre existentielle Angst, von der Umgebung nicht registriert, nicht verstanden oder sogar unterdrückt wurden. Sie wird oft auch jetzt – man könnte von einer kollektiven Gegenübertragung sprechen, die Krankenhäuser, Ärzte (darunter auch Psychiater) und Institutionen mit beinhaltet – nicht verstanden, ihre Symptome ausschließlich konkret genommen, sie werden durch die Räder einer aufwendigen und teueren medizinischen Technologie ‚geschleudert‘, oder ausschließlich mit Psychopharmaka behandelt, wobei das schwere Leid der Angst ignoriert wird.

Besonders wurden alle schizophrenen und sonstigen psychotischen Patienten in ihrer frühen Kindheit mit ihren Ängsten allein gelassen; in der Regel waren die Eltern, ja die gesamte Primärgruppe entweder unfähig, aus eigener Angst oder psychischer Erkrankung (was zur Hypothese der Erblichkeit psychotischer Erkrankung geführt hat, denn psychische Erkrankungen, darunter auch Psychosen, sind freilich häufig in den Familien solcher Patienten), oder sie haben aus bewusster oder unbewusster Aggression gegen das Kind (öfters auch in Kombination mit einer Spaltung innerhalb der Familie, in der das Kind als ‚Munition‘ fungiert und ausgebeutet wird), diese psychisch und oft auch körperlich vernachlässigt oder auch missbraucht. Die Art der Angst, die bei diesen Kindern die Todesangst provoziert, ist die (meist chronifizierte) Verlassenheit- bzw. Trennungsangst. Rosen betont dies im Fall der Schizophrenie, die er im Sinne der damals ‚offiziellen‘ Meinung der Psychoanalyse als Trennung von Ich und Über-Ich deutet, allerdings mit Erwähnung des interpersonellen Aspektes: „The anxiety which the psychotic experiences from the separation of superego and ego is the very same anxiety which he experienced as an infant during those occasions when he needed the breast and tried to summon it with his cry, but failed to make it appear“ (Rosen 1962, S. 171). Mit Sicherheit trägt die Wiederholung solcher Erfahrungen, wie auch der Double-bind-Varianten der Verlassenheit zur ‚Überempfindlichkeit‘ bei jeder ‚drohenden‘ Verlassenheit, d.h. zu einer verminderten Angsttoleranz bei.

Auch bei Borderline-Patienten wird von einer gegenüber neurotischen Menschen „noch einmal erhöhter Intoleranz gegenüber Angst“ gesprochen, „was sicher“, nach Hoffmann, „mit den Erfahrungen dieser Patienten mit ihren schlechten Angstbewältigungsmöglichkeiten zu tun hat. Psychotiker schließlich sind im akuten Zustand der Psychose zur Angstabwehr kaum noch in der Lage“ (Hoffmann 2000, S. 230). Unter den „Angstbewältigungsmöglichkeiten“ wird in der Regel eine ‚multifaktorielle Mischung‘ verstanden, die u.a. auch eine wie auch immer geartete ‚Prädisposition‘, eine ‚genetische Komponente‘ mit einbeschließt. Meine klinische Erfahrung bestätigt nicht die Notwendigkeit einer ‚genetischen Komponente‘ zur Erklärung der Frühstörungen (der Psychosen und der Borderline-Störungen). Die Gründe für diese Überzeugung werde ich im Kapitel 12, unter dem Untertitel ‚Ockhams Rasiermesser‘, näher erklären.

Bei der Psychose ist die Angst sozusagen ‚nackt‘; Bion nennt sie treffend „namenlose“ Angst (Bion 1962, S. 232). Fromm-Reichmann verstand die schizophrene Symptomatik schlechthin als „Manifestation der zu Grunde liegenden Angst“ (1978, S. 201). Der psychotische Patient ist „starr vor Angst“, wenn er unter der akuten Psychose leidet (Rosen 1962, S. 148, 161, 162). Sèchehaye, bekannt geworden vor allem durch ihre pionierhafte Behandlung des jungen schizophrenen Mädchens Renée, lässt die Patientin zu Wort kommen: „Die Angst, die ich vorher nur zeitweise fand, ließ mich nicht mehr los. Jeden Tag empfand ich sie aufs neue. Und dann nahmen die Zustände der Unwirklichkeit auch immer weiter zu“ (Sèchehaye 1969, S. 21) – ein Zeugnis darüber, wie die „Unwirklichkeit“ zur Flucht vor der Angst wird.

Diese Angst kann bei psychotischen Patienten durch Verlassenheit und Trennungsdrohung, aber genauso auch durch zu große Nähe ausgelöst werden, wodurch für die Patienten ein ernstes Dilemma resultiert. Nach Battegay geraten schizophrene Patienten, „wenn eine gewisse soziale und räumliche, eine kritische Distanz zu ihnen überschritten wird, häufig in eine schwere Todesangst. Sie fühlen sich dem sich Nähernden wehrlos und vollkommen ausgeliefert. Ob schon sie sich im Grunde nach einem Kontakt sehnen, sehen sie sich in diesen Situationen gezwungen, den auf sie Zukommenden anzugreifen, um ihm nicht zu erliegen, um nicht von Individualitätsverlust bedroht zu sein" (Battegay 1970/96, S. 95). Battegay beschreibt damit Situationen, in denen der Mechanismus der *Angstauslösung* psychodynamisch determiniert ist. Die bedrohliche Todesangst wird durch Situationen ausgelöst, in denen die frühere kritische Situation wiederholt wird: Überschreitung einer kritischen Distanz, damit Auflösung der Ich-Grenzen und Individualitätsverlust mit anschließender Panik, Desillusionierung nach der Illusion eines schutzgewährenden Kontaktes – oder zu große Entfernung und damit Verlassenheitsgefahr.

In der Psychose ist die Ambivalenz zwischen dem verzweifelten Ruf nach der Mutter, die vor der Angst schützen sollte, und der Angst, von der Mutter besetzt, verschlungen zu werden, am größten. Rosen findet dafür die knappe Beschreibung „des eigentümlichen Kreislaufs im Mechanismus der Psyche [ist], dass ‚Mutter' Angst verursachen kann und Angst wiederum ‚Mutter' herbeiruft" (Rosen 1955/1962, S. 29). Aus diesem Grund ist die Angst des schizophrenen Menschen ‚ausweglos', er befindet sich in einer Falle, die in seiner Kindheit durch die ambivalente, Double-bind-Atmosphäre in seiner Primärgruppe begründet und in späteren Gruppen wiederholt. Auch der läppisch wirkende so genannte ‚hebephrene' Patient – der in der Psychiatrie meist unverstanden bleibt –, leidet über „lange Strecken in seiner Psychose (unter) einer tödlichen Angst" (Rosen ebenda, S. 132).

Der unter dem Verfolgungswahn der Psychose Leidende fühlt sich „vergiftet, ermordet, beobachtet, verfolgt oder telefonisch überwacht" (Rosen, ebenda, S. 183) und leidet unter einer ähnlichen Angst. Oft weiß der Patient nicht, woher und weshalb die Verfolgung kommt (wie in Kafkas ‚Prozess') – er findet aber in der Regel eine ‚Täterfigur' oder eine ‚Verschwörung', auf die er seine Verfolgung zurückführen kann und die ihm damit bei der Konkretisierung seiner Angstquelle ‚hilft', indem sie diese ‚greifbarer' macht.

Die paranoide Variante der psychotischen Angst ist bei all den Menschen zu beobachten, deren Angst vereinnahmt, besetzt und nicht mehr freigegeben zu werden größer – oder mindestens so groß – ist, als die Angst vor Verlassenheit; Balint hat diesen ‚Typus' als den „Philobaten" beschrieben (Balint 1959/1972, S. 31, 1970/1973, S. 86).

Die Paranoia, wenn man unter dieser Definition nicht die psychiatrisch fest geschriebene, sondern jene *erfahrene* Form der vagen Angst vor unbestimmten unscharf umrissenen Organisationen oder Menschen versteht, bei denen wir mit unserer Ratio kämpfen müssen, um sie zu beruhigen, ist eine der häufigsten Formen, unter denen existentielle Angst sich manifestiert. Diese ‚Variante', die wir alle mehr oder weniger kennen, werde ich im nächsten Kapitel ausführlicher vorstellen.

Searles zufolge ist die „Angst des Schizophrenen, er könne seiner Identität verlustig gehen, wenn er sich emotional zu eng an eine andere Person bindet" (Searles 1965/74, S. 51–52), bzw. „wenn er dem Therapeuten allzu nahe käme" (ebenda, S. 177). Ein Patient äußerte diese Angst bildhaft, indem er fragte: „Was würde geschehen, wenn man zwei Kaugummis nimmt und sie zusammen kaut?", und fügte hinzu: „Würde das sein, wie wenn zwei Wolken ineinander aufgehen?" (S. 177). Ihre Angst, „in engen interpersonalen Beziehungen [ihre] Identität zu verlieren" (S. 186–187), veranlasst solche Patienten, sich sozial abzukapseln. Searles vermutet in der Psychose eine unbewusste Angst nicht nur vor einer ontogenetischen Regression (d.h. vor einem Rückfall in das Stadium der frühen Kindheit), sondern auch vor einer phylogenetischen, „gewissermaßen zu einem tierischen, pflanzlichen, oder sogar anorganischen Zustand" (Searles 1960, S. 180).

Auch die paranoischen Inhalte und Halluzinationen schizophrener Patienten sind als Versuch – wenn auch ein nur in Ansätzen erfolgreicher Versuch – zu begreifen, die frei flottierende, vernichtende Angst zu ‚binden‘ und mit einer zwar bedrohlichen, aber doch ‚fassbareren‘, Verfolgerperson oder -gruppe zu assoziieren. Damit ist der paranoische Mensch „letztlich auch nie allein" (persönliche Mitteilung von Dr. Rolf Schmidts, München). Wenn man bedenkt, dass die vernichtende psychotische Angst immer mit Einsamkeit verbunden ist, wird der tiefere Sinn der Paranoia nachvollziehbar.

Das Dilemma des psychotischen Menschen – aber auch, wie wir sehen werden, vieler Borderline-Patienten – ist die Folge zweier miteinander kämpfender archaischer Ängste: der Angst verlassen zu werden, allein zu bleiben (Todesangst), oder der Angst, dem Verfolger (oft der verfolgenden Mutter) nicht mehr entfliehen zu können, seine Grenzen nicht mehr bewahren und sich aufzulösen; ‚psychoanalytisch‘ ausgedrückt, das Dilemma zwischen der fusionären und der antifusionären Angst (Bolm, Dulz 2002, Götze 2000). Der Therapeut kann im Laufe der Therapie Objekt beider Bestrebungen werden.

An diesem Punkt treffen sich all diejenigen modernen Theorien – die Objekttheorie, die Bindungstheorie, die Dynamische Psychiatrie und die Mentalization-Based Therapy – die das Phänomen der Psychose dynamisch sehen und mit der frühen defizitären Beziehung zur Mutter (oder zu den ‚Bedeutenden Anderen‘), und dem fehlenden oder ungenügenden ‚containment‘ in Verbindung bringen. In diesem Sinn wird die Psychose als Flucht vor einer unlösbaren, ausweglosen und lebensbedrohlichen Situation verständlich.

Schon Ferenczi sah die Psychose als letzte Rettung vor der Auflösung des Individuums: „Dieses Astralfragment [d.h. der Teil der Persönlichkeit, der das „irdische Dasein" verlässt] hilft dem Individuum, indem es zum Wahnsinn treibt. Für viele Fälle gibt es keine Möglichkeit anderer Art; die letzte vor Sterben oder Selbstmord" (Ferenczi 1932/1988, S. 272). Sullivan spricht von „security operations" (Sullivan 1953, 1962), mit Hilfe derer psychotische Menschen Angsterfahrungen abspalten und damit das seelisch-körperliche Überleben ermöglichen.

Die ‚blanke‘ Urangst in ihrer bedrohlichsten Form, der der schizophrene Mensch wehrlos ausgeliefert ist, macht es verständlich, dass er nach den einfachsten Schutz- und Abwehrmechanismen sucht: Manchmal findet er ein chemisches Mittel, das die Angst lindert. Arieti schreibt: „Ohne sich dessen bewusst zu sein, versucht er, mit Hilfe von Alkohol eine Angst zu betäuben oder zu vertreiben [...]. Auch psychedelische Drogen können als Fluchtwege benutzt werden" (Arieti 1979/1989, S. 48). Arieti hat auch erkannt, dass Zwang eine Form der Rettung vor der vernichtenden Angst der Schizophrenie sein kann: „Oft bekämpft er [der Patient] seine Angst, indem er zu Zwängen und Obsessionen Zuflucht nimmt" (ebenda, S. 72). Arieti ist einer der wenigen Psychiater, die sich nach dem tieferen Sinn des psychotischen Symptoms fragten und die Schizophrenie nicht nur als biologisch bzw. genetisch zu erklären versuchten: „Hier stellt sich dieselbe Frage: Selbst wenn sich herausstellte, dass biochemische Veränderungen stattgefunden haben, sind dann diese Veränderungen die Ursache der Schizophrenie oder ihre Folge? Es versteht sich von selbst, dass alles, was im Gehirn geschieht, eine biochemische Entsprechung hat. Denkbar wäre auch, dass ein Teufelskreis entsteht. Psychische Probleme können biochemische Veränderungen auslösen, die ihrerseits eine Veränderung der psychischen Funktionen bewirken" (S. 102). Damit zeigt Arieti schon 1979 eine Weitsicht und Differenziertheit bezüglich der Ätiologie der Schizophrenie, die der noch heute verbreiteten biologistischer bzw. ‚multifaktorieller' (d.h. etwas liberaler biologistischer) Sicht von Genese weit voraus ist (s. Näheres dazu im Kapitel 12, Ockhams Rasiermesser).

Auch Arietis Erwartungen an dem Therapeuten sind entsprechend fortschrittlich und menschlich. Nicht selten sehen wir heute noch Patienten, denen ein Psychiater nahegelegt hat, sich mit ihrem Schicksal abzufinden und – in Erwartung des nächsten ‚Schubs' – ihre Medikamente lebenslang einzunehmen. Auch die Sozialpsychiatrie sieht den Einfluss der Psychotherapie der Schizophrenie im Grunde fatalistisch, verschleiert jedoch diese Sichtweise durch den Eifer, mit dem sie sich für die menschliche Behandlung und gegen die Stigmatisierung schizophrener Patienten einsetzt und die ‚spontan' gute Prognose vieler Fälle betont (vgl. Ameling, Schmolke 2007).

Arieti schrieb die o.e. Zeilen, wie gesagt, im Jahr 1979. Umso erstaunlicher ist es, dass manche erfahrene Psychiater und sogar Psychotherapeuten die Bedeutung der Angst für die Schizophrenie auch heute noch nicht wahrnehmen. In Benedettis „Todeslandschaften der Seele" erscheint z.B. der Begriff „Angst" im Sachregister kein einziges mal – dagegen „Aggression" 58 mal (Benedetti 1991). Dabei verkörpert schon das Titelbild der deutschen Ausgabe die hilflose Angst einer schizophrenen Frau vor der verfolgenden und peinigenden dämonischen Muttergestalt! Matakas erwähnt in seinem rezenten ausführlichen Bericht über die „Behandelbarkeit der Schizophrenie" die Angst nur an einer Stelle, in Zusammenhang mit der Befürchtung, „in engen Beziehungen vom Objekt überwältigt zu werden" (Matakas 2008, S. 755).

Neuere biologische Theorien der Schizophrenie gehen von einem Defizit in der Angsterkennung aus, dessen Grund in einer „verminderten Aktivierung in den ‚Angstassoziierten' Hirnarealen", besonders der rechten Hirnhemisphäre zu suchen sei (Wolf 2006, S. 11). Müller und Schwarz zufolge kommt „Der Störung der dopaminergen Neurotransmission […] eine Schlüsselrolle in der Pathogenese der Schizophrenie zu" (2007, S. 253). Für die biologisch orientierten Psychiater und Forscher ist Schizophrenie eine ‚Hirnkrankheit' und die Frage nach der hirnphysiologischen ‚Erklärung' ihrer Genese ist eine Frage der Zeit.

Auch die konkretistische Denkstörung, eine der merkwürdigsten kognitiven Störungen, die in der Schizophrenie, der Psychosomatik und den Zwangserkrankungen oft in extremer Form vorkommen, kann unter dem Aspekt einer archaischen Angstabwehr verstanden werden, die in ihrer ursprünglichen Form im Denken von kleinen Kindern und so genannten Naturvölkern vorherrscht (Jung 1921, Ammon 1979, Fabian 1998). Der Konkretismus bietet gleichsam einen Schutz gegen die Unsicherheit, globale Situationen adäquat zu erfassen und einzuschätzen, indem er konkrete ‚Denk-Anhaltspunkte' zur Verfügung stellt. Bei Kindern und Naturvölkern bringt das konkretistische Denken eine Konkretisierung der Angst in Richtung Furcht – oder zumindest die Annahme einer *Erklärung*, die die Angst lindert bzw. erträglicher macht. Rosen weist auf diese Tatsache hin in seiner ‚direkten' Analyse schizophrener Patienten (Rosen 1962, S. 171). Hirnphysiologisch kann die konkretistische Denkstörung mit der verzögerten oder stagnierenden Reifung der rechten Hemisphäre bzw. der Synthese zwischen rechts- und linkshemisphärischen Denken in Verbindung gebracht werden (Rotenberg 1993).

Ihre oft verheerende diffuse Angst versuchen psychotische Menschen zumindest teilweise an ihre Umgebung (oder an den Therapeuten) zu delegieren. Diese Tatsache ist eine der Erklärungen, warum früher Schizophrene ausgeschlossen und in Irrenhäuser zusammengepfercht wurden. Es ist sehr wichtig, dass der Psychosen-Therapeut mit der an ihn delegierten Angst umgehen kann. Ammon schreibt: „In der Therapie kommt es darauf an, dass die Angst getragen wird im Bewusstsein dessen, dass diese Angst, die der Therapeut empfindet, die Angst des Patienten ist und er dem Patienten hilft, der Angst standzuhalten statt sich zum Mitagieren hinreißen zu lassen" (Ammon 1988, S. 251). Gerade die weltweit zunehmende Tendenz, psychotische Patienten ausschließlich oder vorwiegend medikamentös zu behandeln, ohne ihre große Angst wahrzunehmen und zu tragen, beweist, auf welchem Holzweg die Psychiatrie heute – trotz ihrer spektakulären biologischen Fortschritte – sich befindet, und wie fragwürdig ihre zugrunde liegende ethische Einstellung ist.

Auch der Borderline-Patient delegiert die nicht bewältigte frei flottierende Angst, wenn ihm keine anderen Möglichkeiten, vor allem die ‚Umwandlung‘ von Angst in Aggression, zur Verfügung stehen. Mentzos hält die Borderline-Störung für eine „Bastion" gegen die Psychose (Mentzos 2000, S. 424). Wie auch bei schizophrenen Patienten kommt die Urangst bei Borderline-Störungen in ihren zwei Hauptformen vor, der fusionären (Angst vor Verschmelzung, z.B. mit dem Therapeuten, folglich Angst vor der starken Abhängigkeit von ihm) und der antifusionären (Angst vor Verlassenwerden, Angst vor ‚Objektverlust‘) (Kind 1992). Das Dilemma des Patienten kommt von der starken Gegenwart beider Angstvarianten, deren psychodynamische Erklärung nach Kenntnis der frühen Geschichte des Patienten immer erkennbar wird. Beiden ist der Borderline-Kranke hilflos ausgeliefert: „Ohnmächtig ausgeliefert zu sein ist ein Basisgefühl der Borderline-Patienten", schreibt Götze (2000, S. 290); er weist in diesem Zusammenhang auf die Wut und die Gefahr der Suizidalität hin. Die Explosivität dieser ‚Mischung‘ tritt akut zu Tage z.B. in der Situation der Verlassenheit von Partner/Partnerin, der häufigsten Ursache des Suizids bei Borderline-Kranken. Götze zitiert einen suizidalen Borderline-Patienten, der im gleichen Gespräch sagt: „Ich fühle mich zu einem großen Teil fremdbestimmt und habe Angst vor diesem Gefühl" und, wenig später: „Immer fürchtete ich, verlassen und dadurch vernichtet zu werden" (ebenda, S. 288). Auch Lohmer betont, dass bei schwerer kranken Borderline-Patienten „die regressiven Wünsche nach Abhängigkeit und Rettung durch den Therapeuten so immens, gleichzeitig aber die Ängste, von einem so allmächtigen Therapeuten aufgesogen und ihrer eigenen Identität beraubt werden, so überwältigend sind", dass sie durch die Einzeltherapie überfordert und zumindest temporär stationär behandelt werden müssen (Lohmer 1990, S. 84).

In einer Gruppensitzung unter Leitung des Autors (Februar 2007) wurden beide Varianten der Angst von zwei verschiedenen Borderline-Patienten nacheinander artikuliert: „Ich habe Angst vor dem Verlust des Kontaktes zum Therapeuten" und, wenig später, von einem anderen Patienten: „Ich habe im Gegenteil Angst, wenn er sich innerlich mir nähert." Im Übrigen lässt sich die Ambivalenz von Borderline-Patienten in der Gruppentherapie deshalb besser behandeln, weil dort die Abhängigkeit unter den Mitgliedern der Gruppe ‚gespalten‘ und dadurch das Dilemma der Abhängigkeit vom Therapeuten vermindert und ‚verteilt‘ werden kann (vgl. Kapitel 22, Therapie/Gruppentherapie). Die

Kontaktangst ist als eine Variante der Fusionsangst, der Angst, besetzt zu werden, anzusehen; es ist auch nachvollziehbar, warum die Gruppenangst bei Borderline-Patienten in der Regel groß ist und paranoische Formen annimmt: In Gruppen ‚vervielfacht sich‘ die Kontaktangst.

Es ist übrigens eher die Regel, dass Therapeuten eher auf die Wut des Patienten ‚einsteigen‘ (dadurch fand die Aggression bei Borderline-Patienten auch in der Forschung eine so große Aufmerksamkeit; vgl. O. Kernberg). Es macht den Patienten wütend, abhängig zu sein; Fusionstendenzen und Unabhängigkeitswünsche wechseln sich ab und machen aggressiv; hinzu kommen Übertragungsphänomene und v.a. die aggressive Formen der projektiven Identifikation. Aber die Wut ist im Grunde sekundär und dient der Abwehr der noch größeren Angst, der Angst vor Auseinanderfall der Persönlichkeit. Es ist von großer Bedeutung, dass der Therapeut sich dessen bewusst ist und es in der Therapie von Borderline-Patienten berücksichtigt, sonst geht er am tieferen Verständnis des Patienten vorbei (s. Kapitel 21, Angst und Aggression in der Psychotherapie). Der Therapeut arbeitet „leichter“ mit der Aggression, weil er sonst seine Problematik mit der eigenen Angst konfrontiert sieht. Deshalb stellt die Psychotherapie von so genannten ‚Frühstörungen‘ hohe Anforderungen an den Therapeuten!

Es ist erstaunlich, dass die ‚offizielle‘ Diagnostik nach den anerkannten Schlüsselsystemen die Angst bei der Borderline-Persönlichkeitsstörung weitgehend außer Acht lässt. Dabei erheben Leitlinien den Anspruch einer ‚korrekten‘ Behandlung, die den heutigen Stand der Theorie widerspiegeln soll. Die Internationale Klassifikation psychischer Störungen (ICD-10) fordert für die Diagnose einer Borderline-Störung die Erfüllung von sechs Kriterien (ICD-10 2005, S. 227), ohne Angst speziell zu erwähnen. Im DSM-IV (1998) bzw. in der neueren Fassung DSM-IV-TR (2003) wird die Bedeutung der Symptome, die durch „tatsächliches oder erwartetes Verlassenwerden“ verursacht werden, als erstes Kriterium der Diagnose zu Recht betont (S. 735 bzw. S. 773). Hingegen fordert das Manual die Erfüllung von 5 von 9 Kriterien (S. 739 bzw. S. 777); die Bedingung ist willkürlich und durch keine anderen als ‚wissenschaftliche‘ Gesichtspunkte gerechtfertigt. Die ‚Leitlinien der Behandlung von Borderline Persönlichkeitsstörung‘ der APA (American Psychiatric Association) übernehmen die Kriterien des DSM-IV (2001, S. 14). All diese Manuale berücksichtigen nicht, welche Rolle die *Anpassung* gerade bei diesen Patienten spielt, deren Wesen in der Anpassung besteht. Die große Bedeutung der Anpassung bei Borderline-Kranken und ihre gravierenden psychosozialen Folgen haben u.a. G. Ammon (1976, 1979, 1980, 1882) und A. Gruen (1984/2002, 1989/1996) überzeugend dargestellt.

Für den vermutlich ersten Autor, der die Borderline-Störung beschrieb und psychoanalytisch untersuchte, Adolph Stern, war die „tiefe organische“ Angst eines von 10 charakteristischen Symptomen der „Borderline-Neurosen“; „gefährliche Mengen von Angst [können] im Laufe einer analytischen Therapie“ mobilisiert werden (Stern 1938, S. 468, 476–7, Übers. E. F.). Stern führt diese Zustände auf gestörte mütterliche und z.T. auch väterliche Zuneigung zurück. Hoch und Polatin weisen in ihrer ‚klassischen‘ Studie über Borderline-Störungen (1949) auf die allgegenwärtige Angststruktur, „all-pervading anxiety structure“ hin und sprechen von „polymorphous anxiety“; Chessick (1972) sieht große Teile der Symptomatik der Borderline-Störung als Ausagieren (externalization) der existentiellen Angst (existential anguish) des Patienten. Auch Kernberg erwähnt die

Angst in der Diagnose der Borderline-Persönlichkeitsstörung, jedoch nur als Teil eines von 6 bzw. 8 diagnostischen Kriterien (1967, S. 646–654, 1989/1993, S. 14, 17; 2000, S. 52); er sieht die archaischen Ängste beim Borderline-Patienten – in Anlehnung an Melanie Klein – als Folge der „pregenital, especially oral conflicts in these patients, and the unusual intensity of their pregenital aggression" (1967, S. 646, 678, 679), die spätere ödipale Aggression fördern, d.h. der ursprünglichen Konflikte in Verbindung mit pathologischen „Sexual-, Abhängigkeits- und Aggressionsimpulsen" (1984/1991, S. 41). Für Melanie Klein war die Zeit der frühen Kindheit „in der Tat düster und erschrekend [...]. Auf sie geht die Theorie des primären Neides, die Formulierung der infantilen depressiven Position und die Entdeckung der oral-sadistischen Impulse in der frühen Kindheit zurück" (Stephan 1992, S. 266). In späteren Schriften (Kernberg et al. 2000, S. 49) relativiert Kernberg die „angeborene Disposition zur Aggressionsaktivierung" dahingehend, dass er Forschungen zitiert, nach denen das aggressive Verhalten des Kleinkindes bereits auf schmerzhafte Traumatisierung durch die Mutter zurückzuführen ist. Die existentiellen Ängste, die sich in der Befürchtung einer Patientin (Fr. L.) äußern, „dass der Orgasmus zu einer Auflösung ihrer Persönlichkeit in unpersönliche Bruchstücke führen würde", deutet Kernberg beispielsweise als „die Angst vor Konflikten, die mit schwerer oraler Frustration zusammenhängen, [wobei] die regressiven Gefahren der ödipalen Situation sexuelle Erregung und Orgasmus [blockierten]" (1984/1991, S. 162). Später spricht er von einer „Ich-Schwäche in Form eines Fehlens von Angsttoleranz" (Kernberg 2000, S. 52). In einem anderen Fall (Fr. N) führten ähnliche Interpretationen zum „Wunsch, sich von einem anderen, wahrscheinlich wärmeren und verständnisvolleren Therapeuten behandeln zu lassen. Alle Anstrengungen, diese Gefühle als regressive Flucht vor den ödipalen Aspekten der Übertragung zu interpretieren, führten zu nichts" (ebenda, S. 190). Verständlicherweise, denn die Patientin bekam intellektuelle Deutungen anstelle des empathischen Mittragens ihrer Angst seitens des Therapeuten. Das ausschließliche oder vorwiegende Verständnis der Angstmanifestationen als Ausdruck ödipaler Konflikte geht an den Grundbedürfnissen der Borderline-Patienten vorbei, deren Hauptleid in der drohenden Kapitulation vor der archaischen Urangst besteht und die von den Therapeuten erwarten, dass diese (anders als die Eltern oder die Familie in der frühen Kindheit) ihre Angst verstehen und empathisch tragen soll.

Ebenso wird das Wesen des Leids beim Borderline-Patienten verkannt, wenn man von einem angeborenen „Ich-Defekt" ausgeht, wie dies mehrere Autoren annehmen (s. Rohde-Dachser 1989/91, S. 87). Wolberg (1973) warnt vor einer solchen Etikettierung, die „den therapeutischen Nihilismus fördere und degradiere den Patienten letztlich zum psychischen Krüppel, für den eine prothesenfabrizierende Sozialpsychiatrie weit eher zuständig sei als ein auf innere psychische Restitution bedachter Psychotherapeut" (zit. b. Rohde-Dachser ebenda, S. 87).

Wurmser berücksichtigt in seiner Therapie einer schizophrenen Patientin die Angst wenig, obwohl diese angibt, unter „Angstanfällen mit Todesangst" zu leiden und sagt selber: „Am schlimmsten ist die Angst" (Wurmser 2001, S. 18). Für ihn ist die Angst lediglich ein Glied in der Symptomen-Kette, kein Grundsymptom.

Angst ist der gemeinsame Nenner aller Persönlichkeitsstörungen. Dulz u. Schneider sehen in der *frei flottierenden Angst* mit ihren vielfältigen Manifestationsformen die

Grundlage der Pathologie der Borderline-Persönlichkeitsstörung (Dulz und Schneider 1995/2004).

In ihrem Schema wird deutlich, dass die verschiedenen klinischen Symptome durch die Vielfalt der Angstmanifestationen und ihrer Abwehrmechanismen hervorgerufen werden. Dulz schreibt dazu: „Wir gehen davon aus, dass Angst das zentrales Symptom der Borderline-Störungen darstellt – als letzte Stufe der Angstentwicklung, die mit der Vernichtungsangst des Säuglings im Sinne Winnicotts beginnt und ihre Wiederbelebung durch die Retraumatisierung erfährt" (Dulz 2000, S. 58). Zetzel (zit. b. Rohde-Dachser S. 139) hat erkannt, „dass die Angstmanifestationen von Borderline-Patienten häufig die Qualität primärer Angst haben".

Schon Stern verstand die Erkrankung, die er als Ergebnis mangelnder mütterlicher Liebe („as a result of deficient maternal affection") sah, als eine „Rigidität der Persönlichkeit" als Folge der Abwehr der Angst („rigidity of personality as defense against anxiety"; zit. b. Grinker et al. 1968, S. 11). Grinker und Co-Autoren verstehen auch das sexuelle Ausagieren und die alkoholischen Exzesse als Angstabwehr (ebenda, S. 96). Nach Ziolko sind auch Halluzinationen durch Angst mitbedingt (Ziolko 1970, zit. b. Dulz 2000, S. 61). Ammon führt das Leid und die Symptomatik der schwersten Borderline-Patienten, der „Unerreichten", ebenfalls auf „eine tiefe Verlassenheits- oder Urangst. Sie erleben ein Todesgefühl der Verlassenheit" (Ammon 1984, S. 156).

Nach Dulz (ebenda, S. 58) ist bei 56,4% der Borderline-Patienten eine allgemeine Angsterkrankung festgestellt worden. Ich finde diese Zahl äußerst niedrig und kann sie nur dadurch erklären, dass die ‚versteckte', nicht verspürte Form der Angst, die bei diesen Patienten häufige defizitäre Angst, nicht berücksichtigt wurde.

Bei einer so hohen Korrelation zwischen der Borderline-Störung und der Angstkrankheiten muss man sich fragen, welchen Sinn der Begriff der ‚Komorbidität' überhaupt in Bezug auf Angst bei der Borderline-Erkrankung (vgl. Götze 2000, S. 285) haben soll. Das klinische Charakteristikum der Borderline-Erkrankung besteht ja gerade in der Vielfalt der (ständig wechselnden) Symptome und der klinischen Manifestationen, weshalb sie früher mit der Bezeichnung „Panneurose" bedacht wurde (vgl. Hoch und Pollatin 1949, Benedetti 1977, Ammon 1976, 1979). Aus klinischer Sicht ist die Feststellung, dass „Patienten mit Panikattacken und Agoraphobie [...] im Vergleich zu anderen klinischen Populationen signifikant mehr komorbide Persönlichkeitsstörungen mit ängstlich-vermeidenden, abhängig-anklammernden und auch paranoiden Merkmalen [...] aufweisen" (Buchheim, Krause 2003, S. 207) ein Gemeinplatz, wenn man bereit ist anzunehmen, dass all diese Störungen lediglich diagnostisch unterschiedliche Konfigurationen der Angststörungen darstellen; ihre Kategorisierung und Einteilung in diagnostische Gruppen dient nur dem Drang nach Wissenschaftlichkeit (vgl. Kapitel 16, Professionelle Angst). Auch Kernberg sieht in der nosologisch allzu ‚genauen' Einteilung der verschiedenen Persönlichkeitsstörungen den Ausdruck der „Vorliebe [vieler Forscher] für einen kategorialen Ansatz für die Erfassung der Persönlichkeitsstörungen [...], meist klinische Psychiater auf der Suche nach spezifischen diagnostischen Einheiten" (Kernberg et al. 2000, S. 45–46); sie hat nicht nur wissenschaftliche, sondern auch „politische" Motive (ebenda, S. 46).

Rohde-Dachser beschreibt einen 45-jährigen Borderline-Patienten, der „in raschem Wechsel gleichzeitig oder nacheinander folgende Symptome [zeigte]: Zwangsvorstellungen, wahnhafte Ideen, optische Halluzinationen, massive frei flottierende Angst, [...] Zwangsweinen, Bettnässen, Höhenangst, Andeutungen von erlebter Gedankenausbreitung, hypochondrische Ideen, Impotenz, [...] Denkhemmungen, Beziehungsdenken, Entfremdungsgefühl, Straßenphobie aus Angst vor Glatteis im Sommer, Beeinflussungserlebnisse". Kein Wunder, dass das konkretistische Verständnis der vereinzelten Symptome eine Verwirrung stiftet, und dass „dieser Patient in den drei Jahren aus gegebener Veranlassung mehreren Psychiatern vorgestellt [wurde], die aufgrund des gerade vorherrschenden Symptomangebots zu unterschiedlichen Diagnosen kamen und vor allem die Schwere der Erkrankung jeweils sehr verschieden einschätzten" (1989/1991, S. 43). Auch die z.B. bei Borderline-Patienten häufig anzutreffenden Ängste vor der eigenen Destruktivität, „vor der ‚Nähe‘ zum Analytiker" oder „vor der Enthüllung des wahren selbst" (ebenda S. 179–180), sind nur individuelle Spielarten der gleichen Angst, die durch die eigene Biographie, die gerade vorherrschende Übertragung und die aktuelle Lebenssituation moduliert wird.

Dulz und Schneider sprechen zu Recht in Bezug auf die Borderline-Persönlichkeitsstörung vom „Unsinn der Komorbidität" und belegen dies mit statistischen und konzeptionellen Argumenten (1995/2004, S. 57–60). Allerdings hält sich dieser „Unsinn" – sieht man einmal von der ‚Bequemlichkeit‘ ab, die durch die (künstliche) nosologische Einteilung im Sinne des naturwissenschaftlich angestrebten Kategoriendenkens für wissenschaftliche Untersuchungen entsteht – nicht zuletzt dadurch, dass viele Kostenträger bei sog. ‚multimorbiden‘ Borderline-Patienten längere Behandlungsdauer gewährten (Dulz 2000, S. 62). 50% bis 58% der Patienten mit der Diagnose Borderline-Störung zeigen (Hull et al. 1993, Zwanzger und Deckert 2007) eine ‚Komorbidität‘ mit Major Depression; auch hier ist zu bezweifeln, ob die Kriterien der Diagnose der Major Depression nicht zu formal waren; die klinische Erfahrung zeigt, dass bei näherer Untersuchung *fast jeder* Borderline-Kranke depressiv ist, wenn auch oft versteckt. Dulz (ebenda, S. 58) führt Statistiken von Swartz, Blazer et al. (1990) auf, nach denen bei 48,4% neben der Borderline-Diagnose vier und mehr verschiedene Diagnosen gestellt wurden. Ich selber habe bis heute keinen einzigen Borderline-Patienten kennengelernt, bei dem nach den üblichen Diagnosenschlüsseln nur *eine* Diagnose hätte gestellt werden können. Auch Streeck findet, dass „die Beeinträchtigungen insbesondere von schwerer gestörten Patienten in Wirklichkeit kaum jemals als voneinander isolierte Störungen vorkommen, sondern fast ausnahmslos zusammen mit anderen Beeinträchtigungen [...]. Insbesondere komplexe Störungen erscheinen unter dem Gesichtspunkt der Komorbidität als ein *Nebeneinander* von Störungen, deren *innere Verbindung* unerkannt bleibt. Dass die verschiedenen Manifestationen von Auffälligkeiten des Erlebens und Verhaltens tatsächlich keine jeweils umschriebenen Störungen sind, sondern zusammengehörige Teile eines Ganzen, das als Ganzes aber nicht bekannt wird, bleibt außer Betracht" (Streeck 2007, S. 25, kursiv E. F.).

Der Begriff der Komorbidität bei Borderline-Störungen verkennt also die Tatsache, dass die vielfältigen Symptome – wie Anorexie, Bulimie, Depression, Manie, oder Abhängigkeit (vgl. Tress et al. S. 161) – Äquivalente der existentiellen Angst sind oder durch sie erzeugt werden, und dass das Hauptmerkmal der Borderline-Erkrankung die Angst selber ist. Allerdings ist die Angst nicht immer klinisch ‚sichtbar‘, denn die psychologischen Instrumente zur Erfassung der Angst – wie auch der sonstigen Symptome – auf den Angaben der Patienten selber basieren, die diese nicht immer spüren, sondern unterdrücken, verdrängen, abwehren oder delegieren. Einige Beispiele dafür werden im nächsten Kapitel 9 (Defizitäre Angst) angeführt.

Ebenso wenig sinnvoll für das Verständnis und die Behandlung der Borderline-Patienten wie der Begriff der ‚Komorbidität‘ ist die Einteilung der Persönlichkeitsstörungen in verschiedene so genannte ‚cluster‘. Auch diese Einteilung ist, wie die klinische Erfahrung zeigt, künstlich, und berücksichtigt nicht, dass die Überlappungen und Übergänge häufiger sind als die (kaum anzutreffenden) reinen Störungsbilder. Auch hier stand die naturwissenschaftliche Leidenschaft der Kategorisierung Pate. Es wird oft deutlich aus der Argumentation bezüglich der Ergebnisse verschiedener Therapieformen, dass das Bedürfnis nach *kontrollierten Daten* sehr groß ist (Tress et al. 2002).

Kernberg führt die Genese der Borderline-Persönlichkeitsstörung (von ihm als Borderline-Organisation bezeichnet) auf die angeborene Neigung zur Aggression. Wie M. Klein vertritt auch er die Anschauung, dass die Aggression konstitutionell bedingt ist (vgl. Dammann, Janssen 2001, S. 5). Der Leser mag den Eindruck gewinnen, als würden viele Therapeuten und Forscher die Begegnung mit der existentiellen Angst ihrer Patienten unbewusst vermeiden.

Winnicott erkannte schon 1971 in einer Arbeit, die das Borderline-Störung noch als Grenzfall der Schizophrenie betrachtete, die psychotische, „unverarbeitete“ Angst als Grundlage der Borderline-Pathologie: „Bei der Analyse von Borderline-Fällen hat man die Möglichkeit, das schwierige Phänomen zu beobachten, das Hinweise für ein Verständnis des echten schizophrenen Zustandsbildes liefert. Mit dem Begriff Borderline meine ich Fälle, bei denen der Kern der Störung ein psychotischer ist, wobei der Patient allerdings so weit psychoneurotisch strukturiert ist, dass er stets in der Lage bleibt, psychoneurotische oder psychosomatische Störungen zu produzieren, wenn die eigentlichen psychotischen Ängste in unverarbeiteten Form durchzubrechen drohen“ (Winnicott 1971, S. 102).

Die unerträgliche innere Leere, die für viele Borderline-Patienten im Mittelpunkt des Beschwerdebildes steht und zur charakteristischen überhöhten Aktivität führt, ist ebenfalls als Ausdruck der Angst zu verstehen. Auch der bei der Borderline-Persönlichkeitsstörung wie auch der Psychose so häufig anzutreffenden projektiven Identifikation kommt die Funktion einer Angst-Abwehr zu (Plänkers 2003, S. 498-499).

Unter dem Aspekt der Angst, den wir hier diskutieren, und infolge der Kenntnis des gemeinsamen, nur individuell und quantitativ unterschiedlichen biographischen Substrats bei den Psychosen und den Borderline-Störungen, ist die Frage einer scharfen diagnostischen Trennung im Grunde künstlich und nur noch von theoretischem Interesse. Die strenge Trennung nosologischer Einheiten – zumindest in ihrer traditionellen, naturwissenschaftlichen Form – geht auf die Tradition eines überholten, für die Therapie von Patienten, die unter Angst leiden, nutzlosen „medizinischen Modells“ zurück (vgl. u.a. Wampold 2001, Buchholz 2008b, sowie Kapitel 16, Professionelle Angst).

Die große Aufmerksamkeit, die in den letzten Jahrzehnten der Borderline-Problematik und ihren Auswirkungen zuteil wurde (auch wenn noch für die Bereiche der Pädagogik und der Kriminologie viel zu wenig berücksichtigt) haben dazu beigetragen, dass aus der Schizophrenie ein immer weniger beachtetes ‚Stiefkind‘ in der Fachliteratur wurde. Ein zusätzlicher Faktor in der Vernachlässigung ist die hauptsächlich aus der Vereinigten Staaten kommende Tendenz, schizophrene Patienten (wieder) als psychiatrische ‚Fälle‘ zu betrachten, die in Fachkliniken nur als ‚Krisenintervention‘ aufgenommen und so gut wie ausschließlich medikamentös behandelt werden. Auch in dieser ‚Mode‘ sind wirtschaftliche Überlegungen maßgebend.

Die Übergänge zwischen den Borderline-Störungen und den Psychosen sind so fließend (vgl. Kernberg 2000, S. 50–51, Grinberg 2000, S. 271–272), dass sie für die klinische Arbeit keine scharfe Trennung berechtigen. Die Unterschiede zwischen den einzelnen Patienten mit Borderline-Persönlichkeitsstörungen untereinander sind größer als zwischen den unterschiedlichen, diagnostisch künstlich getrennten Persönlichkeitsstörungen. Wie bereits betont, zeigen Borderline-Patienten mit Regelmäßigkeit nicht nur depressive, sondern auch manische, histrionische, schizoide, (zumindest latent) antisoziale und abhängige Züge – oder vielmehr eine jeweils individuelle ‚Mischung‘ mehrerer solcher Züge, die ihre diagnostische Einteilung erheblich erschweren – und überflüssig machen, da daraus keinerlei therapeutische Konsequenzen abgeleitet werden können.

Ebenso verhält es sich mit den Unterschieden zwischen psychotischen Patienten untereinander: Zwischen einem ‚chronifizierten‘, in einem desolaten Zustand befindlichen schizophrenen Patienten (meist mit sekundären Hospitalismusschäden durch die vielen verwöhnenden Behandlungen, die heute oft in sozialpsychiatrischen ‚Nischen‘ den Patienten ‚versorgen‘, ohne ihn in seiner Persönlichkeit zu fördern und an seiner Angst und Aggression zu arbeiten) und dem genialen Musiker oder Maler, der zwar mit Unterstützung durch symbiotische Beziehungen, aber doch Außerordentliches auf seinem Gebiet leisten kann, findet man eher graduelle Unterschiede.

Die gleichen Feststellungen bezüglich der grundlegenden Angst und der sekundären Symptome gelten auch für die sog. narzisstische Persönlichkeitsstörung (Stone, Kernberg, Horowitz 1996). Auch die Schilderung der Fallbeispiele zeigt (z.B. S. 143, 145, 148), dass der Beziehung zu den Eltern und der emotionalen Verlassenheit in der frühen Kindheit keine besondere Bedeutung beigemessen wird; zudem wird auch hier scharf zwischen Borderline-Störung und narzisstischer Persönlichkeitsstörung getrennt, obwohl in den meisten Fällen die Trennung schon aufgrund der Symptomatik künstlich erscheint (ebenda, Fallvignetten S. 143, 145) und offenbar nur der psychiatrischen Verschlüsselung dient.

Die Unterschiede innerhalb der nosologischen Einheiten werden determiniert durch: 1. die Abwehrformationen der Angst, d.h. durch die „vielen Gesichter“, die die Angst und ihre Abwehr annehmen (s. Kapitel 8 und 15) je nach biographischer und gruppendynamischer Bedingtheit, und 2. durch die gesund gebliebenen, konstruktiven Aspekte der Persönlichkeit, die der Persönlichkeitsstruktur ihr unverwechselbares Profil verleihen und auch für die Therapie von hervorragender Bedeutung sein müssen (Fabian 2009). M.E. ist die Beachtung dieser beiden Aspekte für die Therapie von psychotischen und Borderline-Patienten weit wichtiger als die Unterscheidungen zwischen den einzelnen Diagnosen oder Diagnosengruppen. Diese Überlegung veranlasste G. Ammon, das Denken in umschriebenen diagnostische Kategorien als patientenfremd abzulehnen und von einem „gleitenden Spektrum“ psychischer Krankheiten zu sprechen (Ammon 1979, S. 147).

Aufgrund der Tatsache, dass sowohl die wechselhafte, vielfältige Symptomatik der Borderline-Störung, der narzisstischen Persönlichkeitsstörung, als auch die Symptomatik der Psychosen unmittelbar auf der Abwehr der darunterliegenden Angst beruht, liegt es nah, dass ihre psychotherapeutische Behandlung sich an keinem Punkt wesentlich von der Psychotherapie der Angststörungen unterscheidet – und umgekehrt. Ammons Appell an den Therapeuten: „Wir müssen dem Borderline-Patienten mit Empathie und Agape zu verstehen geben, wie sehr wir seine Angst nachempfinden können" (1998, S. 119) ist als Kern jeder Psychotherapie zu verstehen.

8.   Die vielen Gesichter der Angst. Variationen auf ein Thema

Und diese Angst [...] holt aus einer scheinbar oft beliebigen Gegebenheit ihre Inhalte: Die Melodie findet ihre Worte.

Kurt Schneider, 1923

Die situative oder ‚Realangst', die „realistische" Angst oder Furcht vor einer bedrohlichen Situation, ist notwendig ist für die Erhaltung des Individuums und der Art. Entsprechend hat sie individuelle und kollektive Aspekte, die beim Tier miteinander identisch sind, da das Verhalten des einzelnen Tieres bereits auf die Erhaltung der Spezies ausgerichtet ist. Die große Gefahr der Menschheit besteht in der Tatsache, dass beim Menschen im Allgemeinen das Selbsterhaltungs-Verhalten und das Sozialverhalten weit auseinander klaffen; politische Philosophen und Soziologen haben versucht, zwischen Beiden eine brauchbare Brücke zu bauen, so dass die Interessen des einzelnen Menschen, die notwendigerweise zumindest teilweise mit denen seines Mitmenschen kollidieren müssen, überbrückt werden sollen. Auch die Religionen beinhalten ein solches ‚System'. Doch diese Bemühungen haben bisher nur notdürftige Früchte getragen; nicht weil die ‚Natur' des Menschen böse sei, sondern weil (wie z.B. Arno Gruen feststellt) der Prozess der Sozialisation des Kindes in unserer Kultur traditionell nicht vom Kind, sondern von den Bedürfnissen der Erwachsenen ausgeht, wobei die Eltern und die Umgebung ihren eigenen moralischen Grundsätzen auf eklatanter Weise in ihren Handlungen widersprechen – am meisten die, die uns leiten sollten, die Politiker und die Kirchen. Mehr noch: Die Sozialisation hat die Funktion bekommen, den Umgang des Menschen mit seinen Gefühlen, darunter auch mit seiner Angst, zu verschleiern oder abzuwehren. Die Angst vor seiner Angst wird zur regierenden Kraft des westlichen Menschen – und sie verbreitet sich rapide im Zuge der Globalisierung. Die Angst vor der Angst ist aber im Sinne der Arterhaltung unwirksam. Im Gegenteil, sie ‚arbeitet' am kräftigsten dagegen.

Die Entfernung des Menschen von seinem Instinktverhalten, seine *individuelle* Intelligenz, die ihm enorme kulturelle und wissenschaftliche Errungenschaften ermöglicht und sein Leben so grundlegend erleichtert hat, verlangt einen hohen Preis: Sie ist mit der *kollektiven* Intelligenz im Widerspruch, und dieser Widerspruch wird desto größer, je mehr sich der Einzelne von seinem ‚menschlichen Kern' zugunsten kurzlebiger hedonistischer Identitätsersatzbildungen entfernt. Das Paradox ist dass heute, in einem ‚Zeitalter der Angst', in dem das Individuum mehr als jemals zuvor in seinem Sein mit seiner Angst allein gelassen und von dieser Angst regiert wird, die Menschheit *als Art* unter einem *Zuwenig* an Angst leidet, das ihm zum Verhängnis werden kann; und, wenn sich diesbezüglich nichts radikal ändert, wahrscheinlich auch zum Verhängnis wird.

Ich halte den Umgang des Menschen mit seiner existenziellen Angst für entscheidend in diesem fatalen Zwiespalt. Wir lernen als Kinder, besonders durch Identifikation mit unseren Eltern und anderen Identifikationsfiguren, die Angst auf vielfältiger Weise zu verdrängen, abzuwehren und zu missachten. (Auf die kulturellen Gründe, die uns dazu veranlassen, bin ich im Kapitel 3 eingegangen). Daraus resultiert eine lückenhafte Identität, die auf dem Mangel einer echten Kontaktfähigkeit zu anderen und zu uns selbst basiert. Vor allem haben wir als Kinder gelernt, da wir unter Erwachsenen gelebt haben, die mit ihrer Angst allein gelassen wurden, genauso allein gelassen zu werden. Wir haben nichts von unseren Kindern gelernt.

Auf diese Weise entstehen die vielen Variationen auf das Thema Angst, von denen einige in diesem Kapitel skizziert werden. Es handelt sich dabei keineswegs um eine *Typologie*, sondern um den Versuch einer deskriptiven Charakterisierung; sie sollten nicht krankheitsspezifisch, sondern im Sinne eines Spektrums der Manifestationen und Bewältigungsformen eigener Ängste verstanden werden (s.a. Kapitel. 15). Manche Verarbeitungs- oder Agierensweisen sind allerdings häufig bei bestimmten Persönlichkeitsstrukturen – wie bei ‚Borderline-Strukturen‘ – anzutreffen, vorausgesetzt, dass man solche nicht als genau abgrenzbare, im Sinne der Diagnosenschlüssel spezifische krankhafte ‚Strukturen‘, sondern eher als narrative Beschreibungen versteht.

Ich möchte betonen, dass all diese Variationen die gleiche Funktion erfüllen, nämlich die Todesangst auszudrücken, und dass sie sich nach ihrer *Effizienz im Laufe der eigenen Geschichte* ausgebildet haben. Demnach kann man von den „vielen Gesichtern der Angst“ als psychodynamisch und gruppendynamisch bestimmten ‚Strategien‘ sprechen, die uns in unseren Ängsten früher geholfen haben. Dabei waren freilich nicht nur die bewussten ‚Strategien‘ von Nutzen, sondern vor allem solche, die das Unbewusste unserer Bezugspersonen erreicht haben. Auch die defizitäre Angst gehört dazu; sie wird in einem eigenen Kapitel behandelt (Kapitel 9), da sie von besonderer Bedeutung ist.

Die persönliche ‚Geschichte‘ der Angst und der Umgang mit ihr ist eng verwoben mit den komplexen Faktoren, die sämtliche Ich-Funktionen des Menschen – und damit die gesamte Persönlichkeit – von früh auf steuern und gestalten: Dazu gehören der Umgang der Primärgruppe mit Angst und mit Gefühlen im allgemeinen – bei sich und beim Kind –, d.h. die Wahrnehmung und die Art der Reaktionen auf die Angst des Kindes, unbewusste Manipulationen oder ‚Dressuren‘ der Angst, Verschiebungen im Ausdruck der Angst (z. B. durch Aggression), ferner die Gestaltung der Beziehungen innerhalb der Primärgruppe, Spaltungen, Missbrauch oder Misshandlungen. Dazu gehören auch Identifikationsfiguren innerhalb und außerhalb der Primärgruppe und spätere Erfahrungen mit der Angst, z.B. im Kindergarten und in der Schule.

In diesem Sinn sind die verschiedenen Manifestationsarten der Angst – und ebenso die Abwehrformen, die im Kapitel 15 besprochen werden – auch als Formen des Ausagierens der existentiellen Angst aufzufassen. Der Begriff ‚Ausagieren‘ wird für Patienten benutzt, die ihre Gefühle, darunter auch die Angst, nicht wahrnehmen oder nicht ertragen können, und stattdessen „wie auf einer Bühne“ darstellen (vgl. Fabian 2007a). Er wird generell für Borderline-Kranke oder andere Patienten, nicht für sog. ‚Gesunde‘ verwendet. Doch gehorcht im Grunde der Mechanismus der Abwehr von Angst bei einem Menschen, der Besitz akkumuliert, und die Angst nicht zu spüren (oder diese gar nicht wahrnimmt) denselben psychischen Gesetzmäßigkeiten, wie das Agieren eines Borderline-Patienten, der seine Angst mit Wut und Zerstörung ausdrückt. Auch sind die Übergänge zwischen den ‚krankhaften‘ Arten der Sucht und den sozial akzeptierten – ja sogar geförderten! – Suchtarten, wie Besitzsucht, Genusssucht, Profilierungs- und Machtsucht (etwa bei Politikern), fließend, die Unterschiede unwesentlich und eher soziokulturell als psychologisch maßgeblich. Diese kulturell stark ausgeprägte Tendenz des Ausagierens der existentiellen Angst wird schon in der frühen Kindheit auf vielfältige Weise erlernt und belohnt. Auf dieses Ausagieren, dass in der ‚männlichen‘ Gesellschaftstradition aufrechterhalten und sogar verherrlicht wird, führe ich die meisten tragischen Entwicklungen der Menschheit, die Kriege, die stillschweigend tolerierte Heuchelei der Politiker, denen es im Grunde um Macht, um das Gewähltwerden und nicht um die Menschen geht (im Grunde die Selektion der skrupellosen Borderline-Persönlichkeitsstrukturen), die Diktaturen und letztendlich das tendenziell kollektive suizidale Verhalten der gesamten Menschheit zurück. Die ‚gefährlichste‘ Form der Angst ist gerade die nicht gespürte, die ‚defizitäre‘ Angst.

Natürlich stehen die Manifestationsarten der Urangst in ihrer Vielfalt aus psychologischer Sicht in Verbindung mit anderen Merkmalen der Persönlichkeit und werden von diesen deutlich beeinflusst: von der Ich-Abgrenzung des Individuums, von seiner Ich-Stärke (oder Ich-Struktur), von seiner Kontaktfähigkeit und der Fähigkeit zu verdrängen; Mentzos spricht deshalb von einer „Reifung der Angstreaktionen vom diffusen-panischen, körpernahen Angstzustand bis zu der entsomatisierten Real- bzw. Signalangst“ (1984/1997, S. 141). Diese Persönlichkeitsmerkmale sind psychologische Konstrukte, die ihre Bedeutung haben in der theoretischen Auseinandersetzung mit dem Phänomen Angst, die aber nicht durchgehend von Bedeutung sind; dabei sind Mischformen und Verschiebungen der verschiedenen ‚Reifungsstufen‘ in der Praxis die Regel statt die Ausnahme. Deshalb äußern viele Autoren Zweifel an der Nützlichkeit der Angstkategorien und schlagen ein Kontinuum zwischen den einzelnen Angstkrankheiten, wie auch – aufgrund der hohen ‚Koinzidenzrate‘ – zwischen Angst und Depression, bzw. zwischen Angst und Persönlichkeitsstörungen vor (Hoehn-Saric 1982, Leckman et al. 1983, Angst, Dobler-Mikola 1985, Koenigsberg et al. 1985, Angst und Vollrath 1991). Uns interessieren hier die biographisch geprägten Manifestationsarten der Angst, die „die Spuren der Geschichte“ in sich tragen (Streeck 2007, S. 21). Sie bleiben *spezifisch* für das Individuum als eigenes, *dominantes individuelles ‚Angstmuster‘* – auch dann, wenn Übergänge und Mischungen verschiedener Angstmanifestationen zu verschiedenen Zeiten vorkommen können.

Also: viele Gesichter einer einzigen Urangst – Variationen auf ein Thema. Aber nicht immer ist die Angst in diesen Manifestationsformen bewusst; noch weniger ist es bewusst, dass es sich eigentlich um Ausdrucksvarianten der Urangst, der Todesangst handelt. Wie Gebsattel es treffend formuliert: „Zur Natur menschlicher Angst gehört geradezu, dass ihr eigentlicher Sinn dem Bewusstsein des einzelnen sich entzieht und dass vordergründige oder periphere Befürchtungen die Grundangst verdecken“ (v. Gebsattel 1959, S. 107). Schon Fenichel hatte erkannt, dass „viele pathologische Verhaltensmuster durch Angstabwehr geformt“ werden (Fenichel 1977, III, S. 34).

Es ist auch nicht immer einfach, zwischen Manifestationsformen der Angst, und ihrer Abwehrformen zu unterscheiden. Bis zu einem gewissen Punkt kann man sagen, dass alle Manifestationsformen, die hier beschrieben werden, zumindest teilweise auch der Abwehr der Urangst dienen – der Angst vor der Angst. Trotzdem habe ich es für nützlich gefunden, zwischen beiden Modalitäten zumindest im Ansatz zu unterscheiden; diejenigen Angstformen, die mehr der Abwehr dienen, werde ich im Kapitel 15 ausführlicher behandeln.

In dem Sinne, wie Urangst in diesem Buch verstanden wird, ist jede Angst grundsätzlich ein Abkömmling der Verlassenheits- bzw. Trennungsangst. Für den Säugling oder das Kleinkind sind Versagen, Ausgelachtwerden, Zurückweisung, Kastrationsangst u.ä. lediglich mehr oder weniger mit Misstrauen, Scham, etc. vermischte Varianten der Ablehnung, die zur Verlassenheit und damit zum Alleinbleiben angesichts der eigenen existentiellen Angst geführt haben. Es wird berichtet, dass in der Zulusprache der Begriff Angst nicht als Wort existiert, sondern wird mit dem Satz umschrieben: „Mutter, warum verlässt du mich?“ Die Verlassenheit des Säuglings bzw. Kleinkindes durch die Mutter gleicht einem Todesurteil. Später wird die symbiotische Abhängigkeit von der Mutter als primäre Lebensbedingung auch auf andere wichtige Personen und auf Gruppen übertragen.

Das Ausmaß der Verlassenheits- bzw. Trennungsangst hängt mit dem in der Kindheit erlebten Vertrauen und der Beziehung zur Primärgruppe (vor allem zur Mutter), dem Erwünschtsein – als menschliches Wesen im eigenen Recht – in dieser Gruppe, vom Geliebt- und Akzeptiertsein ohne versteckte Ambivalenz, insgesamt von den tragenden Beziehungen. Horst Petri erkennt die Bedeutung der Trennungsangst, die er als fundamentale Angst auch in Bezug zur Kriegsangst der Kinder als grundlegend ansieht: „Die früheste Angst, die wir bei Kindern kennen ist die Trennungsangst. Während sich der Säugling nach dem Trennungsschock der Geburt in den ersten Lebensmonaten mit der Mutter als eine Einheit erlebt, die ihm absolute Sicherheit und Geborgenheit garantiert, muss er danach die schmerzliche Erfahrung verarbeiten, dass er selbst und die Mutter zwei verschiedene, voneinander getrennte und selbstständige Lebewesen sind. Diese zweifache Trennungserfahrung begründet die fundamentalste Angst des Menschen, weil sie den Verlust der allumfassenden Geborgenheit bedeutet. Die meisten und schmerzlichsten Ängste, die wir in unserem späteren Leben erleiden, wurzeln in dieser Grundangst, *alleingelassen* zu werden. Dabei besteht die Angst nicht nur vor äußerer Trennung, sondern ebenso durch innere Verlassenheit durch Kontaktabbruch oder Beziehungslosigkeit“ (Petri 1987, S. 111–112). Auch wenn wir heute die Auffassung vertreten, dass die Mutter nicht allein „absolute Sicherheit und Geborgenheit garantiert“, sondern dass sie selber in ihre eigene Familie und in andere Gruppen eingebettet ist und diese Gruppen auch für das Kind tragende, schützende und mütterliche Funktionen übernehmen können, berühren Petris Sätze m.E. den Kernpunkt des Verständnisses der Angst beim Kind und Erwachsenen. Petri zitiert auch die Beobachtungen von Anna Freud und Dorothy Burlingham von 1949, dass „Kinder relativ unberührt und angstfrei selbst schlimme Kriegserlebnisse verarbeiteten, wenn sie dabei nicht von Ihren Müttern getrennt werden [...]. Umgekehrt löste der plötzliche Verlust eines Elternteils traumatische Trennungsängste aus“. Ferner zitiert er Osada (1951), der bei den Kindern von Hiroshima ähnliche Beobachtungen machte: „viele Schilderungen [lassen] deutlich erkennen, wie mutig die Kinder mit den grauenhaften Eindrücken des Atomschlages umgegangen sind, wenn nur die Mutter oder nahe Verwandte anwesend waren“ (Petri ebenda, S. 112–113). In diesem Zusammenhang sieht Petri auch die politischen Implikationen der Verunsicherung und Beängstigung unserer Zeit und spricht in seinem Buch von „Psychoanalyse und gesellschaftlicher Verantwortung" (ebenda, S. 115–116).

Die Manifestationsarten der Angst sind auch stark von der jeweiligen Kultur geprägt. In früheren Zeiten, bzw. in den heute noch ursprünglich gebliebenen Kulturen, ist die Kleinfamilie als soziale Einheit kaum von Bedeutung, sie ist durchwegs in die Dorfgemeinde, in einen Stamm oder Clan eingebettet und integriert. Für das kleine Kind stellt sich ein ‚Gradient‘, ein gleitendes Spektrum der Abhängigkeit und Zugehörigkeit zwischen Mutter, Kleinfamilie, Großfamilie und Gemeinde dar, in der verschiedene Funktionen wie Erziehung, Einweihung in die Sitten und Geschichte der Gemeinde usw. verteilt sind. Dabei werden wichtige Aufgaben den älteren Geschwistern, den Älteren der Gemeinde und anderen maßgeblichen Personen zugeteilt. Das Gefühl der Gruppenzugehörigkeit überlagert stark die individuellen Bindungen und vermindert die in der heutigen westlichen Kultur alles überragende Abhängigkeit von der Mutter bzw. der Kleinfamilie. Dies ist auch die Grundlage der tieferen Bedeutung der Gruppentherapie mit ihrem impliziten Versuch, das archaische Gefühl der Zugehörigkeit zu einer Menschengruppe – und damit auch die „Verteilung" der Angst – wieder herzustellen (s. Kapitel 22, Gruppentherapie).

Eine andere Variante der Urangst ist die Angst vor dem Verschlungenwerden. In der destruktiven, selbst verlassenen Primärgruppe klammern sich oft Mutter, Vater, oder beide – ja oft ganze Familien – an das Kind, das die eigene Verlassenheitsangst kompensieren, die Familie vor der eigenen Leere und Bedeutungslosigkeit ‚retten‘ soll (vgl. Burbiel et al. 1994, Massing et al. 1994, Fabian 2004c, 2008). Das Kind ist damit in ein Dilemma hinein gezwängt: Es versucht, von der Retterrolle zu fliehen, sich zu befreien, braucht aber gleichzeitig die ‚festhaltenden‘ Personen, um zu überleben. Die Folge ist die Angst vor dem Verschlungenwerden. Aber „Verschlungenwerden", seine eigenen Grenzen, sein eigenes Ich verlieren, heißt sich aufzulösen, der Todesangst schutzlos preisgegeben zu werden: das bedeutet letztendlich, verlassen werden. Denn das Kind spürt, dass es nicht als eigenes Wesen gemeint ist, sondern eine ‚Funktion‘ ist, Sinnersatz für andere.

Beide Varianten, die Verlassenheitsangst und die paranoide Verfolgungs- oder Verschmelzungsangst, treten nebeneinander in verschiedenen Verhältnissen in den meisten mit Angst assoziierten Krankheitsbildern auf: so in der Schizophrenie, der Borderline-Störungen, dem Zwang, der Depression und den so genannten ‚Angstkrankheiten‘. In der Gruppentherapie treten die beiden Varianten oft gleichzeitig nebeneinander auf, von verschiedenen Untergruppen parallel oder abwechselnd „vertreten" (Ammon 1980, S. 197).

Es gibt keine diagnosespezifischen Manifestationsarten der Angst, genauso wenig, wie es diagnosespezifische Abwehrformen gibt. Man kann aber von einer neurotischen oder psychotischen *Qualität* der Angstmanifestationsformen und ihrer Abwehrformen sprechen. Die Manifestationsart oder Abwehr sind klinisch häufig bei einer entsprechenden Diagnose anzutreffen, können für sie manchmal charakteristisch sein, ohne aber ein Spezifikum einer bestimmten *Erkrankung* zu bilden; dies schon deshalb, weil die diagnostischen Kategorien in sich willkürlich voneinander getrennt sind. Viele Varianten kommen bei unterschiedlichen Diagnosen vor. Die Kategorisierung der Angstmanifestation ist in diesem Fall ebenso sinnlos und künstlich – auch wenn im Namen der Forschung kanonisiert –, wie auch sonstige artefizielle diagnostische Kategorien.

Bei vielen Menschen kommt es zu einer regelrechten ‚Angst-Kaskade‘ und man kann beobachten, wie die eine oberflächlichere Angst, in die nächste, tiefere übergeht, bis die eigentliche Quelle, die existentielle Urangst erreicht wird.

Herr M., ca. 40 Jahre alt, betont bei der Klinikaufnahme, er bemühe sich stets, nicht zu stören; er habe Angst, im Vordergrund, im „Rampenlicht“ zu stehen. Die therapeutischen Gespräche lassen bald darauf erkennen, dass hinter dieser Angst sich eine andere verbirgt, nämlich die Angst, nicht erfolgreich, „nicht der Erste“ zu sein. Dies verursache ihm viel Verzweiflung, er müsse stets in Konkurrenzsituationen fürchten, als „Besiegter“ zu gelten und vermeide deshalb solche Situationen. Im weiteren Verlauf der Therapie stellt sich heraus, dass Leistung und Erfolg in der Familie die Vorbedingung der Liebe war, der Patient fühlte sich als Kind nicht angenommen, nicht geliebt, wenn er keinen besonderen Erfolg aufzuweisen hatte. Auf diese Weise wurde deutlich, dass hinter diesen Ängsten die eigentliche Angst vor Verlassenheit stand; der Patient war sich nie sicher um die Liebe und den Schutz seiner Eltern. Als Kleinkind reagierte er extrem stark besonders auf die Abwesenheit der Mutter und weigerte sich, in den Kindergarten zu gehen. Erst später gelang es ihm allmählich, die Verlassenheitsangst soweit zu überwinden, dass er in der Schule bleiben und mit einigen Klassenkameraden Beziehungen knüpfen konnte. In diese Zeit reichen auch seine Schuldgefühle zurück, da er immer das Gefühl hatte, dass *er* die Mutter nicht verlassen dürfe, was mit der Übernahme der von der Mutter unbewusst delegierten Angst – ihrer eigenen Verlassenheitsangst – durch den Sohn korrespondierte.

In der späteren Phase der Therapie wurde der Patient seiner existentiellen Angst bewusst, die über die beschriebene „Kaskade“ bis in die Symptomatik des Alltags gereicht und zum stetigen Leid geworden war.

Ibn Hazm, genannt al Andalusi, ein mittelalterlicher arabischer Gelehrter aus Córdoba (994–1064) – den ich schon am Anfang von Teil II zitiere – meinte, dass alle Taten und Verhaltensweisen des Menschen durch Angst bestimmt sind, und dass alles, was der Mensch tut den Sinn hat, diese Angst zu reduzieren. Die schicksalhafte Angst des Menschen, die Angst vor dem Tod, vor dem Nichts, vor der Auflösung, manifestiert sich in vielen Aspekten des menschlichen Lebens; ihre äußerlichen Formen haben Psychiater oder Forscher dazu verleitet, in ihnen verschiedene Syndrome oder Krankheitseinheiten zu sehen; solche Bestrebungen sind auch heute sehr tief in unseren therapeutischen Wissenschaft und Praxis verwurzelt, denn sie dienen nicht nur dazu, die Ohnmacht der Psychiatrie gegenüber der Angst zu verschleiern, sondern auch, die eigene Angst des Therapeuten durch ‚Wissenschaftlichkeit‘ zu binden (s.a. Kapitel 16, Professionelle Angst).

Freud erkannte früh die Schutzfunktion der phobischen Ängste und schrieb in der Traumdeutung: „Die Phobie ist der Angst wie eine Grenzfestung vorgelegt" (1900, S. 587). Auch Anna Freud übernahm diese Ansicht, trotz der ödipalen Erklärungstheorien, die alle phobischen Ängste auf Kastrationsangst zurückführen sollten (s. weiter unten, Kapitel 8.3.1, Phobien).

Ein älterer Mann kam in die Therapie wegen panikartig auftretender Angstattacken. Die Angstanfälle waren von der Phantasie des plötzlichen Herztodes begleitet, wobei er sich ausmalte, dass sein Sohn (der mittlerweile erwachsen war und sich um die Abgrenzung von seinen längst geschiedenen Eltern bemühte) ohne Vater bleiben würde. Im Laufe der Analyse stellte sich heraus, dass der Patient in Überidentifikation mit seinem Sohn eigentlich sich selber meinte; er war zwar mit einem äußerlich anwesenden, jedoch emotional völlig kalten, abwesenden Vater und einer narzisstisch nur auf sich achtenden Mutter aufgewachsen. Es wurde deutlich, dass bei ihm die frühe Verlassenheits- und Vernichtungsangst diese ‚erträgliche', auch ethisch zulässige Form ‚wählte', um sich zu manifestieren. Er berichtete, dass seine Todesangst so groß war, dass er vor einigen Jahren sich einer Zahnbehandlung ohne Anästhesie unterzogen habe, aus Furcht vor einem durch die Spritze möglicherweise verursachten Herzstillstand.

Das letzte Beispiel verdeutlicht auch, dass die Intensität der als Phobie ‚maskierten' Angst so groß sein kann, dass sie den schlimmsten Schmerz verdrängen kann.

Phobie und Furcht sind einander sehr nah. Im Kapitel 2 bin ich anhand von Uexkülls Definition der Phobien der Frage kurz nachgegangen, ob eine klare Grenze zwischen Phobien und Furcht besteht. Auch andere Autoren, wie Riemann (1961/2003, S. 19), Arieti (1961, S. 108), Mentzos (1984, S. 14) und König (1986/2000, S. 214, Tillich 1991, S. 37), betonen die angstbindende Qualität der Furcht *und* der Phobie. Ohne Objekt wird die Angst zur frei flottierenden Angst und kann Panikcharakter annehmen (Battegay 1970/1996, S. 40). Auch eine Phobie kann sich leicht zur Panik steigern (Jacobs, Nadel 1999, S. 93).

Nach Sullivan besteht „ein wesentlicher Unterschied zwischen Angst und Furcht darin, das man unter günstigen Bedingungen die Faktoren einer furchtauslösenden Situation, in der einem weh getan wurde, beobachten, analysieren, identifizieren und in das Vorhersehvermögen einbeziehen kann, während das im Falle von Angst bestenfalls nur relativ zutrifft; schwere Angst, hat […] fast die gleiche Wirkung wie ein heftiger Schlag gegen den Kopf. In einem solchen Falle verfügt man über herzlich wenig Daten, die man im Hinblick auf die Zukunft verarbeiten könnte – es ist sozusagen nichts vorhanden, was zu Information und Vorhersage verarbeitet werden könnte" (Sullivan 1953/1980, S. 233). Ich habe in diesem Zusammenhang auf die Unklarheit bezüglich der Unterscheidung hingewiesen, ob eine Furcht immer rational und eine Phobie immer irrational sein muss, und das Beispiel der phobieartigen Furcht vor radioaktiver Verseuchung in einem Gebiet erwähnt, in dem höhere radioaktive Bestrahlung vermutet wird (im Kapitel 2). Auch sind die Varianten der Phobien, die im diagnostischen Manual ICD-10 genannt werden, zum Teil im Bereich der Furcht anzusiedeln: vor Dunkelheit, Höhen, Tieren, Menschenmengen, „vor Zahnarztbesuch"; sollte man hier nicht eher von Furchtarten sprechen, die sich in der Nähe der ‚Normalität‘ befinden, und die mehr oder weniger auch phobische Aspekte aufweisen können?

In den meisten Sprachen wird zwischen einer transitiven Form der Angst – im deutschen mit ‚Furcht‘ und ‚fürchten‘ bezeichnet –, und einer diffuseren, intransitiven Form – im deutschen ‚Angst‘ bzw. ‚Angst haben‘ unterschieden. Die entsprechenden Begriffe sind im französischen crainte/craindre und (avoir) peur/angoisse, im englischen (have) fear und anxiety (oder anguish), im italienischen timore/temere und (avere) ansia (oder angoscia). Wie Binder es ausdrückt: „Man fürchtet *etwas*, aber man ängstigt *sich*" (Binder 1949, S. 705, kursiv im Original).

Freud selber sah den Unterschied zwischen Angst und Furcht darin, dass sich die Angst „auf den Zustand" bezieht und nicht an ein Objekt gebunden ist, „während Furcht die Aufmerksamkeit gerade auf das Objekt richtet" (Freud 1917, S. 410); dabei achtete er selber wenig auf die Unterscheidung in der Terminologie und verwendete beide Begriffe weitgehend synonym (König und Tischtau-Schröter, zit. b. Battegay 1984/1992, S. 36). Es gibt viele Versuche, den Unterschied zwischen Angst und Furcht auf eine kurze Formel zu bringen; so charakterisiert Epstein (1972) die Angst als eine ungelöste Furcht, Ledoux (1996/2003) meint, „die Angst kommt von innen, die Furcht aus der Außenwelt" (S. 245). In der Psychiatrie geht die Unterscheidung Angst/Furcht auf Karl Jaspers zurück (Allgemeine Psychopathologie, 1948), sie wurde vor ihm auch von Heidegger vertreten (Rentsch 2001, S. 206).

In der Literatur wird die Unterscheidung zwischen Angst und Furcht vielfach angefochten (vgl. Riemann 1961/2003, Krohne 1976, Bowlby 1973/1976). Die meisten Autoren sehen eine scharfe Abgrenzung beider Begriffe als kritisch, oder verwenden sie sogar synonym (Rachman 1998/2000). Die Kritik bezieht sich auf vage Begriffe und fließende Übergänge. In der Tat wird Furcht unklar definiert, und es wird häufig übersehen, dass Furcht auch Abwehr gegen tiefere Angst darstellen kann. Furcht kann: 1. Gefühle von Bedrohtsein durch *konkrete* Situationen, Dinge, Personen oder Tiere ausdrücken (situative Furcht), und 2. als Derivat von Urangst, als Verschiebung – so z.B. die ausgeprägte ‚Furcht‘ vor Dunkelheit beim Kind – eigentlich Todesangst, die Angst, verlassen, ausgeliefert und verloren zu sein, ausdrücken.

Manche Forscher sprechen von Angst als Reaktion auf eine Gefahr; diese Auffassung führt z.B. Seligman (1975) zur Hypothese, die Angst sei im Gegensatz zur Furcht durch die Unvorhersagbarkeit der Gefahr charakterisiert. Damit erklärt er aber die Angst als Furcht vor einer Gefahr und verkennt letztendlich den elementaren Charakter der Angst – die keine Gefahr braucht, um spürbar zu werden, sondern höchstens durch eine Gefahr ausgelöst, aus dem Schlummer geweckt wird.

Auch die ‚Realangst‘ (s.a. Kapitel 2) ist eigentlich *Furcht*, denn sie setzt, wie die Furcht, ein Zielobjekt voraus – z.B. Furcht, vom Pferd zu fallen, von einer Schlange gebissen zu werden, bei einer Bergwanderung in eine Schlucht zu stürzen: ohne diese Furcht in entsprechenden Situationen wäre man wohl in größter Gefahr! Auch Furcht vor Schmerz gehört zu dieser Kategorie. Solche situationsbedingte Furcht oder ‚Realangst‘ kann prinzipiell *vermieden* werden, sie ist *bewusst* oder bewusstseinsnah. In manchen Fällen muss man aber abwägen, ob es sich um situative Furcht oder Angst handelt. Flugangst, zum Beispiel, imponiert als Furcht: Sie ist zielobjektgebunden, kann vermieden werden; doch ist sie eine Verkörperung der Todesangst, denn die Angst ist nicht vor dem Flug, wie der Name besagt, sondern vor Absturz, d.h. vor dem so gut wie sicheren, grausamen Tod. Grund genug, Todesangst zu haben. Also handelt sich bei solcher Furcht wohl um eine Verschiebung oder Maskierung von Todesangst.

Was ist irreale Angst? Gibt es ganz reale und ganz irreale Angst? Ist die irreale Angst eine, der (nach Zulliger 1966, S. 31) „kein wirklicher Grund" zugrunde liegt?

Ist Flugangst ‚real', weil wir täglich über den Absturz von Flugzeugen mit vielen Toten lesen, oder ‚irreal', ‚übertrieben', weil statistisch unwahrscheinlicher als ein Verkehrsunfall? Ist diese Art von Angst nicht archaischer in ihrer Qualität – der ‚Sturz ins Nicht' – als die Furcht vor dem Verkehrsunfall?

Der Bewusstheitsgrad der Ängste kann erheblich variieren, manche Ängste sind uns bewusster, andere kaum bewusst; letztere können insofern bedrohlicher sein, als dem Menschen die begründbare, bewusste Angst in der Regel erträglicher wird: Dann kann der Mensch seine Angst wahrnehmen und konfrontieren, mitteilen und teilen.

Nun interessieren wir uns hier besonders für die Manifestationsformen der Angst und ihre Bedeutung für die Psychotherapie. Dazu gehört die Tatsache, dass jede Angst, die ungebunden, ohne auf ein zumindest in Umrissen greifbares Objekt bezogen ist, ‚frei flottierend', bedrohlich und unerträglich ist. „Die auf kein Objekt bezogene Angst ist viel unheimlicher, als die auf eine wahrgenommene, vorgestellte oder gedachte Veranlassung bezogene", schreibt Pfister (1975, S. 38). Daher die instinktive Bestrebung jedes Menschen, sie zu *konkretisieren.*

Wir können hier verschiedene Stufen der Konkretisierung unterscheiden: Furcht macht die Angst am deutlichsten greif- und zuordnenbar: Das Objekt der Furcht ist, wie gesagt, bewusst und meistens vermeidbar. Aber die Furcht wird ‚ökonomisch' durch die gleiche Urangst ‚gespeist' wie andere, scheinbar ‚selbständige' Angstformen. Nach Tillich ist „Der Stachel der Furcht die Angst, und die Angst strebt zur Furcht" (1991, S. 36).

Eine 42-jährige Patientin, die an Krebs erkrankte, zeigte keinerlei Zeichen für eine gespürte Angst vor der Krankheit und ihren möglichen Folgen, obwohl sie darüber aufgeklärt worden war; ihre ganze Angst konzentrierte sich auf die Furcht vor den Nebenwirkungen der zytostatischen Medikamente, die ihr verschrieben wurden. Sie studierte diese mit großer Akribie und sprach bei jeder Gelegenheit darüber. Hier sieht man übrigens auch, wie Zwang die schützende Funktion der Furcht noch verstärken kann.

Auch die Kastrationsangst stellt eine ähnliche Konkretisierungsform dar. Die vielfältigen Phobien können jeweilige ‚kreative Lösungen' der Konkretisierung bieten, die freilich auch, wie alle Konkretisierungsformen, psychodynamisch determiniert sind und analytisch auf sexualisierte Inhalte zurückgeführt werden können (müssen aber nicht).

Die nächste ‚Stufe' der Konkretisierung der Angst geschieht durch eine halbwegs definierbare, oft vage, bedrohliche Person oder Gruppe: dies ist der Mechanismus der Paranoia, der bei psychotischen Menschen, aber bei weitem nicht nur bei ihnen, häufig die Persönlichkeit vor der undefinierbaren und unbestimmten Angst bewahrt. Auch das Objekt der Paranoia wird psychodynamisch bzw. gruppendynamisch mitbestimmt: etwa als Personifizierung der ‚verfolgenden Mutter', des ‚strafenden Vater' o.ä. Die Psychoanalyse hat diese Interpretationen herausgearbeitet und unsere Wahrnehmung dafür verfeinert, dafür aber die dahinterliegende tiefere Angst vernachlässigt.

‚Mildere‘, paranoisch ‚gefärbte‘ Varianten sind beispielsweise die mehr als ‚neurotisch‘ charakterisierbaren Konkretisierungen durch Angst vor dem Ausgelachtwerden, die Kontaktangst, oder die Gruppenangst. Auch zwischen ‚gesundem‘ Misstrauen und Paranoia bestehen fließende Übergänge.

Die projektiven Konkretisierungen sind mit diesen verwandt; mit ihnen ‚gelingt‘ es dem Individuum, seine Angst nicht nur zu verdinglichen, sondern sie insgesamt jemand anderem zu ‚delegieren‘, so als hätte es selber gar keine Angst. Aggression, sogar Hass, können eine solche Funktion erfüllen und Angst machen, d.h. ‚wirksam‘ abwehren (darüber mehr im Kapitel 15).

In der Derealisierung oder Depersonalisierung, sowie den sonstigen Formen der Dissoziation, findet man kein ‚greifbare‘ Objekt mehr. Sie sind Fluchtarten, Versuche, sich zu spalten, um der drohenden Auflösung des Ichs zu entgehen; auch wenn keine eigentliche Konkretisierung mehr möglich ist, kann es doch gelingen, zumindest durch Ausstieg aus der unerträglichen Realität eine ‚letzte Waffe‘ in der Hand zu haben. Sie kann innerlich – wie bei Leuten, die ihre Dissoziation selber steuern, oder sich in die Psychose ‚manövrieren‘ können –, bewusst oder teilweise bewusst eingesetzt werden.

Auch die Psychosomatik ist eine Form der Konkretisierung, die jedoch gänzlich auf einer tieferen unbewussten, körpernahen Ebene verläuft, und nicht nur Angst binden, sonder auch Fürsorge und Kontakt über die körperliche Beschwerde bewirken kann (s. Kapitel 10, Angst und Körper).

Die projektive Identifikation und ihre Variante, die Identifikation mit dem Aggressor, bieten eine nur noch vage Möglichkeit der Konkretisierung durch Projektion auf einen anderen, eine Täterfigur, die dann kontrollierbar, oder zumindest lokalisierbar wird.

Analog zu den Stufen der Konkretisierung können wir auch von Angstvarianten als ‚Stufen der Verlassenheit‘ sprechen, die mit der Konkretisierung verbunden sind. Die Verlassenheit ist bei der Trennung ‚absolut‘, wenn diese durch die Erfahrung der bedrohlichen Unsicherheit in der Kindheit wie der drohende Tod erlebt wird. Weniger offensichtlich – und damit weniger bedrohlich, weil fassbarer, ‚konkreter‘ – ist die Angst vor Bedeutungslosigkeit (in den Augen von *jemanden*), oder vor Zurückweisung (immerhin durch *jemanden*).

Die Angst vor Auflösung, bei der es nicht gelingt, die Angst zu binden, ist die schlimmste, eigentlich die frei flottierende Angst. Aber auch sie kommt nie allein vor, sondern wird beispielsweise bei schizophrenen Menschen von Halluzinationen und paranoischen Wahnideen begleitet, die ihrerseits Angst zumindest teilweise konkretisieren können. Auch Bolm und Dulz (2002) meinen, dass Wahnsymptome eine „vorübergehende Entlastung von Angstgefühlen erlauben“ (S. 254).

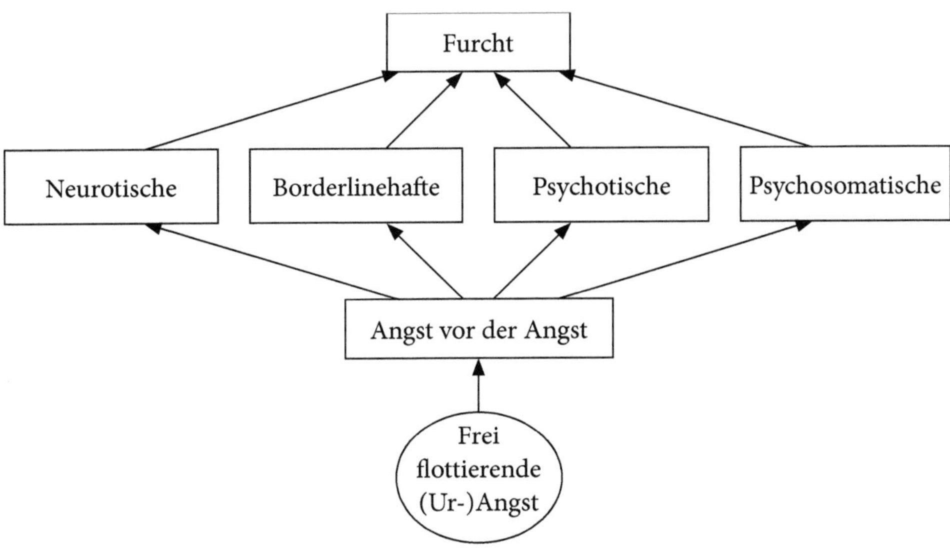

Tabelle 1: Stufen der Konkretisierung

Die Konkretisierung der Angst ist archaisch und man kann sie in jeder alten Kultur finden – in Mythen, Bräuchen, Riten und Märchen. Konkretistisches Denken, das dabei offenbar wird (Jung 1921), verarbeitet die Angst und wehrt sie gleichzeitig durch konkrete ‚Verdinglichung' ab. Ein anschauliches Bespiel stellt das mexikanische Totenfest dar, bei dem der Tod – und damit die Todesangst – nach aztekischer Tradition in Form eines Zuckergusses konkretisiert und verspeist wird. In vielen Kulturen ‚wohnen' die Ahnen, die auch ‚böse Kräfte' besitzen können, unter den Nachkommen, wo sie durch Gaben und Rituale besänftigt werden können. In Gabun sind beispielsweise zwei einzigartige Bildhauertraditionen (die Byeri der Fang und die stilisierten Figuren der Kota) als Behüter von Reliquien der Ahnen auf diese Weise entstanden. In allen ursprünglichen Kulturen (den indianischen, afrikanischen, südamerikanischen Kulturen, im alten China und in Korea, mit ihrer konfuzianischen Tradition) vermittelte die Präsenz der Ahnen im Rahmen des Ahnenkults ein Gefühl der Sicherheit und Kontinuität.

Jede Religion ‚arbeitet' mit Konkretisierung: Der Teufel, die bösen Geister und ihre unendliche Vielfalt in allen Mythologien verkörpern das Böse und damit die Angst, die durch Konkretisierung zum greifbaren ‚Gegenüber' wird, den man abschwören oder durch das (ebenfalls personifizierte) Gute besiegen oder zumindest fernhalten kann. Intensiver Glaube und sündenfreies Leben sind die ‚Garanten', die gegen die ewigen Qualen der Hölle bewahren können (s. Kapitel 4). Zulliger (1966, S. 28–30) differenziert vier ethnologisch-anthropologische ‚Phasen' der Symbolisierung, d.h. der stufenweisen Entwicklung von Furcht aus der Urangst:

Urangst >>	Dämonen >>	Tabus >>	Strafe >>	verdinglichte Furcht
	Geister	Normen	Verlassenheit	(z.B. Hölle)
	Ahnenkult	Aberglauben	Schuldgefühl	Moral

Tabelle 2: Stufen der Angst-Konkretisierung in der Kultur

Auch Kinder benutzen den gleichen Mechanismus, indem sie die „ursprünglich diffuse (= uneinheitliche, unbegründete) Angst *an ein Objekt* [heften]“: an bestimmte Tiere, an dunkle Räume, etc. „Sobald einem Kinde gelingt, seine Angst auf die geschilderte Art an ein Objekt zu fixieren, bedeutet dies bereits einen beachtenswerten Fortschritt seiner Angstbearbeitung, Angstbekämpfung“ (Zulliger ebenda, S. 70). Freilich handelt es sich hier nicht um ‚Angstbearbeitung‘, sondern um einen Versuch der ‚Bekämpfung‘ durch Konkretisierung.

Wahrscheinlich kommt auch manchen Spielen die Funktion zu, der Angst auf ähnliche Weise Herr zu werden. Balint beschreibt „zahlreiche Spiele dieser Art, wie Blinde Kuh, Verstecken, Fangspiele, Schlagball und andere“, bei denen „nur bei Verlassen der Sicherheitszone Punkte gewonnen werden können“. In all diesen Spielen wird „die Sicherheitszone, ‚das Hau‘ verlassen, indem sie die Gefahr mehr oder weniger freiwillig auf sich nehmen“ (Balint 1959/1972, S. 21–22). So wird der Mut, das ‚Besiegen‘ der Angst, früh belohnt.

Die Überlegungen über die bessere Erträglichkeit der Furcht im Vergleich zur diffusen Angst besitzen auch therapeutische Relevanz. Darauf basiert beispielsweise die therapeutische Wirkung der Reittherapie bei psychotischen Patienten. Ein schizophrener Patient, der dauernd halluzinierte, war so beeindruckt vom ersten Mal, als er auf dem Pferd zu galoppieren anfing, dass er laut schrie: „Wahnsinn, Wahnsinn!“ – und hörte auf zu halluzinieren, um nicht vom Pferd zu fallen.

8.2 Angst-Lust, Angst und Spiel

Wie kann ein bedrohliches Gefühl, das auch noch als Abkömmling der Todesangst gelten soll, lustvoll sein?

Schon Kierkegaard (1844) erkannte die Lustqualität in der Ambivalenz gegenüber der Angst, als er schrieb: „Angst ist eine sympathetische Antipathie und eine antipathetische Sympathie“ (zit. b. Battegay 1970/96, S. 42). Auch Fenichel sprach von verschiedenen Aspekten des Lustgewinns durch Angst: Die Natur der Affekte beinhaltet auch eine Ambivalenz bezüglich der negativ belegten Affekte und Triebe („Trieblust“, Fenichel 1977, Bd. III, S. 45); d.h., dass Angst, Aggression, Traurigkeit auch „Libidinös“ besetzt sein und mit einer gewissen Lust einhergehen können. Bezüglich der Angst entsteht dadurch ein „Kontraphobisches Verhalten“, sozusagen eine ‚Flucht nach vorn‘, die Fenichel „eine Wiederholung der Funktionslust des Kindes“ nennt, „mit der es sich beweist, dass es keine Angst mehr zu empfinden braucht. Die erreichte Lust beweist beim Kind ebenso wie beim Erwachsenen, dass beide nicht wirklich davon überzeugt sind, ihre Angst gemeistert zu haben. Denn bevor sie sich der kontraphobischen Lust überantworten, durchleben sie einen Moment ängstlicher und gespannter Erwartung, dessen Überwindung ihnen Freude bereitet“ (Fenichel ebenda, S. 46).

Ferner spricht Fenichel von der „Libidinisierung der Angst“: „Wie jede andere Erregung kann auch die Angst zu einer Quelle sexueller Erregung werden.“ Auch die „Identifizierung mit dem Aggressor kann sich mit einer Libidinisierung der Angst verbinden und zu zärtlicher Liebe führen“ (ebenda, S. 50). Anna Freud entwickelte in ihrem Seminar über Kinderanalyse in Wien die These der Sexualisierung der Angst, d.h. der Angst als Reaktion auf eine Gefahr, die aber zur Quelle der Lust wird, bzw. einer Art ‚Flirt mit der Gefahr‘, die zum Spiel werden kann (zit. bei Waelder 1970, S. 91).

In der Tat können alle Varianten der Angst Lustgewinn provozieren. Situative Angst, die Angst, die durch eine ‚Mutprobe‘ provoziert und überwunden wird, geht mit narzisstischem Lustgewinn einher, mit der Lust, trotz der Angst das Ziel erreicht zu haben. In der Extremform führt die ‚Libidinisierung‘ oder ‚Sexualisierung‘ der Angst – wie z.B. beim Bungeespringen – zur Ablenkung von der frei flottierenden, bedrohlichen Urangst. In dieser Hinsicht ist sie mit der ‚Strategie‘ der Konkretisierung verwandt, geht aber noch einen Schritt weiter, in dem aus Angst eine erotisch gefärbte Spannung wird. Dies kann die große Anziehung von Angst verursachenden Sportarten, Spielen oder einfach Freizeitaktivitäten und Unterhaltungen erklären.

Winnicott schreibt zum Verhältnis von Spiel und Angst: „Während es leicht einzusehen ist, dass Kinder zum Vergnügen spielen, ist es sehr viel schwieriger zu erkennen, dass Kinder spielen, um ihre Angst zu bewältigen, oder Ideen und Impulse, die Angst hervorrufen, wenn sie nicht beherrscht werden. Angst ist immer im kindlichen Spiel enthalten, und oft ist sie ein Hauptfaktor" (Winnicott 1969/1980, S. 136).

R. Otto (1963, zit. b. Hellner 1969, S. 43) spricht auch – im Gegensatz vom *Tremendum*, dem Schrecklichen – vom „Faszinosum" der Angst, und meint damit das „Anziehende, Faszinierende, Hinreißende, das Staunen, das Ergriffensein von der Rätselhaftigkeit des Lebens und der ‚letzten Dinge‘".

Angstlust ist in der Fachliteratur häufiges Thema (v. Hattingberg 1914, Balint 1959, Hoffmann 2000). In seinem Buch „Angst, Lust und Regression, Beitrag zur psychologischen Typenlehre" von 1959 betont Balint die Verbindung zwischen Schwindel und Angst und spricht von einer „Gruppe von Vergnügungen [...], welche die allbekannten Schiffschaukeln, Karussells, Berg- oder Talbahnen sowie ihre immer komplizierter und raffinierter werdenden modernen Formen umfasst. Alle Vergnügungen dieser Gruppe sind mit Schwindel verbunden, d.h., mit einer Situation, in der eine bestimmte Form von Angst geweckt und ertragen wird. Das Wesen dieser Angst kann als Verlust des Gleichgewichts, der Standfestigkeit, des zuverlässigen Kontakt mit der sicheren Erde usw. beschrieben werden" (1959, S. 20). Balint geht der Tatsache nach, dass diese Art von aktiver Angstprovokation eine große Anziehungskraft ausübt: „Der Umstand, dass man sich willentlich und absichtlich dieser äußeren Gefahr und der durch sie ausgelösten Furcht aussetzt", veranlasst den Rückschluss, dass „Furcht, Wonne und zuversichtliche Hoffnung angesichts einer äußeren Gefahr [...] das Grundelement aller Angstlust (thrill)" sei (ebenda, S. 20–21). Die Tatsache, dass Balint hier von Furcht im Gegensatz zur Angst spricht, weist darauf hin, dass er die Natur des Lustgewinns als eine Art Konkretisierung der diffusen Angst, oder zumindest eine ‚Verankerung‘ und Bindung zum Objekt, erkannt hat. Die Todesangst, die in der Phantasie durch den Sturz vom Trapez oder von der Achterbahn provoziert wird, wird durch zwei Umstände abgemildert und psychologisch akzeptabler gemacht: 1. die Vorstellung bedeutet zwar eine Gefahr, aber keinen sicheren Tod; 2. die Tatsache wird ‚konkretisiert‘, in dem es sich hier um einen Sturz, einen gewissen physikalischen Umstand handelt, und nicht um ein diffuses Gefühl. Balint schreibt: „Die objektive äußere Gefahr, welche Furcht auslöst, das freiwillige und absichtliche sich ihr Aussetzen, und die zuversichtliche Hoffnung, dass alles schließlich doch gut enden wird" sind grundlegende Züge dieser Anziehungskraft (S. 21). Der

Beruf des Akrobaten, „eine sehr alte und ehrwürdige Zunft" (S. 22) ist schon 1600 v. Chr. auf Fresken in Knossos abgebildet. Zu ihren Darbietungen zählt Balint die Seiltänzer, sattellose Reiter, Springer, Gaukler und „möglicherweise auch Schlangenmenschen" (S. 22). Diese „Abenteuer und Nervenkitzel [hängen mit dem] Aufgeben und Wiedererlangen der Sicherheit" (S. 23), d.h. mit dem Verlassen des „Hauses", der Sicherheit, und ihrer Wiedererlangung zusammen. Verlassen der Sicherheit und ihr Wiederfinden seien der „Nervenkitzel" (thrill), der auch die Spannung in zahlreichen Spielen für Kinder und Erwachsene – „Blinde Kuh, Verstecken, Fangspiele, Schlagball, Kricket" – begründet (S. 21).

In diesem Zusammenhang beschreibt Balint zwei Typen: den Oknophilen und den Philobaten (S. 23–39); (G. Meyer betrachtet seine Typologische Beschreibung als eine eigene Angsttheorie – s. Meyer 2007, Bd. 2, S. 148). Der oknophile Typ lebt in der größtmöglichen Sicherheit, die er nur für kurze Zeit, und nur wenn absolut nötig, verlässt. „Der Oknophile lebt von Objekt zu Objekt und bemisst seine Aufenthalte in den leeren Räumen so kurz als möglich. [Der] Ertrinkende, der sich an einen Strohhalm klammert" umschreibt diese Haltung vorzüglich (S. 28). Weiter schreibt Balint: „Das oknophile sich Anklammern an Objekte oder Teilobjekte ist die best erforschte Objektbeziehung in der Psychoanalyse." Im Gegensatz dazu sucht der Philobat die Gefahren die ihn den Objekten entfernen: „der Pilot in der Höhe […], der Seemann auf hoher See, der Skifahrer am Hang, der Fahrer auf freier Bahn, der Fallschirmspringer in der Luft" (S. 29). Balint weist auch auf den sexuellen Aspekt des „Philobatismus" hin, „der symbolisch verwandt ist mit Erektion und Potenz, [u.U. im Sinne] mit einer „primitiven Stufe der Genitalität" (S. 25).

Balint macht aber deutlich, dass es sich bei dem Philobaten nur um eine Scheinstrategie handelt, sozusagen um eine Art, durch Strotzen der Gefahr eine andere Angst abzuwehren: „Gefahr und Furcht erwachen erst, wenn ein Objekt auftaucht, mit dem man sich auseinandersetzten muss" (S. 29). Wie die Sicherheit bei dem Oknophilen eine Illusion bleibt, „beruht die Illusion des Philobaten darauf, dass er außer seiner eigenen Ausrüstung keiner Objekte bedürfe, sicherlich nicht eines einzelnen, bestimmten Objekts" (S. 30).

Angstlust ist eine Form der Lust, die auch bei anderen ‚negativen' Affekten, z.B. beim Schmerz (als „Lust am Schmerz"; s. Fenichel 1977, II, S. 235) auftritt.

Battegay schreibt: „Das kindliche Spiel will die Angst des in die Welt Hineinwachsenden mildern, sie ‚überspielen'. In dieser Überwindung der Angst erwächst dem Kind Lust" (Battegay 1970/1996, S. 99). Hier tritt uns eine Form der von Ammon so genannten *konstruktiven Angst* entgegen, d.h. einer Angst, die verbunden ist mit Entdeckung, mit der Erforschung der Welt, dem Abenteuer, des Neuen (Ammon 1979).

8.3   Verschiedene Manifestationsformen der Angst

Die *Symptomangst,* auch Basisangst, von Freud als Signalangst bzw. Realangst genannt, stellt „ein Signal des Ich auf eine ihm drohende äußere oder innere Gefahr" dar (Battegay, Rauchfleisch 1990, S. 137). Es ist die ‚normale Angst', die man doch am ehesten als Furcht bezeichnen müsste, da sie die Reaktion auf eine ‚reale' Gefahr ist und ihr Fehlen nicht nur das Individuum, sondern auch – im Falle einer Generalisierung – die Spezies gefährden kann. Sie stellt eine biologisch determinierte Reaktion dar, die jedem Tier in unterschiedlichem Maße innewohnt. Im hiesigen Kontext ist die Symptomangst als Grundgefühl der Angst zu erwähnen; die ‚pathologischen‘ Varianten dieser Angst evozieren das Gefühl der Angst mit unterschiedlicher Intensität, Dauer und Frequenz.

Panik

Wie weiter oben bemerkt (Kapitel 2, unter ‚Panik‘), ist m.E. die Panik nichts anderes als die subjektiv extrem heftig erlebte, spiralenartige Steigerung der Angst, ein der Selbst-Kontrolle entzogener „circulus vitiosus“ (Binder 1949, S. 706). Jede Angst kann unter bestimmten Bedingungen zur Panik werden: dann zum Beispiel, wenn keine Hilfe, keine Rettung in Sicht ist. Panik ist nicht notwendigerweise pathologisch; nach verschiedenen Autoren treten bei über 40% der ‚Normalbevölkerung‘ vereinzelte Panikattacken innerhalb eines Jahres auf (vgl. Butollo et al. 1999, S. 58). Panik zeigt meistens durchaus psychotische Züge.

Oft zeigt sich Panikstörung in Individuen, die dazu neigen, keine Angst zu spüren. Die Übergänge von frei flottierender Angst, in den Formen der so genannten Generalisierten Angststörung (GAS, oder englisch GAD) und der Panikstörung, sind fließend.

Panik kann auch ein Gruppenphänomen sein, sie ist bekannt in allen Situationen, bei denen eine unbestimmte Angst ausbricht und ansteckend um sich greift; sie kann auf einem Marktplatz oder in einer U-Bahn ausbrechen, auf dem Fußballspielplatz oder im Theater. Sie kann ansteckend wirken; ihre Auswirkungen können katastrophal sein, denn die zur Panik gesteigerte Angst übersteigt in ihrer Intensität alle anderen Gefühle – beim Menschen nicht anders als beim Tier. Solche Panik wird extrem destruktiv und verbreitet sich unaufhaltsam, wenn beispielsweise bei einem Fußballspiel die Menge in Panik gerät, oder bei allen möglichen Katastrophen oder Katastrophendrohungen. Panik kann sich nicht nur einer fliehenden, sondern auch einer siegreichen Armee bemächtigen, z.B. der napoleonischen Armee nach der Schlacht vom Wagram. Delumeau betont, dass die Panik „um so größer sein [wird], je schwächer der psychische Zusammenhalt unter den von Angst erfassten Menschen ist“ (Delumeau 1978/89, S. 27).

Vor allem dank Melanie Klein wurde die Panik als eigene Angst-Entität beschrieben, was für die spätere medikamentöse Forschung und Therapie Bedeutung erlangen sollte (vgl. die Literaturangaben bei Tyrer 1986 und bei Shear et al. 1993). Dieses künstliche Produkt der Systematisierung – andere ähnliche – spiegelt den Mangel an einer dynamischen Theorie, die die *Angsterfahrung* zu ihrem Mittelpunkt macht und konzeptualisiert wider.

D. F. Klein (1981) und Sheehan et al. (1993) haben jeweils biologische Modelle entwickelt, die dazu führten, Panikattacken als „endogen“ zu interpretieren, und ihre Entstehung durch andere Bahnen als die Angst zu erklären. Im Gegensatz zum „Furcht-system“ sei das „Paniksystem auf die periaquäduktale graue Substanz des Mittelhirns konzentriert“ (Panksepp 2003, S. 249). Nach Klein entsteht Panik aufgrund von ungelöster Trennungsangst in der Kindheit (Tyrer 1968). Die Konsequenz dieser Theorie ist letztendlich, dass Panikattacken mit anderen Medikamenten zu behandeln seien als die

generalisierte Angst; dieser Annahme, die von der Pharmaindustrie dankbar aufgenommen wurde, verdanken wir zahlreiche wissenschaftliche Forschungsarbeiten. Dass diese
zweifelhaften und tendenziösen Forschungsergebnisse, die „von der inzwischen wider-
legten Annahme [ausgingen], dass Imipramin in spezifischer Weise spontan auftretende
Panikattacken – im Unterschied zu Phobien und zur generalisierten Angst – unterdrücken kann" (Thomä 1959, S. 1051) sich bis heute hält, ist nicht zuletzt dem Einfluss und
der Macht der Pharmazeutikafirmen zu verdanken. Man findet in den Publikationen der
Pharmaindustrie Formulierungen wie: „Bei der Entstehung einer Panikstörung ist man
zunächst davon ausgegangen, dass psychologische Faktoren die wichtigste Rolle spielen
[...]. Mittlerweile weiß man [...], dass ein Zusammenspiel von biologischen und verhaltensbedingten Faktoren erforderlich ist" (Lundbeck Ratgeber „Panikstörung" 2006,
S. 13). Denn wenn Panik „endogen" ist, und eigene Bahnen im Gehirn beansprucht,
dann sind generalisierte Angst und die anderen Formen der Angst in Analogie ebenfalls
„endogen" und die Zeit wird kommen, da Angst, wie Schmerz, durch spezifische Medikamente bekämpft, vielleicht auch für immer beseitigt wird. Das spezifische Mittel dafür
zu finden wird Milliarden von Euro mobilisieren.

Die künstlichen Unterscheidungen und Theorien, die sich um dieses Thema ranken,
sind Ausdruck des häufigen Auswuchses einer Forschung, die das Labor grundsätzlich
zugunsten der psychologischen oder psychotherapeutischen Praxis verlassen hat, aber
großes akademisches Ansehen genießt. Im Übrigen teilen nicht alle Forscher diese Sicht:
Öhman z.B. hält Phobien, Panik und posttraumatische Belastungsstörung (PTBS) für
„äußere Manifestationen der Aktivierung ein und derselben grundlegenden Angstreaktion" (Öhman, A., zit. b. Ledoux 1996/2003, S. 247). Auch Ledoux (ebenda) äußert
sich in diesem Sinne und zählt auch die Generalisierte Angststörung (GAD) dazu. Tyrer,
ein Forscher mit klinischem Blick, setzt sich mit den Ergebnissen der Forschung auseinander und betont die extreme Häufigkeit von Panikattacken bei den meisten psychiatrischen Krankheiten: „It is extremely common for depressive, Generalized anxiety,
hypochondriacal and obsessional symptoms to be present in patients with panic. [...]
98% of these patients [bei Sheehan et al. 1980, der noch von „endogener Angst" spricht]
had panic attacks but the proportion with [other symptoms] indicates the large degree of
overlap between the different symptoms" (Tyrer 1986, S. 100).

Das Wesen der Panik, wie allgemein der Angst, spricht zu uns am überzeugendsten
aus Romanen und Werken von Künstlern, die Angst und Panik aus eigenem Erleben
kannten. Ihre enorme Intensität ist durch die Tatsache mitbedingt, dass der von Panik
ergriffener Mensch jeglichen Kontakt zu den Anderen verliert und sich *vollkommen allein* mit der übermächtigen Bedrohung konfrontiert fühlt. Er ist kaum oder nicht mehr
erreichbar, nicht mehr ‚ansprechbar'. Demnach kann man Panik als eine gesteigerte
Angst begreifen, bei der das Element der Einsamkeit extreme Ausmaße annimmt; hier
potenzieren sich Angst und Einsamkeit am extremsten.

Die nachfolgende Einteilung in Angst-Manifestationen mit ‚neurotischer', ‚border-
linehafter' und ‚psychotischer' Qualität bedeutet keine Kategorisierung oder Systematik.
Sie soll lediglich eine qualitativ verstandene lockere Gruppierung ermöglichen. Ich habe
wiederholt auf die gleitenden Übergänge und Überlappungen, die individuellen Variationen und Schattierungen hingewiesen, die gerade gegen jede Art von kategorialem
System sprechen und auch therapeutisch ohne Relevanz bleiben.

8.3.1 Angst-Manifestationsformen mit ‚neurotischer‘ Qualität

Phobien

Ich habe versucht, im Kapitel 2 eine kurze Übersicht zum Thema Phobien zu geben. An einer anderen Stelle (Kapitel 6, Angst in der Psychoanalyse) habe ich erwähnt, dass Freud selber die Verschiebung der Urangst auf den Mechanismus der Phobien angesprochen hat, wenn auch über dem Weg der Ödipalisierung, d.h. der Sexualisierung der Angst, die sein Denken – und das Denken der meisten seiner Nachfolger – geprägt hat. Im ersten publizierten Fall einer kindlichen Phobie in der psychoanalytischen Literatur, dem „kleinen Hans“, liefert Freud ein Beispiel dieser Theoriebildung, die bis heute vorherrschend ist und den Blick für die empfunden Angst als existentielle Angst bei Kind und Erwachsenen verstellt.

Nach Freud sind Phobien (insbesondere Tierphobien) Ausdruck einer Kastrationsangst, ihre Symptomatik wird von der Erfahrung oder den Phantasien des Kindes bezüglich der ‚Urszene‘ determiniert. In allen geschilderten Fallbeispielen von Kinderphobien spiele das ‚Sauberkeitstraining‘ eine entscheidende Rolle. Auch wenn Anna Freud später bestimmte phobische Ängste auf „archaische Ängste“ zurückführt, die nicht mehr auf frühere Erfahrungen reduzierbar sind – z.B. Angst vor Dunkelheit, vor Einsamkeit, Fremden, neuen Situationen, vor Donner, Wind, etc. –, definiert sie diese Ängste jedoch nicht als Phobien im eigenen Recht, da sie nicht auf Regression in der phallischen Phase basieren (A. Freud 1965, S. 161). Das klassische psychoanalytische Denken ist bezüglich der Angst gespalten.

Phobien sind Manifestations- und gleichzeitig Abwehrformen der Urangst. Franz Alexander meint dies deutlich, wenn er zu den „Abwehrmechanismen der Angst [...] die *Verschiebung* auf eine *belanglose* umschriebene Situation (Phobien)“ zählt (Alexander 1950/1985, S. 76, kursiv E. F.). Wie bereits weiter oben (am Anfang des Kapitels 8.1, Angst und Furcht) bemerkt, sprach schon Freud von der Angst-bindenden Qualität der agoraphobische Symptomatik (1900, S. 587). Anna Freud bestätigte später diese Ansicht: „Phobia [...] could be understood as the child’s alternative to traumatization“ (A. Freud 1976, S. 90). Schon 1895, 14 Jahre vor der Publikation der „Analyse der Phobie eines 5-jährigen Knaben“, fasste Freud selber die Phobien (die er dann in 2 Gruppen einteilt, „Angst vor Schlangen, Gewitter, Dunkelheit, Ungeziefer und der Gleichen“ (Freud 1895, S. 321) und „die Agoraphobie mit allen ihren Nebenarten“ als Ausdruck einer chronischen Ängstlichkeit („ängstliche Erwartung“)“ (ebenda, S. 322), d.h. der „frei flottierenden“ Angst (ebenda, S. 318). Und in seiner „Traumdeutung“ von 1900 erklärt er deutlich die phobische Symptomatik als „Grenzfestung“ der Angst: „Ein Neurotiker sei unfähig, allein über die Straße zu gehen, was wir mit Recht als ‚Symptom‘ anführen. Man hebe nun dieses Symptom auf, indem man ihn zu dieser Handlung nötigt, für die er sich unfähig glaubt. Es erfolgt dann ein Angstanfall, wie auch oft ein Angstanfall auf der Straße die Veranlassung für die Herstellung der Platzangst geworden ist. Wir erfahren so, dass das Symptom konstituiert worden ist, um den Ausbruch der Angst zu verhüten; *die Phobie ist der Angst wie eine Grenzfestung vorgelegt*“ (Freud 1900, S. 587, kursiv E. F.).

Das Zitat verdeutlicht, dass Freud dasselbe auch von der Agoraphobie dachte. Agoraphobie ist eine der verbreitetsten Phobien und hat zu einer umfangreichen Literatur

Anlass gegeben (Übersicht u.a. bei König 1986/2000, S. 63–137, Uexküll 2003, S. 800–805). Dass die agoraphobische Angst, sich auf offenen Plätzen zu befinden, mit anderen, auch früheren Ängsten zusammen hängen kann, haben manche Autoren schon früh vermutet (Roth 1959, Marks 1969, Snaith 1968, Bowlby 1973/1976). Es wird auf das häufige Zusammentreffen von Agoraphobie und der sog. „Schulphobie" hingewiesen (Bowlby 1973/1976); Snaith spricht von einer „unspezifischen Unsicherheitsangst" (zit. b. Bowlby ebenda, S. 348), was der hier vertretenen Auffassung am nächsten kommt.

Unter den späteren Autoren hat sich u.a. Compton mit der klassischen psychoanalytischen Sichtweise und mit der Objektwahl der Phobien auseinandergesetzt (Compton 1992).

Phobien sind vielfach klassifiziert worden. So z.B. unterscheidet Uexküll (2003, S. 803–804): Tiertypus, Umwelt- und Naturgewalttypus, Blut-Injektions-Verletzungs-Typus, situativen Typus (dazu gehöre auch die Angst vor der Angst), sowie einen „anderen Typus" (Angst vor Ersticken, Erbrechen, lauten Geräuschen oder verkleideten Personen bei Kindern). Womit eine solche Klassifikation zum Verständnis und zur Behandlung der phobischen Ängste beizutragen vermag, bleibt mehr als fraglich.

Schon Kurt Schneider wusste, dass die eine wesentliche Angst viele, fast beliebige Manifestationsformen annehmen kann. Im Kapitel über „Selbstunsichere Psychopathen" (in heutiger Nomenklatur ‚Ängstlich-vermeidende Persönlichkeitsstörung') formuliert Schneider kurz und treffend (s. Zitat als Motto am Anfang dieses Kapitels): „Die Melodie findet ihre Worte" (Schneider 1923/1950, S. 89). Es ist erträglicher, vor Spinnen oder Schlangen phobische Angst zu haben, als unter frei flottierender Todesangst zu leiden. Die Phobie erfüllt also den doppelten Effekt, einerseits Angst zu konkretisieren, zu „fokussieren" (F. Alexander und H. Ross 1952, S. 123) und damit zu binden, andererseits auch, zumindest in vielen phobischen Situationen, entsprechende auslösende Momente vermeiden zu können. Auch Arieti (1961/1962) und Mentzos (1984) teilen die Meinung, „Phobie diene dazu, frei flottierender Angst zu binden und sie dadurch weniger befremdlich und aushaltbar zu machen" (König 1986/2000, S. 214).

Eine 42-jährige Frau kam wegen einer generalisierten Angststörung, Panikattacken, Depersonalisationssymptome und depressiver Symptomatik in stationäre Behandlung. Sie litt unter Angst in all ihren Formen: frei flottierend, Kontakt- und Gruppenangst, verschiedene Phobien, vor allem die Furcht vor Erbrechen. In der Klinik fokussierte sie bald ihre gesamte Angst auf einen Mitpatienten, der bei ihr die Befürchtung, erbrechen zu müssen, intensiv mobilisierte. In ihrer Kindheit habe sie viel unter Angst gelitten, da sie oft von den Eltern allein zuhause gelassen wurde. Infolge der Nachlässigkeit der Familie habe sie mit ca. 2 Jahren einmal Psychopharmaka geschluckt und man habe ihr den Magen ausgepumpt. Beide Eltern haben sie misshandelt, außerdem damit gedroht, wenn sie nicht ‚brav' war, würde sie erbrechen. Ihre Mutter starb nach einem heftigen Erbrechen. Die Verkoppelung zwischen Angst und Erbrechen war dadurch mehrfach determiniert (wahrscheinlich spielte auch das Thema eines sexuellen Missbrauchs, ausgelöst durch den Mitpatienten, eine Rolle). Die Phobie machte die existentielle Angst besser tolerierbar und erlaubte ihr sowohl eine gewisse Abgrenzung, als auch die Konkretisierung der Angst durch die Phobie, durch die sie ihre Opferrolle bewahren und ihre Kontaktängste rationalisieren konnte.

Die ‚Symptomängste‘ haben den gleichen ‚Vorteil‘ gegenüber der Urangst, wie die Furcht: Sie sind konkret mit einer Ursache zu verbinden und ersparen dadurch die Bedrohlichkeit des Unbestimmten.

Das Zielobjekt der Phobien wird dynamisch durch alte, lebensgeschichtlich determinierte Erfahrungen bestimmt. Psychoanalytisch gesehen haben diese Erfahrungen oft, wenn auch nicht immer, sexuellen Charakter und wurden seit Freud als Ausdruck der Verdrängung von Kastrationsangst gedeutet. Die klinische Erfahrung zeigt, dass hier auch archaische Ängste eine sehr wichtige Rolle spielen (siehe weiter unten unter ‚Kastrationsangst‘).

Nach Sable (1994) liegt auch der oft als eigene Form der Phobien definierten Agoraphobie die Trennungsangst zugrunde, besonders wenn sie eine unsichere Bindung aufweisen.

Verlassenheits- oder Trennungsangst

> Beobachtungen an jungen Tieren und Kindern haben zu der Vorstellung
> geführt, dass alle Angst – oder zumindest alle neurotische Angst – letzten Endes
> Trennungsangst ist, eine Reaktion auf die Trennung vom schützenden, elterlichen
> Objekt, und nicht Reaktion auf nicht-identifizierbare Gefahr.
>
> Rycroft 1968

Die Verlassenheits- oder Trennungsangst ist die ursprünglichste Grundform der Angst. Arnold und Joraschky schreiben: „Aufgrund der überlebenswichtigen Funktion von Bindung ist Trennungsangst eine primäre Angst" (1997/2000, S. 185).

In seinen „Drei Abhandlungen zur Sexualtheorie" von 1905 erklärt Freud zur Bedeutung der Trennung von der Mutter für das Kind: „Die Angst der Kinder ist ursprünglich nichts anderes als der Ausdruck dafür, dass sie die geliebte Person vermissen" (S. 125). Er bekräftigt diese Annahme auch später in „Hemmung, Symptom und Angst" und verdeutlicht, dass „die ursprünglichste Angst […] bei der Trennung von der Mutter entstand (1926, S. 167). Aus Gründen jedoch, die ich ausführlicher im Kapitel 6 (Angst in der Psychoanalyse) diskutiert habe, hat Freud seine diesbezüglichen Überlegungen nicht weiter fortgesetzt.

Mentzos und Thomä drücken es in der Sprache der Objektbeziehungstheorie aus: „Das Gemeinsame aller neurotischen Ängste ist [...] die Angst vor Selbst- oder Objektverlust anläßlich von Trennungen" (Mentzos, Thomä 2006, S. 1146).

Jede Angst ist im Grunde genommen auch Verlassenheits- oder Trennungsangst (Herrmann 1936, Fairbairn 1941, 1943, Goldfarb 1943, Bowlby 1961). Nach Fairbairn liegt die Trennungsangst jeder anderen Angstmanifestation zugrunde (G. Meyer 2007, Bd. 2, S. 309). Bowlby (1961, S. 418) sieht die Trennungsangst als „Primärangst": „Anfänglich ist die Angst eine primäre Antwort, die nicht auf andere Begriffe reduziert werden kann und die allein auf den Bruch in der Beziehung zur Mutter zurückgeführt werden muss. Wir wollen diese Auffassung die Theorie der *Primärangst* nennen" (ebenda, S. 418, kursiv im Original). Er zögert jedoch, in dieser „Primärangst" die Quelle späterer Ängste zu erkennen: „Der Rang, den die Trennungsangst in diesem komplexen

Bereich [der neurotischen Ängste] einnimmt, ist immer noch unklar", räumt dann doch der Trennungsangst innerhalb der möglichen Ursachen eine Schlüsselrolle ein: „Sehr wahrscheinlich gibt es nicht nur einen einzigen Schlüssel [zum Verständnis der Angst]: Furcht und Angst entstehen in vielen verschiedenen Situationen. Sicher scheint dennoch, dass der Verlust einer geliebten und ersehnten Person *einer* der Schlüssel ist, die wir brauchen" (ebenda, S. 49). Diese „Primärangst" wird später bei Trennungen re-aktiviert, so dass Trennungssituation ihre Intensität aus früheren Verlassenheitserlebnissen bzw. Traumata herleitet. Das Entstehen von Angst durch Verlassenheit führt Bowlby auf „die Aktivierung irgendeines Systems instinktbedingten Verhaltens" zurück (Bowlby 1961, S. 419). Später führt er den Begriff der „Bindung" ein und spricht von einem biologisch bedingten „Bindungsverhalten" (Bowlby 1973/1976, S. 119).

Verlassenheit ist jedoch für Bowlby nur einer der Auslöser der „Aktivierung" solchen „instinktbedingten Verhaltens" (ebenda, S. 419, 452); auch er unterliegt der verführerischen Annahme einer multifaktoriellen Genese, die konstitutionelle und umweltbedingte Faktoren mit einbeschließt (ebenda, S. 454–455).

Das Leben besteht aus mehr oder minder durchlebten, durchtrauerten Trennungen. Trennungsangst ist „die früheste Angst, die wir bei Kindern kennen [...], die fundamentalste Angst des Menschen, weil sie den Verlust der allumfassenden Geborgenheit bedeutet" (Petri 1987, S. 111). Hierzu gehört auch die Angst vor dem Alleinsein (Hoffmann 2000, S. 231), oder, besser gesagt, vor dem Alleingelassenwerden. Das Ausmaß der Trennungsangst hängt nicht nur mit den durchgemachten Trennungen und deren Intensität zusammen (Winnicott 1971/1974), sondern ganz besonders mit dem Beziehungsgeflecht in der Familie – in der Sprache der Bindungstheorie, mit der Bindungsqualität. Eine unsichere Bindung, d.h. eine bereits bestehende Verlassenheitsdynamik, die mit dem Nicht-Ernstnehmen der Gefühle des Kindes und der fehlenden oder zu geringen tragenden Funktion der Familie einhergeht, macht jede Trennung, auch eine sonst in der Regel tolerierbare, zu einem traumatischen Ereignis. Umgekehrt ist es bekannt, dass Kinder lange und schwere Trennungen dann tolerieren, wenn ihre frühen Beziehungen in der Primärgruppe stabil waren und Anlass zum ‚Urvertrauen' gegeben haben. Osada schreibt in seinem erschütternden „Kinder von Hiroshima" über die Wichtigkeit der Anwesenheit der Mutter bei den schwersten Traumatisierungen der Kinder durch die Atombombe (zit. b. Petri 1987, S. 113). Die moderne Trauma-Theorie vereinfacht die Bedeutung des persönlichen Kontaktes durch den Begriff der ‚Resilienz', einer (angeborenen oder erworbenen) Fähigkeit, mit ‚Stress' erfolgreich umzugehen (vgl. Fabian 2008).

Jede tiefere Angst des Menschen ist auf die frühe Angst zurückzuführen, hilflos, alleine zu bleiben, verlassen zu werden; denn das Kind, wie später auch der erwachsene Mensch, ist alleine den Mächten der Natur und des Schicksals hilflos ausgesetzt. Trennungs- und Verlassenheitsangst erscheinen in unterschiedlicher ‚Verkleidung'. Abhängigkeit in all ihren Formen ist nichts anderes als das Sich-Anklammern an die Mutter (und ihre späteren Ersatzfiguren), die ihrerseits alleingelassen und nicht trennungsfähig war, und deshalb in der Regel das Kind für sich ‚brauchte', d.h. abhängig machte. Die Angst vor Zurückweisung, die Angst vor dem Neuen, die Angst vor Verantwortung, die Identitätsangst (die weiter unten in diesem Kapitel besprochen werden), sind Manifestationsformen ein und derselben Angst, der Angst der Trennung von der frühkindllichen, nicht kindgerecht verlaufenen Symbiose (Ammon 1976, 1979, 1988).

Bei Patienten mit einer Borderline-Persönlichkeitsstörung treten diese Formen ausgeprägt in Erscheinung (Bowlby 1973/1976, Masterson und Rinsley 1975, Rinsley 1977, Hoffmann 2000); sowohl bei ihnen als auch bei psychotischen Patienten findet man sehr oft schwerwiegende transgenerationale Momente, die ‚loyalitätsbedingte‘ Schuldgefühle und unbewusste Rollenzuweisungen generieren und Trennungsschritte im eigenen Recht erheblich erschweren bzw. mit Angst besetzen (Ammon 2002, Ammon, Bihler 2007). Die Tatsache, dass Angst im Grunde Verlassenheits- bzw. Trennungsangst ist, hat große Bedeutung für die Psychotherapie; dort wiederholen sich, im Kontext der zwischenmenschlichen Situation der Behandlung, alle ‚Spielarten‘ der Verlassenheit, die an frühere Verlassenheits- und Angstsituationen ‚erinnern‘ und in aller Emotionalität diese wieder heraufbeschwören. Besonders in der letzten und wichtigsten Phase der Therapie, der Trennungsphase, wiederholen sich alte Trennungen und Verlassenheiten, der Patient trennt sich gleichzeitig für frühere, nicht emotional bearbeitete Trennungen, fühlt sich nicht nur vom Therapeuten verlassen, sondern erlebt in aller Heftigkeit das Drama seiner früheren, schicksalhaften Trennungen (s. Kapitel 22, Therapie). Menschen, die unter dieser Variante der Existenzangst leiden, müssen andere mit ihrer Eifersucht dauernd kontrollieren, denn sie sind ununterbrochen von Verlassenheit bedroht. Die daraus erwachsenden Partnerschaftsprobleme sind vielfältig und erreichen oft Ausmaße, die ernste Auswirkungen zur Folge haben können.

Ein junges Ehepaar kam zur Beratungsstelle einer Ambulanz mit dem Wunsch nach Partnergesprächen. Sie würden sich andauernd streiten; die Frau sehe nicht ein, wieso der Mann nicht für sie und ihre Probleme ‚da ist‘, der Mann hingegen fühle sich angesichts dieser Probleme hilflos und suche die Flucht, was bei ihrer Partnerin weitere Wut und Kontrolle auslöse. Die Spirale steigerte sich bis zur Gewalttätigkeit, die beide alarmierte und zur Hilfesuche veranlasste. Es stellte sich bald heraus, dass die Frau unter erheblicher Abhängigkeit aufgrund ihrer existentiellen Ängste litt (sie hatte stark an Gewicht abgenommen und auch ihre Arbeit verloren) und klammerte sich verzweifelt an ihren Mann, der seinerseits (in der Mutterübertragung auf die Ehefrau) sich von dieser ‚eingesperrt‘ fühlte und flüchtete. Die Einsamkeit beider führte zum unausweichlichen Gefühl, aufeinander angewiesen bzw. aneinander gebunden zu sein und zur unerträglichen und gefährlichen Spannung. Solche ‚Clinch‘-Situationen infolge einander ‚ergänzenden‘ Strukturen und Übertragungsmuster sind sehr geläufig und liegen vielen Partnerschaftskrisen, Trennungen und Scheidungen zugrunde, zumal die Partner mit diesen, sich dem bewussten Denken entziehende Problematik meist allein gelassen werden und die ‚Schuld‘ ausschließlich bei dem/der Anderen suchen.

Wir reagieren auf Abschiede mit Angst – und die größte Angst löst in uns unsere eigenen Abschiede aus. In Battegays Worten: „Die Angst der Betroffenen geht letztlich darum, endgültig Abschied nehmen zu müssen von ihrer Jugend und den Ernst des Lebens, wie so oft gesagt wird, voll und ganz zu erkennen“ (Battegay 1970/1996, S. 87). Und die Angst vor dem letzten Abschied, dem Tod, führt uns zurück zur Quelle aller Ängste, zur Todesangst in ihrer Urform.

Nach Karl Menninger maskieren abweisende menschliche Fassaden die Angst vor Zurückweisung: Die Fassade kann „unsympathisch, brutal, verächtlich oder hochmütig" sein und dabei eine große „heimliche Angst, zurückgewiesen zu werden", verbergen (Menninger 1968, S. 256). Diese Manifestationsform der Angst, die m.E. zu wenig Beachtung findet, kann einer der Gründe des so genannten „Charakterpanzers" eines Individuums sein (Wilhelm Reich).

Die Angst vor Zurückweisung hängt eng zusammen mit jeder Form der Verlassenheits- und Trennungsangst. Man könnte von *narzisstischen* Varianten (Angst vor Zurückweisung, Angst zu Versagen, Angst vor Bedeutungslosigkeit), von *paranoiden* Varianten (Angst, ausgelacht zu werden, Verfolgungsangst, Verarmungsangst) und *Identitätsangst* im weiteren Sinne (Angst vor Verntwortung, Angst vor dem Neuen, Lebensangst) sprechen.

Am Beispiel der Angst vor Zurückweisung als Variante der Verlassenheitsangst kann man das Artefizielle und die Oberflächlichkeit der Klassifikation der verschiedenen Persönlichkeitsstörungen (PS, nach ICD 10) illustrieren:

F 60.0 – Paranoide PS:
charakterisiert durch „übertriebene Empfindlichkeit bei Zurücksetzung", sowie Misstrauen, Streitsucht, Tendenz zu stark überhöhtem Selbstwertgefühl" (Internationale Klassifikation psychischer Störungen, ICD, 2005, S. 227–232). Die „Tendenz zu stark überhöhtem Selbstwertgefühl" deckt das Gegenteil zu; Menschen mit dieser PS sind unsicher, abhängig von anderen, denen sie jedoch aufgrund ihrer eigenen Geschichte misstrauen. Um sich dieser Abhängigkeit und der damit einhergehenden Angst vor Zurückweisung und Verlassenheit, die sie kränkt, aber derer sie bedürfen, zu ‚entziehen‘, versuchen sie, durch ‚Reaktionsbildung‘ oder Umkehr ins Gegenteil, durch Streitsüchtigkeit und Abweisung anderer, ihrer Ängste Herr zu werden. Die Botschaft lautet: ‚Vertraue niemandem; wenn du Angst hast, wirst du festgehalten und aufgelöst; allein zu bleiben ist immer noch besser als auf diese Art vernichtet zu werden‘.

F 60.1 – Schizoide PS:
„Emotionale Kühle, Distanziertheit, [...] anscheinende Gleichgültigkeit gegenüber Lob oder Kritik", Tendenz, soziale Kontakte zu vermeiden (ebenda, S. 228): Wie bei der Paranoiden PS wird auch hier die Vermeidung von Abhängigkeit, Verlassenheit und Gekränktheit durch die Umkehrung ins Gegenteil, in eine scheinbare Unabhängigkeit von anderen Individuen als Schutz gegen Angst eingesetzt. Die Botschaft lautet: ‚Bleib‘ kalt, erspare dir den Schmerz und die Angst der Zurückweisung; lieber allein als Verlassen. Das gibt dir sogar die Illusion von Stärke, von Unabhängigkeit‘.

F 60.2 – Dissoziale PS:
„Herzloses Unbeteiligtsein gegenüber den Gefühlen anderer, [...] sehr geringe Frustrationstoleranz und niedrige Schwelle für aggressives, auch gewalttätiges Verhalten" (ebenda, S. 229), Beziehungsunfähigkeit. Diese Menschen wehren ihre Verlassenheit und ihre Angst – die meist nicht als solche gespürt wird – durch Aggression ab (s. Kapitel

9, Defizitäre Angst, und 21, Angst und Aggression). Indem sie Kontakte vermeiden und allein bleiben, versuchen sie dem Gefühl, abhängig zu sein und Angst spüren zu müssen, zu entkommen; sie kehren die Angst in Aggression um und wenden diese nach außen. „Herzloses Unbeteiligtsein" ist ein wirksamer Schutz gegen Kränkung, Angst und gegen eigene Sensibilität. Die Botschaft ist die gleiche wie bei der schizoiden PS.

F 60.3 – Emotional instabile PS
mit ihren beiden Untertypen, dem Impulsiven Typ und dem Borderline-Typ. Die Verbindung dieser Variante der PS mit der Angst habe ich im Kapitel 7 (Angst in der Psychose und der Borderline-Störung) ausführlich diskutiert.

F 60.4 – Histrionische PS:
„Theatralisches Verhalten, [...] andauerndes Verlangen nach Anerkennung durch andere, [...] im Mittelpunkt stehen, [...] verführerisches Verhalten" (ebenda, S. 230–231) dienen dem Zweck, den anderen für sich einzunehmen, um nicht allein zu sein, der Existenzangst anheim zu fallen; die ‚Strategien' der Angstminderung und der Sicherung der Aufmerksamkeit in der Abhängigkeit von anderen (z.B. vom Partner) sind psychodynamisch (und gruppendynamisch) bestimmt. Verführerisches Verhalten war in der Kindheit wirksam, um die Aufmerksamkeit zumindest eines Elternteils (in der Regel des Vaters bei Töchtern, der selber verführerisch war oder auf solche Signale empfindlich reagierte, seine Partnerin gleichzeitig auf den zweiten Platz verweisend und eifersüchtig machend) zu mobilisieren. Erotisieren, Sexualisieren und Eifersucht sind die Kontaktvarianten in solchen Familien, sie werden in späteren Beziehungen, besonders zu Partnern (und in der Übertragung auch zu Therapeuten) reaktualisiert. Röhr hat in seinem Buch „Die Angst vor Zurückweisung. Hysterie verstehen" (2006) diese Dynamik überzeugend dargestellt und ist auch auf die Problematik der Partnerwahl und -Beziehungen eingegangen. Die Botschaft lautet: ‚Sei verführerisch, dann bekommst du Schutz gegen deine Ängste; dafür musst du mit der Eifersucht (deiner und der anderen) und der Verlassenheitsangst leben'.

F 60.5 – Anankastische (zwanghafte) PS:
„Ständige Beschäftigung mit Details, [...] Perfektionismus, [...] unverhältnismäßige Leistungsbezogenheit" (S. 231): Diese sicherten in der Kindheit die Anerkennung ängstlicher, zwanghafter Eltern bzw. Elternteile oder ganzer Primärgruppen. Leistung als ‚Liebesbedingung' ist wahrscheinlich die häufigste Form der psychischen Ausbeutung, die durch ihre Subtilität und soziale Akzeptanz, sowie durch die ausgeprägte ‚Grauzone' zwischen Leistungserwartungen und Verknüpfung von Leistung und Anerkennung in unserer Leistungsgesellschaft tendenziell wenig auffällt. Die Schule, mit ihren frühen und meist unangemessenen Leistungsforderungen, die mit Angst vor Versagen am engsten verkoppelt sind (ja diese vielerorts sogar ‚züchten' sollten), verstärkt die Selbst-Destruktivität des Zwangs und kann, bei entsprechender Primärgruppendynamik, zur späteren anankastischen Persönlichkeitsstörung führen. Die Verkettung Angst vor Versagen – Angst vor Verlassenheit – Leistungsbezogenheit – Zwang wird verinnerlicht und bestimmt die Symptomatik der Angstvermeidung. Die Botschaft lautet: ‚Solange du

Spitzenleistungen vollbringst, wirst du gesehen, wenn nicht sogar angenommen; wehe dir aber, wenn du versagst!'

F 60.6 – Ängstliche (vermeidende) PS:
„Ausgeprägte Sorge, in sozialen Situationen kritisiert oder abgelehnt zu werden, [...] Vermeidung sozialer [...] Aktivitäten [...], aus Furcht vor Kritik, [...] Missbilligung oder Ablehnung, [...] Abneigung, sich auf persönliche Kontakte einzulassen, außer man ist sicher, gemocht zu werden" (S. 231–232). Auch hier sind dieselben Mechanismen der Vermeidung von Ablehnung, Verlassenheit und dadurch bedingter Angst am Werk. Sich von Kontakten fern zu halten wird zur wirksamsten Strategie in der Primärgruppe, die oft auch Ideologien sozialer Isolation vertritt (‚Allein ist man stark‘, ‚Hüte dich vor den bösen anderen‘; ein Patient berichtete von der Devise seines Vaters: „Ein Freund ist jemand, der dich heute Anlacht und morgen dir ein Messer zwischen die Rippen sticht").

F 60.7 – Abhängige (asthenische) PS:
Vermeidung von Entscheidungen, „Unterordnung eigener Bedürfnisse unter die anderer Personen, zu denen eine Abhängigkeit besteht, [...] unbehagliches Gefühl beim Alleinsein aus übertriebener Angst, nicht für sich allein sorgen zu können, [...] häufige Angst, von einer Person verlassen zu werden" (S. 232). Diese sind kindliche, sog. ‚regressive‘ Formen der Abhängigkeit, die in der Primärgruppe entstandene Tendenzen zur Infantilisierung widerspiegeln; einer Infantilisierung, die oft bei den Eltern oder Elternteilen zu finden ist und durch Identifikation aufgrund ihrer ‚Wirksamkeit‘ in der Vermeidung von Angst übernommen wurde. Die Botschaft lautet: ‚Bleibe kleines Kind, trenne dich nicht, und ich/wir werde/n deine Angst tragen‘. Die regressive ‚Strategie‘ der Angst-Abwehr wiederholt sich in der Therapie, besonders im stationären Setting.

Bei all diesen Formen der Persönlichkeitsstörungen spielen, neben psychodynamisch und gruppendynamisch tradierten Strategien, auch individuelle Faktoren wie Scham, Schuldgefühle, Depression, Abgrenzungsfähigkeit und Kränkbarkeit, oder Aggression und ihre Manifestationsformen (offene, unterschwellige, defizitäre) eine wichtige Rolle. Durch die ‚Vermischung‘ solcher Faktoren entstehen schließlich unterschiedliche Konstellationen, so dass die interindividuellen Variationen innerhalb einer Persönlichkeitsstörung (PS) bei weitem größer sein können als die Unterschiede zwischen den einzelnen, nach der ICD genannten Formen (ähnlich im DSM-System). Auch Kernberg setzt sich kritisch mit der diagnostischen Einteilung der verschiedenen Persönlichkeitsstörungen auseinander, vor allem aufgrund der hohen „Komorbiditätsrate" und erklärt die dahinter liegende Willkür durch „unglückliche Politisierung der Entscheidungsprozesse durch Komitees, die festlegen, welche Persönlichkeitsstörungen unter welcher Bezeichnung in das offizielle DSM-System Eingang finden und welche nicht (Kernberg 2000, S. 45). Mit leichter Ironie spricht er von denjenigen „Forscher(n), die an ihrer vorliebe für einen kategorialen Ansatz zur Erfassung der Persönlichkeitsstörungen festhalten, meist klinische Psychiater auf der Suche nach spezifischen diagnostischen Einheiten" (ebenda, S. 45–46). Greenberg sieht die Grenze zu den Psychosen fließend und spricht von einer „psychotischen Persönlichkeit bei Borderline-Patienten" (2000, S. 272). Fließende Grenzen und hohe interindividuelle Unterschiede sind die Regel nicht nur für

Persönlichkeitsstörungen, sondern auch für psychotische (s. Kapitel 7) und körperliche Manifestationsformen der Angst (Röhr 2006, S. 43), aber auch für sämtliche psychiatrische Kategorien, wie Angstkrankheiten, Depressionen, Manien, Verhaltensstörungen bei Kindern, Jugendlichen und Erwachsenen, und auch bei (organischen) Demenzen.

Angst zu versagen

D.h. die Angst, die Liebe und Bedeutung für die Hauptperson nicht zu verdienen oder zu verlieren. Die anhaltende Angst, dieser Liebe nicht ‚würdig‘ oder gut genug zu sein, kann die Persönlichkeit eines Menschen nachhaltig verformen und die in ihr innewohnende Angst ins Unbewusste verdrängen und in Hass umkehren: „Eine solche Entwicklung mündet in ein Selbst, das völlig von geleugneter Angst, mithin Unterwerfung [...] bestimmt ist“, schreibt Arno Gruen (1997/2005, S. 40). „Um diese Spaltung dann aufrecht zu erhalten, müssen Hilflosigkeit, Schmerz und Mitgefühl zu Objekten des Hasses und der Ablehnung werden“ (ebenda, S. 39): Gruen betont die große Bedeutung der Identifikation mit dem Angreifer für die Entwicklung unserer Zivilisation; durch diesen Mechanismus können wir unsere Ängste, auch die Angst vor dem Versagen, spalten und nach außen projizieren. Die „Angst vor dem Versagen ist [deshalb ein] Motor [unserer Gesellschaft]“ (S. 206). Gruen sieht auch im heute für unsere technologisierte Gesellschaft so charakteristischen Glauben an die unbegrenzte Machbarkeit nichts anderes als einen Ausdruck bzw. eine Abwehrform dieser Angst: „Bei uns lenkt der Machbarkeitsglaube davon ab, die Wirklichkeit zu erkennen. Hinter diesem Glauben steht, so paradox es auch klingen mag, die Flucht vor der Angst als solcher“ (S. 231). Aber die Angst, die Liebe (der Eltern, der Primärgruppe und anderer wichtiger Personen) nicht zu verdienen, ihrer nicht ‚würdig‘ zu sein, bedeutet in sich eine tiefe Verlassenheit und psychische Misshandlung, denn ein Kind, das seine Liebe ‚verdienen‘ muss, ist ein bereits verlassenes, in seiner Angst und sein Kindsein nicht empathisch wahrgenommenes Wesen. Solchen Kindern ist früh ‚beigebracht‘ worden, dass sie nicht ihrer selbst willen geliebt wurden und dass sie um ihre Liebe kämpfen bzw. diese jederzeit leicht verlieren können, wenn sie die ‚Spielregel‘ nicht einhalten. Das Ausgeliefertsein an den Bedingungen der Liebe und des Angenommenseins schafft Abhängigkeit, Leistungsdruck und Perfektionismus, Zwang und Hass und dauernde unterschwellige Verlassenheitsangst – wie wir weiter oben, unter ‚Angst vor Zurückweisung‘, gesehen haben. Auch am Beispiel der Angst zu versagen sehen wir die Komplexität und Verflechtung verschiedener Angstformen miteinander, die alle aus der gleichen Nicht-Achtung, Nicht-Empathie, Nicht-Verstandenwerden des Kindes in seiner Angst entstammen.

Angst, ausgelacht zu werden

Die Angst, ausgelacht zu werden, ist Angstvariante mit ‚neurotischen‘ und ‚paranoiden‘ Zügen, die eng mit der Angst vor Bedeutungslosigkeit zusammenhängt (s. weiter unten). Klußmann (1998, S. 310) spricht von der eng verwandten Angst vor Blamage. Wie bei allen Manifestationsformen der Angst, wird auch hier die eigene ‚Geschichte‘ der Angst, d.h. die determinierenden Konstellationen der eigenen Psycho- und Gruppendynamik, entscheidend; auch hier wird die Angst durch die Übertragungssituation reaktiviert und moduliert. So beispielsweise bei einem Menschen, der in seiner Kindheit in seiner Primärgruppe durch die verletzende und erniedrigenden Art des Auslachens in die Außenseiter- und Opferposition gedrängt wurde und danach, in Wiederholung dieser Dynamik, auch in Kindergarten und Schule ausgelacht wurde, wird diese spezifische Variante der Angst verinnerlicht. Sie kann verständlicherweise zu hoher Sensibilität, Kränkung, Wut und Hass führen. An anderer Stelle habe ich über die Dynamik der Ironie und ihre verletzenden Aspekte bei Kindern in Verbindung mit der Verwendung des Humors in der Psychotherapie berichtet (vgl. Fabian 2002a, 2006a).

Kastrationsangst

Die Kastrationsangst ist eine Variante der existentiellen Angst, der Angst vor Verstümmelung bzw. Vernichtung. Kinder mit einer intensiven Kastrationsangst sind traumatisierte Kinder, deren Beziehungstraumata mit der spezifischen Art der Angst vor Strafe – d.h. auch vor Verlassenheit, vor dem Nicht-(mehr)-geliebt-werden – und den dazugehörigen Schuldgefühlen verbunden ist. Wir haben gesehen, wie Verlassenheitsängste und Eifersucht (ihrerseits eine Angst vor Verlassenwerden) des ‚kleinen Hans‘ durch sexualisierten Inhalten (aufgrund des Artefakts des besonderen Interesses Freuds) maskiert waren und wie Freuds Nachfolger ihm in dieser Tendenz, Existenzangst unter dem ödipalen Aspekt zu verkennen, treu geblieben sind (Kapitel 6 und 8.3.1, ‚Phobien‘). Wie schon dort betont, beschreibt Freuds Begriff von Angst lediglich die Angst vor einer (von außen kommenden oder als Über-Ich verinnerlichten) Autorität. Triebverzicht hilft, nach Freud, gegen die Angst vor Autorität, nicht aber gegen das Schuldgefühl, das durch die Angst vor dem eigenen Über-Ich entsteht (Freud 1930, S. 487–488). Schuldgefühle, schreibt Freud weiter in „Das Unbehagen in der Kultur" (1930), entstehen auch aus den Aggressionen, die gegen die äußere strafende Instanz der elterlichen Autorität generiert werden. Freud sieht also Angst, Aggression und Schuldgefühle als durch das Über-Ich vermittelte ödipale, und nicht dem menschlichen Leben immanente Grundgefühle. Die primäre Aggression auf den Vater und die damit verknüpften Schuldgefühle liegen für Freud der Kastrationsangst zugrunde, die in der gesamten kindlichen Sexualentwicklung des Mannes eine zentrale Rolle spielt. Obwohl er seine frühere These (in „Hemmung, Symptom und Angst" von 1926), der zufolge Angst durch nicht abgeführte Libido entsteht, revidierte, bleibt die Angst auch später für ihn Folge der frühkindlichen Sexualität und kein elementares Gefühl. Später konnte Zulliger (1966) bei 95% von Knaben *und* Mädchen die Kastrationsangst als ‚normale‘ archetypische Variante der Todesangst und Bestandteil der meisten Initiationsriten nachweisen. Die Kastrationsangst ist, nach Fenichel, der „ursprüngliche Inhalt der infantilen Ängste" (zit. b. Uexküll 2003, S. 802). Nach Klußmann ist auch die Examensangst eine Form der Kastrationsangst (Klußmann 1998, S. 310).

Wie so oft ist Freud auch in der Ergründung der Kastrationsangst weiter in die Tiefe gedrungen als seine ‚orthodoxen‘ Schüler und Nachfolger. In seinem Spätwerk „Hemmung, Symptom und Angst" bringt er tiefsinnig die Kastrationsangst in Verbindung mit

der Trennung von der Mutter und mit der Todesangst: Die Kastrationsangst ist „etwas
dem Tod ähnliches [...]. Die Todesangst [ist] als Analogon der Kastrationsangst aufzufassen" (Freud 1926, S. 160).

Es ist bekannt, dass die Kastrationsangst auch beim weiblichen Geschlecht häufig
auftritt, dort bezieht sich die Angst vor Strafe durch Verstümmelung auf die Mutter:

Eine ca. 45-jährige Frau träumte, dass sie in einem Teich mit schmutzigem Wasser
schwimmt und ein dicker Karpfen, der teilweise mit einer Schürze gekleidet ist, beißt ihr
den Ringfinger ab. Sie assoziiert damit die Mutter, die auf sie und ihre Erotik („schmut-
ziges Wasser") eifersüchtig war und öfters das Kinderlied sang: „Meine Mutter schneidet
Speck, schneidet mir den Finger weg".

Ammon hat den existentiellen Charakter dieser Form von Angst betont, indem er schrieb
(1981, S. 14): „Alle Angst [ist] im Grunde Kastrations- und Todesangst".

Angst um die Anderen

Die Angst um eine wichtige, geliebte Person, um ein Kind, einen Partner, einen Freund,
oder auch einen Fremden, gehört zu den situativ nachvollziehbaren, bewussten Ängsten.
Die übertriebene Angst um den Anderen bzw. um die Anderen hingegen kann – von der
Umkehrung der Aggression bzw. von unbewussten Todeswünschen, die uns aus der Psychoanalyse bekannt sind, abgesehen – eine Deck- oder Abwehrform der eigenen existentiellen Angst sein, die rationalisiert wird oder unter der Herrschaft der Moral steht (etwa
der Religiosität oder einer moralisierenden und Schuldgefühle ‚züchtenden‘ Erziehung).
Nicht selten begegnen wir in der klinischen Erfahrung Müttern, die mit ihrer übertriebenen, oft alles andere beherrschenden Angst um ihr Kind die eigene Todesangst abwehren. In solchen Fällen handelt es sich um hochgradig fixierte, hartnäckige Ängste, die
sich bis zur Panik steigern können und deutlichen Zwangscharakter bzw. psychotische
Züge aufweisen. Kindern solcher Mütter ist die Angst der Mutter um sie beispielsweise
kein Schutz: Sie erfassen intuitiv (wie wir es aus Therapien erfahren), dass sie damit nicht
‚gemeint‘ sind. Dabei sind häufig transgenerationale Momente unterschwellig wirksam.

Eine junge Frau hatte panische Angst, dass ihr erstes Kind nicht genug Nahrung bekam
und liess sich von keinen rationalen Argumenten vom Gegenteil überzeugen. Auch wiederholte beruhigende Äußerungen des vertrauten Kinderarztes änderten nichts an ihrer
Angst und sie beobachtete ängstlich und eifersüchtig, wie das Kind der Nachbarin ihrer
Meinung nach mehr als das Eigene aus der Flasche trank. Neben der Maskierung und
Umkehrung ihrer aggressiven Impulse gegen ihr Kind und dessen Lebendigkeit (die im
späteren Verlauf ihrer Erziehung mehr und mehr sichtbar wurden) diente diese zwanghafte und hartnäckige Angst der Verschleierung und Abwehr ihrer erheblichen eigenen,
unbewussten existentiellen Ängste. Die eigene Mutter hatte mehrere Jahre ihrer Kindheit
in einem der berüchtigtsten KZs verbracht und dort die Mehrzahl ihrer Angehörigen
verloren.

8.3.2 Angst-Manifestationsformen mit ‚borderlinehafter' Qualität

Verantwortungsangst

Kafka beschreibt in seiner kurzen Erzählung „Vor dem Gesetz" von 1914 das Dilemma des Menschen, der seine Verantwortung dem Schicksal überlässt und der tragischerweise erst vor seinem Tod von der vertanen Zeit und der Chancen seines Lebens erfährt. Ähnlich verwendet Dino Buzzati die Metapher des riesigen Haifisches in „Der K." (1966/1992), der als verfolgendes Monster gefürchtet wurde, aber dessen Bestimmung in Wahrheit war, dem Helden der Geschichte das Glück zu bringen. Auch hier erfährt die Hauptperson erst vor ihrem Tod, als es zu spät ist, vom fatalen Versäumnis seines Lebens.

Beide Geschichten finden eindrucksvollen Ausdruck für die Folgen der Angst und dem Zurückweichen vor Verantwortung, die gleichzeitig auch die Angst vor eigener Lebendigkeit und Identität verkörpert. Darüber hinaus begegnen wir in Buzzatis Geschichte einem Mann, Stefano Roi, der vordergründig nichts Neues befürchtet, sondern im Gegenteil, in einem risikoreichen und waghalsigen Leben geradezu – im Sinne von Balints ‚Philobaten' (s. weiter unten unter ‚Angst vor den Neuen') – die Gefahr selbstmörderisch sucht. Und doch flieht er vor der eigenen Verantwortung.

Angst vor der Verantwortung ist eine Form der Angst, die in unterschiedlichem Maße in uns allen innewohnt und all unsere Entscheidungen begleitet – und auch begleiten muss. Ganz besonders ist dies der Fall, wenn nicht nur die Verantwortung für die eigene Person, sondern auch für andere im Spiel ist. Alle Dramen und Tragödien der Weltliteratur kreisen um das Thema des Dilemmas des handelnden Menschen, in dessen Handlung andere, geliebte Personen involviert sind; und keinem Helden einer Widerstandsbewegung, keinem ethisch Handelnden blieb jemals dieses Dilemma erspart. An dieser Stelle ist die extreme Form der Angst vor Verantwortung gemeint, die das Leben im eigenen Recht verhindert und mit der Depression verwandt ist; die Angst vor Verantwortung, die Erich Fromms in seiner „Furcht vor der Freiheit" (1941/2006, im Original „Escape from Freedom") thematisiert.

Verbunden mit der Verantwortungsangst ist, nach Battegay (1970/1996, S. 48), „auch die Gefahr des absoluten Gehorsams". Deshalb hat die Angst vor Verantwortung auch eine ethische Dimension. Gruen schreibt in „Der Wahnsinn der Normalität": „Das Böse, das Destruktive, die Unmenschlichkeit – all das hat seine Wurzeln in dem Unvermögen, die Verantwortung zu übernehmen für die lang zurückliegende Entscheidung, das durch die Geburt erworbene Recht, man selbst zu sein, preiszugeben" (1987/1996, S. 19).

Die ethische Dimension des mit Angst verbundenen Handelns in Verantwortung gewinnt heute, in einer Zeit, in der die massive Zerstörung menschlichen Lebens durch unverantwortliches Tun von Diktatoren und Terroristen, aber auch die ‚schleichende' Gefahr der Vernichtung unserer Lebensgrundlage, in fassbare Nähe rückt, eine besondere Prägnanz. Sich auf unsere Zeiten beziehend schreibt Battegay: „Regt sich in den Menschen der Gegenwart die Angst deshalb so mächtig, weil sie wahrnehmen, Kräfte entfachen zu können, die die Welt zum Erlöschen, die sie aber auch zum blühenden Leben führen kann? [...] Seine ihm damit aufgetragene Verantwortung liegt auf der Hand. Er darf sie nicht leugnen" (Battegay 1970/1996, S. 51).

Ohne den eigenen Kampf mit und die Überwindung der Angst vor Verantwortung kann es kein erfülltes, in eigener Identität gelebtes Leben geben. Identität entsteht *per se* im Bewusstwerden und in der Überwindung der eigenen Angst. Identitätsangst ist ein umfassenderer Begriff für Verantwortungsangst. Ammon betont die Angst, die mit jedem Identitätsschritt verbunden ist und bezeichnet die Identitätsangst als „Verlassenheitsangst, [Angst] vor möglichem Heraustreten aus der Symbiose, vor Abgrenzung, vor dem Nein-sagen-Können" (Ammon 1979, S. 337). Sie ist eine häufige Form der Angst bei Borderline-Kranken. Identitätsangst beinhaltet Aspekte von Angst vor dem Neuen, vor Verantwortung, von Lebensangst insgesamt. In Ammons Verständnis der Identität ist jedoch die Identitätsangst eine tiefere Dimension menschlicher Existenz und gleichzeitig von Krankheit und Gesundheit, die mit seinem Verständnis des Begriffs Identität eng zusammenhängt. Demnach ist Identität „ein Prozess, ein fortwährendes Suchen, eine fortwährende Entwicklung" (Ammon 1982, S. 10). Auch Battegay umschreibt die Identitätsangst, wenn er formuliert: „Sprechen wir von den fundamentalen Bezügen der Angst, so müssen wir uns bewusst werden, dass Angst im Menschen sowohl dann entstehen kann, wenn er entdeckt, dass er eine Unzahl von Freiheiten besitzt, als auch dann, wenn er erkennt, dass er im Grunde stets ein Gebundener ist. Unbeschränkte Möglichkeiten einerseits und unentrinnbares Schicksal andererseits sind letztlich die ihn ängstigenden Gegebenheiten" (Battegay 1970/96 S. 42). Angst ist „Ausdruck der Verängstigung der Selbswerdung" (ebenda S. 47) und gehört zu jeder menschlichen Grenzsituation (Battegay 1981/2005).

Angst vor der Freiheit, Verantwortungsangst, Angst vor dem Neuen, Identitätsangst sind miteinander eng verknüpft. Sie sind Facetten einer gleichen Angst-,Richtung', die auch mit der konstruktiven Aggression verbunden sind (im ursprünglichen Sinne von *ad gredi*), um Neues zu wagen, Beziehungen einzugehen und die eigene Identität zu erweitern. Auch der Zusammenhang mit Trennungsangst wird deutlich, da kein neuer Schritt ohne Trennung vom Alten, von Gewohnheiten, und besonders von früheren Dynamiken, möglich ist. Der Prozess der Identitätsentwicklung ist immer mit Angst verbunden, da „jeder Schritt in Richtung einer eigenen Identität auch einen Trennungsschritt aus der Symbiose bedeutet" (Ammon 1979, S. 337; s.a. Kapitel 18, Angst und Identität). Die Gesellschaftsstrukturen und die ihnen unterliegende Ideologie, die sich vom Beziehungs- und Solidaritätsdenken hin zum rücksichtslosen Kampf um den eigenen sozialen und finanziellen Erfolg hin bewegt, unterstützen das Individuum heute nicht in seinem angeborenen Bedürfnis, sich in der eigenen Identität zu entfalten. „Für Menschen, die in eine solche, von Effizienzdenken, von Machbarkeitswahn und vom Egoismus geprägte Gemeinschaft hineinwachsen", schreibt Hüther, „macht weder Achtsamkeit noch Behutsamkeit irgendeinen Sinn" (Hüther 2007, S. 228).

Gruen schreibt dazu: „Der völlig Angepasste und Konforme lebt dagegen in einer anderen Art von Spaltung. Bei ihm ist der Ansatz zu einer eigenen Identität völlig aufgelöst. Er kann nur bestehen durch die ,Identität', der er aus seiner Identifizierung mit dem Aggressor erhält. [...] Der ehemalige amerikanische Präsident Ronald Reagan berichtet in seiner Autobiographie (1982) [über] seine Identifikation als ein Rollenspiel, das andere erdacht hatten und fühlte sich deswegen wie ein Halbautomat: ,Jetzt war ich zu einem

Halbautomaten geworden, der eine Rolle gestaltete, die ein Anderer erdacht hatte. [...] Das [war] der Grund, weshalb ich mich auf die Suche nach dem Rest von mir [machte]'. Aber seine Suche führte ihn nicht zu seinem eigenen Selbst, sondern dazu, der inneren Angst durch eine Projektion habhaft zu werden. Und so begann er einen halluzinatorischen Kampf gegen vermeintliche Kommunisten in der amerikanischen Filmindustrie. Den wahren Feind, die Angstbindung zu seinen Eltern, vermochte er nicht zu erkennen, stattdessen projizierte er seine Feindseligkeit auf die Kommunisten – wirkliche oder vermeintliche Rebellen. Mit ihrer Bestrafung brachte er sich selbst in Sicherheit, denn sie hatten sein rebellisches Wesen, das er zu hassen gelernt hatte, herausgefordert" (Gruen 1997/2005, S. 157–158).

Lebensangst

Auch der Begriff Lebensangst bezeichnet eine übergeordnete Form der Angst – das Pendant zur Todesangst, ihre Kehrseite. Vielen Menschen, die über Angst vor dem Sterben klagen, geht es um die Angst zu leben, das Leben wirklich und in eigener Identität anzunehmen und jenseits von Anpassung zu gestalten. Lebensangst ist mit der Begrenztheit des Lebens verbunden, es ist diese Einmaligkeit und gleichzeitig durch Zeit begrenzte Freiheit, die dem Menschen Angst macht. Dies ist das Thema zahlreicher Romane und Filme, die Menschen schildern, denen erst nach der Bewusstwerdung der Begrenztheit des Lebens, meist durch eine unheilbare Krankheit, ihr bisheriges Dasein als nicht-gelebt vorkommt und die erst im Schatten des nahenden Todes ‚anfangen' zu leben (Zorn: Mars 1977, Kurosawa: Ikiru [Einmal wirklich leben], 1952, Dörrie: Kirschblüten, 2008). Nach Battegay „bemächtigt sich [...] des Depressiven [...] eine Angst vor dem Leben". „Die Angst vor dem Leben veranlasst den Neurotiker, in Sicherungen zu fliehen, die ihn vor allem schützen, was ihn damit in Berührung bringen könnte" (1970/1996, S. 96). „Es ist oft eher diese *Lebensangst* als die Sterbensnot, die sie zum Selbstmord verleitet" (ebenda, S. 104). Battegay kritisiert Erziehungsformen und soziale Systeme, die auf Aussparen der Angst und übertriebener Sicherheit basieren, denn „Neues kann nur erworben werden, wenn es in ringender Auseinandersetzung erarbeitet wird". Pädagogen, die „in den Fehler verfallen, die *Angstfolgen* bei den jungen Menschen (Vertrotzung, Aggressionen, Bandenbildung usw.) nur als asozial zu betrachten und mit Gewaltmaßnahmen niederzudrücken" verkennen die lebenswichtige Existenzangst, die sich in diesen Manifestationen ausdrückt (S. 111, kursiv E. F.). Gerade bei Jugendlichen kann nicht genug betont werden, dass die Lebenslust und die Lebensangst eng beieinander die Zeit der Pubertät und der Adoleszenz beherrschen. Phasen von Tatendrang und Mut wechseln sich hier in rascher Folge mit Phasen von Zweifel und Sinnlosigkeit ab; Stimmungsschwankungen, Rebellion und diffuse Angst, die für die Jugendlichen unerklärbar sind, sind in dieser Lebenszeit am intensivsten.

Diese Manifestationsform der Angst ist nicht mit der Armut verbunden, sie tritt ebenso häufig bei Reichen auf. Sie ist immer mehr oder weniger irrational, wenn auch – wie bei jeder Form der Angst – teilweise auch konkret begründbar. Klußmann (1998, S. 310) gibt dazu die unbewussten Formeln: „Mutter lässt mich verhungern" und „Ich habe nichts von der Welt bekommen". Sie hängt stark mit der Angst-Abwehrform der Besitzsucht zusammen (s. Kapitel 15) und hat einen deutlichen Zwangscharakter; sie kann wahnhafte, paranoide Züge annehmen. Die darin manifestierte Intensität (auch von der Besitzsucht bekannt) entspricht der Intensität der durch diese externalisierte, ‚gebundene' Urangst. Die oft ins Wahnhafte gesteigerte Angst zu verarmen ist die Äquivalente der Angst verlassen, schutz- und bedeutungslos, allein zu bleiben, nichts zu haben, also auch *nichts* zu sein. Die Psychogenese bzw. Gruppendynamik solcher Menschen lässt sich immer auf entsprechende Kontaktaspekte und Ideologien in der Primärgruppe – verstärkt durch soziokulturelle Motive – zurückverfolgen.

Solche Dynamiken sind oft nicht nur bei Reichen, sondern auch bei Menschen mit krimineller Vorgeschichte zu finden; die immer wieder von den Medien ‚entdeckte' Verknüpfung von finanziellem Erfolg und Kriminalität, die umfassende Korruption und Skrupellosigkeit bis in die höchsten und verantwortungsvollsten Positionen des wirtschaftlichen und politischen Lebens, die täglichen ‚Liechtenstein'-Affären überall auf der Welt, beziehen ihre Energie aus der intensiven Angst, die sich hinter ihnen verbirgt. Wenn man die zusätzlichen Faktoren von Macht, Ansehen, Luxus, Sicherheit und Sorglosigkeit im Alter, und vor allem die Füllung der inneren Leere als ‚Identitätsersatz' (G. Ammon) hinzunimmt, kann man die enorme Anziehungskraft dieser Abwehrstrategie verstehen (Kapitel 15). Entsprechend intensiv ist ihre Kehrseite, die Verarmungsangst, denn Reichtum bietet bekannterweise nur eine trügerische Sicherheit. Menschen, die von der Verarmungsangst geplagt sind, verbringen schlaflose Nächte und unruhige Tage mit Grübeln und Spekulationen, ihr Leben kann von der Angst, ‚alles zu verlieren', beherrscht werden. Je mehr sich ein Mensch in seiner Identität durch Besitz definiert, umso mehr muss er dessen Verlust befürchten, desto mehr beherrscht ihn die Verarmungsangst – also die Angst, niemand mehr zu sein, nicht mehr zu existieren. Bankrott war immer schon und ist noch ein häufiger Grund zum Selbstmord.

Angst vor Bedeutungslosigkeit

Die Angst vor Bedeutungslosigkeit bezeichnet die Angst, in Bedeutungslosigkeit zu versinken. Auch diese Variante der Angst – wie die Verarmungsangst – hat eine defizitär-narzisstische und depressive Färbung, nämlich die Befürchtung, unbeachtet, ungeliebt, vergessen und verlassen zu sein. Sie ist häufig bei Menschen zu finden, bei denen Anerkennung und Liebe in der Kindheit mit ‚Bedeutung', mit Leistung oder außergewöhnlichen Fähigkeiten ‚erkauft' wurden. Angst vor Bedeutungslosigkeit drückt den Wunsch, die Sehnsucht aus, ‚jemand' zu sein, eine Bedeutung auf dieser Welt zu haben. Ohne diesen Wunsch würde man kein Buch schreiben, keine Wissenschaft treiben, keine Musik komponieren, kein Bild malen. Möglicherweise hat dies auch kulturelle Gründe, die mit der Bedeutung der Religion und ihrem Rückgang zusammenhängen, denn der Künstler im abendländischen Mittelalter, oder in der altägyptischen, afrikanischen oder fernöstlichen (religiösen) Kunst signierte sein Werk (mit seltenen Ausnahmen) nicht, er betrachtete es als religiöse Gabe oder Pflichterfüllung, seine Anonymität schien ihn nicht wie den modernen Menschen zu stören.

Erich Fromm hat sich mit dieser Form der Urangst beschäftigt. In „Die Furcht vor der Freiheit" beschreibt er den historischen Individuationsprozess des Menschen vom Mittelalter bis in die Neuzeit. „Da der Mensch [im Mittelalter] vom Augenblick seiner Geburt an seinen bestimmten, unverrückbaren Platz besaß, den ihm keiner streitig machte, war er in seinem strukturierten Ganzen verwurzelt. Das Leben besaß für ihn einen Sinn, der keine Zweifel aufkommen ließ. Jeder war mit seiner Rolle in der Gesellschaft identisch. [...] Die Gesellschaftsordnung betrachtete man als naturgegeben, und dass man ein bestimmter Teil davon war, verlieh einem ein Gefühl der Sicherheit und Zugehörigkeit" (Fromm 1941/2006, S. 37). „Erde und Menschen waren sein Mittelpunkt, der Himmel und die Hölle waren der zukünftige Aufenthaltsort, und von der Geburt bis zum Tod war alles Tun transparent in Bezug auf Ursache und Wirkung. [...] Die mittelalterliche Gesellschaft nahm dem Individuum seine Freiheit nicht weg, denn es gab das ‚Individuum' damals überhaupt noch nicht" (ebenda, S. 38).

Mit der Zunahme der Bedeutung des Individuums in der Renaissance kam auch das zunehmende Gefühl der Bedeutungslosigkeit des Einzelnen im verlorenen Einssein mit der Welt zum Vorschein. „Wenn der Sinn des Lebens zweifelhaft geworden ist", schreibt Fromm weiter (ebenda, S. 42), „wenn die Beziehung zu anderen Menschen und zur eigenen Person keine Sicherheit mehr bietet, dann ist der Ruhm ein Mittel, die Zweifel verstummen zu lassen" – sonst „würde er sich wie ein Staubkörnchen vorkommen und von seiner individuellen Bedeutungslosigkeit überwältigt werden" (S. 22). „Die Angst, das Gefühl der Bedeutungslosigkeit [...] stellen einen Seelenzustand dar, der praktisch für jedermann unerträglich ist" (S. 71).

Es ist denkbar, dass auch die Heldentat, auch die Aufopferung für eine Sache, ihre Zähigkeit und Energie in vielen Fällen *auch* aus der Angst vor Bedeutungslosigkeit schöpft. So schafft beispielsweise Jean Anouilh mit seiner Heldin Antigone einen Menschen der versucht, einem leeren, unbedeutenden Leben durch eine Heldentat eine Bedeutung zu geben; entsprechend wird dieser Heldentat im Laufe der Handlung jeder einsehbare Grund entzogen. Antigone, wie nach ihr auch Madame Bovary, besteht hartnäckig auf ihre Aufopferung, um sich einem konventionellen, heute würde man sagen ‚bürgerlichen' Leben zu entziehen und ihrer Existenz doch noch einen Sinn zu geben (Anouilh 1943/1988).

Besonders, aber bei weitem nicht nur, Borderline-Patienten und narzisstisch Kranke sind auf kontinuierliche Zuwendung in all ihren Formen angewiesen. Sie leiden schnell unter Angst, wenn Anerkennung fehlt, wenn sie nicht bemerkt werden. Der Begriff ‚Narzissmus' müsste unter diesem Aspekt neu überdacht werden, denn er stammt vom „schönen Narkissos" ab (Kerényi 1966/1992), dem Jüngling, der in sich selber verliebt war (was ihm zum Verhängnis wurde); der narzisstisch Kranke ist aber nicht in sich verliebt, sondern fürchtet im Grunde die Bedeutungslosigkeit und ist deswegen auf die Liebe *anderer* ununterbrochen angewiesen, um seine Angst zu lindern. Nach Ammon sind „Borderline-Kranke auf dauernde Bestätigung und Erfolg durch Arbeit angewiesen, weil sie sonst schwersten Verlassenheitsängsten und der Todesangst ausgeliefert wären, die sie seit frühester Kindheit durchmachen mussten" (Ammon 1982, S. 704).

Battegay schreibt: „die Angst vor dem Tode [...] beinhaltet auch die Furcht, in Vergessenheit zu geraten, keine Spuren mehr zu hinterlassen. Wenn auch immer wieder gesagt wird, dass wir in den mit uns seienden und nach uns kommenden weiterleben, ängstigt sich doch jeder Mensch, dass all das, wofür er gelebt und gesorgt hat, mit ihm ins Grab sinken wird" (Battegay 1970/96, S. 84).

Das Gefühl der Bedeutungslosigkeit ist für den heutigen Menschen unerträglich. Deshalb lassen täglich Leute, die ansonsten keine Chance hätten, zu ‚zeigen‘, dass sie ‚auch jemand sind‘, nichts unversucht, um aufzufallen und ihre Bedeutung zu demonstrieren. Statussymbole wie Besitz, Auto, aber auch körperliche Schönheit oder Kraft, helfen dem Menschen, ins Rampenlicht zu kommen, Bekanntheit oder Ruhm zu erlangen. Gehen diese verloren, droht ihnen der Verlust ihrer Identität – oder besser: ihres Identitätsersatzes – und ihr Leben droht, in die Sinnlosigkeit zu versinken. Der Autofahrer, der zwanghaft andere überholen muss (nicht um schneller am Ziel zu sein, denn nach dem Überholen verlangsamt er sofort wieder), erfährt immerhin die narzisstische Bestätigung, die ihm (für kurze Zeit) das Gefühl von Existenz und Bedeutung gibt: Ich bin stärker, erfolgreicher, ‚potenter‘, also *ich bin* selbst – wenn auch nicht er, sondern sein Auto diese Stärke besitzt (aus diesem Grund werden sich kleine oder ‚PS-schwächere‘ Autos, zumal in Deutschland, wahrscheinlich nicht durchsetzen). Damit wird die Angst vor Bedeutungslosigkeit zumindest zeitweise betäubt.

Angst vor dem Neuen/vor Veränderung

Die Angst vor dem Neuen ist eine unmittelbare Form der Verlassenheitsangst. Alles Neue droht mit dem Unbekannten, dem Unsicheren, zwingt den Menschen, der unter Angst leidet, sich von altem, vertrautem zu trennen. Er weiß aber nicht, wohin der Weg nach der Trennung führt, leidet unter der Unsicherheit, fühlt sich beängstigt und verlassen. Die Angst vor dem Neuen ist vielleicht die häufigste konkrete Manifestationsform der Angst überhaupt, wenn auch oft in verhüllter Form – etwa als Entscheidungsschwäche oder Ambivalenz, und ganz besonders in der Psychotherapie –, sie zeigt sich in konservativer, ängstlicher Lebensform und in vielen Gewohnheiten, Routinen, Alltagsritualen. Sie stellt das Wesen jeder Bürokratie dar, die jede Kreativität und Erneuerung fürchtet. Bürokratie beinhaltet aber auch den Neid auf das Lebendige und den Zwang, mit dem die eigene innere Leere und die Existenzängste ‚ausgefüllt‘ werden.

Typologisch ist der durch die Angst vor dem Neuen gekennzeichnete Mensch von Balint als oknophil bezeichnet worden (s. S. 86): „Der Oknophile lebt von Objekt zu Objekt und bemisst seine Aufenthalte in den leeren Räumen so kurz als möglich. Furcht entsteht durch Verlassen der Objekte und wird besänftigt durch Wiedervereinigung mit ihnen" (Balint 1959/1972, S. 28). Der Oknophile scheut jede Veränderung, alles Neue, lebt in einer Sicherheit, die aber aufgrund der Angst, sie zu verlieren, keine Sicherheit ist. Es passiert manchmal, dass solche Menschen ihre Angst plötzlich überwinden, in dem sie neuartige, sogar waghalsige ‚Experimente‘ wagen; diese dienen vielleicht dem Selbstbeweis gegen die Angst, sie beinhalten möglicherweise auch einen Befreiungsversuch.

Häufiger ist aber, dass Menschen, die nach außen immer wieder Neues, Unbekanntes riskieren oder sogar suchen – und damit ‚philobatische‘ Charakterzüge nach Balint zeigen – umso mehr das Neue fürchten, wenn es sich um ihre *Innenwelt* und ihre Gefühle handelt. Nicht selten begegnen wir unter unseren Patienten solchen, die ein abenteuerliches Leben voller Risiken, ja sogar mit defizitärer Angst gelebt haben, jedoch die größte Angst vor der Begegnung mit sich selber, dem Unbekannten *in ihnen*, mit ihren Ängsten, an den Tag legen.

Dies ist ein häufige Schwierigkeit der Psychotherapie, da der Mensch hier *immer* mit dem Neuen, Unbekannten in seinem Inneren (in seinem Unbewussten) konfrontiert wird und andererseits aber durch die Therapie auch neue, unbekannte Wege beschreiten soll, und damit der Angst vor Veränderung ausgesetzt ist. Auf diese Weise wird die immer wieder festgestellte ‚Ambivalenz‘ oder der ‚sekundäre Krankheitsgewinn‘ verständlicher. Wahrscheinlich handelt es sich dabei um einen der Hauptfaktoren beim Abbruch oder Misserfolg einer Psychotherapie. Der ‚Mut‘ solcher Patienten nach außen täuscht über ihre Ängstlichkeit nach innen, d.h. über ihre Angst vor der Angst hinweg (s. Kapitel 19, Die Angst vor der Angst). Winnicott schreibt über eine Patientin: „Es war jetzt klar, die Freiheit, wird oft viel mehr gefürchtet, als die Krankheit. Ist doch die, die sich danach sehnte, in ihren krankhaften Verhaltensmustern einige Sicherheit zu finden, und vor der *Unsicherheit, die mit der Freiheit zu wählen einhergeht*, Furcht hatte" (Winnicott 1971/2002, S. 47, kursiv E. F.). Die Angst vor der ‚Unberechenbarkeit‘ der Gesundheit lässt für viele Patienten die Krankheit trotz all ihren Leids, die doch bekannt und vertraut sind, als weniger beängstigend erscheinen. Auch das „Opfersein" kann „trotz Isolation und Leid" Sicherheit gegen Angst gewähren (Gruen 1997/2005, S. 264). Als zusätzliche Momente spielen auch die (neue) Verantwortung, der (befürchtete) Wegfall der Hilfe und oft der Verwöhnung (des Kontaktes) durch die Krankheit. Freilich muss die Angst vor dem Neuen der ‚Heilung‘ auch unter dem Aspekt der Identität gesehen werden (Kapitel 18).

Diese Art von ‚Widerstand‘ oder ‚Komplikation‘ in der Therapie kann nicht hoch genug eingeschätzt werden (Castelnuovo-Tedesco 1991). Einige Autoren, z. B. Lohmer (2002), betonen, dass „schwer gestörte [Borderline-]Patienten extreme Angst vor Veränderung haben" (S. 27), bringt diese jedoch nicht in Verbindung mit einer tiefer liegenden Urangst. In seinem Buch wird die Angst nur an zwei Stellen erwähnt. Zum ‚Neuen‘ in diesem Sinn gehört auch das Unbewusste. Die Medizin, und vor allem die Psychiatrie, zeigt generell große Angst vor dem Unbewussten (vgl. Ellenberger 1985). Freud sah in der Angst vor dem Unbewussten einen Grund der Widerstände gegen die Psychoanalyse überhaupt (Freud 1925).

Die Suche nach dem Neuen, dem Abenteuer, wird oft mit Freiheit assoziiert (Fromm 1941/2006). Battegay begründet mit der Angst vor dem Neuen, „dass die Menschen nicht so sehr nur Entwicklung und Reifung erstreben, sondern ebenso oft Stillstand und Ruhe" (Battegay 1970/1996, S. 88).

Der Angst vor dem Neuen entspricht auch die Abwehrform der Gewohnheitsbildung (s. Kapitel 15). Die Angst vor dem Neuen ist nicht mit der Furcht vor Entdeckungen, Eroberungen der Natur, Wagnissen in Abenteuern zu verwechseln, denn der Mensch verlangt auch nach Entdeckung des Neuen; diesem Impuls verdanken wir alle bedeutenden Fortschritte des menschlichen Lebens. Gemeint ist vielmehr die Angst vor dem Neuen im Inneren, der auch dem Abenteurer und Entdecker Angst macht, ja ihn manchmal *gerade* dazu bewegt, in das Abenteuer zu flüchten. Die Angst vor dem Neuen ist damit die Angst vor der Begegnung mit der eigenen Angst, die nicht nur in der Psychotherapie, sondern in allen Manifestationen des Lebens eine zentrale Rolle spielt (s. Kapitel 19, die Angst vor der Angst).

Freilich: Entdeckungsdrang, Wagnis und Experimentierfreude setzen Überwindung und nicht das *Fehlen* von Angst voraus. Und die Überwindung muss auch bewusst sein. Sie ist eng verbunden mit Vertrauen und Kontaktfähigkeit – und natürlich mit der Fähigkeit und Reife, menschliche und geistige Ideale zu spüren und dafür zu kämpfen. Der Überwindung der Angst vor dem Neuen, dem der Angst abgerungenen Mut, verdanken wir alle bedeutenden Fortschritte der Menschheit, der Wissenschaft genauso wie die waghalsigen Expeditionen, die heute noch manche junge Menschen begeistern. Die Widersprüche zwischen den philobatischen Zügen in uns und der Angst vor dem Neuen, die uns allen gemeinsam ist, werden erst mit der Durchleuchtung der defizitären Angst klarer (Kapitel 9). Der reife Mut ist der, der durch *bewusste Überwindung* der Angst und nicht durch deren *Abwehr* oder *Überkompensation* entsteht. Dazu gehört der bewusste Einsatz für Menschen in Not, für eine wertvolle Sache: d.h. wahres Heldentum. Allerdings ist die Grenze zwischen überwundene und abgewehrte Angst nicht immer deutlich. Man fragt sich zu Recht, wenn man über die viel bewunderten Polarforscher, über die ‚Helden vom 20. Juli‘ – ohne den ethischen Stand dieser Menschen dadurch zu vermindern –, oder über Menschenretter wie Raoul Wallenberg liest, ob nicht ‚vermeidbare‘ aufopfernde, verdeckt suizidale Momente in ihren Taten eine Rolle gespielt haben mögen.

Battegay betont, dass die Angst vor dem Neuen bei depressiven Patienten am ausgeprägtesten ist: „Die Depressiven sind zumeist Menschen, die sich vor der Wandlung ängstigen und bereits in innere Nöte und Ängste geraten, wenn sie veranlasst werden, in den Urlaub zu fahren" (Battegay 1970/1996, S. 79).

Delumeau (1978/1989) sieht die religiösen Auseinandersetzungen des 16. und 17. Jahrhunderts unter dem Aspekt der Angst vor dem Neuen: „Die Angst vor Neuerungen und deren Ablehnung spielten auch eine Rolle bei den religiösen Unruhen und Aufständen des 16. und 17. Jahrhunderts Die Protestanten wollten keinerlei Neuerungen einführen. Ihr Ziel war es, zur Reinheit der Urkirche zurückzukehren und das Wort Gottes von allen schädlichen Stellungen zu befreien [...]. Die Aufgabe der Katholiken bestand [...] darin, den alten Glauben aufrecht zu erhalten [und den] heiligen Gottesdienst wieder herzustellen" (S. 70–72). „Die Glaubenskonflikte des 16. Jahrhunderts können also als dramatischer Zusammenstoß zweier Verweigerungen des Neuen betrachtet werden [...]. Alle Augen waren auf die Vergangenheit gerichtet, niemand wollte als Neuerer auftreten. Veränderungen wurden von den Menschen von einst als Störung der herrschenden Ordnung angesehen, das Ungewohnte wurde als bedrohlich empfunden" (S. 73–74).

Die Angst vor Veränderung ist um so bedrohlicher, je labiler der Bezug zu etwas Stabilem, je unsicherer die Persönlichkeit und je größer ihre (meist nicht gespürte) existentielle Angst. Nach Searles erzeugt „die gefühlsmäßige Erkenntnis von der ständigen Veränderung unablässig Angst in uns" (1965/1974, S. 164). Dies ist am deutlichsten bei Kindern und schizophrenen Patienten, die jede Veränderung als bedrohlich erleben können und, besonders unter den Bedingungen der Hospitalisierung in Anstalten, sich extrem stark an Gewohnheiten, gewohnten Personen und Ritualen fixieren. Aber auch beim ‚Normalen‘ erzeugt jede Veränderung, sogar jeder Umzug Angst. Wir unterschätzen oft, dass man auf diese Weise bei Menschen, die in ihrer Kindheit – wie oft bei unseren Patienten – von einem Ort zum anderen mit ihrer Familie umziehen mussten, sich eigentlich um Traumatisierungen handelt.

Über die Verbindung zwischen Angst vor Veränderung und die alltägliche, ‚normale‘ Bürokratie habe ich weiter oben gesprochen; sie illustriert wie nah Angst, Zwang und Aggression beieinander liegen. In Arno Gruens Worten: „Die Gewalttätigkeit harmoniert am besten mit der Angst vor Veränderung, die auch den nicht gewalttätigen, angepassten Bürger kennzeichnet" (Gruen 1987/1996, S. 110). Anpassung und Erdrosselung jeder Kreativität sind Merkmale der Bürokratie, die eine versteckte Form von Gewalt darstellt. Denn in der Bürokratie ist nicht nur die Wut auf das nicht gelebte Leben und auf die, die es zu leben verstehen vorhanden, sondern auch die versteckte Angst vor Veränderung, die Angst vor dem Leben und vor eigener Identität. Deshalb konnten auch im Dritten Reich gerade die ‚kleinen‘ Bürokraten überall eine so ‚perfekte‘, auf Gehorsam basierte Mordmaschinerie in Gang halten.

8.3.3   Manifestationsformen mit ‚psychotischer‘ Qualität

Kontaktangst/Gruppenangst

Auch in diesem Fall handelt es sich um eine Angstform, die in verschiedenen Ausprägungen auf einem Kontinuum auftritt, d. h. auch ‚neurotische‘ oder ‚borderlinehafte‘ Züge zeigen kann. Sie ist beim ‚Normalen‘ auch vorhanden; wir haben im Alltag eine ganze Fülle von Strategien, die Kontakt zwischen zu viel und zu wenig, d. h. auch Nähe und Distanz, regulieren. Gesellschaftliche Rituale im Gespräch, Vermeidung von zu viel Tiefe und Direktheit durch soziale Konventionen und vielfältige Aktivitäten gehören zu den vielen ‚unmerklichen‘, kulturell sehr unterschiedlichen Umgangsarten zwischen den Menschen. Bei vielen Menschen stellen beispielsweise hohe Intelligenz, Schlagfertigkeit, Witz (in übertriebener Form bei manischen Patienten), oder ‚Zeitknappheit‘ durch Beschäftigung nichts anderes als ‚milde‘ Fluchtvarianten vor Kontakt und der damit verbundenen Angst dar.

Menschen, die in ihrer Kindheit keinen richtigen Kontakt, keine echte Liebe bekommen haben, sondern für die narzisstischen Zwecke der Bezugspersonen benutzt und ausgebeutet bzw. festgehalten wurden, neigen dazu, unter oft erheblicher Kontaktangst zu leiden. Die Kontaktangst ist eine ‚fusionäre‘ Variante der Angst, eng verwandt mit der ‚paranoischen‘ Angst, verfolgt, festgehalten oder verschlungen zu werden. Kontakt hat für solche Menschen eine bedrohliche Qualität: Er wird gewünscht, gesucht, und gleichzeitig vermieden; Menschen, die unter Kontaktangst leiden sind dem Dilemma der doppelten Einsamkeit ausgeliefert: Sie können nicht allein sein und nicht in der Nähe anderer Menschen. Sie unterhalten oft oberflächliche, von außen betrachtet ausgiebige soziale Kontakte, verwenden einen großen Teil ihrer Zeit mit ‚Plaudern‘ und ‚Kaffeeklatsch‘, so dass sie nicht *allein*, aber in ihrem Inneren *einsam* sind. Sie haben viele ‚Kumpel‘, aber keine intimen Freunde. Die Angst vor Kontakt, die auch Angst vor Nähe bezeichnet, kann häufig erotische Qualität aufweisen, als Angst vor homo- oder heteroerotische Nähe imponieren; dies geschieht dann, wenn in der eigenen Geschichte das ‚Festhalten‘, die narzisstische Ausbeutung – etwa vom gegengeschlechtlichen oder gleichgeschlechtlichen Elternteil – erotische oder sexualisierende Qualität hatte, d.h. der betreffende Elternteil das Kind als phantasierten Partnerersatz missbrauchte. Solche Dynamiken findet man oft bei verführerischen, sog. ‚hysterischen‘, und auch immer bei essgestörten Menschen. Ihr Kontakt in der Kindheit war auf die Ebene der Verführung reduziert, sie mussten früh den ‚Prei‘ der Erotisierung und Sexualisierung für den lebensnotwendigen Kontakt – und für einen noch möglichen Schutz gegen die Angst – zahlen.

Kontaktangst steigert sich in der Regel in Gruppen und kann dort Ausmaße von panikartiger Gruppenangst erreichen. Die Angst vor der Nähe eines anderen Individuums wird in Gruppen multipliziert, denn Gruppen werden oft unbewusst als die ‚festhaltende Mutter‘ erlebt, von der kein Entkommen möglich ist. Solche Gruppenangst kann besonders bei psychotischen und Borderline-Patienten schwere autistische Formen annehmen (s. Kapitel 7, Angst in den Psychosen und der Borderline-Störung). Meist duplizieren die negativen oder traumatischen Erfahrungen in Gruppen – so im Kindergarten, in der Schule, etc. – die frühen gruppendynamischen Außenseiter- und Sündenbockerfahrungen und wirken dadurch retraumatisierend.

Ein junger Patient, der in seiner Kindheit durch beide Eltern systematisch unterdrückt und laufend kritisiert bzw. erniedrigt wurde – im Gegensatz zum Bruder, der das Gute, Begabte, den Stolz der Familie verkörperte –, wurde auf alle erdenklichen Weisen in Kindergarten und Schule geschlagen, gedemütigt und ‚gemobbt‘. In der Klinik sprengte er jede Gruppe; in Abwehr seiner großen Gruppenangst redete er logorrhoisch und ‚plauderte‘ Inhalte aus Gruppen aus, die therapeutischen Grenzen verletzend. Entsprechend seiner verinnerlichten Gruppendynamik zog er die Aggression eines großen Teils der Klinik auf sich und machte sich zum Sündenbock für diejenigen, die für ihre Aggression eine Projektionsfigur benötigten. Erst die gruppendynamische Arbeit konnte verhindern, dass die Wiederholung der alten Dynamik zum Abbruch führen soll; die Arbeit mit seiner ‚Opferdynamik‘ einerseits und der ‚Suche nach einem Sündenbock‘ seitens der Gruppe andererseits, führte schließlich zu einer Auflösung der alten Dynamik und einer guten Akzeptanz des Patienten.

Im Falle eines älteren Patienten in ambulanter Psychotherapie hatte das ‚mobbing‘ in der Schule einen deutlichen sadistischen Charakter; er wurde in zahlreichen Situationen von seinen Mitschülern gequält, ohne dass jemand, Schüler oder Lehrer, ihm zur Hilfe gekommen wäre. Er war mit 3 Halbgeschwistern von der gleichen Mutter aufgewachsen, die von der Mutter deutlich bevorzugt wurden. Der Stiefvater ‚hielt sich‘ aus der Erziehung ‚heraus‘. In seiner Kindheitsphantasie war er „der einzige Mensch unter Robotern“.

Viele künstliche Diagnosen, wie die ADHS-Erkrankungen, oder das so genannte Asperger-Syndrom, stellen lediglich verschiedene Varianten solcher Kontaktängste dar, die sich nur im äußeren Erscheinungsbild voneinander unterscheiden und keine therapeutische Relevanz besitzen. Hingegen verhindern sie durch die Fixierung auf die Diagnose das ‚freie‘ therapeutische Denken und Handeln.

Der Autor kann bestätigen, dass oft junge Therapeuten in ihrer Supervision fasziniert berichten von Diagnosen wie ‚Asperger‘, ‚ADHS bei Erwachsenen‘, ‚Gilles de la Tourette‘ oder ‚Dissoziative Störung‘, statt diese psychodynamisch und gruppendynamisch zu verstehen und aus diesem Verständnis heraus die Wege der Therapie abzuleiten. Der kognitive Prozess schaltet sich hier auf Kosten des spontanen, des „dritten Ohr" (Th. Reik) ein. Die Patienten ihrerseits klammern sich an die Diagnose in der Hoffnung, einen ‚Namen‘ für ihr Leid – und vielleicht eines Tages eine gezielte Behandlung mit einem speziellen Medikament zu bekommen. Gleichzeitig dient die Diagnose, wie so oft, auch als ‚Identitätsersatz‘: „Ich bin ein Asperger", „Ich bin Borderliner", „Ich bin Alkoholiker" – so stellen sich Patienten in der Klinik vor. Mit dieser ‚Ersatzidentität‘ ‚füllen‘ sie das tiefe narzisstische Loch in ihrem Inneren, das ‚Loch im Ich‘ (Ammon 1972).

Menschen mit Kontakt- und Gruppenangst erleben die Gruppe als bedrohlich, unausweichlich, und reagieren auf sie mit Fluchttendenzen. Sozial akzeptierter ‚Fluchtarten‘ – die Flucht in die Arbeit, in sportliche und andere Aktivitäten, vielfältige Clubs und Vereine stellen akzeptable Ziele für solche ‚milden‘ Fluchtarten zur Verfügung und tragen nicht selten zu chronischem Unmut und Konflikten in Ehen und Familien bei (das Thema der Flucht des Mannes vor der Frau ist auch in Witzen beliebt).

In der Psychotherapie gewinnt die Kontakt- und Gruppenangst eine besondere Bedeutung; Gruppentherapie ist die ‚Domäne‘ der Kontakt- und Gruppenangst schlechthin, dort werden solche Ängste mit ihren zahlreichen individuellen Varianten am ehesten im ‚Hier und Jetzt‘ der Gruppensituation deutlich und bearbeitbar. Mit der Angst in Gruppen ist auch immer die Angst vor eigener Identität eng verbunden; M. Hirsch schreibt (an G. Ammon erinnernd): „Gruppenangst ist immer Identitätsangst" (Hirsch 2004, S. 276).

Auflösungsangst

ist gleich Angst vor Desintegration, vor Auflösung, vor Verschmelzen; sie ist, nach Mentzos (1984/1997, S. 16, 19), die psychotische Variante der Angst. Sie ist immer mit Angst vor Kontrollverlust gepaart, so dass Menschen, die unter dieser Variante der Existenzangst leiden, sich selbst und andere dauern kontrollieren müssen. Die daraus erwachsenden Partnerschaftsprobleme sind vielfältig und erreichen oft quälende Ausmaße, die oft ernste Auswirkungen zur Folge haben können.

Laut Hoffmann (2000, S. 232) handelt sich es bei der Angst vor Selbstverlust um „die Folge der Wünsche nach übergroße Nähe (Verschmelzungswünsche) in den sozialen Beziehungen, [die bei] Borderline-Patienten [den Wunsch] nach intensiver Nähe, ja nach Auflösung der Grenzen zwischen dem Selbst und dem sozialen Objekt" führen können. Sie stellen also die Steigerung der Kontaktangst und gleichzeitig ihre Kehrseite dar, denn gerade die große Intensität der Verschmelzungswünsche bei Borderline-Patienten bedingt auch die große Angst davor. Sie kann sich bis zur „Angst vor einem phantasierten Verschlungenwerden" steigern (Hoffmann ebenda); es ist leicht zu verstehen, dass die vielfältigen ‚persönlichen‘ Varianten der Kontakt-, Auflösungs-, Verschmelzungs- und Verfolgungsangst und ihre Kehrseiten, die Wünsche nach Kontakt und Verschmelzung, aus psychodynamischer Sicht ein *Kontinuum* von Wünschen und Ängsten darstellen, die aus den biographisch determinierten Ausformungen der Existenz- und Verlassenheitsangst herstammen. Wie bereits betont, ist es nur dem Bedürfnis der Psychiatrie nach phänomenologischer Klassifikation zu verdanken, dass all diese Angstformen in der Literatur (auch in der psychoanalytischen!) kursieren und wie separate diagnostische Einheiten behandelt werden. Auch die Auflösungsangst, wenn auch psychopathologisch mit ‚psychotischer Qualität' behaftet, ist keineswegs auf psychotische Menschen beschränkt. Vielmehr handelt es sich um eine Angst, deren Intensität im Leben variieren kann und in Situationen, in denen Angst intensiv hervortritt – z. B. in Panikattacken – durchaus auch beim ‚Gesunden' vorkommen kann. Verschiedene Formen der Angst vor der Auflösung begegnen uns auch in der Sexualität, in der „Liebes-Todesangst" (Meyer 1979/1982, S. 33), in der Angst (und dem Wunsch), im Geschlechtsakt zu verschmelzen, mit dem Partner/der Partnerin eins zu werden.

Projektionsformen der Angst. Verfolgungsangst (Paranoia).

Es ist klinisch unschwer, zwischen einer psychotischen Paranoia, einer paranoischen Verfolgungsangst im Rahmen einer Borderline-Persönlichkeitsstörung, eines neurotischen oder ‚normalen', paranoisch ‚gefärbten' Misstrauen zu unterscheiden. Die Intensität und der Realitätsgehalt variieren erheblich; trotzdem sind die Grenzen fließend und Grenzfälle häufig. Der ‚gesunde' Mensch kann seine paranoischen Ängste in der Regel gut kaschieren bzw. rationalisieren. Wie wir am Anfang dieses Kapitels gesehen haben, hilft in jedem Fall ‚Lokalisierung', die Konkretisierung eines Verfolgers auch beim ‚Gesunden', denn die konkretisierte Angst, und besonders die Furcht, sind leichter zu ertragen als die frei flottierende Variante.

M. Klein sah in der Verfolgungsangst eine Projektion aggressiver Impulse auf ein Objekt; der Verfolger kann aber auch verinnerlicht werden, wenn dieses Objekt ‚introjiziert' wird (vgl. Plänkers 2003, S. 498). A. Gruen verbindet paranoische Angst mit dem Fehlen eigener Identität: „Diese Menschen [ohne eigene Identität] lassen sich besonders stark von paranoiden Ängsten anstecken, und das vor allem in Zeiten der Unsicherheit […]. Hinter den paranoiden Ängsten verbirgt sich das Fremde, das sie von sich streifen müssen" (Gruen 2000, S. 163). Das Fremde wiederum beinhaltet die abgewehrte Existenzangst bei Menschen, die in ihrer frühen Entwicklung ohne Verständnis und Wärme aufgewachsen sind, d.h., in heutiger Terminologie, die kein sicheres Bindungsverhalten entwickeln konnten, und damit zu Hassern jeder Menschlichkeit und Lebendigkeit wurden. Gruen nennt als Beispiele führende Nazis wie Hitler, Göring und Heß (vgl. auch Fabian 2002b).

Ein Beispiel beschreibt Stefan Zweig in seiner Erzählung ‚Angst' von 1912: Die Heldin der Erzählung, Frau Irene, fokussiert ihre ganze Angst in Form der paranoischen Angst, von einer Erpresserin, die von ihrer außerehelichen Liebschaft wissen könnte, verfolgt und demaskiert zu werden. Diese Befürchtung ist vordergründig berechtigt, steht doch für eine Dame aus der großbürgerlichen Gesellschaft damit Ehre und Ansehen auf dem Spiel; doch lässt Zweig keinen Zweifel daran, dass die Wurzeln dieser Verfolgungsangst tiefer liegen, nämlich in der Leere ihrer bürgerlichen Existenz, die auch die innere Leere der Existenzangst ist: „Nirgends war Widerstand in ihrer Existenz. Überall griff sie ins

Weiche, überall war Vorsorglichkeit, laue Liebe und häusliche Achtung hingebreitet, und ohne zu ahnen, dass diese Gemäßigtheit der Existenz niemals von äußeren Dingen bemessen wird, sondern immer nur Widerspiel einer *inneren Beziehungslosigkeit* ist, fühlte sie sich irgendwie um das wirkliche Leben durch diese Behaglichkeit betrogen" (Gruen ebenda, S. 21, kursiv E. F.). Die „innere Beziehungslosigkeit" entspricht der Einsamkeit, die den Menschen der Existenzangst hilflos ausliefert. Letztendlich kann man in der Verfolgung der Paranoia einen ‚letzten' Hilfsmechanismus sehen, der die Einsamkeit eines Menschen lindern kann: Der Verfolgte ist nie allein (mündliche Mitteilung von Dr. Rolf Schmidts).

8.4   ‚Normale' Angst

Wir haben schon im Kapitel 2 versucht, die ‚normale' Angst zu definieren. Situative Realangst, eigentlich Furcht, ist notwendig zur eigenen Sicherheit und zum Überleben. Aber auch Angstspüren ist notwendig, um sich selbst und andere Menschen empathisch wahrzunehmen, um lebendig und authentisch zu sein, um Kontakte, Beziehungen knüpfen und halten zu können, und um menschliche und geistige Tiefe zu erreichen.

Zwischen der ‚normalen' und der pathologischen (neurotischen oder psychotischen) Angst gibt es sicherlich fließende Übergänge. Aber was ist ‚normal' in Bezug auf die Angst? Wenn ‚normale' oder ‚gesunde' Menschen, die also unter keiner krankhaften Angst leiden, heute überall so tun, als bedeuteten Klimawandel, Globalisierung, weltweite Armut und verantwortungslose Spekulationen, amoralische Funktionäre als Politiker, Migrationen, wenig oder gar nichts, *obwohl* sie eigentlich sehr wohl wissen, dass dies die gefährlichste aller Verdrängungen ist, und es versäumen, kollektive Maßnahmen zu ergreifen oder kollektiven Druck auf die verantwortlichen auszuüben, ist dieses Verhalten ‚normal'? Ist nicht der Angstneurotiker besser in der Lage, zumindest die Angst – wenn auch ohne die Möglichkeit der Abgrenzung und meist auch der Entscheidung einer Maßnahme – zu spüren, also ‚normaler' als der ‚Normale'? Sind wir ‚Normalen' nicht Menschen mit einer kollektiven defizitären Angst, die tatenlos zuschauen, wie uns und unseren Kindern und Nachfolgern die Lebensgrundlage unwiderruflich zerstört wird? Ähnelt dieses Verhalten nicht einem langsamen, drohenden, aber massiv verdrängten Menschheits-Suizid? Kann man dann noch die Unterscheidung zwischen ‚normal' und ‚pathologisch' bezüglich der Angst des Individuums und der menschlichen Spezies aufrechterhalten?

Zudem neigt auch der ‚gesunde' Mensch dazu, seine Angst durch alle ‚pathologischen' Abwehrmechanismen von sich fernzuhalten (von der ‚normalen' Kontaktangst habe ich weiter oben gesprochen); ob er es durch ‚neurotische' Verdrängung oder ‚psychotische' Verkennung tut, ist individuell oft schwer zu entscheiden. Jedenfalls finden wir in der Auswahl der Mechanismen kaum Unterschiede gegenüber denen, die unter Angst *leiden* – höchstens darin, dass dem ‚Gesunden' die Abwehr durch Rationalisierung naheliegender und die Umkehr in die defizitäre Form der Angst kulturell ‚anerzogen' sind. Aber auch der ‚Gesunde' neigt dazu, Angst vermehrt durch Aggression auszudrücken oder abzuwehren, worin ebenfalls kulturelle Faktoren eine gewichtige Rolle spielen (s. Kapitel 21, Angst und Aggression in der Psychotherapie). Man kann all diese Varianten der ‚normalen‘ Angst, die unseren Alltag regieren, unter dem Begriff der ‚Angst vor der Angst‘ subsumieren (Kapitel 19).

8.5   Angst in den Träumen

Freud erwähnt die sog. Angstträume in seiner ‚Traumdeutung‘ und ist bestrebt nachzuweisen, dass diese seiner Theorie des Traumes als Wunscherfüllung nicht widersprechen (Freud 1900, S. 586). Abgesehen von ihrem latent sexuellen Inhalt gehöre „die Lehre vom Angsttraum in die Neurosenpsychologie. Wir haben weiter *nichts mit ihr zu schaffen*, nachdem wir einmal ihre Berührungspunkte mit dem Thema des Traumvorgangs aufgezeigt haben" (ebenda, S. 588. Kursiv E. F.). Mit anderen Worten beschäftigt sich Freud in seiner „Traumdeutung" nicht weiter mit der Angst, denn diese „lässt sich mittels der Verdrängung zurückführen auf ein dunkles offenkundig sexuelles Gelüste" (S. 590) und kann damit analysiert und verstanden werden.

Angst tritt in Träumen auch bei Patienten auf, die sonst keine Angst spüren und hat damit eine wichtige Funktion. Im Traum werden tief liegende Ängste präsent und werden durch den Traum ‚bearbeitet‘; dies gilt freilich auch für die so genannten Albträume. Menninger spricht von der „lebensnotwendige(n) Rolle des Traumes im emotienellen Haushalt" und zitiert einen Patienten: „Wenn ich doch nur wieder einen Alptraum hätte! Diese Träume ließen ihn voll Entsetzen erwachen, aber auf sie folgten stets einige Tage, an denen er von seinen Tagesangstzuständen befreit war" (Menninger 1968, S. 140).

Die Qualität und der Kontext der Angst in Träumen kann zu einer Art ‚Messinstrument‘ des Therapieerfolgs werden; anfängliche Gefühle von Panik und Hilflosigkeit weichen in den Träumen ‚erträglicheren‘ Gefühlen von Angst und spiegeln indirekt die ‚Tragfähigkeit‘ des therapeutischen Bündnisses, durch das der Patient nicht mehr hilflos der Todesangst ausgeliefert ist wider:

Eine ca. 30-jährige Patientin träumte ca. 1 Jahr nach Beginn ihrer Analyse von Spinnen, die sie im Traum bedrohten; sie machten ihr kaum Angst, sie überlegte sich sogar im Traum, ob es Traum oder Wirklichkeit sei. Sie erkannte in der Sitzung die Symbolik die Todesangst in Verbindung mit der bedrohlichen, mit Liebesentzug bestrafenden Mutter und fügte hinzu, dass sie früher in ähnlichen Träumen – die immer wiederkehrten – in Panik, schweißgebadet aufwachte.

Auch das allmähliche Auftreten anderer Menschen im Traum ist eine Art ‚Kontakt-Barometer‘ und ist bezeichnend – beispielsweise in der Gruppentherapie –, für Patienten, die andere als Beschützer in ihr Leben als Verbündete und Schützer ‚hereinlassen‘ und die Mitmenschen nicht mehr als potentielle Feinde erleben. Dies kennzeichnet einen wichtigen Prozess, im Laufe dessen Patienten aus ihrer Einsamkeit, in der sie der Angst hilflos ausgeliefert waren, allmählich heraustreten. Auf diese Weise zeigt die ‚Angsttherapie‘ in den Träumen oft erste Erfolge.

8.6 Angst und Wirtschaft

Unser Wirtschaftssystem und die damit eng verknüpfte nationale und internationale
Politik sind von den unerbittlichen Gesetzen des Markts – Nachfrage und Angebot,
bittere Konkurrenz und Versuch, den Rivalen hinter der ‚diplomatischen‘ Freundschaft
mit allen Mitteln zu überbieten oder auszustechen – bestimmt. Militärische Macht, Ko-
lonialismus, als religiöse Kriege maskierte Wirtschaftskonflikte, waren immer schon un-
auflösbar mit der rücksichtslosen Vertretung eigener Interessen in Konfliktsituationen
mit anderen Konkurrenten verbunden. Dies hat sich bis heute trotz wertvoller Ansätze,
die uns immer wieder hoffen lassen, dass der ‚moderne‘ Mensch ‚vernünftiger‘ wird und
eines Tages einsehen könnte, dass Frieden ihm dienlicher ist als Kriege, nicht wesentlich
geändert. Denn im Grunde hält die Konsumjagd unsere Welt- und Wirtschaftsordnung
in Gang. Den Gesetzen der Marktwirtschaft entspricht die Logik der Psychologie, gemäß
derer die Leere und Sinnlosigkeit vieler Menschen, auch ihre Depression und Angst durch
Konsum gelindert werden kann. In dieser Parallelität zwischen Wirtschaft und ‚Massen-
psychologie‘ scheint der tiefere Grund der ‚erstaunlichen‘ Tatsache zu liegen, dass die
heutige Menschheit, die ansonsten auf allen Gebieten der Technologie, der Wissenschaft
und der Kunst so kreativ ist, im Bereich der Wirtschaft keine praktikable Alternative zu
der so oft kritisierten ‚kapitalistischen‘ Konsumwirtschaft (die so genannte sozialistische
war nur eine Variante davon) geschaffen hat. Umso erstaunlicher, wenn man bedenkt,
wie leicht erschütterbar und ‚auf Sand gebaut‘ dieses Wirtschaftssystem ist. Nicht nur
die Abhängigkeit der gesamten Weltpolitik von Rohstoffen und der Willkür einiger
‚rohstoffbegnadeten‘ Staaten, sondern auch die Abhängigkeit von den Märkten, von der
Gier und den Kaprizen von Despoten, die sie führen und ihre Position (zugunsten ihrer
und ihrer korrupten Junta‘ eigenen Vorteile) beliebig ausspielen können, verleihen dem
System seinen Kartenhaus-Charakter. Es ist schon von Zusammenbruch bedroht, wenn
ein größerer Markt mit der Konsumlust von Millionen Menschen sich dem Teufelskreis
entziehen; es wird von einer Handvoll skrupelloser Spekulanten leicht erschüttert. Aber
auch ohne Katastrophen dieser Art bleibt die Wirtschaft in einer beständigen Unruhe,
die Börsen reagieren wie der Pulsschlag auf jede neue Instabilität, die die ‚alte große
Krise‘ in Erinnerung ruft. Und vielleicht sind diese Spannung und Unruhe notwendig,
um jene tiefere Angst mit dem ‚Belzebub‘ der Furcht vor der Wirtschaftsdepression zu
verjagen, analog dem Vorgang, mit dem die verschiedenen ‚kleineren‘ Abwehrformen
der Angst die ‚große‘ Urangst verjagen sollten.

In letzter Instanz bedeutet dies, dass die angstmindernde Wirkung des Konsums
für Wirtschaft und Politik geschickt genutzt, der Appetit auf immer wieder neuen und
technisch ausgefeilteren (auch überflüssigen) Produkte angestachelt werden muss, wenn
ökonomischer Fortschritt erreicht und – was damit bedauerlicherweise eng verbunden
ist –, Arbeitslosigkeit, Armut und Misere der Massen, Rebellionen und Kriege wiederum
vermieden werden sollten. Welch verheerende Logik! Konsum- und Kauflust rangieren
neben Drogen und Alkohol in ihrer angstlindernden Wirkung und werden – ebenso
leicht wie diese – zu (einer willkommenen) Sucht. Deshalb sind wir letzten Endes zu
„Sklaven eben jener wirtschaftlichen Maschinerie geworden, die wir in [unserem] Na-
turbeherrschungsprozess geschaffen haben“ (Fromm 1991/2006, S. 26). Fromm nennt

„die Verehrung der Produktion als eines Selbstzwecks" eine „Form unserer gegenwärtigen Religion" (ebenda, S. 49).

Ein Wirtschaftssystem, das vor allem durch Angst aufrecht zu erhalten ist, kann mit Recht als eine ‚Angstkrankheit' bezeichnet werden.

9. Defizitäre Angst

Bedenkt man das menschliche Dasein, so ist es viel erklärungsbedürftiger dass der Mensch meist keine Angst hat, als dass er manchmal Angst hat.

Kurt Schneider, 1950

Mit defizitären Angst bezeichnen wir eine Angst, die dem Betreffenden nicht spürbar ist. Viele Menschen verneinen, dass sie Angst haben oder haben könnten, mit einer Art Staunen oder Stolz, und versichern glaubhaft, dass sie das Gefühl nicht kennen. Sie scheinen Angst überhaupt nicht zu vermissen und rationalisieren dies meist mit dem Herunterspielen der Gefahr oder mit dem Bewusstsein eines ungewöhnlichen Mutes; sie ‚sehen nicht ein', weshalb sie ‚Angst haben sollten'. In der Psychotherapie gelten sie als schwer behandelbar, denn sie sind konkretistisch, gefühlsarm, oft völlig kontaktunfähig; Ammon nannte sie die „Unerreichten" (1984), viele wären früher als Psychopathen bezeichnet worden. Freilich ist die Angst solcher Menschen weniger *nicht* vorhanden, als *nicht gespürt*. Sie wird oft nicht weniger intensiv, aber *anders* manifestiert: Entweder wird sie ‚delegiert', d.h. anderen in ihrer Umgebung (beispielsweise dem Therapeuten oder den Gruppenmitgliedern einer Gruppentherapie) unbewusst ‚zugeschoben', oder sie wird durch Aggression (Kapitel 21), oder aber, was meist unerkannt bleibt, als psychosomatische Krankheit (Kapitel 10) ‚ausgedrückt'.

Ammon et al. (1998, S. 19) definieren defizitäre Angst folgendermaßen: „Der Mensch mit defizitärer Angst ist generell unfähig, Angst zu spüren und zuzulassen: Stattdessen werden Müdigkeit, Langweile oder Gefühle innerer Leere gespürt. Gefährliche Situationen werden inadäquat eingeschätzt, real bestehende Gefahren werden unterschätzt oder gar nicht wahrgenommen. Das unbewusste Bedürfnis, dieser emotionalen Nicht-Existenz zu entkommen, führt dazu, dass der Mensch extreme Grenzsituationen aufsucht, wie z.B. gefährliche sportliche Aktivitäten, kriminelles Verhalten oder riskantes Autofahren. Ebenso wenig wie die eigene Angst kann die Angst anderer Menschen wahrgenommen, verstanden und ausgehalten werden, was auch zu einer Verflachung der Beziehungen und emotionalem Unbeteiligtsein führt. Emotional belastende Situationen, wie Trennungssituationen oder Auseinandersetzungen mit Tod und Sterben, werden in ihrer Bedeutung herabgespielt oder umgangen."

Bei der enorm gewachsenen Fachliteratur über Angst ist es erstaunlich, dass die defizitäre Form der Angst kaum Aufmerksamkeit erweckt hat. Erstaunlich deshalb, weil sie zu den häufigsten Formen gehört, auch wenn sie ‚unsichtbar' ist. Für die Psychiatrie hat von jeher nur das Sichtbare Bedeutung, sie ignoriert das Verborgene. In den gängigen Diagnosesystemen taucht der Begriff ‚Defizitäre Angst' (oder deren Äquivalent) nicht auf, ebenso wenig wie im übrigen die defizitäre Aggression, als wäre das *Fehlen* der Angst kein krankhaftes Symptom. Ein Symptom, dass nicht gemessen werden kann, entzieht sich auch der Operationalisierung und wird sich – in unserer Zeit mit ihrem besonderen Vorzug aller medizinisch prüfbaren *Tatsachen*, der psychometrischen Tests und Manualisierungen – wenig Anerkennung erfreuen. So beinhalten die beiden im klinischen Gebrauch in Deutschland befindlichen psychologischen Tests zur Messung der Angst, das Beck Angst Inventar (BAI, Margraf und Ehlers 2002) und der Interaktionsangst-Fragebogen (IAF, Becker 1997) kein Item für die defizitäre Angst.[1]

Kliniker messen der defizitären Form der Angst in der Regel keine Bedeutung bei: So stellt zwar Kapfhammer in seiner Monographie über die Angststörungen (nach Bowlby) fest: „psychopathologische Relevanz erlangt Angst lediglich durch ein Zuviel oder ein Zuwenig (Kapfhammer 2000, S. 1181), erwähnt jedoch in den 48 Seiten der Monographie das „Zuwenig" an Angst kein einziges Mal mehr. Derselbe Autor weist auch darauf hin (ebenda, S. 1185), dass die Prävalenz der Angststörungen bei Frauen 2 mal höher sei als bei Männern, ohne Überlegungen darüber anzustellen, ob nicht kulturelle Faktoren, wie die Häufigkeit der defizitären Angst bei Männern, dabei eine Rolle spielen könnten. Nicht selten begegnen wir in der Literatur Hinweisen über eine ‚Eigenart' mancher Menschen, die einfach weniger Angst spüren als andere, ohne dass die tieferen Implikationen für das Individuum und die Gesellschaft näher diskutiert werden – mit Ausnahme des Aspektes der mangelnden Furcht bei realer Gefahr.

So schreiben König und Fischtau-Schröter (zit. b. Battegay 1884/1992, S. 37): „Das Leugnen vorhandener Gefahren [...] ermöglicht es den Menschen, die weniger Angst ertragen können, relativ angstfrei zu leben, verhindert aber ein sinnvolles Handeln, das der Gefahr begegnen könnte." Condrau spricht von Menschen, „denen Angst ebenso fremd zu sein scheint wie gewissen Leuten etwa Zahnschmerzen" (Condrau 1962/1976, S. 16). Psychosomatisch ‚strukturierte' Menschen (Cremerius 1978, de M'Uzan 1974, Köhler 1985/1989) neigen dazu, Aggression und Angst nicht zu spüren bzw. diese in körperlichen Symptomen und Erkrankungen auszudrücken In der Psychosomatik, wo er ‚beheimatet' sein sollte, begegnet man dem Begriff – auch unter Synonymen oder ähnlichen Begriffen – auch verhältnismäßig selten: So beispielsweise spricht v. Uexküll in seinem Standardwerk „Psychosomatische Medizin" (6. Auflage, 2003) von defizitärer Angst unter dem Aspekt der „Verleugnung [einer] häufig untersuchten Strategie des Umgangs mit Belastung" (S. 186), oder der rein phänomenologisch beschriebenen „denial of impact" (S. 187). Die Erkenntnis, dass defizitäre Angst innig mit psychosomatischer ‚Ausdrucksweise' verbunden sein kann, kommt erstmals durch den Begriff der ‚Alexithymie' und der ‚pensée opératoire' vor, allerdings dort ohne eine umfassende Konzeptualisierung (vgl. b. v. Uexküll 2003, S. 279–294, 1215, 1224).

Konzepte, die die defizitäre Angst überhaupt registrieren, sind selten. Eine Ausnahme ist der Hirnforscher N. Birnbaumer aus Tübingen, der die „Soziopathie" (in heutiger Sprache dissoziale Borderline-Persönlichkeiten, ICD 60.2) auf eine „mangelnde Evozierung der Angst, einen Defekt in der Antizipation von Angst" zurückführt (Vortrag vom 2.4.2007).

---

1 Defizitäre Formen der Angst und anderen Affekten sind durchaus über ihre indirekten Manifestationen auch testpsychologisch messbar. Ein Beispiel dafür ist der ISTA (Ich-Struktur-Test nach Ammon), der auch defizitäre Angst und Aggression misst (Ammon, Finke und Wolfrum 1998).

Freud, der in der Angst ein notwendiges Schutzprinzip für den Menschen sah (s. Kapitel 6, Angst in der Psychoanalyse) begründet das Auftreten der „Schreckneurose" mit einem Defizit in der „Angstbereitschaft": „Der Schreck behält seine Bedeutung auch für uns. Seine Bedingung ist das Fehlen der Angstbereitschaft, welche die Überbesetzung der den Reiz zunächst aufnehmenden Systeme mit einschließt" (Freud 1920, S. 31). „An der Angst ist etwas, was gegen den Schreck und also auch gegen die Schreckneurose schützt" (ebenda, S. 10).

Dabei waren schon für Aristoteles, der die Angst des „mutigen Menschen" den Tugenden zuordnete und ein Zuwenig an Angst in einer gefährlichen Situation „Tollkühn" fand (Aristoteles 1953/1982, S. 94). Menschen, „die vor nichts Angst haben – nicht einmal vor Erdbeben oder Überschwemmung, wie man von den Kelten behauptet, [...] Maniker oder Verrückte" (ebenda, S. 129, vgl. Kapitel 5). „Wie aber kommt es", fragt sich M. Boss (1962, S. 39), „dass es doch Menschen gibt, die ohne Angst sind und ohne Angst sterben?", und stellt zurecht fest, dass wirklicher Mut nicht die *Abwesenheit* der Angst bedeuten kann; im Gegenteil: „Mut ist nur, wo immer noch Angst mächtig ist, gegen die der Mut angehen kann" (ebenda, S. 40). Held kann nur jemand sein, dem die *Überwindung der Todesangst* für eine höhere Idee, eine wertvolle Sache, für Menschen oder die Menschheit gelingt.

Es ist schon lange bekannt, dass für die Natur die Angst ein unverzichtbarer Schutzmechanismus zum Leben und Überleben darstellt. Tiere, die keine Angst haben (z.B. wenn sie im Zuge ihrer Entwicklung keinen natürlichen Feinde hatten, wie die Pinguine und die See-Elefanten auf den Galapagos-Inseln [Hediger 1959]), sind vom Aussterben von Menschenhand bedroht. Auch Battegay (1970/96, S. 69) betont „jene aus der Angst geborenen Selbstschutzmechanismen und Durchsetzungsfähigkeiten [...], ohne die sich ein Mensch nie in der Gesellschaft behaupten kann".

Angst spüren heißt Mensch sein. Das Märchen „Von einem der auszog, das Fürchten zu lernen" berührt den Kern der Problematik der defizitären Angst, indem es nicht nur den Menschen mit defizitärer Angst darstellt, sondern auch seinen Weg zum Menschwerden durch das Erfahren der Angst.

Fenichel gehört zu den wenigen Analytikern, die die Bedeutung der Verleugnung der Angst erkannten. Fenichel wies auch darauf hin, dass Mut, oder besser „reaktiver Mut", die (nicht gespürte) Angst kompensieren kann: „Eine Verleugnung der Angst kann auf zweierlei Wegen versucht werden. Es kann eine gefährliche Situation verleugnet werden oder aber der Umstand, dass man sich ängstigt. ‚Reaktiver Mut' ist eine häufig anzutreffende einfache Reaktionsbildung gegen eine noch wirksame Angst" (Fenichel 1977 III, S. 45).

Dulz und Schneider, die der ‚frei flottierenden' Angst eine zentrale Bedeutung in der Symptomatik der Borderline-Erkrankung beimessen, beschreiben die defizitäre Angst zwar phänomenologisch, sehen ihre Wichtigkeit aber nur begrenzt. Sie beschreiben die Gegenübertragung des Therapeuten bei der defizitären Angst des Borderline-Patienten und stellen fest, dass „Patienten mit einer Borderline-Störung [...] oft betonen, dass sie vor nichts und niemandem Angst haben. Und trotzdem ist hinter der scheinbar unverletzlichen Fassade, die so abweisend sein kann, fast immer sehr viel Angst zu spüren" (Dulz, Schneider 1995/2004, S. 11). Die Erklärung sehen die Autoren in der paranoischen Angst des Patienten, angegriffen oder vernichtet zu werden, wenn er seine

‚Schwäche zugibt'. Es handele sich um eine „sehr bedrohliche Form der Angst, die gerade von anderen nicht zugegeben wird, weil der Patient sich dadurch verletzlich zeigen, als angreifbar erleben würde" (ebenda, S. 11–12). Daraus leiten die Autoren die paranoische Kontrolle, die agoraphobischen und die Gruppenängste solcher Patienten ab: „Um derartigen ‚Angriffen' begegnen zu können, bedarf es der Überschaubarkeit der Situation mit der Möglichkeit, jede Person im Umfeld jeder Zeit taxieren zu können. Genau dies ist bei großen Menschenansammlungen nicht mehr gegeben" (ebenda, S.14). Sie erklären damit die Vernichtungsangst des Borderline-Kranken, nicht aber die Gründe, weshalb diese Angst bei solchen Patienten nicht gespürt, d.h. defizitär bleibt. Unter ‚defizitärer Angst' verstehen wir hier nicht die Angst, die „nicht zugegeben wird", die also *bewusst* verheimlicht wird, um sich zu schützen, sondern die *unbewusst* abgewehrte, oder nur körperlich ausgedrückte und sonst nicht wahrgenommene Angst. Die Verkennung der defizitären Angst und die ausschließlich phänomenologische Beobachtung führt zum Glauben, dass Borderline-Patienten „fraglos Ängste [haben], sogar schwere Ängste [...], aber sie haben sie nicht durchgängig" (Hoffmann 2000, S. 227); dies kann therapeutische Konsequenzen haben.

G. Ammon hat als erster die besondere Bedeutung der defizitären Angst erkannt und ihre Funktion für verschiedene Krankheitsprozesse deutlich gemacht und konzeptualisiert (Ammon 1979, 1982, 1986, 1998, Ammon et al. 1998). Er hat die defizitäre Angst mit anderen Formen der Angst und der Aggression in Verbindung gebracht, ihre Entstehung gruppendynamisch erklärt und ihre Bedeutung für den zwischenmenschlichen Kontakt und für die Psychotherapie beleuchtet. Defizitäre Angst impliziert unbewusste Abwehr der Angst und damit Abwehr eigener Identitätsentwicklung, die ohne die eigene Erkenntnis und Konfrontation der Angst nicht möglich ist. Dementsprechend ist für Ammon defizitäre Angst „die Grundlage für Vermeidung von Leben und Lebensäußerungen, für die Vermeidung konstruktiv-aggressiver Auseinandersetzung mit anderen Menschen, die Vermeidung von Identität schlechthin. Defizitäre Angst verstehe ich als eine Abwehr der Angst, als eine Flucht vor der Angst, als ein Ausweichen vor einer Auseinandersetzung mit sich selbst, mit der eigenen Identität bedeutet" (Ammon 1979, S. 132-133).

Defizitäre Angst dient der Abwehr der Angst selbst, weil diese Angst in der Kindheit nicht verstanden und aufgefangen, ja oft nicht einmal erkannt, oder sogar verpönt, verhöhnt oder verurteilt bzw. bestraft wurde. Das Ignorieren der Angst beim Kind ist nicht nur mit einer Person verbunden – etwa mit einem despotischen Patriarchen in der Familie –, sondern mit einer Gruppendynamik, die das Kind entweder zum Träger der Angst der Primärgruppe, oder zum Träger und Verwirklicher ihrer Ideale von Stärke und Macht wird. Heute sind die transgenerationalen Wurzeln solcher ‚Erziehungsmethoden' in den Fordergrund gerückt (s. Kapitel 14, Transgenerationale Aspekte). Wenn Angst auf die Dauer nicht gesehen – oder besser gesagt der Ängstliche nicht gesehen – oder sogar als Schwäche abgelehnt oder bestraft wird, dann wird ihre Kontakt- und Kommunikationsbedeutung ‚atrophieren', wie eine Sprache, die nicht verstanden wird zur toten Sprache wird: Angst entwickelt sich zur defizitären Angst. Ideologische Faktoren, wie die Deutung defizitärer Angst durch die Umgebung als Mut und Stärke, verstärken den Einfluss einer solchen unterdrückenden und ausbeutenden Gruppendynamik.

Defizitäre Angst kann nach außen als Normalität und Stärke imponieren, vor allem bei angepassten und sozial oder beruflich erfolgreichen Menschen, die unter ihrer ‚Normalität' eine Borderline-Struktur verbergen. Ammon beschreibt einen solchen Patienten, dessen „ganzes Leben ein einziger Versuch [war], ohne Unterstützung eine angepasste Fassade der Normalität aufrecht zu erhalten und seine archaische Existenzangst zu verbergen" (Ammon 1973, S. 122).

Ich habe einige der kulturellen Faktoren, die in unserer patriarchalisch geprägten Tradition auf die Erziehung Einfluss nehmen und die Unterdrückung der Angst vor allem beim Mann begünstigen, im Kapitel 3 aufgezeichnet. Auch heute noch kann man nicht selten beobachten, dass defizitäre Angst – in ideologisch ‚infiltrierten' Familien und politischen Systemen – mit Mut, Tapferkeit, Heldentum assoziiert wird. In früheren Zeiten lag sie allen ‚männlichen' Ideologien zugrunde. Spuren dieser Einstellung sind mitunter auch in der Wissenschaft zu spüren: Beispielsweise verglichen Graham et al. eine Gruppe von Krankenschwestern, die häufiger Angst spüren, mit einer anderen Gruppe, die weniger Angst spürt; diejenigen Krankenschwestern, die mehr Angst spürten, wurden automatisch als ‚kränker' eingestuft (Graham et al. 1988).

Nicht nur die Diktatoren, die immer noch in vielen Ländern die Bevölkerung unterdrücken, ausbeuten und mit Terror regieren (in der Regel mit der passiven oder aktiven Unterstützung der mächtigen ‚Demokratien' aufgrund ihrer wirtschaftlichen Interessen), sondern auch in den demokratischen politischen Systemen wird die Auswahl der Politiker zu den Spitzenfunktionen durch Prozeduren gewährleistet, die keine Bevorzugung menschlicher Qualitäten erlauben. Schon die Schulung, Vorbereitung und Vorwahl zu diesen Ämtern gehorcht weit mehr parteiinternen Kriterien als beispielsweise ethischen Betrachtungen bezüglich Charakter, Gradlinigkeit, Menschlichkeit, Authentizität. Kein Wunder also, dass unter den Menschen, die keine Angst spüren, besonders häufig Politiker zu finden sind – und bedauerlicherweise gerade dort, wo die meiste Verantwortung für ihr Land und die Menschheit vonnöten ist. Zurecht sieht Battegay in der Neigung vieler Politiker, wenig oder keine Angst zu spüren, eine Gefahr für die Menschheit :
„Tritt in [brisanten] politischen Situationen keine Angst vor dem Tode zu Tage, besteht die Gefahr, dass die so genannten Verantwortlichen die Risiken unterschätzen und ihr Volk wie die gesamte Menschheit in Gefahr stürzen. Es zeigt sich auch in diesem Zusammenhang der lebenserhaltende Charakter der Angst" (Battegay 1970/96, S. 93–94). Ammon betont, dass Angst von entscheidender Bedeutung ist für das Zustandebringen und Erhalten menschlicher Kontakte, dass also Menschen mit defizitärer Angst nicht nur unter dem Fehlen eines Gefühls leiden (oder, noch öfter, andere leiden lassen), sondern sie sind damit im tieferen Sinn kontaktunfähig.

Der Ministerpräsident eines europäischen Landes gratulierte den Helden des Widerstandes während der Naziokkupation im Rahmen einer Zeremonie, bei der von ca. 30 Widerstandskämpfern oder deren Angehörigen Medaillen entgegengenommen wurden. Ein anwesender Angehöriger berichtete, dass der Präsident keinem einzigen Teilnehmer an der Zeremonie während des Händeschüttelns in die Augen schaute (persönliche Mitteilung).

Defizitäre Angst tritt oft in Verbindung mit einer Alexithymie, der Unfähigkeit, Gefühlen insgesamt wahrzunehmen, auf. Der Alexithymie begegnen wir oft bei psychosomatisch reagierenden Menschen. Auch Konversionssymptome (vgl. Dulz, Schneider 2004, S. 64) sind ein körperlicher Ausdruck nicht gespürter Angst (und anderer Gefühle). Diese Eigenschaften fallen aber nicht auf in Funktionen, die eher mit Tatkraft, Intelligenz, Effizienz, Durchsetzungsvermögen und Verfolgung eigener Interessen (häufig für die Interessen der Wähler gehalten), assoziiert werden, wie dies bei Politikern und führenden Persönlichkeiten des Wirtschaftslebens der Fall ist. Sie täuschen uns in ihrer Entschlossenheit und Kampfbereitschaft, denn wir erwarten von ihnen klare, entschlossene väterliche Führung; wir hinterschauen sie oft individuell (und die Medien karikieren sie gern), aber nicht als Menschengruppe. Die Bedeutung der defizitären Angst für die Kriminalität und ihre ‚Schattenseiten‘ – die Fanatiker, Amokläufer, sexuell Kriminelle und andere ‚plötzlich‘, ‚unverständlich‘ aus einer ‚Normalität gekippte‘ –, die in Medienberichten immer wieder als ‚Sensation‘ ohne tieferes Verständnis vermarktet werden, wird immer noch für die weite Bevölkerung (und erstaunlicherweise auch für medizinische Fachleute) nicht generell erkannt. Ebenso wenig fallen aber auch Menschen mit defizitärer Angst auf, die ihr Defizit (unbewusst) mit überzogener sportlicher Aktivität, gefährlichem Autofahren, oder mit anderen sozial mehr oder weniger akzeptierten ‚Mitteln‘ kompensieren.

Ein junger Mann berichtete in seiner Psychotherapie über sein ‚Abenteuer‘ während eines Urlaubs in einem tropischen Land: Er war allein auf dem Strand und wagte sich mit Schnorchel und Schwimmflossen hinaus ins Meer, weiter als bisher. Er wusste, dass dort öfters Haie anzutreffen waren, aber das ‚Abenteuerliche‘ zog ihn an. Als er schon ziemlich weit hinaus geschwommen war und die Ruhe der Tiefe genoss, sah er plötzlich zwei Haie in seiner Nähe, die ihn „zu beobachten schienen“. Er verspürte keine Angst, sondern eher Neugier, und beschloss, die Haie seinerseits zu beobachten. In der darauf folgenden Viertelstunde erschienen auch andere Haie, eine ganze Schule, die ihn aus der Tiefe und aus der Nähe „begleiteten“. Auch jetzt spürte er keine Angst, entschied aber „aus Sicherheit“ zum Strand zurück zu schwimmen. Er tat dies so unauffällig wie möglich, denn er wusste, dass Haie unberechenbar sind. Am Strand angekommen wunderte er sich selber, dass er angesichts der sehr gefährlichen Situation nichts befürchtet hatte.

Auch während er darüber erzählte, schien der Patient eher über eine dritte Person zu berichten, obwohl die Angst bereits seit einiger Zeit Thema in seiner Therapie war. Er hatte vor kurzer Zeit geträumt, dass er auf seinem Weg zu einem Haus oben auf dem Hügel einen gefährlichen Eber sah, der mit den Zähnen fletschte. Er entschied sich, einen Bogen um ihn zu machen, um unbehelligt weiter zu steigen, obwohl der Weg sehr schmal war.

Etwa 6 Monate später träumte der gleiche Patient: Er stand in der Nähe des Ufers eines Sees, der eingefroren war und lag auf dem Eis. Da sah er Haie, die im Wasser schwammen. Er versuchte, einen von ihnen zu streicheln, beschloß dann, ein ‚Experiment‘ zu machen: Er nahm einen kleineren Fisch, beschmierte ihn mit Blut, und reichte ihn ins Wasser als Köder. Dieser Fisch war gefroren und starr, und konnte sich nur sehr wenig bewegen. Nun kamen aber nicht die Haie, sondern ein kleiner, aggressiver Fisch, der den Köderfisch bei lebendigem Leibe anknabberte. Der Köderfisch konnte sich nur begrenzt wehren, es gelang ihm aber schließlich, dem Raubfisch durch heftige Bewegungen zu entkommen. Der Patient sah selber in diesem Traum die Fortsetzung des vorherigen und assoziierte den Köderfisch mit sich und dem „verletzten, geschundenen Jungen" seiner Kindheit. Am Ende des Traumes fühlte er ein Erfolgserlebnis: Er spürte immer noch keine Angst vor Haien, war aber „vorsichtiger geworden". Als Köderfisch war *er* eingefroren und starr, aber nicht mehr so, dass er sich nicht wehren konnte. Er ‚taute auf‘, wurde lebendiger, musste noch Gefahren konfrontieren, aber nicht mehr zum ‚Preis‘ der inneren Kälte.

Ein anderer Patient (der weiter oben auf S. 79 bereits zitiert wurde) berichtete, dass er sich einen Zahn ohne Betäubung ziehen ließ, weil er große Angst vor dem Tod durch die Spritze hatte. Er litt unter dieser phobischen Angst, die ihm weit bedrohlicher war als der Schmerz. Der Zahnarzt selber hielt diese Situation kaum aus und weigerte sich, ihn weiter zu behandeln.

In diesem Fall sieht man übrigens deutlich, wie eine Phobie an Stelle der nicht gespürten, abgewehrten Angst treten und diese ‚ersetzen‘ kann.

Ein 45-jähriger stationärer Patient, der „noch nie im Leben Angst gespürt" habe, berichtete, wie er nach einem Unfall mit seinem Bagger ohne im mindesten Angst zu fühlen aufstand und besonnen handelte. Ebenso wenig spürte er schon als Jugendlicher Angst, wenn er mit viel stärkeren Jungs konfrontiert war, so dass er sich unvorsichtig in Prügeleien mischte, die für ihn nicht selten gefährlich werden konnten. Seine Kontakte mit Mitpatienten der Klinik beschränkten sich auf oberflächliches Plaudern oder auf Gesellschaftsspiele. Er berichtete, dass auch sein Vater und sein Großvater väterlicherseits „keine Angst gekannt" hätten. Ein Lieblingssatz des Großvaters sei gewesen: „Ein Deutscher kennt keine Angst".

Erst nach einer längeren stationären Therapie teilte der Patient mit, er habe zum ersten Mal gespürt, was Angst sei – er bekam plötzlich eine existentielle Angst und befürchtete, dass er seine Schulden nicht mehr bezahlen könne.

Auch sog. ‚Unfallpesönlichkeiten‘ (z.B. Auto-Raser) gehören zu den Menschen, die ihre Angst nicht spüren können; oft kann man ihre defizitäre Angst bis ins Kindesalter zurückverfolgen, in dem sie sich häufig verletzten oder in gefährliche Situationen brachten.

Aus Menschen mit defizitärer Angst rekrutieren sich viele Top-Manager, die skrupellos ihre Interessen und die Interessen ihrer Firmen durchsetzen. Sie handeln aber nicht als Personen, sondern als „Schatten ihrer Selbst", wie ein ehemaliger Konzernchef schrieb (zit. b. Gruen 2000, S. 182). Die bekannt gewordene Untersuchung amerikanischer Manager durch Maccoby, der ‚Erfolgsmänner‘ zu einem Sommercamp eingeladen hatte, machte „den nach außen verlagerten Sinn der Identität dieser Männer deutlich" (Gruen 2000, S. 183). Maccoby meinte, „gesunde Menschen" zu untersuchen, die zu den „meist bewunderten innerhalb der besten Organisationen und Vorbilder für kleine Firmen" seien (Maccoby 1976, S. 115). Er beschreibt detailliert die frauenfeindlichen und menschenverachtenden ‚Späße‘ seiner Gäste und beweist, nach Gruen, dass „auch ein Psychologe und Psychoanalytiker trotz Psychologiestudium, wenn von Erfolg und Größe benebelt, der Nicht-Identität erlegen sein kann" (Gruen ebenda, S. 184). Angepasste, erfolgreiche Menschen mit defizitärer Angst – oft mit defizitären Gefühlen überhaupt –, werden leicht in unserer Kultur, und besonders in unserer Zeit, für ‚gesunde Menschen‘ gehalten. Ammon, der besonders den Identitätsaspekt der defizitären Angst betont, schreibt: „Regulatorisch bedeutet die defizitäre Angst eine Überanpassung nach innen und außen, was zu einem totalen Lebens- und Identitätsverbot führt" (1979, S. 132–133).

Äußere Überanpassung stellt besonders in menschenfeindlichen und diktatorischen Gesellschaftssystemen eine erwünschte Eigenschaft und wird daher mit Erfolg und Macht belohnt. Autoren wie Erich Fromm und Arno Gruen haben versucht, die Geschichte der letzten Jahrhunderte bis in unsere Tage als Geschichte im Spannungsfeld zwischen Anpassung und Autonomie, zwischen engen Grenzen und Auswüchsen der Freiheitsphantasie der Nicht-Anpassung neu zu formulieren (Fromm 1941/2006, Gruen 1984/2002). Aber die psychotherapeutische Erfahrung zeigt, dass auch das hartnäckige Nicht-Angepasst-Sein vieler Patienten im Grunde eine verhüllte Anpassung (an ein Feindbild) bedeutet und folglich auch eine Form der Anpassung ist, die allerdings als Freiheit imponiert: die ‚Anpassung des Nein-Sagen‘.

Über die naheliegende Vermutung, dass manche Heldentaten eine versteckte Suizidalität verbergen, habe ich bereits im vorherigen Kapitel (unter „Angst vor dem Neuen") gesprochen. Solche Helden handeln oft aus defizitärer Angst. Manche ‚entdeckten‘ durch die Heldentat einen eigenen Sinn und taten dann alles bewusst; sie fingen an, Angst zu spüren, kämpften aber weiter – d.h. sie *wurden* erst im Laufe der Situation von Menschen mit fehlenden inneren Sinn zu Helden. Zu diesem Typus gehören Menschen wie Schindler (Spielberg 1993: „Schindlers Liste"), Giorgio Perlasca (Deaglio 1994) und teilweise auch Raoul Wallenberg (Lévai 1948). Dementsprechend müssen wir lernen zu differenzieren zwischen Helden, die aus defizitärer Angst, aus Leere und fehlendem Lebenssinn handelten und solchen, die von Anfang an die Sache im Auge hatten, unter Angst litten, aber diese Angst zugunsten der höheren Sache *überwanden*. Letztere sind die wahren Helden.

Ausdruck der defizitären Angst ist nicht nur der depressive Rückzug (Ammon et al. 1998), sondern auch die verschiedensten Formen der Kriminalität. Defizitäre Angst ist einer der Haupt-Persönlichkeitsmerkmale von skrupellosen Diktatoren. Ihre nicht gespürte, defizitäre Angst wird durch Paranoia und Machthunger ersetzt, sie besitzen oft auch die Verführungskünste, mit denen sie ihre verführbaren Zeitgenossen, die väterliche Leitfiguren brauchen, für sich einnehmen. Sie werden von diesen bewundert, weil sie starke Identifikationsfiguren vortäuschen, die viele Menschen benötigen, oder erotisch-sadistische Anziehungskraft besitzen. Nero, Hitler, Stalin, Sadam Hussein, Ceauşescu, sind nur einige der bekanntesten tragischen Figuren aus einer allzu großen und makabren Galerie.

In Hermann Görings Kinderspielen ging es ständig um Krieg. [...] Vor dem Nürnberger Gerichtspsychologen Gilbert brüstete er sich: ‚Schon mit 12 oder 14 hatte ich keine Angst vor dem Tode‘. Als er einmal in den österreichischen Alpen war, ging eine Lawine ab. Die anderen suchten in Panik Deckung, er jedoch stand da und bewunderte das furchterregende Spektakel der auf ihn niederprasselnden Schnee-, Eis- und Gesteinbrocken. [...] Angstlosigkeit, heldenhaftes Gebaren und psychosomatische Reaktionen (Rheuma) existierten nebeneinander (Gruen 2000, S. 168–169).

Und nicht nur die großen Mörder der Geschichte, auch die ‚kleinen‘ Kriminellen, Betrüger, Korrupten, und die religiös oder ideologisch motivierten Fanatiker und Terroristen wehren ihre Angst ab, meist in dergleichen Form. Sie alle sind in der Regel nicht fähig, das „Fremde“, das zum Täter gewordene Opfer (Gruen 2000) zu erkennen; sie sind unfähig, die eigene Angst oder die Angst anderer Menschen zu spüren. Sie sind emotionale Krüppel. Bedenkt man die zentrale Bedeutung, die Menschen mit solchen Zügen im Bereich der Schlüsselpositionen des Militärs, der Industrie, der Finanz und der Politik innehaben, so können wir sagen, dass *defizitäre Angst eine der gefährlichsten menschlichen Eigenschaften darstellt.*

Wie auch Ammon, betont Gruen die Familiendynamik, die zur Entstehung der defizitären Angst und der Verdrängung des inneren Schmerzes führt: „Es sind fundamentale Erfahrungen, die verdrängt werden. Nämlich Terror und Angst, die in einem Kind emporsteigen, wenn es mit seiner Hilflosigkeit alleingelassen wird, wenn seine Gefühle nicht anerkannt werden, wenn es von einem ‚Nicht-Sein‘ bedroht ist“ (Gruen 1997/2005, S. 56). Das Kind wird nicht nur „alleingelassen“, sondern oft sogar dafür bestraft, mit Gewalt behandelt, unterdrückt. Die Angst wird in ihm unterdrückt, die seine Eltern, seine Familie in sich selber gelernt haben zu unterdrücken; das Kind verbündet sich paradoxerweise mit seinen Peinigern im Zuge der ‚Identifikation mit dem Angreifer‘: „Die, die Angst und Terror auslösen, werden idealisiert“ (ebenda, S. 57). Das Ergebnis ist, sich selbst und andere zu täuschen lernen: „Wir lernen früh, mit Heuchelei umzugehen, um zu *über*leben. Wir lernen, nicht zu sehen, um unsäglichen Schmerz überleben zu können“ (ebenda, S. 69, kursiv im Original).

Die Ausläufer der alten Ideologien von Stärke und Männlichkeit haben sich zwar geschwächt im Zuge unserer kulturellen Entwicklung und es berechtigt immer wieder zum Optimismus, wenn man Familien sieht, die das Kind liebevoll ‚Kind sein lassen‘, und seine Gefühle ernst nehmen. Aber die Spuren sind noch sichtbar: Das ‚Züchten‘ von Courage, als Männlichkeit getarnt, und besonders von Erfolg und Macht, sind nach wie vor präsent. Deshalb sind viele stolz, wenn das Kind beim Zahnarzt ‚tapfer‘ war, oder wenn es bei einem Schmerz schnell aufhört zu weinen; solches Verhalten wird belohnt und verstärkt. Die Erziehung ist immer noch von traditionellen Geschlechtsrollen geprägt. Wir haben noch heute keine neue Tradition der Angst als Teil des Menschlichen, die die alte Tradition des Mannes als mutiger Kämpfer ersetzten könnte. Und deshalb hören wir nicht gern, wenn das Kind unter Angst leidet, deshalb reagieren wir darauf ambivalent. Und wenn *wir* es kaum gelernt haben, mit der Angst umzugehen, werden es unsere Kinder auch nicht lernen können, denn sie identifizieren sich mit uns (Fabian 2005b); Schule und Gesellschaft helfen ihnen dabei nicht, denn ihr Wertesystem hat sich im Laufe der Zeit nicht geändert. Populärwissenschaftliche Publikationen über Angst propagieren heute noch Mut als Gegenteil von Angst – z.B. im Heft über Angst vom Öko-Test Kompakt (2008) mit dem Untertitel „Ich hab jede Menge Mut!“ Dort kommt ein Münchner Fallschirmspringer unter der Rubrik „Furchtlos“ zu Wort: „Angst, dass sich der Schirm mal nicht öffnen könnte, habe ich nicht [...]. Man vertraut der Technik, weil man genau weiß, dass sie funktioniert. Die Wahrscheinlichkeit, dass sich der Fallschirm nicht öffnet [...], liegt bei 1:1000 [...]. Wovor ich Angst habe? Eigentlich gibt es nichts, was mir da direkt einfällt“ (ebenda, S. 106). Man beachte die Rationalisierung durch den Hinweis auf Technik und Statistik, aber besonders die Tendenz, das ‚ich‘ durch

‚man' zu ersetzen. Nirgendwo im Text wird die Möglichkeit, dass solche ‚Furchtlosigkeit' krankhaft sein könnte, in Erwägung gezogen.

Die Automaten- und Glücksspiele, die Fernsehprogramme für Kinder (oft schleichen sich wahre Krimis oder Horrorfilme in ‚Kinderkleidern' in diese Programme ein, damit später gute ‚Konsumbürger' aus den Kindern werden) sind in ihrer meist plumpen, borderlinehaften Spaltung in Gut und Böse deutlich ideologisch gefärbt: Der Starke (und Gerechte) besiegt den Schwachen (und Bösen); dabei wählt er seine Mittel kaum (der Krieg gegen einen Staat wie den Irak ist ja gerecht, die Atombombe gegen Japan war gerechtfertigt; Diktatoren, die wirtschaftlich und politisch ‚angenehmer' sind, sind ‚nicht so böse' und werden in Ruhe gelassen).

Die Ideologie der Stärke wird in keiner Armee der Welt hinterfragt, stattdessen wird heuchlerisch von Verteidigungsministerien gesprochen, wo ‚Angriffsministerien' viel eher angebracht wäre. Das ‚Töten' der Angst (= des Feindes) ist die Voraussetzung, auf der alle Armeen basieren, und die Kämpfer, deren Angst am defizitärsten ist, sind der Stoff, aus dem die richtigen Soldaten und Offiziere gemacht sind. Es ist ohne weiteres nachvollziehbar, dass z.B. Nazis in der Untersuchung von Dicks (1950) bei 1000 deutschen Kriegsgefangenen in England bezüglich der Verarbeitung der Angst besonders auffällig waren: Nur 35% von ihnen konnten Angst spüren. Unter den Anti-Nazis – unter denen mancher Held (vielleicht auch aus defizitärer Angst?) hervorgegangen ist – waren es immerhin 65%, d.h. nur 35% unter ihnen konnten keine Angst spüren – immerhin ein hoher Prozentsatz. Diese Zahlen korrelieren eng mit dem Prozentsatz derer, die „Zärtlichkeiten zulassen konnten" (weil sie sie von früher kannten): nur 37% bei Nazis gegenüber 63% bei Anti-Nazis (Dicks ebenda). Gruen bringt dies in Verbindung – wie Ammon auch – mit dem Fehlen eigener Identität: „Solche Menschen können ihre Ängste offensichtig nur in einer projektiven Weise handhaben, indem sie psychosomatische, zwangsneurotische oder phobische Symptome entwickeln, um mit Angst umzugehen" (Gruen 2000, S. 161). Gruen berichtet zwei Beispiele die zeigen, wie aus unterderückter Angst eine psychosomatische Erkrankung entstehen kann:

Im Alter von 4 Jahren besuchte sie zusammen mit ihren Eltern ein Restaurant. Zu dieser Zeit hatte sie schon elterliche Ablehnung ihrer Gefühlswelt und Bestrafung erlebt, wenn sie traurig war und sich verletzt fühlte. Angst wurde als grundlos nicht zugelassen. Im Restaurant trafen sie Bekannte, mit denen sich der Vater ausschließlich beschäftigte. ‚Ich ging auf ihn zu' erzählte sie, ‚woraufhin er mich schroff abwies. Es tat schrecklich weh. Ich lief zu meiner Mutter, fühlte mich aber auch ihr ausgeliefert, weil ich ihr mein Herz nicht ausschütten durfte. Ich erinnere mich, dass ich in jenem Moment wie ein verwundetes Tier gebrüllt habe. Bald darauf bekam ich eine schrecklich schmerzhafte Mittelohrentzündung. Vater hat mich so brutal abgewiesen. Es macht mir Angst, wenn ich den Zusammenhang jetzt erkenne' (Gruen 1997/2005, S. 66).

Eine Patientin bemerkte angesichts einer 2-wöchigen Unterbrechung ihrer Therapie wegen eines Urlaubs beunruhigt: „Ich will nicht, dass schwierige Dinge während der Ferien auftreten." Auf meine Nachfrage hin erklärte sie mir: „Als ich klein war, habe ich kaum geschrieen, mich kaum bewegt, ich lag ganz ruhig da, war aber immer wach. Wenn man nach der Mutter ruft und nichts passiert, dann steigt eine schreckliche Angst hoch.

Wenn man dagegen nichts erwartet und demzufolge auch nichts kommt, dann kann man genauso gut schön ruhig bleiben. Wenn ich meine Gefühle unter Kontrolle halten muss, liege ich einfach ruhig da – das kommt mir sehr ökonomisch vor. Ich erinnere mich daran, dass unsere Mutter sich ziemlich hilflos anstellte, als meine Schwester und ich schwimmen lernen wollten. Ich war damals 7 oder 8 Jahre alt. Ich versuchte, ihr zu sagen, wie sie uns im Wasser halten sollte. Sie machte es immer falsch, griff uns an der Taille und hielt nicht unseren Kopf. Ich ärgerte mich über sie und gab es schließlich auf. […] Ich hatte immer das Gefühl, auf mich selbst aufpassen zu müssen, und traute mich deshalb nicht einzuschlafen, aus Angst, ich würde dann nicht mehr aufwachen" (Gruen 1997/2005, S. 86).

Defizitäre Angst kann mit insgesamt defizitären Gefühlen (im Sinne der Alexithymie) einhergehen; häufig ist aber die Kombination von defizitärer Angst und (destruktiver) Aggression, bis hin zu einem unterschwelligen, alles andere überschattendem Hass (s. Kapitel 21, Angst und Aggression).

Das natürlichste ‚Ventil‘ nicht gespürter, defizitärer Angst, ist die Aggression. Wut und Aggression sind die kulturell geförderten, ‚männlichen‘ Attribute, die es erlauben, die eher ‚unmännliche‘ Angst in gesellschaftlich erwünschter Weise auszudrücken.

Defizitäre Angst mag auch in der Partnerwahl mancher Menschen eine Rolle spielen. Röhr (2006) bemerkt, dass sog. ‚hysterisch‘ (oder heute ‚histrionisch‘ genannt) strukturierte Frauen häufig Männer ‚suchen‘, die eher narzisstisch strukturiert sind – und als ‚stark‘ gelten, d.h. wenig oder gar keine Angst zeigen (bzw. spüren). Freilich ist damit unbewusst die Suche nach der (oft fehlenden, oder emotional nicht präsenten) starken Vaterfigur, die die Angst trägt, das Motiv hinter der Partnerwahl. Röhr erklärt es mit der Anziehung der Gegensätze, doch bemerkt er zurecht, dass der tiefere Grund die Suche nach dem ‚starken Mann‘ ist: „Gemeint sind die innere Angst und Unsicherheit, die Hysterikerinnen nach einem Partner suchen lassen, der Stärke und Sicherheit ausstrahlt" (2006, S. 75). Männer mit defizitärer Angst suggerieren Stärke, Ausgeglichenheit, sie tragen alles mit Gleichmut; dafür wird ihnen ‚im Tausch‘ von der Partnerin oft ein ‚Stück‘ Depression getragen. Doch der ‚Vertrag‘ schlägt fehl, meist nach relativ kurzer Zeit. Die Frau erkennt bald, dass hinter dem phantasierten ‚starken Vater‘ ein ängstlicher Mensch steckt, der allerdings seine Angst nicht fühlen kann und auf die Frau als ‚Sprachrohr‘ seiner Angst – wie in der Regel auch seiner sonstigen Gefühle – angewiesen ist; und der Mann merkt, dass die ‚Lebendigkeit‘ der Frau oberflächlich ist und oft Angst und Depression zudeckt. Damit beginnt oft ein langer Partnerschaftskrieg, der durch chronifizierte gegenseitige Enttäuschungen zu Trennung, Scheidung, Ehekrieg führt, ohne dass das dahinter Stehende von den Partnern erkannt wird.

Den Abwehrcharakter der defizitären Angst zu erkennen, hat große therapeutische Bedeutung. Für den Patienten bedeutet dies, zu erkennen, dass er seine existentielle Angst vor sich selbst verleugnet, und auch, dass das Defizitäre in direktem Verhältnis steht zur darunter liegenden Angst: je größer die Abwehr, desto größer die Angst, die durch das Defizitäre abgewehrt werden muss. Zu Recht sah Ammon im Spüren der Angst das Drehmoment der Therapie von Borderline-Kranken.

10. Angst und Körper – psychosomatische Aspekte

Schulte (1961) nennt Angst „vorwiegend eine Sache [...] der leibnächsten Sphäre. Sie bezieht körperliches mit ein. Das lässt sich schon aus den physiologischen Begleiterscheinungen mit ablesen, die zwar für das Angsterleben nicht spezifisch sind, aber einen unerlässlichen Bestandteil des Angsterlebens ausmachen. Fehlten sie, so wäre es allenfalls eine schöngeistige Luxusangst. *Angst ist immer körperliches, seelisches und geistiges zugleich*" (zit. b. Hellner 1969, S. 9, kursiv im Original). Für Damasio sind Gefühle schlechthin Emotionen, die den Körper mit einbeziehen (Damasio 2000). Binder (1949) betont den körperlichen, oft verbal stummen Charakter der Angst, die „sich als körperlicher Ausdruck [...] des Leibes in Mimik und Gesten kundgibt – beispielsweise in den aufgerissenen Augen, dem geöffneten Mund, dem Zittern des Unterkiefers, den Gebärden der Abwehr, des Schwankens, der Unsicherheit, [oder] im inneren des Leibes noch ein anderes Ausdrucksfeld [findet]" (S. 706). Mentzos und Thomä halten den Angstanfall für eine „ganzheitliche psychosomatische Reaktion", die man jedoch nicht immer gleich als solche nachweisen kann (Mentzos, Thomä 2006, S. 1149). Hawkrigg zitiert eine Patientin, die in plastischer Sprache ihre unvermittelt in einem Einkaufsladen aufgetretene Panikattacke schildert: „My body, my hands, end even my hair got wet through. All the blood seemed to drain out of me. [...] O felt as if I was going to collapse; it was as if I had no control over my limbs. My back and legs were very weak and I felt as though it were impossible to move. [...] My heart started pounding in my head and my ears" (Hawkrigg 1975, S. 1281).

Psychosomatik ist Angst, und zwar bei *allen* psychosomatischen Erkrankungen; Psychosomatik ist die häufigste Ausdrucksform der Angst überhaupt. Angst ist der *psycho-somatische Affekt* schlechthin. Sie ist gleichsam zwischen Körper und Psyche angesiedelt; sie findet körperlichen *und* seelischen Ausdruck. Freud hat dem dualen Charakter der Angst mit seiner ersten Angsttheorie Rechnung getragen, wenn auch in einem begrenzten Sinn. „Dementsprechend war auch sein Verständnis der Angst in beiden seiner Angsttheorien auf ein bestimmtes Prozessieren körperlicher Bedürfnisse orientiert [...] Angst war für ihn [...] ein biologisches Substrat" (Plänkers 2003, S. 490). Schon in seinem Frühwerk „Über die Berechtigung, von der Neurasthenie einen bestimmten Symptomenkomplex als Angstneurose abzutrennen" von 1895 nennt Freud körperliche „Angstäquivalente" wie Störungen „der vasomotorischen Innervation Atmung", ferner „Herzkrampf, Atemnot, Schweißausbrüche, Heißhunger", „Diarrhöen, Schwindel, Kongestionen, Parästhesien", oder ein vages „Schlechtwerden [oder] Unbehagen" (Freud 1985, S. 319, 320). Auch im späteren Werk, nach der Veränderung seiner Ansichten über die Genese der Angst, hält er an der Körperlichkeit der Angst fest: Er hebt „einige Repräsentanten [unangenehmer] Sensationen [hervor], also die häufigsten und deutlichsten an den Atmungsorganen und am Herzen. Sie sind Beweise dafür, dass motorische Innervationen, also Abfuhrvorgänge an dem Ganzen der Angst Anteil haben" (Freud 1926, S. 163).

Franz Alexander spricht von Abwehrformen der Angst, die gegen innere Gefahren so reagiert, als wären diese äußere, gegen die es sich zu verteidigen gilt. Zu den Abwehrmechanismen dieser Angst gehören, neben psychischen Mechanismen, auch körperliche Symptome wie „Blutdrucksteigerung, erhöhte Pulsfrequenz, gesteigerter Muskeltonus und andere somatische Zeichen" (Alexander 1950/1985, S. 76–77). Alexander nennt ausdrücklich die Angst im Zusammenhang mit der Ätiologie der Herzbeschwerden und -störungen (S. 105), Hypertonie (S. 109) und anderen psychosomatischen Erkrankungen (S. 55).

Manche moderne Autoren, die aus dem Bereich der Inneren Medizin kommen, haben Alexanders integrativen Ansatz des Verständnisses von körperlicher Symptomatik als Angstabwehr verwässert, indem sie die Angst sowohl als Auslöser als auch als Begleiterscheinung körperlicher Erscheinungen betrachten. So schreibt z. B. Klußmann: „Angst begleitet auch viele psychosomatische Erkrankungen oder ist hinter ihnen verborgen" (1998, S. 308). Richter und Beckmann diagnostizieren verschiedene Angstformen bei der Herzneurose: diffuse Ängstlichkeit, Trennungsängste, Furcht, herzkrank zu sein, Furcht vor Infarkt, sowie weitere Beschwerden, die zwar ‚klassische' Angstäquivalente sind, aber als eigenständige Symptome aufgelistet und statistisch evaluiert werden: Schwindelgefühle, innere Unruhe, Zittern, Herzklopfen usw. (Richter, Beckmann 2004, S. 54). Die lange erwünschte Integration von Körper- und Seelenmedizin kann, nach Richard von Weizsäcker, nicht aus dem Standpunkt der „rein naturwissenschaftlichen Betrachtung, der Verobjektung" erwartet werden, die nicht „vorbereitet ist, den mechanistischen Begriff zu opfern" (von Weizsäcker 1949, S. 335).

Deshalb sind klinische Manifestationen, die eng zur Psychosomatik gehören, wie die Alexithymie (Sifneos 1972), die ‚pensée opératoire' (Marty, de M'Uzan 1963), die „sozialen Konformität", die „Verarmung des Phantasielebens mit wenig Erinnerung an Träume" (Uexküll 2003, S. 283), nicht miteinander in ein umfassendes, ganzheitliches Konzept verbunden. Es wird beispielsweise von Uexküll der Frage nachgegangen, welche „Mechanismen […] über die Alexithymie den Gesundheitszustand beeinflussen" (ebenda, S. 282), obwohl Sifneos selber, so Uexküll, der „Schöpfer des Alexithymiekonstrukts, [von] defizitären oder gänzlich fehlenden bewussten emotionalen Erfahrungen" sprach (S. 281). Letztendlich wird die Antwort, die ein umfassendes Konzept ersetzt, von der Neurowissenschaftlichen Forschung erhofft (S. 294). Uexküll, wie auch andere zeitgenössische Forscher, postuliert bei Patienten mit psychosomatischen Reaktionen strukturelle Defekte (Uexküll 1981, S. 205).

G. Ammon versucht, die „psychosomatische Struktur" (Ammon 1974) auf der Grundlage defizitärer emotionaler Früherfahrungen des Kindes in seiner Umgebung zu konzeptualisieren. Er verbindet das psychosomatische Symptom mit einer narzisstischer Wunde (dem „Loch im Ich", Ammon 1972), die als Folge einer psychodynamisch und gruppendynamisch bedingten Vernachlässigung und Verlassenheit zu betrachten ist. „Der psychosomatisch Kranke wächst in einer emotionalen Leere auf und [bekommt] nie die Zuwendung, die er als Kind eigentlich bräuchte. Diese Leere in der frühen Lebensgruppe bringt das Kind dazu, sich über das Signal einer körperlich erscheinenden psychosomatischen Krankheit Liebe und Zuwendung zu holen. Alle psychosomatisch Kranken sind innerlich Verlassene. Es herrscht eine ständige Angst vor, verlassen zu werden; in aktuellen Trennungssituationen versuchen diese Patienten, alles zu tun, um eine Trennung zu verhindern. Sie machen sich dadurch unbewusst völlig abhängig von anderen Menschen. Die Patienten reagieren in Trennungssituationen mit körperlichen Symptomen […]. Man könnte psychosomatische Erkrankungen deshalb auch als ‚Trennungskrankheiten' bezeichnen" (ebenda, S. 9). Die Dynamik der Verlassenheit in den frühen Gruppen erlaubt eine Parallele zwischen der psychosomatischen und der schizophrenen Struktur (Ammon ebenda).

Gleichzeitig fungiert das psychosomatische Symptom als Ersatzidentität, die das „Loch im Ich" auffüllt (ebenda). Die Betonung des gruppendynamischen und Identitätsaspektes der psychosomatischen Struktur ist für Ammons Denken zentral. „Das psychosomatische Symptomverhalten des Kindes" ist nicht nur ein ‚individuelle' Entwicklungsproblem, das „das unbewusste Identitätsverbot von seiten der Mutter und der Primärgruppe die strukturelle Ich-Veränderung bewirkt" (Ammon 1974, S. 133), sondern ist „als Ausdruck eines unbewussten Identitätskonfliktes von Mutter und Primärgruppe" zu verstehen (ebenda, S. 104). Familiendynamiken, die zur späteren psychosomatischen Struktur prädisponieren, können sich auch transgenerational fortsetzen (Hirsch 1975). Eine wichtige therapeutische Implikation dieses Konzeptes ist der Verzicht auf die Behandlung des Symptoms zugunsten der Entwicklung der gesamten Persönlichkeit als Ziel der Therapie; Ammon nennt sie „Identitätstherapie" (Ammon 1988b, S. 13).

Die bei psychosomatisch reagierenden Menschen häufige defizitäre Angst ist Folge der frühkindlichen Entwicklung: Angst kann nur dann ‚zugelassen' und verbalisiert werden, wenn die interpersonellen Bedingungen in der Entwicklung des Kindes gegeben waren, d.h. wenn die Angst, die das Kind spürte und kommunizierte, verstanden, angenommen und adäquat beantwortet wurde; mit anderen Worten, wenn die Umgebung bereit war, auch die eigenen Ängste zu erkennen und mit diesen umzugehen. Das Baby spürt mit höchster Wahrscheinlichkeit alle körperlichen Nöte, wie Hunger, Durst, Schmerz usw. als körperlich manifestierte Angst; es kann wahrscheinlich nicht zwischen diese Formen der Angst und der Angst, von der Mutter verlassen zu werden, unterscheiden. Auch später bleibt die Verbindung zwischen Angst und körperlichen Manifestationen (‚Somatisierung') bestehen. Angst wird deshalb oft als ‚Begleiter' anderer ‚unangenehmer' Empfindungen gesehen, oder als ein Faktor, der „zu gesteigertem Schmerzempfinden und -verhalten beiträgt" (Adler 1981, S. 506). Die defizitäre Angst des Psychosomatikers wird von Huebschmann in seiner Untersuchung von Herzinfarkt-Patienten eindrucksvoll beschrieben: Auch in der Begegnung mit dem Tod äußerten die meisten Patienten keine Todesangst; wenn sie es dennoch taten, ließ „aber die Art, wie davon gesprochen wurde [...] Zweifel aufkommen, ob die Kranken wirklich die Nähe des eigenen Todes voll erfahren hatten" (Huebschmann 1977, S. 290). „Diese Erfahrungen [hinterließen] wenig Spuren im Bewusstsein" der Patienten (ebenda, S. 291).

Trotz der weitgehenden Bekanntheit der körperlichen Manifestation der Angst ist es immer noch nicht selten, dass ein Patient in der somatischen Medizin, aber auch in der Psychiatrie, zahlreiche diagnostische Untersuchungen über sich ergehen lassen muss, weil er die Angst nicht als solche spürt, sondern körperlich ausdrückt.

Ein junger Mann klagte über wiederholtes akutes Herzrasen und wurde aus der psychotherapeutischen Klinik in das benachbarte somatische Krankenhaus verlegt. Er hatte sich kürzlich von seiner Freundin getrennt und vermisste seine Eltern sehr. Im Krankenhaus fühlte er sich verlassen; außer den notwendigen körperlichen Untersuchungen fand keinerlei Gespräch mit ihm statt. Als er darüber klagte, wurde ihm mit Elektroschocks (als Mittel der kardialen Konversion im Falle, dass ß-blocker nicht ausreichen wirkten) ‚gedroht'. Freilich vermehrten diese Drohungen die bestehende Angst und schafften einen Teufelskreis. Die Reaktion der Ärzte im Krankenhaus ist als Gegenübertragung im Sinne der Wiederholung der früheren Reaktion der Eltern auf die Angst des Patienten zu verstehen; diese hatten kein Verständnis für die Angst des Kindes und drohten ihm mit Strafe.

Es ist naheliegend, dass sich in der Krankheit frühe Angsterfahrungen und -dynamiken wiederholen, denn der Körper ‚erinnert sich‘ an frühe, vorsprachliche emotionale Erfahrungen (Stern 1992, Streeck 2000, Hüther 2005b, Ansermet, Magistretti 2005, Geuter 2006), also auch an Angsterfahrungen. Vieles spricht dafür, dass auch die gesamte Immunität im Sinne einer ‚Erinnerung‘ und ‚Wiederholung‘ reagiert: Die immunologischen Korrelate früherer Traumata werden im Falle späterer Verlassenheits- und Trauersituationen wieder aktiv (Fabian 2004b). Es ist nicht abwegig, auch bei Krebserkrankungen, die nach dem heutigen Stand des Wissens zu den autoaggressiven Erkrankungen gezählt werden müssen, von einer solchen psychisch-immunologischen Dynamik auszugehen. Vielleicht besteht im tiefen ‚Nicht-getrennt-sein‘ vom Körperlichen und Seelischen, in der Art, wie im frühen Kindheitsalter das Körperliche primär vollständig Angst ausdruckte, der *archaische* Charakter der Krebserkrankung. Beim Krebskranken wird die enthemmte, nicht mehr abgegrenzte Selbstaggression als Angst- und Aggressionsäquivalent am deutlichsten. M.E. wird die junge Wissenschaft der Psychoneuroimmunologie (PNI), die das Bindeglied zwischen Körper und Psyche auf der elementaren Ebene der Mikroprozesse der Immunologie bis ins letzte Detail erforscht, zur Hoffnungsträgerin im Kampf gegen den Krebs, wenn sie sich vom Diktat der Labormedizin entfernen und sich einer klinischen Forschung zuwenden wird, die der Dynamik des Unbewussten im vollen Umfang Rechnung trägt.

Psychosomatische Krankheit kann also als eine Art, unbewusst mit Angst umzugehen bzw. nicht gespürte Angst abzuwehren, verstanden werden. Die Psychosomatik ‚erzählt‘ die Geschichte eines Menschen, der Angst nicht spüren darf, weil seine Angst nicht verstanden und mitgetragen, sondern ignoriert oder bestraft wird, und der seine existentielle Angst nur mit dem Körper kommunizieren kann, weil nur diese Art der Kommunikation noch erkannt und mit Aufmerksamkeit und Zuwendung belohnt wird.

11. Trauma und Angst

Trauma kann die gesamte verborgene Todesangst mobilisieren. Die Sprache beinhaltet viele Ausdrücke, die die Verbindung zwischen Trauma und Angst veranschaulichen: „den Boden unter den Füßen entziehen“, „Sturz in den Abgrund“, oder „Auflösung ins Nichts“; sie beschreiben plastisch das Gefühl der Angst, besser als konkrete Beschreibungen es tun könnten. In einem bestimmten Sinn ist jede Angst eine posttraumatische Angst: Das Urtrauma des unter Angst leidenden Menschen ist die Verlassenheit mit all ihren ‚Spielarten‘. Jeder Patient mit einer psychosomatischen Krankheit, einer Persönlichkeitsstörung oder einer Psychose ist früh traumatisiert.

Die Traumatherapie sondert die ‚sichtbaren‘ Traumata ab, weil sie biologisch gut nachvollziehbar sind und eine ‚neue Therapiemethode‘ begründen, die sich jedoch lediglich mit dem isolierten Trauma beschäftigt. Im Grunde besagt die Traumatherapie nichts Neues, sie nutzt bekannte physiologische Erklärungen, ‚modernisiert‘ durch die neueren Fortschritte der Neurobiologie, besonders der bildgebenden Verfahren, und leitet daraus eine Therapie ab, die verhaltenstherapeutische und hirnphysiologische Elemente kombiniert. Sie beinhaltet die Gefahr der *Physiologisierung* und *Banalisierung* der menschlichen Angst und ist, nach Kernberg, „ideologisch durchsetzt“. Kernberg meint, dass „Traumabehandlung übertrieben [wird], besonders in Deutschland“ (2000, S. 86–87). Ähnlich skeptisch äußert sich auch M. Hirsch (2004).

Traumata im pathologischen Sinne ist (wenn man einmalige akute Traumatisierungen wie Zug- und Flugzeugunglück, sexuelle und Gewalttraumata ausnimmt, die in diesem Zusammenhang keine Rolle spielen – sie sind die Domäne der ‚klassischen‘ Traumatherapie) immer Beziehungstraumata. Das misshandelte oder missbrauchte Kind leidet nicht nur – und oft nicht einmal hauptsächlich – unter dem eigentlichen Trauma selbst, sondern vielmehr darunter, dass der Täter, meist ein Vertrauter, ‚plötzlich‘, für das Kind völlig unerklärlich, sich verändert, unerkenntlich wird. Er oder sie wird unberechenbar, sie haben ihr wahres Gesicht verloren, haben nunmehr zwei Wesen. Auch Alkoholiker gehören zu solchen Bezugspersonen, die zwei unterschiedliche Gesichter haben können: Unter Alkohol traumatisieren sie das Kind durch Missachtung der Grenzen – im Sinne der Gewalt oder auch des Sexualisierens – im nüchternen Zustand können sie danach unvermittelt ‚liebe‘ Elternfiguren sein.

Eine junge Frau berichtete in der Gruppentherapie, dass sie und ihre Schwester – beide schliefen im Kinderzimmer im oberen Stockwerk – nach den Schritten des heimkehrenden Vaters gelernt hatten zu erkennen, ob dieser nüchtern oder betrunken war. Im ersteren Fall war er ein liebevoller Vater, der den Kindern einen ‚Gute-Nacht-Küßchen‘ gab; im letzteren ein ‚Monster‘, unansprechbar, gewalttätig, das die Kinder ohne Grund weckte und verprügelte.

Diese Beziehungsverunsicherung und -traumatisierung, das Unberechenbare der Bezugspersonen, trägt zur späteren Borderline-Pathologie bei.

Spätere Traumatisierungen sind besonders dann folgenschwer, wenn sie auf den ‚fruchtbaren‘ Boden früherer (Beziehungs-)Traumatisierungen fallen. Damit ist Trauma im Grunde eine Re-Traumatisierung.

Dulz sieht frühkindliche traumatische Erfahrungen – auch schon pränatal – als prädisponierend für die Entwicklung einer Borderline-Störung, „zumal das Realtrauma innerhalb einer meist lange vorher bestehenden Familienatmosphäre entsteht“ (Dulz 2000, S. 59). In diesem Sinn ist auch das Konzept kumulativer Traumatisierung Masud Khans (1974/1977) zu verstehen. Für die Entwicklung einer Borderline-Störung mit Angstsymptomatik nach einer Traumatisierung durch Misshandlung oder Missbrauch (im Sinne einer so genannten Posttraumatischer Belastungsstörung – PTSD) ist es Bedingung, dass in der Kindheit Verlassenheit, Vernachlässigung, oder sonstige Beziehungsstörungen vorhanden waren (Draijer 1990). Das oder die traumatisierende(n) Ereignis(se) wiederholen dynamisch die alten Verlassenheitstraumata und werden erst dadurch pathogenetisch wirksam.

Ein ca. 40-jähriger, in seinem Beruf erfolgreicher Mann erzählte, dass seine posttraumatischen Symptome – Albträume, diffuse Ängste, schwere Derealisations- und Depersonalisationserscheinungen – mit einer Enttäuschung an seiner neuen Arbeitsstelle im Ausland begonnen haben. Man hatte ihn befördert und ihm den Posten des zukünftigen Leiters der ausländischen Zweigstelle in Aussicht gestellt. Dort angekommen, wurde er bald vom älteren Chef enttäuscht, fühlte sich von diesem nicht richtig wahrgenommen, wurde schwer depressiv und kehrte schließlich gekränkt nach Deutschland zum Wohnort der Mutter zurück. In der Analyse konnte der Patient zwischen diesem Ereignis und früheren einschneidenden Episoden in seiner Kindheit eine Verbindung finden: Als 4-jähriger fühlte er sich von seinem Vater, der „nur mit sich selbst beschäftigt war", nicht gesehen; schließlich stellte sich heraus, dass dieser an Tbc erkrankt war und später auch starb, ohne eine Annäherung an den Sohn. Nach dem Tod des Vaters wurde das Kind zu den Großeltern genommen, wo er sich wohlfühlte und den Großvater als Ersatz für den verlorenen Vater erlebte. Bald aber holte ihn die Mutter unvermittelt zu sich zurück, nachdem sie nun für ihn „wieder Zeit hatte"; vom Großvater konnte er sich nie verabschieden.

Hier ist zu erwähnen, dass Freuds zweite Angsttheorie im Grunde eine Trauma-Theorie war, die Freud „durch die Verbindung mit dem ökonomischen Konzept der mentalen Traumatisierung" (F. Alexander, H. Ross 1952, S. 57) konzipiert hat.

In der modernen Literatur über Trauma und Angst, die der Traumatologie verschrieben ist, vermisst man meistens die emotionale Qualität, die in der Analogie zwischen dem niedrigeren Tier, das Angst empfindet und instinktiv handelt, und dem menschlichen Kind oder Erwachsenen, die aus einer komplexen Erfahrung heraus, bereits mit dem frühen Säuglingsalter beginnt, verloren geht. Beim Kind und dem traumatisierten Erwachsenen geht es nicht um eine Angst verglichen mit der, die von der plötzlichen Begegnung mit einer Schlange im Wald verursacht wird, sondern um eine Urangst, die von Verlassenheit ausgelöst und in ihrer Intensität und Verhaltenssteuerung von verinnerlichten Dynamiken in der eigenen Geschichte moduliert wird. Dies ist weit mehr als der Unterschied, der dadurch entstand, dass „beim Menschen [...] der animalische Funktionskreis des Tieres um den Aspekt des Vorstellungsvermögens erweitert" wird (Fischer et al. 2003, S. 798). Der Beziehungsaspekt des Traumas und seine Bedeutung für späte Störungen waren schon Winnicott, Bowlby und Khan klar, und andere dynamisch denkende Autoren griffen diese auf und entwickelten sie weiter. In diesem Sinn bringt uns die moderne Traumaforschung nichts therapeutisch Neues oder Relevantes.

Bei all den oft verheerenden Folgen der Traumata darf man m.E. auch einen anderen Aspekt nicht aus den Augen verlieren: Für Menschen, die bereits unter einer diffusen ‚frei flottierenden' Angst leiden, ist ein traumatisches Ereignis nicht nur eine Reaktivierung der Todesangst, sondern auch eine Art Konkretisierung dieser Angst. Wie der ‚neurotische' Mensch seine Angst versucht in Furcht zu verwandeln, und der paranoid-Psychotische diffuse Angst an eine verfolgende Instanz oder eine Verschwörung bestimmter Personen bindet, so kann auch ein traumatisierter Mensch seine Todesangst durch das Trauma konkretisieren, an ein bestimmtes Ereignis oder eine bestimmte Person binden. Freilich sind die Ängste des traumatisch geschädigten Menschen oder eines paranoiden Patienten oft nicht weniger intensiv, dafür sind sie aber ‚fassbarer' und – falls das Trauma von Täter(n) verursacht wurde – auch ‚persönlicher‘ und damit meist leichter zu ertragen und zu verarbeiten. Deshalb zeigen viele Menschen das starke Bedürfnis, ihre Angst auf *ein* bestimmtes Trauma kausal zurückzuführen. Die Konzentration des Traumatherapeuten auf *das* Trauma beruht damit letztendlich auf einer Identifikation mit den Ängsten des Patienten und dessen Abwehrstrategien.

Traumatisierende Ereignisse beschränken sich selten auf eine einfache Täter-Opfer-Dynamik. Sie stellen mit großer Regelmäßigkeit gruppendynamische Situationen dar, in denen aktive und passive Mittäter bzw. duldende Dritte oder Untergruppen ihre bedeutende Rolle spielen. Ammon hat dieser Tatsache mit seinem Buch „Gruppendynamik der Aggression" (1981) Rechnung getragen.

Die häufige Variante der Mitwirkung von Einzelnen und Gruppe in traumatisierenden Situationen ist das ‚passive‘ dulden, das ‚nicht hinschauen‘. Wir kennen sie aus zahlreichen Beispielen, aus Filmen wie Akins „Gegen die Wand" (wo eine Gruppe von ‚Unbeteiligten‘ der aggressiven Eskalation, die dann mit einem Mord endet, beiwohnt, ohne zu intervenieren), oder „Shine" (in dem die Mutter ‚ruhig‘ bügelt, während der Vater den Sohn seelisch mit Schuldgefühlen misshandelt). Meist sind die Inhalte der Traumatisierung sowohl gewalttätig, als auch sexuell:

Eine 32-jährige Patientin erzählte von ihrer frühen ‚schleichenden‘ Traumatisierung mit aggressiven und sexuellen Inhalten: Ihr sadistischer Vater pflegte sie als Kind in den benachbarten Wald mitzunehmen, wenn sich dort jemand erhängt hatte, um ihr dies ‚zu zeigen‘. Der Vater bestand darauf, dass die Tochter noch in ihrer Pubertät im Ehebett mit ihm schlafen sollte (die Mutter schlief im Wohnzimmer aus „Bequemlichkeit"), wobei er als ‚Druckmittel‘ unter seinem Kissen ein Beil ‚bereit hielt‘. Die Mutter äußerte in einem späteren Gespräch mit der Tochter ein mildes Staunen darüber und rationalisierte ihre passive Haltung mit bestimmten „räumlichen Notwendigkeiten"; außerdem habe sie in diesen Dingen nichts Gravierendes erkennen können. Die aggressive Mittäterschaft wurde schon in den heftigen Gegenübertragungsgefühlen des Therapeuten, der das Gespräch führte, deutlich.

Aus der Geschichte sind uns ebenfalls die häufigen Episoden des ‚unschuldigen Wegschauen‘ bei Verfolgungen von Minderheiten ebenso bekannt, wie deren Wiederholung auf der globalen politischen Ebene im Sinne der ‚Appeasement‘-Politik (nicht nur Hitler gegenüber, sondern auch heute noch gegenüber menschenverachtenden Regimes, wenn diese große wirtschaftliche Vorteile bereithalten). Freilich sind die Übergänge von der passiven zur aktiven Mittäterschaft ganzer Gruppen fließend.

Eine junge Patientin kam in die Klinik aufgrund einer Borderline-Störung mit multiplen sexuellen Traumatisierungen. Der eigene Vater hatte sie Jahrelang sexuell missbraucht, ohne dass dies der Mutter oder dem Rest der Familie ‚auffiel‘. Später, vor ihrer Klinikaufnahme, entschloss sie sich, den Vater anzuzeigen. Daraufhin reagierte der Rest der Familie wütend und empört: Sie habe „das Nest beschmutzt"; dahinter war auch das finanzielle Interesse der Familie von großer Bedeutung, denn sie befürchtete, durch die anstehenden Prozesse „ruiniert" zu werden.

Die gruppendynamischen Sichtweise von Traumatisierung und Traumafolgen ist von eminenter Bedeutung in der Therapie. So werden in Therapiegruppen ‚Täter' und ‚Opfer' von einer Polarisierung bewahrt bzw. entlastet, indem Täter- und Opferanteile in die gesamte Gruppe ‚verteilt' werden; andererseits wird nach der aktiven oder passiven Beteiligung ganzer Gruppen im Falle von Grenzüberschreitungen gesucht und ihr Anteil bewusst gemacht. Damit werden in der Tiefe Schulddynamiken relativiert und starre, introjizierte Opfer- und Täter-Dynamiken der therapeutischen Bearbeitung zugänglich (Fabian 2003).

12. Neurobiologie der Angst

> Psychische Phänomene sind keine ‚Dinge an sich', sie sind tatsächlich zu einem wesentlichen Teil nur präverbal und nur im intimen Raum zugänglich, sie entziehen sich ihrem Wesen nach dem Ideal der naturwissenschaftlichen Reproduzier- und Verifizierbarkeit.
>
> G. Benedetti 1977

Dieses Kapitel erhebt nicht den Anspruch, die neurophysiologischen Mechanismen der Angst bzw. der Angststörungen detailliert zu behandeln. Es sind in den letzten Jahren so viele ausführliche und fachlich ausgezeichnete Darstellungen des Themas erschienen (z.B. Strian 1995/2003, Ledoux 1998, Kapfhammer 2000, Bauer 2002/2005, Uexküll 2003, Ströhle 2003, Rüegg 2005, Rensing et al. 2006), dass ich mich an dieser Stelle darauf beschränken werde, auf einige, mir wichtig erscheinende Faktoren hinzuweisen. So möchte ich hier beispielsweise einige Aspekte besprechen, die mit der Verbindung zwischen Psychotherapie bzw. Psychoanalyse und Neurobiologie zu tun haben. Zur Zeit erleben wir eine Annäherung zwischen den beiden Fachgebieten, nach einer langen Zeit des ‚kalten Krieges'. Psychotherapeuten interessieren sich aktiv für die ‚bildgebenden Verfahren', die die Ergebnisse ihrer Therapie zum ersten Mal ‚sichtbar' und fassbar machen könnten; die Hoffnung beseelt sie, dass diejenigen endgültig verstummen werden, die immer noch Zweifel an der Wirksamkeit tiefenpsychologischer Verfahren – beispielsweise an der Psychoanalyse – hegen. Sie werden wieder ‚wissenschaftlich', wie Freud selber (1925, S. 101) es erträumte. Auch Genetik und Psychoanalyse sind keine Gegensätze mehr. Doch die Annäherung, so attraktiv sie erscheinen mag, täuscht. Die Methoden, die Ziele, die Ansätze, die Philosophie, sind nicht weniger voneinander entfernt als früher. Sonst würden nicht so viele Psychiater heute noch zwischen ihren Visiten die unter Angststörungen leidenden Patienten mit ihren Ängsten allein lassen und sich fast ausschließlich um ihre medikamentöse ‚Einstellung' kümmern. Eine solche Praxis impliziert eine Denkweise der Psychiatrie, der gemäß Angst ein primär physiologisches Phänomen ist (vielleicht durch ‚schlechte Einflüsse der Umgebung' verstärkt), dem mit entsprechenden pharmakologischen Mitteln zu begegnen sei.

Für viele dürfte es eine Selbstverständlichkeit sein, dass die neurophysiologischen Phänomene der Angst lediglich das biologische *Korrelat* des *Gefühls* Angst darstellen. Aber nicht für alle: Nicht wenige Forscher suggerieren – ermutigt von der Pharmaindustrie –, dass die Zeit kommen wird, in der ein Medikament das ‚Problem' Angst (oder

Angststörungen) ‚lösen' wird. Viele Neurobiologen oder biologisch orientierte Psychiater sind fest davon überzeugt, dass die neurobiologische Forschung die neuronalen
und physiologischen Mechanismen der Angst soweit aufklären wird, dass eines Tages die
Angst, oder zumindest die Angsterkrankungen (wie auch die Depression und die Schizophrenie) mit einem geeigneten Medikament heilbar sein werden. Sie verwechseln die
Neurobiologie der Angst mit dem Wesen, mit der seelisch-körperlichen Erfahrung der
Angst. Was wir neurobiologisch verstehen können, ist das neuronale bzw. hirnphysiologische *Korrelat* der Angst, das die Wissenschaft schon lange beschäftigt. Der Mensch
benehme sich, meinen sie, wenn er Angst spürt, zumal wenn ihn Angst überwältigt, wie
andere Säugetiere; seine physiologischen Reaktionen, das Dilemma ‚fight of flight' seien
dieselben. Das sympathische und das parasympatische System wirken analog zum Tier
(Morris 1967, S. 225–227). Mit den extrem angstmachenden Situationen hört aber die
reduktionistische Analogie auch auf: Der Mensch reagiert auf Angst in komplexer Weise;
ethische und höhere geistige Motive prägen sein Verhalten, wenn er beispielsweise sich,
wie Janusz Korczak, aufopfert, um das Leid von Kindern zu lindern.[2]

Viele Wissenschaftler und Psychiater, die mit der biologischen Tradition der Medizin ‚groß geworden' sind und sich keine andere als eine biologisch fundierte Heuristik
vorstellen können, scheinen die physiologischen Manifestationen eines Phänomens mit
seinen Ursachen gleich zu setzen. So schreibt z.B. Strian 1986, stellvertretend für viele
ähnlich Denkende, dass pathologische Angst- bzw. Furchtreaktionen „durch umschriebene abnorme Aktivitäten insbesondere in Amygdala und Hippokampus, *ausgelöst*
werden" (zit. b. Uexküll 2003, S. 798, kursiv E. F.). Nur wenige Forscher erwägen auch
die Möglichkeit, dass die mit den modernen bildgebenden Verfahren ‚sichtbar' gewor-
denen Hirnveränderungen auch Folge statt Ursache anderer Entwicklungsprozesse sein
könnten – und dann meistens aus einem fast naiven Labor-Blickwinkel. So z.B. Raine,
der bei kriminellen solche Veränderungen fand und sich fragte, ob vielleicht nicht die
„präfrontale Dysfunktion Gewalt *erzeugt*, sondern ein gewaltsames Leben (einschließlich Substanzmissbrauch und Kämpfe) zu den beobachteten Hirndysfunktionen führe"
(Raine 1999, S. 20, kursiv und Übers. E. F.); Raine fragt sich, ob nicht das „wiederholte
raue Schütteln" des Babys für „Risse in der weißen Substanz zwischen dem präfrontalen
Kortex und anderen Hirnstrukturen" verantwortlich sein könnte (ebenda, S. 20). Der-
gleiche Autor spricht neben einem „gewaltsamen Leben" auch von „good homes" und
„bad homes" (ebenda, S. 21–22), deren Unterscheidungskriterien rein äußerlich-sozial
sind und keinen tieferen Einblick in die tatsächliche psychische Situation des Kindes
erlauben – als wäre eine sozial nach außen angepasste Familie gleichzeitig für das Kind
auch eine „gute Familie".

Auf der neurobiologischen Ebene wird Stress als das gemeinsame physiologische
Substrat von Angst und Depression angenommen (Ströhle 2003, Landgraf 2003).
Entsprechend werden Hypothalamus, die Freisetzung von Corticotropin-Releasing
Hormone (CRH), Hypophysenvorderlappen und das dort als Reaktion freigesetzte Ad-

---

2 Selbst bei Tieren ist die Reaktion auf Angst nicht immer so einfach und reflexartig, wie sie
 neurobiologisch voraussagbar wäre: Besonders Tiere mit Nachwuchs neigen dazu, ihre Kleinen zu schützen, auch unter schweren Bedrohungen (manche Vögel und Säugetiere ‚opfern'
 sich sogar für ihre Jungen auf und zeigen damit eindrucksvoll ‚menschliche' Züge).

renocorticotrophe Hormon (ACTH) einerseits, und (sog. GABA-erge) hemmende Neuronsysteme andererseits als modulierend für Stressantworten und damit auch für die Angst angesehen (andere Systeme, wie das dopaminerge, anticholinerge und das atriale natriuretische Peptid [ANP] spielen dabei eine wichtige Rolle, auf die aber hier nicht mehr eingegangen wird). Mit Sicherheit ist jedes psychische Phänomen, jede menschliche Regung – Angst, Liebe, Ärger, Hass – in letzter Instanz auf mikrokosmische, einfache chemische Reaktionen, oder weiter noch, auf atomare Phänomene reduzierbar; ihr Wesen geht aber dabei verloren. Wir werden nie die Gefühle, die in uns ein Mozartsches Adagio oder ein Bachsches Preludium wecken, in solche Formel fassen können. Die „sensationelle" Entdeckung der Spiegelneurone mag beispielsweise eine „neurobiologische Sensation" sein (Bauer 2005/2008, S. 23), außerhalb des Blickwinkels dieser Wissenschaft ist sie jedoch banal; sie überrascht uns nicht. Wir wussten immer schon, dass es Empathie gibt, wir wussten nur nicht, welche Neuronen dafür ‚zuständig' sind. Unsere Empathie scheint damit ‚wissenschaftlich bewiesen' zu sein, kein ‚bloßes Gefühl' mehr zu sein, das bestätigt und beruhigt uns. Was nützt uns aber, oder besser gesagt: was nützt unseren Patienten dieses Wissen? Werden wir damit empathischer, oder werden wir eines Tages diejenigen chemisch behandeln können, die keiner Empathie fähig sind? Berechtigt dieses Wissen die vielen Millionen, die in die Grundlagenforschung investiert werden, statt etwa die finanzielle Lage vieler bedrohter Kliniken zu verbessern, in denen Patienten mit Angst(störungen) behandelt werden? Oder statt arme und alte Menschen, deren Grundangst durch wirtschaftliche Ängste noch schlimmer werden, weil sie sich keine optimale Behandlung leisten können, wirtschaftlich zu unterstützen?

Die Tendenz, Angst primär auf ein physiologisches Phänomen zu reduzieren, oder, was ähnlich ist, diesem das Primat über das Erzeugen des Affektes Angst zuzuschreiben, entspricht der Tendenz, Gefühle zu depersonalisieren. Auch Stress wird sozusagen ‚anonymisiert' und generell mit einer Reaktion, die Angst auslöst, gleichgesetzt; er wird also als eine unpersönliche, von der eigenen Lebensgeschichte abgelöste Reaktion gesehen, die beliebig reproduzierbar – und behandelbar – ist (Fabian 2004b). So werden beispielsweise die häufigen panischen Ängste, die in der Schwangerschaft und nach der Geburt auftreten, nicht auf nahe liegende und unbewusste Ängste zurückgeführt – diese werden in den Untersuchungen nicht einmal befragt –, sondern auf hormonelle Veränderungen (Bandelow et al. 2006, Angenendt 2007). Meine Kritik an einer primären Beschäftigung mit der Neurobiologie der Angst ist darauf begründet, dass der Blickwinkel durch diese Beschäftigung weg bewegt wird vom Subjektiven des Leids, sie neigt dazu, Angst, wie andere Gefühle, mit einem physiologischen Phänomen *gleichzusetzen*. Er suggeriert, dass Angst, wie Liebe oder Hass, Wut oder Zuneigung, prinzipiell biologische – oder zumindest biologisch erklärbare – Phänomene sind. Er verarmt, entemotionalisiert, banalisiert und ‚verwissenschaflicht' das Gefühl im Menschen und seine Bedeutung in den zwischenmenschlichen Beziehungen.

Noch einen Schritt weiter gehen diejenigen Forscher, die die Angststörungen für genetisch bedingt halten. Nicht wenige biologisch orientierte Forscher und Psychiater suchen nach den biologischen Grundlagen der Angst im Bereich des Hirnstoffwechsels; „Zahlreiche humangenetische Untersuchungen *belegen*, dass Angst oder Depression *wesentlich* durch genetische Faktoren determiniert werden" (Keck, Thöringer 2005, S. 143, kursiv E. F.). Und ein anderer zuversichtlicher Forscher drückt seine Hoffnung folgendermaßen aus: „Die filigranen Kenntnisse [der] Mechanismen und Prozesse im Tiermodell, die die genetische Disposition zur Angsterkrankung und Depression repräsentieren, werden langfristig in Maßnahmen münden, die eine *Korrektur des Defizits im Sinne einer Heilung* ermöglichen" (Landgraf 2003, S. 278, kursiv E. F.). Die Hoffnung, eines Tages Angst – wie Schmerz und Altwerden – nicht mehr erleiden zu müssen, gehört zu den beliebtesten Utopien der Menschheit: eine Utopie, die blendet.

Angsterkrankungen werden von manchen Forschern als Folge einer biologischen Vulnerabilität für Angst betrachtet – nicht anders als auch andere psychische Erkrankungen, wie die Schizophrenie, die Depression und (teilweise) die Persönlichkeitsstörungen. Als ‚Beweis‘ solcher Thesen – auch dies in Analogie zur Schizophrenie – dienen Zwillingsstudien, die bei eineiigen Zwillingen eine weit höhere Konkordanzrate (Auftrittshäufigkeit bei beiden Zwillingen) der Prävalenz von Angsterkrankungen aufweisen als bei zweieiigen Zwillingen (Deckert, Domschke 2003, Hettema et al. 2001). Diese Daten werden dann als Beleg für die „wesentliche Rolle" der genetischen Faktoren bei den Angsterkrankungen angeführt (Zwanzger, Deckert 2007, S. 350). Hier liegt es nahe, die Überzeugung der Wissenschaftler, die diese Studien durchgeführt haben (und ihre Auftraggeber) näher zu untersuchen (s. Kapitel 15, Professionelle Angst, Angst des Wissenschaftlers). Es stellt sich die Frage, ob jemand unter den Wissenschaftlern, die die Zwillinge untersucht haben, jemals auch nach psychodynamischen, gruppendynamischen, familientherapeutischen, oder überhaupt nach tiefenpsychologischen Gesichtspunkten geforscht hat. Denn nur dadurch werden Zusammenhänge offen, die dem ‚pragmatischen‘ Forscher, der Fakten und Zahlen sucht, verborgen bleiben. Die tiefe Verbindung zwischen eineiigen Zwillingen (vgl. Fabian 1999a, 2004c), die Umstände und das Alter bei ihrer Trennung, ihre sonstigen Verbindungen und andere, wesentliche Kontakte während ihres Heranwachsens etc. liefern wertvolle Hinweise, die nur von dem beachtet werden, der ein ‚offenes Ohr‘ für sie hat.

Eine zentrale Rolle in der heutigen Auffassung der Angstphysiologie spielen das Wissen über kumulative Traumata, über die im Körper gespeicherte ‚Erinnerung‘, ferner über die Neuronale Plastizität und in letzter Zeit über die so genannten ‚Spiegelneurone‘. Heute ist bekannt, dass sich der Körper an frühe Traumata wie Verlassenheit, Misshandlung oder Missbrauch ‚erinnert‘ – man spricht vom ‚Gedächtnis des Körpers‘ (Bauer 2002/2005). Angst- und Schmerzerfahrungen werden im limbischen System, insbesondere im Mandelkern des Gehirns (Amygdala) ‚gespeichert‘ – wobei wir wissen, dass frühe Schmerz- und Angsterfahrungen miteinander korrelieren, ja wahrscheinlich für das Baby identisch sind. „Der Mandelkern ist ein emotionales Gedächtnissystem, welches auf die Speicherung unangenehmer und gefährlicher Vorerfahrungen spezialisiert ist" (Bauer ebenda, S. 169). Man spricht von einem ‚impliziten Gedächtnis‘, in dem „traumatische frühkindliche Erfahrungen oder tradierte Muster- und Familienthemen […] eingegraben" sind und von dort eine ‚Konditionierung‘ späterer Erfahrungen ermöglichen, zum Beispiel in ‚posttraumatischen Störungen‘ (Rüegg 2005, S. 11, 13). Diese Konditionierung ist übrigens nicht nur für das Gehirn, sondern auch für das gesamte Immunsystem nachgewiesen (vgl. Fabian 2004b). Vom Mandelkern gehen Signale an das Großhirn, wenn *aktuelle Erfahrungen frühere Erinnerungen* hervorrufen oder an solche erinnern.

Dies entspricht, auf neurobiologischer Ebene, dem ‚irrationalen' Charakter der Angst bei den so genannten Angsterkrankungen: Mit einem aktuellen Angst-Reiz wird nicht nur die ‚adäquate' Angstreaktion ausgelöst, sondern auch die Erfahrung früher, traumatischer Ängste, und damit möglicherweise auch von damit verbundenen Schmerzen, was den körperlichen Charakter der Angst erklären mag. Bauer schreibt (in der für die wissenschaftliche Sprache der Neurobiologie charakteristischen Art): „Grundlage für die ‚online'-Bewertung [jeweiliger aktueller Situationen] ist der fortlaufende Abgleich des aktuellen inneren Abbildes mit früheren, ebenfalls in Netzwerken abgespeicherten Erfahrungen aus ähnlichen Situationen" (Bauer 2002/2005, S. 168). Gemeint ist hier die Speicherung traumatischer Erfahrungen. Dies bestätigt die klinische Erfahrung, dass Traumata in der Regel erst dann Krankheitswert haben, wenn sie sich an frühere Traumata ‚anschließen' können. Dies gilt auch für die Erfahrung von Angst in Trennungssituationen (s. Kapitel 8, Trennungsangst).

Das ‚Gedächtnis' für frühe Angstsituationen könnte seinerseits auch genetische Auswirkungen haben, nämlich Genmechanismen mobilisieren, die auf bestimmte Reize Peptide und Hormone produzieren (Rensing et al. 2006, S. 133). Das heißt, dass frühe Erfahrungen genetisch verankert werden können. Solche Erkenntnisse könnten den Verdienst haben, zur Aufhebung des ‚traditionellen' Gegensatzes zwischen Vererbung und Erworbenem beitragen.

Man kann den Beitrag der Neurobiologie begrüßen, ohne ihn zu überschätzen. Forscher mit Weitblick und der Bescheidenheit des wahren Wissenschaftlers würden dem zustimmen; beispielsweise spricht der Tübinger Neurobiologe Birnbaumer in Verbindung mit der Erforschung der Soziopathie (in dem im Kapitel 9, Defizitäre Angst, erwähnten Vortrag vom 2.4.2007) von „vorsichtigen neurobiologischen Gehversuchen", und meint: „Wir kommen mit unseren Untersuchungen nicht einmal in die Nähe der Komplexität der Problematik der Soziopathie." Und diese sieht er als Ausdruck der mangelnden Fähigkeit solcher Menschen, Angst – und in deren Folge auch Empathie – zu spüren. Eine ähnlich differenzierte Sichtweise vertritt z.B. der Neurobiologe Hüther (2007), der eine Integration zwischen neurobiologischen Mechanismen und soziokulturellen bzw. psychodynamischen Faktoren herzustellen versucht. Ihm zufolge ist das menschliche Gehirn auf Verbindungen und Beziehungen angelegt und damit auf die Integration „zwischen Denken und Fühlen, zwischen Gehirn und Körper", auf die „Beziehungsfähigkeit [...] zu anderen Menschen, zur eigenen Geschichte, zur Kultur und zur Natur" (ebenda, S. 228).

Linehan betont auch die Möglichkeit der Beeinflussung der neurobiologischen Prozesse durch umgebungsbedingte Faktoren: „Neurophysiologische Funktionen können aber neben genetischen Gegebenheiten auch von anderen Faktoren stark beeinflusst werden, insbesondere im emotionsregulierenden System. Wir wissen beispielsweise, dass die Beschaffenheit der intrauterinen Umgebung für die Entwicklung des Fötus von großer Bedeutung sein kann [...]. Auch postnatale Erfahrungen können wichtige biologische Konsequenzen haben. Es ist heute gut belegt, dass extreme Umweltereignisse und -bedingungen neuronale Strukturen verändern können [...]. Zweifellos werden auch die neuronalen Strukturen und Funktionen, die mit emotionalem Verhalten verbunden sind, in ähnlicher Weise von Umwelterfahrungen beeinflusst" (Linehan 1996, S. 37).

Linehan nimmt hier Bezug auf die Theorie der ‚neuronalen Plastizität', der lebenslangen Veränderung neuronaler Strukturen durch wichtige emotionale Erfahrungen.

12.1 Ein kleines Türchen muss für das Konstitutionelle offen bleiben: das Multifaktorielle Konzept. ‚Ockhams Rasiermesser'.

> So wertvoll uns die Beobachtungen der Autoren sind, so wenig fördern uns die theoretischen Folgerungen, die sie aus ihnen ziehen. Ihre Erklärungen beschränken sich meist darauf, die Symptome auf gewisse nächste Ursachen (Anlässe) oder auf ‚Prädisposition', auf ‚Degeneration' zurückzuführen [...]. Allzu früh verlassen sie den psychologischen Weg und verlieren sich in physiologisierender Spekulation.
>
> S. Ferenczi, 1921

Die Annahme, dass die meisten Krankheiten genetisch bedingt sind bzw. auf konstitutionelle Faktoren oder ‚Prädispositionen' zurückzuführen sind, war die gängige ätiologische Erklärung im 19. und auch im 20. Jahrhundert. Auch psychische und psychiatrische Störungen wurden, als genetisch verursacht und als vererbbar betrachtet. Das Konzept der konstitutionellen Prädisposition (oder genetischer Veranlagung) zieht durch die Psychiatrie des 19. und 20. Jahrhunderts und ist mit ihren bedeutendsten Vertretern verbunden. Morel (1860) sprach von „konstitutionellem Blödsinn", Kraepelin (1896) von der Untherapierbarkeit der Schizophrenie aufgrund konstitutioneller Faktoren; Janet führte die Dissoziation auf eine ähnliche Veranlagung zurück. Der Psychoanalytiker Rado meinte noch 1962, dass die Schizophrenie auf ein defektes Gen zurückzuführen sei (Wolberg 1973, S. 16, 60, 63). Noch 1990 findet sich diese Argumentation z.B. in Scharffetters Buch über Schizophrenie: „So wie viele andere Krankheiten und wie viele körperliche und seelische Eigenschaften erblich mitbestimmt sind, so ist schon rein nach der *Erwägung der Wahrscheinlichkeit* für die Schizophrenien die Annahme einer erblichen Grundlage nahegelegt" (Scharffetter 1990, S. 129–130, kursiv E. F.).

Auch Freud nahm für die Genese der Neurosen eine konstitutionelle bzw. genetische Disposition an; darin war er ein Kind seiner Zeit (vgl. Kapitel 6, Angst in der Psychoanalyse). Seine ‚Ergänzungsreihe', die die Zusammenwirkung konstitutioneller/genetischer und umweltbedingter Faktoren in der Entstehung der Neurose postuliert (aber nicht systematisch ausarbeitet, s. Schüßler 2002), kann als Modell späterer bio-psycho-sozialer, oder ‚multifaktorieller' Krankheitsenstehungsmodelle angesehen werden. Seine Ausführungen zur „Endgestaltung des Sexuallebens" lesen sich heute noch sehr ‚modern': „Es ist nicht leicht, die Wirksamkeit der konstitutionellen und der akzidentellen Faktoren in ihrem Verhältnis zueinander abzuschätzen [...]. Man sollte auf keinen Fall vergessen, dass zwischen den beiden ein Verhältnis von Kooperation und nicht von Ausschließung besteht. Das konstitutionelle Moment muss auf Erlebnisse warten, die es zur Geltung bringen, das akzidentelle bedarf einer Anlehnung an die Konstitution, um zur Wirkung zu kommen. Man kann sich für die Mehrzahl der Fälle eine so genannte ‚Ergänzungsreihe' vorstellen, in welcher die fallenden Intensitäten des einen Faktors durch die steigenden des anderen ausgeglichen werden" (Freud 1905a, S. 141–142). Aus gutem Grund wurde Freud als einer der Begründer der multifaktoriellen Hypothese bei Krankheitsentstehungen angesehen (Schepank 1996, 2003, Schüßler 2002, Engel 1977, Rachman 1998/2000, Meyer 2005). Freud war auch „der Auffassung, die Angst habe eine biologische, ererbte Basis" (Brenner 1955/1982, S. 73). Seit Freud hat man diese Hypothese aufgrund ihrer Bequemlichkeit nicht mehr aufgegeben. Dabei ist eine konstitutionelle Disposition für psychische oder psychosomatische Krankheiten weder jemals eindeutig nachgewiesen worden, noch ist sie als Erklärung zwingend. Sie wird trotzdem automatisch und überall ohne kritische Hinterfragung angenommen, ob es sich dabei um Borderline-Störungen, Angsterkrankungen, Depression oder andere psychische Krankheiten handelt. Das heute weit verbreitete „Bio-psycho-soziale Modell" (Engel 1977) geht auf Freud zurück (Schüßler 2002, Meyer 2005).

Für die Psychosomatik vertreten z.B. Uexküll und Wesiak ein bio-psycho-soziales, Weiner und Fawzy (1989) postulierten ein multifaktorielles Modell mit genetischen, bakteriellen, immunologischen, nutritiven, entwicklungsbedingten, psychologischen, verhaltensbedingten und sozialen Faktoren, die sie versuchen, in ein ‚Integratives Modell' zusammenzufassen. Tschuschke nennt z.B. mehrere multifaktoriell ‚gleichberechtigte' Faktoren, wie Umwelt-Noxen, Gendefekte/Anlage, Vitamine, Viren, mangelnde körperliche Bewegung, Versagen des Immunsystems, Fehlverhalten, Fehl-Ernährung als Gründe der Krebs-Erkranung (Tschuschke 2007, S. 9).

Kernberg (1975/1983, 1997) führt die Borderline-Persönlichkeitsstörung auf einen vererbten aggressiven Trieb bzw. ein angeborenes Defizit in der Angsttoleranz zurück (vgl. auch Torgersen 2000, S. 217), nach Clarkin et al. werden „genetisch-konstitutionell bedingte Faktoren" durch frühkindliche traumatische Erfahrungen potenziert (Carkin et al. 2006/2008, S. 19). Linehan und Koerner (1993) postulieren eine ererbte Disposition zur emotionalen Dysregulation.

Es ist bemerkenswert, mit welcher Sicherheit manche Forscher heute eine solche ‚Ergänzungsreihe' aufstellen: So rangieren nach Schepanks Modell Intelligenz, ‚Neigungshomosexualität', manisch-depressive Psychose und Schizophrenie in dieser Reihenfolge als erblich (1996); in der nächsten Ausgabe 2003 steigt die „Neigungshomosexualität" an die Spitze der Erblichkeitsliste – diesmal in einer „mit Vorbehalt eingeschätzten Stellung" (die manisch-depressive Psychose und die Schizophrenie sind allerdings nicht mehr auf der Liste zu finden (Schepank 2003, S. 113). Schepank stützt sich in seinen Ausführungen zu „Vererbung und Umwelt", wie andere Genetiker auch, vor allem auf die Zwillingsmethodik und die Adoptionsstudien die voraussetzen, dass der *„Umweltfaktor konstant ist.* [In anderen] Versuchsanordnungen wird vorausgesetzt, dass die *„Erbvariable konstant ist"* (ebenda, S. 4, kursiv im Original). Allerdings gibt Schepank zu, dass diese Fälle extrem selten seien, was ihn nicht daran hindert, eindeutige Rückschlüsse zu ziehen. Zu den ‚Zwillingsstudien' habe ich bereits im letzten Kapitel Kritisches angeführt; hier kann ich nur auf die Leichtigkeit hinweisen, mit der Schepank von „konstanten" Umwelt- und Erbvariablen spricht. „Konstante Umwelt" ist eine Fiktion; die ‚Umwelt' ist auch in derselben Familie eine gänzlich andere, selbst bei Zwillingen (vgl. Fabian 1999a, 2004c). Winnicott sagte zutreffend: „Für die fünf Kinder einer Familie gibt es fünf Familien. Man braucht keinen Psychoanalytiker dazu, um zu begreifen, dass sich diese fünf Familien nicht notwendigerweise ähneln müssen und dass sie ganz sicherlich nicht identisch sind" (Winnicott 1990, S. 146).

Freud selber äußert sich eindeutig zur Frage der Disposition in Bezug auf die „Neurosenwahl": „Bei der Frage, welche Faktoren solche Störungen der Entwicklung hervorrufen können, macht aber die psychoanalytische Arbeit halt und überlässt dies Problem der biologischen Forschung" (Freud 1913, S. 443). Diese Auffassung wird in der Folge von der Psychoanalyse fast durchgehend vertreten. Nach P. Federn sind neurotische Erkrankungen bei „Individuen mit ungewöhnlich starker Triebstärke in normale und perverse Richtung [sind auf eine besondere organische Disposition] zurückzuführen, die sich auch in der Prävalenz bestimmter erogener Zonen äußert" (Federn 1913, S. 303). Ähnlich schreibt auch Ferenczi, der für bestimmte Organe „ähnlich wie bei der Hysterie [eine] spezielle Disposition („Genitalqualität") annimmt; diese wird in der Folge *„genitalisiert".* (Ferenczi 1917, S. 245). Ferenczis Stellung ist jedoch differenzierter: In seinen „Psychoanalytischen Betrachtungen über den Tic" von 1921 äußert er sich mit scharfer Kritik über die Autoren, die pauschal die Genese von Krankheiten mit Prädisposition und Degeneration erklären (s. Motto dieses Kapitels).

Meng erweitert die Hypothese der Prädisposition auch auf die Psychosen (Meng 1934, S. 443). Selbst Autoren, die dank ihrer psychogenetischen Auffassung seelische Störungen auf frühere destruktive Dynamiken und Konflikte zurückführen, scheinen auf das ‚Türchen' der Prädisposition nicht verzichten zu wollen. So liest man beispielsweise bei Will: „Bei allen Patienten mit einer affektiven Psychose besteht jedoch eine große Vulnerabilität des Ichs, die vermutlich bedingt ist durch den biologisch-genetischen Faktor, der wiederum von der frühen Kindheit an die Ich-Bildung beeinflusst hat" (Will et al. 1998, S. 99). Strian behauptet ohne Zweifel, dass „Bei den Angstkrankheiten im engeren Sinn [...] die genetische Disposition eine Rolle" spiele, und begründet diese Sicherheit „u.a. [mit] ähnlichen Prävalenzraten z.B. in Deutschland und in den USA" (Strian 1995/2003, S. 10–11). Nach Hoffmann und Hochapfel ist „auch bei den Phobien ein nennenswerter Faktor [genetisch-konstitutioneller Mitverursachung] mitbeteiligt" (Hoffmann, Hochapfel 1999, S. 82); die Autoren stellen eine Skala als „Versuch einer Gewichtung des genetischen Faktors bei den Neurosen" auf zwischen Zwangsstörung und Phobie über Angstneurose bis zur dissoziativen bzw. Konversionsstörung (ebenda, S. 83).

Von Weizsäcker gehört zu den Wenigen, die schon früh die Notwendigkeit solcher Erklärungen hinterfragen: „Seelisches drückt sich in der Körpersprache aus, Körperliches in der seelischen [...]. Z.B. aus der Klinik der Migräne, Angina pectoris und der Cholezystopathien sind täglich Beobachtungen zu entnehmen, dass statt eines in der Liebe, in der Fortpflanzung, in der Arbeit, im Geiste ungelebten Lebens ein körperliches Symptom auftritt. Jetzt hat man einen Menschen, der ein in der Liebe, in der Fortpflanzung, der Arbeit, dem Geiste verkürztes Leben und dazu eine Krankheit hat. Ist das so schwer zu verstehen?" (von Weizsäcker 1949, S. 338).

Reicht es nicht aus, um beispielsweise die Symptomatik von Borderline-Patienten, ihre Ängste, ihre wechselnden Persönlichkeitsanteile und Symptome zu erklären, dass sie in Familien aufgewachsen sind, in denen sie unverstanden, verlassen, oft nur über Leistungen wahrgenommen, unempathisch und ohne Verständnis für ihre existentiellen Ängste, oft missbraucht und misshandelt wurden, mit Eltern, die oft ihrerseits Borderline- oder Psychotische Störungen hatten, depressiv oder zwanghaft, oder autistisch waren? Ist es noch nötig, *konstitutionelle Faktoren* zu bemühen?

Warum bleibt der konstitutionelle Faktor nach wie vor so beliebt? Wer sich seiner als Denkmodell bedient, hat den Vorteil, dass er sich nicht festlegen muss. Alles mag darin seinen Platz haben: das Genetische, das Soziale, das Psychodynamische. Der Vorteil liegt auf der Hand: Er lässt freien Raum für das, was man nicht verstanden hat. Außerdem kann schließlich niemand die Logik des ‚Sowohl-als-auch‘ als Grundlage des Dispositions-Modells widerlegen. Und mehr noch: Es hat den weiteren großen Vorteil, dass es niemanden ‚die Schuld gibt‘; es erspart vielen Familien von Borderline-Patienten und von Schizophrenen die Schuldgefühle, es verteilt die ‚Schuld‘ gleichmäßig zwischen Familie, Gesellschaft, Kultur und Schicksal. Auch wenn die ersten Lebensjahre des zukünftigen Angstpatienten ohne Schutz, Verständnis und Empathie der Familie, ja oft mit Missbrauch und Misshandlung verlaufen sind, kann es immer noch eine „entsprechende genetische Veranlagung" dafür verantwortlich sein, dass „sich später im Leben Angststörungen und Depressionen nur dann entwickeln, wenn ungünstige Umweltfaktoren dazu kommen" (Rüegg 2005, S. 13).

Auf diese Weise versucht man zu erklären, dass nicht jedes traumatisierte Kind später eine Borderline-Störung oder eine so genannte Posttraumatische Belastungsstörung (PTSB) entwickelt. Vertieft man die Untersuchung der Familien solcher Patienten, so kommt man unschwer zum Schluss, dass sie nicht nur pathogenen Einflüssen ausgesetzt, sondern auch ‚rettende‘ Einflüsse von Angehörigen, Lehrern, Nachbarn oder Freunden erfahren und verinnerlichen konnten; ja sogar die ‚Täter‘ und ‚Angreifer‘ bestanden nicht nur aus grausamen Eigenschaften, sondern besaßen oft widersprüchliche (Borderline-) Persönlichkeiten, deren positive Aspekte ebenfalls durch Identifikation verinnerlicht und zum festen Bestandteil der Persönlichkeit des Kindes wurden (vgl. Fallvignette S. 149). Die Bindungsforschung hat zu diesem Verständnis wesentlich mit der Beschreibung der Weitergabe von Bindungsverhalten bei Angst- und Borderline-Patienten beigetragen (vgl. Solomon, George 1999, Cassidy, Mohr 2001).

Als Beleg werden auch Studien zitiert, die eine biologische Überempfindlichkeit bestimmter Patienten gefunden haben, die zur Entwicklung der Angstkrankheiten prädisponieren soll: eine Anomalie der Serotonintransporter (die auf eine erbliche Mutation zurückzuführen sei) (Katsuragi et al. 1999), ein Mangel an Serotonin-1A-Rezeptoren im Gyrus cinguli (Neumeister et al. 2004), oder ein GABA-Rezeptorenmangel (Malizia et al. 1998). Der Rückschluss, dass diese neurobiologischen Störungen u.U. nicht *Grund* der Angststörung (z.B. bei Strian 1995/2003, S. 20), sondern umgekehrt, *Ergebnis* der frühen Traumata sein könnten, wird in der Regel hartnäckig vermieden. Dabei gilt es heute als belegt, dass Angst ‚konditionierbar‘ ist (LeDoux 1998) und dass frühe Traumata, darunter auch schleichende, kumulative Beziehungstraumata und die dadurch verursachte chronische Verlassenheit, im Zuge der neuronalen Plastizität zu morphologischen und physiologischen Veränderungen führen können (vgl. Bauer 2006/2008). Wenn also solche Befunde „insbesondere für das Verständnis der Entwicklung von Phobien aufgrund von Traumata, die sich ins Angstgedächtnis eingegraben haben" relevant sind (Rüegg 2005, S. 12), dann ist die Folgerung, dass es „sehr oft genetische Veranlagungen [sind], die eine gewisse Vulnerabilität erzeugen (z.B. Stressempfindlichkeit (wie Rüegg mir in einem Brief vom 21.3.2007 schrieb)) wenig einleuchtend.

Die Entdeckung der Neuronalen Plastizität (Braun, Bogerts 2001, Schiffelholz, Aldenhoff 2001, Rüegg 2001/2007) – der „Fähigkeit des Gehirns, sich erfahrungsabhängig selbst umzustrukturieren und dies sogar im Erwachsenenalter" (Rüegg 2005, S. 12) – hat zum erweiterten Verständnis der Genetik wesentlich beigetragen. Die Frage stellt sich jetzt ‚umgekehrt': Welche einschneidenden traumatischen Erfahrungen des Kinds haben zu einer evtl. genetischen Veränderung geführt? „Schweres Trauma, Misshandlung oder Vernachlässigung" – schreiben Koenigsberg und Siever (2000, S. 216) – „können zu einer dauerhaften Änderung in den neurochemischen Systemen führen." Die Entdeckung der Spiegelneurone (Rizzolatti et al. 2003) ihrerseits unterstützt nicht nur die Annahme, dass Angsterfahrungen gespeichert werden, sondern legt es nahe, dass auch der interpersonelle Aspekt dieser Erfahrungen im Neurobiologischen verankert wird. Gewiss wird jedes Kind mit einer Vielzahl von genetischen Veranlagungen geboren, dies sich körperlich in Größe, Haar- und Augenfarbe etc. manifestieren; doch in psychischer Sicht gleicht jeder Neugeborene einer ‚pluripotenten' Zelle (einer Zelle, aus der je nach Notwendigkeit fast jede andere Zelle werden kann), die sich unter dem Einfluss der bewussten und unbewussten Dynamiken in seiner nächsten Umgebung – und vor allem in seiner Primärgruppe – zu fast allem entwickeln kann. Es kann von dieser zum ‚Erfolgsmenschen' oder zum ‚Gescheiterten' (Fabian 1999a), oder zu allem, was „auf dem Kontinuum zwischen den Positionen ‚Kind-als-Monster' und ‚Kind-als-Erlöser'" liegt (Buchholz 1993, S. 119), gemacht werden.

Die vorherrschende Ansicht einer biopsychosozialen Medizin, die auch bezüglich der Entstehung der Angstkrankheiten (wie auch der Depression) eine kombinierte, multifaktorielle Genese postuliert (Hoffmann, Hochapfel 1999, Kapfhammer 2000, Boerner 2000, Rüegg 2003, Gross, Hen 2004, Hoyer et al. 2005, Zwanzger, Deckert 2007), hält sich hartnäckig. Der multifaktorielle Ansatz ist im Grunde eine durch Liberalisierung verschleierte Form des biologistischen Ansatzes. Er soll das Postulat einer einseitig biologistischen Denkweise dadurch ‚versüßen', dass anderen, sozialen und umweltbedingten Faktoren *doch noch* ein Einfluss zugebilligt wird, ohne den Zusammenhang der einzelnen ‚Faktoren' in der Tiefe erläutern zu müssen. Das Hauptgewicht liegt damit in der Regel bei der Genetik, den ‚Umweltfaktoren' kommt lediglich eine modulierende Bedeutung zu, deren Auswirkung in der Regel unklar bleibt. Das multifaktorielle Modell kann variieren bezüglich des Hauptfaktors, der von den anderen Faktoren mitbeeinflusst wird: Er kann biologisch, sozial, oder beides gleichberechtigt sein, je nach der ideologischen ‚Heimat' des Autors. Damit wird ein Nebeneinander von ‚Ingredienzien' erzeugt, der jedem eklektischen Denkansatz und Therapiepragmatismus Vorschub leistet. Diese sind heute in der therapeutischen Praxis sehr verbreitet; überall werden mehr oder weniger spezielle ‚Therapie-Mischungen' angeboten, die biologische, sozialpsychiatrische, tiefenpsychologische oder gar analytische, sowie körpertherapeutische Behandlungselemente (das Wort ‚Bausteine', heute auch in der Ausbildung sehr verbreitet, eignet sich hier als mechanistischer Begriff) beinhalten, ohne den Versuch einer Integration.

Es wird auch eine ‚Multifaktorielle Vererbung' angenommen (Propping 1989, Gross, Hen 2004, Knoblauch 2007), um der Tatsache gerecht zu werden, dass eine eindeutige, direkte genetische Vererbung nicht nachweisbar ist, die Annahme einer genetischen Disposition jedoch nicht fallen gelassen werden soll – dies hätte zur Folge, dass ein großer Teil der neurobiologischen Forschung kritisch neu bewertet werden müsste. Die Hypothese der Multifaktoriellen Vererbung wird heute weitgehend für die Genese der Schizophrenie als ‚Vulnerabilitäts-Stress-Modell' angenommen (Knoblauch 2007).

Das Prinzip „ziehe niemals mehr [Annahmen, Argumente, Wesenheiten] heran, als [zur Erklärung] notwendig sind" (Störig 1950/1993, S. 269), ist in die Philosophie als ‚Occams Razor' (Ockhams Rasiermesser) eingegangen. Es bezeichnet ein logisches Prinzip, das auf den mittelalterlichen scholastischen Philosophen Wilhelm von Occam (oder Ockham, ca. 1290–1349) zurückgeht, und das die für eine Beweisführung (neben den ausreichenden) nicht notwendigen Argumente als Abschwächung der Beweisführung betrachtet.

Die meisten Schizophrenie-Forscher (Bleuler, Lempp, Ciompi, Scharfetter u.a.) vertreten den multifaktoriellen Ansatz bei der Ätiopathologie der Schizophrenie. M. Ammon fand in einer ausführlichen qualitativen Studie von sechs schizophrenen Patienten und ihren Familien „frühe Verlassenheitsgefühle, [sowie] den Verlust der Mutter durch Tod. In allen Familien sind die Eltern psychisch Auffällig. Bei zwei Patienten sind sie auch körperlich schwer erkrankt. In [der Hälfte der] Familien lagen Selbstmorddrohungen bis hin zu Selbstmordversuchen der Eltern vor. In allen Familien hatten die Patienten sowohl eine gestörte Mutter- als auch eine gestörte Vaterbeziehung. Die Eltern brachten sämtlich eigene Traumata, besonders Kriegstraumata mit. Interessant war auch, dass in allen Familien, trotz der offensichtlichen Aggression und Problematik immer wieder Aspekte eines ‚Heile-Welt-Gefühls' vermittelt wurden. In [den meisten] Familien herrschten existentielle Ängste vor. Ebenfalls [...] hatten die Eltern sich nicht aus ihrer Herkunftsfamilie gelöst. Keiner der Patienten erhielt adäquate Unterstützung in Krisensituationen" (M. Ammon 2002, S. 232). Derart intensive Verlassenheitssituationen der Kinder, die in ihren Ängsten nicht wahrgenommen werden, gestörte Bindung und andere psychische Auffälligkeiten in den Familien, die auch mehrgenerational tradiert werden und wirksam sind, erklären voll und ganz die Ängste und die aus diesen Ängsten erklärbaren Symptome der Schizophrenie. Nach dem Prinzip von Ockhams Rasiermesser benötigt die Ätiologie dieser Erkrankung keine zusätzliche genetischen Faktoren.

Gunderson zeigt deutlich, wie schwer es sich auch psychodynamisch denkende Therapeuten tun, auf das Konzept der ‚Vulnerabilität' zu verzichten. „Fortschritte auf dem Forschungsgebiet der Angststörungen [...] liefern mit an Sicherheit grenzender Wahrscheinlichkeit Vorgaben darüber, was auch für die BPS (Borderline Persönlichkeitsstörung) zu erwarten ist" (Gunderson ebenda). Das heißt, mit anderen Worten, dass sowohl in den Angsterkrankungen, als auch bei den Borderline-Störungen die ‚Umwelt' – die frühen Erfahrungen in der Kindheit – zu neuronalen Veränderungen führen kann, die später dem klinischen Bild der Borderline-Störung zugrunde liegen kann; so würde diese Erklärung auch für die Genese der Angst- und der Borderline-Erkrankung in sich *ausreichen*. Aber Gunderson relativiert diese Folgerung sehr schnell (ebenda, S. 315): „Es ist möglich, dass früher Missbrauch oder andere Traumatisierungen zu neuropsychologischen Komplikationen führen [...] Doch es bleibt unklar, ob der Affekt die kognitiven und Gedächtnisprobleme verursacht oder umgekehrt – d.h., ob kognitive und Gedächtnisprobleme bei einem Menschen Vulnerabilität für intensive, unangemessene emotionale Reaktionen verursachen." Mit anderen Worten, die ‚konstitutionelle' Vulnerabilität könnte es doch sein, die der Erkrankung zugrunde liegt. Man sollte sich nicht festlegen.

Eine radikal biologistische Auffassung psychischer Erkrankungen ist heute, zumindest in Schrift, seltener als früher anzutreffen. Aussagen wie „die cerebralen neuroanatomischen Veränderungen, die zu den klinischen Bildern einer schizophrenen Psychose führen" (T. Sharma 1999, S. 16), oder von Koenigsberg und Siever, die feststellen, dass „die neurobiologischen Aspekte heute zunehmend Beachtung [gewinnen], die der *Entstehung* dieser Störung [der Borderline-Persönlichkeitsstörung] *zu Grunde liegen*" (2000, S. 207, kursiv E. F.), oder „Die Psyche ist im Wesentlichen das Ergebnis des limbischen Systems" (Vortrag von G. Roth, am 3.10.2007), sind seltener geworden. Es ist nicht schwer, unter der vorherrschenden Auffassung der Multifaktorialität eine ‚Liberalisierung‘ solcher Radikalität zu sehen, die in einem dünnen ‚Ideenkleid‘ (Husserl 1969/1996) verhüllt ist. Die Vulnerabilitätstheorie stellt eine neuere Version der Annahme einer ‚genetischen Disposition‘ dar. Sie postuliert eine persönliche Vulnerabilität, eine angeborene Verletzbarkeit, die sich vor allem in dopaminergen Funktionsstörungen und in anderen Normabweichungen in bestimmten Hirnarealen manifestiert (Zubin und Spring 1077, Nuechterlein 1984, vgl. auch M. Ammon 2002, S. 72–74), und die ‚high-risk‘-Kinder für die spätere klinische Manifestation der Schizophrenie prädisponieren. „Die Annahme einer prämorbiden Persönlichkeit hängt eng mit dem Vulnerabilitätsverständnis [...] zusammen und geht ebenfalls von einer hereditäten Gegebenheit aus" (M. Ammon ebenda, S. 73).

Für die Befürworter der Vulnerabilitätshypothese spielt auch die „Eigenschaft ‚Angst‘ bzw. ‚Ängstlichkeit‘ [...] im Hinblick auf die spätere Entstehung von Angststörungen als ein grundlegender Vulnerabilitätsfaktor" eine bedeutende Rolle (Kapfhammer 2000, S. 1186). Was ist aber Ängstlichkeit? Ist sie pathologischer als ‚mangelnde Ängstlichkeit‘ (defizitäre Angst)? Die „angeborene Ängstlichkeit" wird als prädisponierend für „panikvulnerable Personen" angenommen (Shear et al. 1993, zit. b. Kapfhammer 2000, S. 1190).

Im Grunde stellt das Konzept der Multifaktorialität eine *Abwehr von Angst* dar, da sie unbewusst hilft, Entscheidungen zu vermeiden (s. Kapitel 16, Professionelle Angst). Die enorme Zahl der Theorien, zumal aus den sehr unterschiedlichen Gesichtswinkeln der Hirnbiologie, Genetik, Endokrinologie, Psychodynamik, Verhaltenstheorie etc. wird dadurch verständlich. Viele solche Studien weisen ‚konkretistische‘ Zusammenhänge mit einzelnen, mehr oder weniger isolierten ‚Prädiktoren‘ nach, um dann eine multifaktorielle Genese entstehen zu lassen.

Durch die Tatsache, dass die Studien meist von Laborwissenschaftlern und nicht unter psycho- und gruppendynamischen Gesichtspunkten durchgeführt werden, fehlt ihnen ein integrierendes Gesamtkonzept und sie bleiben in ihrer Aussage begrenzt (vgl. Fabian 2004b). Das Konzept der Multifaktorialität führt letztendlich zum Versuch, die Unzahl der Daten miteinander in einem kohärenten System zu verknüpfen (siehe z.B. bei Möller ad al 2000, S. 1186–1206), ohne jedoch eine echte Integration zum Ziel zu haben.

Die Beantwortung der Frage nach der Genese der Angststörungen ist durch die Einstellung und den Ansatz des Forschers geprägt. Wenn man sich gründlich und emphatisch mit dem Patienten und seiner frühen Geschichte beschäftigt hat – mit seinen Erfahrung von Angst in den frühen, prägenden Gruppen –, um so weniger ist man auf das Hilfskonstrukt der Prädisposition oder Vulnerabilität für sein Verständnis angewiesen. Dann bleibt nach klinischer Erfahrung keine Frage mehr offen. Ockhams Rasiermesser-Prinzip wird dann erfüllt.

13. Gruppendynamik der Angst

„Die Beziehung des Kleinkinds zur Mutter (Nahrung, Wärme, Berührung, Gehaltenwerden usw.) ist die eigentliche Grundlage des Urvertrauens im Leben", schreibt K. Menninger 1968 (S. 133) und antizipiert damit die späteren Erkenntnisse der Bindungstheorie.

Sullivan sieht Angst als Teil interpersoneller Prozesse: „This *interpersonal induction of anxiety, and the exclusively interpersonal origin of every instance of its manifestations, is the unique characteristic of anxiety*" (Sullivan 1948, S. 5, kursiv im Original). Sullivan hielt die Angst noch vor der Ausformulierung seiner interpersonellen Theorie der Psychiatrie für einen wesentlichen Faktor nicht nur für die Psychiatrie, sondern auch für das Leben schlechthin (Sullivan 1948, 1949).

Die Ansicht, dass Angst kein intraindividuelles, sondern ein interpersonelles Phänomen ist (später auch von Thomä 1995 vertreten) hat wichtige Implikationen auch für die psychotherapeutische Behandlung der Angst.

Die vorherrschende Sicht, die durch die psychoanalytische Forschung (und auch der modernen Bindungsforschung) zieht, sieht für die Entwicklung des Kindes die Mutter-Kind-Beziehung als maßgebend; erst spät in der Geschichte der Psychoanalyse kommt die Bedeutung des Vaters dazu (Abelin 1971, 1977, Blos 1985), und mit ihm der Begriff der Triangulation und dem Vater keine genuin interpersonelle, sondern eher eine unterstützende Wirkung für das Kind zukommen lässt. Die Primärgruppe als Matrix der Entwicklung und ihre eigene bewusste und unbewusste Dynamik gewinnen erst später an Bedeutung.

Schon Sullivan hatte eine implizite Gruppenvorstellung vom Menschen in seiner interpersonellen Theorie: „We come into being as persons as a consequence of unnumberd interpersonal fields of forces [and] we manifest intelligible human processes only in such interpersonal fields" (1948, S. 3). Und er drückt an anderer Stelle deutlich aus, dass er auch die Verursachung von Angst als einen interpersonellen Prozess betrachtet.

Am Ende ds Kapitel 11 (Trauma und Angst) habe ich auf die Bedeutung des gruppendynamischen Aspektes der Traumatisierung hingewiesen. Kaum eine traumatisierende Situation ereignet sich ohne eine aktive oder passive Beteiligung Einzelner oder von Gruppen. Diese Bedeutung der Gruppendynamik gilt auch für die Entstehung pathologischer Angst, die ja mit wiederholten offenen oder verhüllten Traumatisierungen und Mikrotraumatisierungen eng verbunden ist.

Der Umgang mit Angst ist Teil des Umgangs gesamter Gruppen mit Gefühlen. Folgende gruppendynamische Aspekte sind für die Angst beim Kind von Relevanz:

1. Wie gehen die Mitglieder der Gruppe (der Primärgruppe) mit den eigenen Ängsten um (tabuisierend, offen)? Der Umgang mit der Angst in der Primärgruppe prägt den Umgang des Kindes mit der eigenen Angst durch identifikatorische Prozesse (vgl. Fabian 2005b). Den Umgang mit der Angst in Familien, die Hysterie ,erzeugen' hat z.B. Röhr (2006) treffend beschrieben.
2. Wie geht die Gruppe mit den Ängsten des Kindes um (verständnisvoll, empathisch, oder ignorierend, verbietend, disziplinierend, bestrafend)?
3. Wird Angst als solche wahrgenommen und ausgedrückt, oder wird sie als Aggression geäußert?

4. Welche Ideologien findet man in den Gruppen bezüglich der Angst (z.B. Ideologie der Männlichkeit, der Stärke, des ‚Zähne-Zusammenbeissens')?
5. Wie werden die Geschlechtsrollen am Gefühl der Angst manifestiert (werden beispielsweise Jungs diesbezüglich anders behandelt als Mädchen)?

Die Angst des Individuums hat ihre gruppendynamische Geschichte. G. Ammon beschreibt den gruppendynamischen Prozess in Gruppen in denen das ‚schwächste Glied' zum Träger sowohl der Angst als auch der Aggression der gesamten Primärgruppe wird, um die Homöostase der Gruppe (der Familie) aufrechtzuerhalten: „Im Gruppenprozess übernimmt jeweils das psychogenetisch prädestinierte Gruppenmitglied seine geeignete Rolle, z.B. reagiert der am meisten psychosenahe Patient psychotisch, wenn die gesamte Gruppe große Angst erleidet. In diesem Augenblick wird er zum Träger der Angst in der Gruppe. Es verhält sich hier mit der homöostatischen Balance der Gruppe ähnlich wie in einer neurotischen Familie, wo das schwächste Glied in die Rolle des Krankheitsträgers gedrängt wird" (G. Ammon 1971, S. 13–14).

Eine zentrale Frage im Rahmen der gruppendynamischen Betrachtungsweise ist: Was drückt das Symptom ‚Ängstlichkeit' oder ‚Angststörung' für die gesamte Gruppe (Familie) aus? Und umgekehrt, was drückt die Gruppe (die Familie) für den Einzelnen aus? Unter diesem Aspekt gesehen, haben auch die verschiedenen Verhaltensstörungen im Kindsalter (einschließlich der zur Zeit ‚modischen' ADHS-Krankheit) eine gänzlich andere Bedeutung. Ebenso ist auch hier zu fragen: Was drückt das Kind für seine Umgebung aus? Welche Bedeutung haben seine Verhaltensstörungen, seine Ängste im Kontext der Gruppe? Wer delegiert dem Kind seine nicht gespürte Angst?

Ein 15-jähriger Junge wurde in die Klinik mit der Diagnose eines Gilles de la Tourette-Syndroms und einer hyperkinetischen Störung des Sozialverhaltens aufgenommen. Er war in einer psychiatrischen Klinik mit hohen Dosen Methylphenidat (eines Medikamentes ‚gegen' ADHS) ohne Erfolg behandelt worden. Das klinische Bild zeigte einen sehr hoch gewachsenen, psychisch infantil wirkenden, depressiven jungen Mann mit deutlichen borderlinehaften Zügen mit sehr niedriger Frustrationstoleranz und kognitiven Denkstörungen. Sein Verhalten war durch Ruhelosigkeit, Störung in Gruppen, Grimassieren, Schmatzen etc. gekennzeichnet. Es wurde bald deutlich, dass er mit diesem Verhalten die Aufmerksamkeit auf sich ziehen wollte, als wollte er auf das Groteske in seiner inneren Situation aufmerksam machen. Er war das erste von zwei Kindern eines jungen Ehepaares; die jüngere Tochter war die ‚leicht erziehbare', ‚erfolgreiche' gewesen (vgl. Schachter 1985, Buchholz 1999, Fabian 1999a, 2004c). Die Eltern waren immer unterschiedlicher Auffassung im Hinblick auf die Erziehung, Streit und Unruhe dominierten in der Familie. Als er 12 Jahre alt war, erlitt der (noch junge) Vater einen Schlaganfall mit anschließender Halbseitenlähmung; der Patient hatte eine sehr starke Bindung zum Vater (die Mutter, die sich selber als Borderline-Kranke bezeichnete, lehnte die Krankheit des Sohnes kategorisch ab) und reagierte mit einer Zunahme der Hyperkinese, worauf er in einer Jugendpsychiatrischen Klinik aufgenommen wurde. Während seines Aufenthaltes dort reichten die Eltern die Scheidung ein. In der Folge versuchte die Mutter in einem langen Scheidungskrieg, den Ehemann finanziell zu ruinieren. Häufige

Rivalitätsszenen zwischen den Geschwistern endeten in der Regel damit, dass der Patient für die Schwester „Prügel abgekriegt" habe.

Die stationäre Behandlung konzentrierte sich stark auf die konstruktiven Aspekten seiner Persönlichkeit (Fabian 2009): die ungewöhnliche Empathiefähigkeit, die kindhaft, loyal wirkende Hilfsbereitschaft, die gute Intelligenz, die Spontaneität und den Humor. Die Unruhe, die Hyperkinese und die kognitiven Störungen wurden als Ausdruck seiner eigenen auswegslosen familiären Situation und v.a. seiner Schuldgefühle verstanden, wobei er gruppendynamisch Träger der Angst und der ohnmächtigen Wut der Gesamtfamilie war – v.a. des hilflosen Vaters und der angepassten Schwester. Durch die empathische Einstellung der Therapeuten und die Beliebtheit der Mitpatienten (die ‚neuen Geschwister' schätzten seine skurrile Art und seine Echtheit) entstand eine tragende Atmosphäre, in der er sich wie in einer neuen Familie wohl fühlte. Er ‚spezialisierte sich' in ‚Hilfsaktionen' für Patienten, deren Rechte er laut vertrat, und in die Organisation von Festen in der Klinik; er zeigte neue Interessen, beispielsweise für das Kochen. In mehreren Familiengesprächen konnte die Problematik aus der Sicht des Patienten erklärt und seine Situation als Balance der Familie und ‚Fürsprecher' des Vaters (in der Klinik wurde diese Rolle in der Übertragung vom Klinikchef übernommen) verstanden werden. Die hyperkinetische Unruhe und die Tics nahmen allmählich ab und verschwanden nach 5 Monaten stationärer Therapie vollständig. Nach der Entlassung begann er ein Praktikum als Kochhelfer und absolvierte es mit sehr guten Ergebnissen.

Viele von Wilhelm Buschs kleinen Geschichten – von Zappelphilipp (dem Prototyp des heutigen ADHS-Kindes), vom anorektischen Kind usw. – stehen im Zeichen des traditionellen psychiatrischen Denkens, das die Schuld dem Kind zuweist und es gleichzeitig für das Symptom bestraft (der Humor vermag darüber nicht hinweg zu täuschen). Wichtige Fragen werden nicht gestellt (Welche unerträgliche Dynamik veranlasst das Kind, seine Unruhe, seine Angst durch ‚Zappeln' auszudrücken, wie ein eingesperrtes, ‚auf verlorenen Posten' kämpfendes Wesen?), weil die Aufmerksamkeit durch das ‚Faszinosum' der Symptomatik und die wissenschaftlich-biologischen Erklärungsversuche verstellt wird: Es entsteht gleichsam ein *Aufmerksamkeits-Defizit-Syndrom der Umgebung gegenüber dem Kind,* in dem es in seiner Not nicht verstanden wird und zu ‚ungewöhnlichen' Ausdrucksmitteln greifen muss. Ähnlich im Falle des anorektischen Mädchens: Hat sich jemand um die Not des Mädchens gekümmert, oder nur um ihr essen? Was drückt das unglückliche Kind damit aus? „Warum muss ein Familienmitglied verhungern?", fragen Massing et al. (1992/1994). Auch die bekannten Märchen, die von verlassenen Kindern handeln – Hänsel und Gretel, Schneewittchen, u.a. –, lassen die ‚gruppendynamischen' Fragen offen: Wieso werden Kinder allein durch den gefährlichen Wald zur Großmutter geschickt? Wo war Schneewittchens Vater, der König, als die Stiefmutter es mit ihrer Eifersucht traumatisierte und es schließlich töten lassen wollte?

Gruppendynamisches bzw. systemisches Denken entlastet den Einzelnen, indem die individuelle Problematik als ‚Delegation' einer Gruppe angesehen und wieder auf die Gruppe ‚verteilt' werden kann. Damit wird häufig auch der Schwerpunkt der Behandlung auf die Gruppe (bzw. die Primärgruppe) verlagert. Gruppendynamik ist befreiend und therapeutisch wirksam.

Der gruppendynamische Ansatz setzt ein Denken voraus, das dem Unbewussten, der Symbolik und dem konzeptionellen Denken verpflichtet ist; er kann nur dort therapeutisch wirken, wo das konkretistische Auflisten von Symptomen und von daraus resultierenden Krankheiten überwunden wird.

Die oben erwähnten gruppendynamischen Aspekte der Angst werden in aller Regel über Generationen weiter tradiert, sie werden von Generation zu Generation weiter ‚vererbt'.

14. Transgenerationale Aspekte

Nicht nur die Gruppendynamik der Primärgruppe hat maßgeblichen Einfluss auf Qualität und Intensität der Angst beim Kind; die langen Schatten der Traumatisierungen früherer Generationen, die sich transgenerational weiter tradieren, können das Kind erreichen und sein Leben überschatten. M. Hirsch gibt in einem Artikel von 1975 ein Beispiel von „psychosomatischem Reaktionsmuster über drei Generationen [mit] der tradierten Dynamik der internalisierten primären Objektbeziehungen" (S. 385). Massing et al. basieren ihre ‚Mehrgenerationen-Familientherapie' auf der Weitergabe unbewusster und ungelöster Störungen und Konflikte an die Kinder (Massing et al. 1992/1994). Nach Ferreira werden Familienmythen auf ähnliche Weise von Generation zu Generation weiter tradiert (Ferreira 1963). Jurek Becker beschreibt mit psychologischem Scharfsinn, wie ein KZ-Überlebender, der ‚einen Strich unter seine Vergangenheit ziehen', d.h. sich der schwierigen Trauerarbeit nicht stellen will, aus seinem Sohn einen Boxer machen möchte, um ihm diese Arbeit (und auch die Rache) zu ‚delegieren' (Becker 1979). Der Sohn weigert sich schließlich, die Trauer des Vaters zu tragen, sein Trauma zu „konkretisieren" und zu rächen (Kogan 1995, Ammon, Bihler 2007).

Transgenerational ‚vererbt' werden in Familien nicht nur Traumata und nicht durchgearbeitete Trauerprozesse, die ihnen delegiert werden (Danieli 1981, Ammon 2002, v. Bülow 2003, Kahn 2006), sondern auch die Einstellung zur und der Umgang mit der Angst: das Verständnis oder Unverständnis für die eigenen Ängste und die des Kindes, oder das ‚Verbot', Angst auszudrücken, aus der eigenen Geschichte. Auf diese Weise werden bewusst oder unbewusst auch Normen und Ideologien tradiert, die in Bezug auf die Angst und ‚Ängstlichkeit' (als Synonym zur ‚Feigheit' oder ‚'Unmännlichkeit' verstanden – vgl. Kapitel 3, Angst – Schicksal des Menschen) verbietend, beschämend oder erniedrigend bzw. belächelnd sind. Jeder kennt die Reaktion einer Schulklasse auf den ‚Angsthasen' oder, umgekehrt, auf den furchtlosen ‚Klassenhelden', und die Macht solcher sozialen Urteile. Die Indoktrination der Kinder in ihren Familien wird weiter tradiert und in Gruppenkultur und Gruppenideologie umgeformt. Transgenerational tradierte Ideologien nehmen oft – durch unbewusste Identifikationsprozesse (v. Bülow 2003) –, die Form von moralischen Normen an – ‚ein Mann kennt keine Angst', Verbindung von Mut und Ehre, Verbot oder Verdrängung, bzw. ‚Beschönigung' von Trauer, Intoleranz für Gefühle (auch für die eigenen) – und sind kulturell prägend. Wenn ideologischer Druck (wie im Faschismus oder anderen Diktaturen) auf familiäre Ideologien oder ihre unbewussten Äquivalente treffen, dann werden sie fruchtbar oder potenzieren sich gegenseitig. Solche Normen werden auch dann weitergegeben, wenn sie auf der bewussten Ebene – oft vehement – angefochten werden oder, was häufiger ist, ins Gegenteil verkehrt werden (nach Anna Freud 1936/1964). Ein Beispiel sind rassistische Ideologien wie der Antisemitismus, die oft unbewusst weiter persistieren, da sie hinter einer bewussten Ablehnung identifikatorisch verinnerlicht werden können (vgl. Fabian 2002b, 2005b).

Ein älterer US-amerikanischer Offizier erklärte mir vor vielen Jahren, dass in seinem Land Rassismus praktisch nicht mehr, oder wenn, nur unter den unkultiviertesten Schichten existiere. Er gab einige persönliche Beipiele aus seinem Freundeskreis. Auf die Frage: „Wie würden Sie reagieren, wenn Ihre Tochter mit einem Schwarzen nach Hause käme?" antwortete er rasch und spontan: „Ich würde ihn erschießen".

Auf diese Weise werden ganze Vorurteilssysteme über viele Generationen ‚gepflegt‘, die unbewusst bleiben oder nur in ihrer oberflächlichen Form weiterleben. Dazu gehören Vorurteile gegenüber Juden, Armenier, Chinesen, Sinti und Roma (oder gegenüber jeder sonstigen Minderheit), die sich auch in volkstümlichen Witzen ‚entladen‘ (Schotten- oder Ostfriesenwitze), oder auch skurrile Beispiele wie eine Stadt, deren Bewohner vermeintlich schlechte Autofahrer seien. Dass sie nicht nur skurril, sondern auch gefährlich sein können, insbesondere wenn ein Diktator oder ein diktatorisches System sich dieser latenten Vorurteile bemächtigt und für seine Zwecke instrumentalisiert und mobilisiert, bedarf hier keines weiteren Kommentars; das tragische Beispiel der Nazizeit ist nur eines von vielen. Kriege, Pogrome und auch Mobbing-Dynamiken werden oft systematisch mit der ‚Belebung‘ der rassistischen oder nationalistischen Feindbilder vorbereite (vgl. den eindrucksvollen Film „Die Welle").

Wesentlicher Teil der transgenerationalen Weitergabe von Mut-Ideologien ist ihre radikale Abwehr von Angst. „Wenn ein Schimpansenbaby sich verletzt" – schreibt Arno Gruen – „wird es sofort von seiner Mutter aufgehoben und umsorgt. Bei uns zivilisierten Menschen ist es nicht ungewöhnlich, dass Vater und Mutter gerade aus diesem Grund wütend werden [...]. Als ein kleines Mädchen auf einer Eisbahn ausrutschte und sich das Gesicht verletzte, reagierten die Eltern wütend und befahlen ihm, zur Strafe nach Hause zu gehen. Eltern schützen ihre Kinder nicht, weil man nicht hilflos sein darf. Ihre Kinder dürfen nicht Opfer sein, weil sie in ihrer eigenen Kindheit selbst einmal eins waren und sich dafür schämen mussten. Eltern geben weiter, was ihnen selbst angetan wurde. Sie bestrafen ihre Kinder für das, was sie lernten, in sich selber abzulehnen und zu hassen, nämlich Verletzlichkeit und Hilflosigkeit" (1997/2005, S. 17–18). Angstintoleranz wird weiter tradiert und erzeugt Angstintoleranz.

Rohde-Dachser (1989/1991 S. 134) schreibt: „Borderline-Patienten können nicht trauern, und sie wollen es auch nicht." Diese „Verweigerung der Trauerarbeit" ist schon bei ihren Eltern und Großeltern zu finden. S. Bode geht in ihrem Buch „German Angst" den Spuren der verweigerten Trauerarbeit in Deutschland nach, in Individuen wie in Politik und Wirtschaft, und stellt tiefe transgenerational tradierte, „unbewusste, vagabundierende" Existenzängste fest, „die aus noch unverarbeiteten Kriegserlebnissen stammen" (Bode 2006, S. 62) und auch der „weiterwuchernden Regulierungswut" und „Kontrollsucht" (ebenda, S. 80) zugrunde liegen. Die Erfahrungen aus zahlreichen Therapien und Gesprächen mit Eltern und Großeltern von Patienten bestätigen, dass tief verankerte, hartnäckige, und oft aus der Einzeltherapie nicht ganz ‚nachvollziehbare‘ Symptome, wie ‚unerklärliche‘ Angststörungen, Schuldgefühle, Scham und Aggression ihre Wurzeln in vergangenen Generationen und ihren unverarbeiteten Konflikten und Gewissensproblemen haben können.

Die Verdrängung der Therapeuten ist in der Regel nicht weniger ‚hartnäckig‘ als die ihrer Patienten. Der jahrelangen Forderung nach einer Ausdehnung der Patientenanamnese über die Generation der Eltern hinaus und nach der Frage, was diese in der Kriegszeit erlebt haben, geben nach meiner Erfahrung junge Therapeuten bis heute nur unregelmä-ßig und widerwillig nach.

Die Bindungstheoretische Forschung hat die Annahme der transgenerationalen Weitergabe mit der Feststellung der ‚Vererbung‘ von Bindungsverhalten bzw. -stil durch „ungelöste Verluste oder Traumata“ untermauert (Cassidy, Mohr 2001, S. 280). Traumatisierte Eltern bzw. Elternteile haben überdurschnittlich oft Kinder mit desorganisierter Bindung (van Ijzendoorn 1995).

TEIL II
Die Angst vor der Angst

15. Einige Bewältigungs- und Abwehrstrategien der Angst

> Niemand sieht sich zum Handeln veranlasst oder entschließt sich auch nur ein Wort
> zu sprechen, wenn er nicht hofft, durch diese Handlung oder durch dieses Wort die
> Angst aus seiner Seele zu verbannen.
>
> Ali Ibn Hazm, genannt „El Andalusi" (994–1064)
>
> Wenn der Wanderer in der Dunkelheit singt, verleugnet er seine Ängstlichkeit, aber
> er sieht darum um nichts heller.
>
> Freud 1926

Wie die Übergänge und Überlappungen zwischen den Manifestationsformen der Angst
(Kapitel 8) sind auch die Übergänge und Überlappungen zwischen ihren Bewältigungs-
bzw. Abwehrformen fließend. Hier werden deshalb nur einige typische Formen der
Angstabwehr geschildert, in denen die zugrunde liegende Urangst mehr oder weniger
verborgen bleibt. Die ‚neurotische' Form, deren sozio-kulturelle Akzeptanz deutlich
ist, gilt als mehr oder weniger ‚normale' Verhaltensweise. Oft ist schwer im Einzelfall
zu sagen, ob es sich um verschiedene ‚Gesichter' bzw. Manifestationsformen der Angst,
oder um ihre Abwehrformen handelt. J. E. Meyer hebt die „Angst-bindende „Qualität
verschiedener Abwehrmechanismen" hervor (Meyer 1979/1982, S. 84).

Sullivan spricht von „Sicherheitsoperationen" (Sullivan 1953/1980, S. 21) und betrachtet auch Schuld und Scham als „komplexe Angstderivate" (ebenda, S. 384). Battegay
beschreibt „Sicherungssysteme" als Angstabwehr. Diese Sicherungssysteme sind unvoll-
kommen, leiten aber die Urangst in eine „überschaubarere Richtung" um und werden
phänomenologisch als eigene Krankheiten oder Symptome von außen wahrnehmbar.
Über die Menschen, die solche Abwehrsysteme benutzen, schreibt Battegay: „Sie bau-
en sich ein Sicherheitssystem auf, das ihnen scheinbar Ruhe gewährt, in dem sie aber
doch leiden müssen und nicht oder nicht voll am Leben teilhaben können" (Battegay
1970/96, S. 95). Nach Anna Freud, wie weiter oben bemerkt (im Kapitel 6, Angst in der
Psychoanalyse), dienen alle Abwehrmechanismen „ausschließlich dem Kampf des Ichs
mit seinem Triebleben. Sie werden durch die drei großen Ängste in Bewegung gesetzt,
denen das Ich ausgeliefert ist, durch Triebangst, Realangst und Gewissensangst" (1964,
S. 55). Giovacchini verstand die Angst nicht nur als Ausdruck, sondern auch als Abwehr
des Gefühls der inneren Leere: „Anxiety fills up an ego defect, a sense of emptiness and
a feeling of nonexistence" (Giovacchini 1993, S. 55).

Wenn auch die Urangst dieselbe Quelle ist, hat jeder Mensch seine eigenen, persönliche Formen der Angst und seinen individuellen Angst-Abwehr-‚Stil', der meistens
zeitlebens bestehen bleibt: z.B. Rivalitätsangst, Bereicherungszwang, Streben nach Macht
bzw. eine ‚individuelle' Kombination von diesen. Sie entstehen in der Kindheit als effizi-
ente Mechanismen und setzen sich entsprechen fort im Erwachsenenalter. „Wir wissen
aus der klinischen Erfahrung, dass das Kind im selben Lebensabschnitt oft bestimmte

kognitive Mechanismen einsetzen kann, um mit der Angst fertig zu werden und sich Sicherheit zu verschaffen. Das führt dann dazu, dass Angst im späteren Leben den Einsatz derselben Mechanismen in übersteigerter Form hervorrufen kann" – schreibt Sandler (1981, S. 307).

Eine ca. 40-jährige Patientin, die immer unter zunehmendem Schwindel litt und seit längerer Zeit arbeitsunfähig war (mehrere klinische Untersuchungen konnten keinen organischen Grund für den Schwindel finden), wurde in stationäre Behandlung aufgenommen. Die ausführliche Exploration ergab folgende Ausdrucks- bzw. Abwehrformen der Angst, die einen individuellen, durch ihre Lebensgeschichte in jedem Detail nachvollziehbaren, Komplex bildeten:
- Schwindelattacken
- Psychosomatische Krankheiten (Adipositas, arterielle und venöse Störungen)
- Panikanfälle
- Phobische Symptome, u.a. Agoraphobie
- Depression
- Zwang (Zwangshandlungen und Rituale)
- Hyperaktivität

Die Strategien, die ein Mensch gegen die Angst entwickelt, spielen eine zentrale Rolle – möglicherweise eine der wichtigsten überhaupt – in der Gestaltung der Persönlichkeit. Diese Strategien können zudem auch einen sekundären Gewinn in Form von Sicherheit, Macht oder Lust bieten: z.B. der Lustgewinn des Süchtigen, oder das Ordnungs- und Sicherheitsgefühl des Zwanghaften. Dadurch gewinnt die doppelte Kraft von Angstkontrolle und Sicherheit bzw. Lustgewinn eine gestaltende Bedeutung. Die ‚persönlichen‘ Abwehrstrategien erscheinen schon in der frühen Kindheit. Das Kind macht die Erfahrung, dass sie vor übermäßiger Angst schützen, oder die Angst mildern. Winnicott spricht von „Übergangsphänomenen", (analog zu „Übergangsobjekten") die die Abwesenheit (aber auch die Insuffizienz) der Mutter ausgleichen bzw. abmildern sollen. Dabei reicht eine entfernte Symbolisierung oder Andeutung der abwesenden Person: Es sind „Dinge oder Phänomene [die zum Beispiel] für das Kind in der Zeit des Schlafengehens lebenswichtige Bedeutung erlangen und als Abwehr gegen Ängste – vor allem gegen depressive Ängste – verwendet werden, mag es sich dabei nun um eine Handvoll Wolle, den Zipfel der Decke oder des Kissens, um ein Wort, eine Melodie oder eine stereotype Geste handeln" (Winnicott 1971/2002, S. 13). Aufgrund unserer Kenntnisse würden wir heute meinen, dass es sich nicht nur um die Mutter geht, sondern um jede Bindungsperson von Bedeutung. Winnicott betont mehrfach die angstlindernde Wirkung dieser Phänomene; er verfolgt ihre Wirkung später im Leben („Was ich Übergangsphänomene nenne, ist universell" – ebenda, S. 51) und führt dieses Konzept als Grundlage des Spiels beim Kind und später der Kreativität beim Erwachsenen ein.

Wie die Manifestationsformen der Angst, so sind auch die Angstabwehr-Strategien kulturellen Einflüssen unterworfen. Man könnte in dieser Hinsicht von traditionell ‚männlichen‘ Abwehrformen sprechen, freilich im Sinne der geschlechtlichen Rollenbildung, wie z.B. Aggression, Kampf, Rivalität und Aktionismus, und traditionell ‚weiblichen‘ Formen, wie Phobien, Rückzug in die Depression, oder Erotisieren.

Die Bewältigungsstrategien wirken auf verschiedenen Niveaus, vom ‚niedrigen Niveau' des Körpers, der Dissoziation, über die verschiedenen Stufen der Verdrängung und Flucht, bis zu den sozial sanktionierten Bewältigungs- und Abwehrstrategien des ‚Gesunden'; manche von ihnen gehören zur Normalität des Alltags und der Gesellschaft. Auch die heutzutage übliche Musiküberflutung in Restaurants, Hotels, Flughäfen, etc. dient dem Zweck, den Menschen nie alleine mit sich und den Anderen, folglich auch mit seiner Angst zu lassen. Artur Köstler machte bereits 1969 ironisch auf diese allgegenwärtige Musikberieselung aufmerksam: „Und die ganze Zeit, Tag für Tag auf jede Art, die schlammigen Fluten der Musak [so nennt Köstler die Klangüberflutung im Unterschied zur Musik] gießen sich auf dich herab, hinein berieselt in den Aufzug, die Lobby, die Toilette, Bar, ins Restaurant, Schwimmbad, auf dem Korallenstrand – ein unaufhörlicher, unausweichlicher tonaler Durchfall" (Köstler 1974, S. 174, Übersetzung E. F.). Fast 30 Jahre später beschreibt Ariel Denis in seinem ‚Romanbericht' „Stille in Montparnasse" die psychologische Wirkung der ubiquitären Lärmbelästigung in der Großstadt unserer Tage (Denis 2002/2007).

Fromm beschreibt in seinem Buch „Die Furcht vor der Freiheit" drei Hauptmechanismen, die den Menschen als Flucht vor der Freiheit dienen: A) Flucht ins Autoritäre, B) Flucht ins Destruktive, C) Flucht ins Konformistische (Fromm 1941/2006, S. 103–151). Diese Fluchtarten sind gleichzeitig Fluchtmechanismen vor der Angst, die mit der Freiheit – im Fromm'schen positiven Sinn als „Freiheit zu" und nicht „Freiheit von" – eng verbunden sind. Insofern als innere Freiheit Teil und Ziel menschlicher Identität ist, kann man in diesem Zusammenhang mit Ammon von ‚Identitätsangst' sprechen (s. Kapitel 18, Angst und Identität).

Wie im Falle der Angstmanifestationen (Kapitel 8), ist die nachfolgende Einteilung der Abwehr- bzw. Bewältigungsmechanismen der Angst keineswegs ‚spezifisch' für irgendein psychisches Krankheitsbild, noch für eine bestimmte psychische Struktur. Sie besitzen aber eine gewisse Qualität, die mit dem Strukturniveau der Persönlichkeit assoziierbar ist und dort häufig vorkommt. Beispielsweise kann man die Abwehrform des Rivalisierens ebenso beim ‚Neurotiker' wie beim Borderline-Kranken oder beim Psychosomatiker finden; der ‚neurotische' Aktivismus ist lediglich die ‚mildere', jedenfalls die sozial akzeptierte Form der ‚unruhigeren' Hyperaktivität. Konkretismus ist bei allen psychischen Störungen vorhanden, am ausgeprägtesten bei der psychosomatischen Struktur und bei Psychotikern, ist aber nicht weniger charakteristisch für die Borderline-Störung und manche ‚Normale'.

Die Angst-Abwehrstrategien treten selten in Reinform auf. Generell kann man sagen, dass es so viele Manifestations- und Bewältigungsformen der Angst gibt, wie Individuen.

15.1 Abwehr- und Bewältigungsformen mit ‚neurotischer' Qualität

Verdrängung

Die Verdrängung war schon Thema weiter oben in Verbindung mit der sog. ‚normalen' Angst; ihre ‚neurotische' Qualität, die impliziert, dass sie eine ‚höher' strukturierte, ‚gesündere' Form der Abwehr darstellt, darf nicht von der Tatsache ablenken, dass ihre Implikationen, besonders auf der globalen Ebene – als Verdrängung der gesamten Menschheit – gefährlich, ja fatal sein können. Auch Anna Freud vertritt die Ansicht, dass „Verdrängung nicht nur der wirksamste, er ist auch der gefährlichste Mechanismus, [der] durch den Bewusstseinsentzug [die] Abspaltung vom Ich" bewirken kann (1936/1964, S. 40).

Aktionismus

Aktionismus ist vielleicht die verbreitetste – und auch gesellschaftlich sanktionierte – Art, mit Angst umzugehen. Der stets aktive, ‚fleißige‘, oft auch innovative ‚Workoholic‘ täuscht oft darüber hinweg, dass er unter seiner produktiven Unruhe Angst und Leeregefühl verbirgt. Das wird erst dann sichtbar, wenn er seiner Arbeit, seinen vielfältigen Tätigkeiten beraubt wird. Dann wir der ängstlich, aggressiv, wie ein süchtiger, dem der Stoff ausgegangen ist. Sullivan schreibt: „Feverish overactivity in work or in play may be a substitute activity to keep one from being aware of a serious anxiety-provoking situation" (Sullivan 1948, S. 12).

Ein gewisser Aktionismus wird in unserer leistungsorientierten Gesellschaft oft als Leistung missverstanden und honoriert. Aktivität und Leistung hängen eng zusammen in unserer heutigen Kultur, die von Unruhe und Wettbewerb auf allen Gebieten bestimmt ist. ‚Immer besser, immer schneller, immer leistungsfähiger‘ ist die Devise, die nicht nur das Konsumverhalten, sondern das Verhalten im allgemeinen bestimmt. Menschen, die dieser Devise unterliegen, fühlen, laut Gruen „statt Angst [...] zum Beispiel Langeweile, wodurch sich ihre rasende Aktivität nur verstärkt" (Gruen 1984/2002, S. 122). Schon in der ersten Schulklasse (in Deutschland) wird Konkurrenzverhalten und die Bestrebung, Erster und Bester zu sein, eingeimpft, das Emotionale zugunsten des Intellektuellen belohnt. Solidarität zählt nicht (mehr) zu den erstrebenswerten Verhaltensweisen. Viele Menschen leben in einer ruhelosen Suche nach Aktion und vermeiden jede Form von Stille. Fieberhafter Aktionismus greift um sich, Tausende müssen surfen, gleiten, rennen, suchen nach ‚fun‘ und Geschwindigkeit. Ariel Denis schildert den dauernden, quälenden Lärm und die ständige Unruhe der Großstadt in seinem „Romanbericht" „Stille in Montparnasse" (2002/2008). Im Fernsehen verführen früh ‚Aktionsfilme‘, Krimis, Shows und Wettbewerbe aller Arten die Kinder, ‚bereiten‘ sie auf den späteren Geschmack vor. Erst wenn Kinder und Jugendliche aufgrund ihrer inneren Unruhe als Leistungsminderung und ‚Hyperaktivität‘ in der Schule auffallen, wird das Krankhafte erkannt.

Menschen werden immer noch in der Regel danach geschätzt, was sie geleistet haben, ohne die Leistung und deren psychologische Grundlage zu hinterfragen. Dies führt dazu, dass Kinder nicht nur durch die Schule, sondern auch durch ihre Eltern nach Leistungen beurteilt werden und das emotionale Annehmen des Kindes mit seinen Leistungen verwechselt wird. In Extremfällen, die von zahlreichen Patienten bekannt sind, wurde die Liebe der Eltern mit den Leistungen des Kindes (z.B. mit den Schulnoten) gekoppelt, sodass das Kind gut lernen musste, um geliebt zu werden. Bestrafung durch Liebesentzug im Falle schlechter Leistungen gehörte (und leider gehört noch) zu den häufigen Strafen, die im Grunde psychische Misshandlung entsprechen und zu Traumatisierungen führen, die jedoch in der Gesellschaft – und auch juristisch – nicht als solche gelten.

Menschen, die ihre Angst vor allem durch Aktionismus und Hyperaktivität kompensieren, stehen vor einem wahren Absturz wenn sie sich berenten lassen oder arbeitslos werden; es fängt oft ein unaufhaltsamer Verfall nicht nur im Geistigen, sondern auch im Körperlichen an, der oft in die heute modisch gewordene Diagnose ‚Alzheimer'sche Demenz' mündet. Im übrigen ist diese Demenz auch ein Gebiet, auf dem Forscher und Psychiater unermüdlich nach einem biologischen Substrat suchen (das, wie in anderen psychischen Erkrankungen, nicht schwer zu finden ist) und dieses mit dem Wesen der Krankheit gleichsetzten, mit dem Ziel, das richtige Medikament zu finden. Auch hier verschlingt die Forschung riesige Summen und wird zu einem bedeutenden wirtschaftlichen Faktor.

Die psychodynamische und gruppendynamische Determinierung des Aktionismus als Angst-Abwehr wird aus folgender Fallgeschichte ersichtlich:

Ein 35-jähriger Mann kam in die Klinik wegen einer depressiven Symptomatik, die seit der Trennung von einer langjährigen Freundin aufgetreten war. Es war seine erste Therapie. Im Bericht über sein Leben war zuerst alles ‚normal'; er war geschätzt und erfolgreich in Beruf, hatte mehrere Freunde, trieb Sport. Erst allmählich stellte sich heraus, durch die ‚Unerträglichkeit' der begrenzten Aktivität in der Klinik, dass der Patient gewöhnt war, exzessive Aktivität zu treiben. Seine sportliche Aktivität erstreckte sich auf mehrere Disziplinen, beruflich war er täglich bis zu 16 Stunden beschäftigt, mit der Freizeit der Wochenenden hatte er erhebliche Schwierigkeiten gehabt und versuchte, diese mit erhöhtem Alkoholkonsum zu überbrücken. Psychodynamisch wurde die extreme Leistungsorientiertheit verständlich nach dem Gespräch mit dem Vater des Patienten: Auch dieser versuchte, der Ruhe zu ‚entfliehen', indem er sich beruflich überengagierte und es zum ‚Erfolg' brachte; sein Sohn hatte nur über den Weg der Anerkennung von Leistung (im beruflichen und sportlichen Sinn) zum Vater Kontakt bekommen können. Die ‚Unauffälligkeit' seines Lebens, die er anfangs nach außen trug und auch die Therapeuten zunächst ‚verführte' war eine genaue Widerspiegelung der ‚Normalität', mit der die Gesellschaft (und freilich die Familie des Patienten) solche Aktivität akzeptiert.

Streben nach Macht

Macht ist, neben Besitz und Geld – mit denen sie faktisch und psychologisch eng verwandt ist –, am besten geeignet, innere Leere, Identitätslosigkeit und Sinnlosigkeit zu füllen und die Aggression, die Rachegefühle und den Hass auf alles Lebendige und Authentische auszuagieren; sie ist sozial meist mit Prestige verbunden, schafft große materielle und psychologische Vorteile, Luxus, und schart unterwürfige, opportunistische bzw. parasitäre Individuen um den Mächtigen, deren Persönlichkeitsstruktur der seinen ähnlich ist. Diktatoren und Mächtige aller Zeiten liefern Beispiele dafür, wie das Streben nach Macht das ‚Loch im Ich' (Ammon 1972) füllen kann; vor allem aber dafür, wie sie Angst betäuben kann. Die strenge Hierarchie der Diktatur ermöglicht das Projizieren der eigenen Angst (und der eigenen Wünsche) auf den Despoten, in Form einer Furcht vor ihnen, deren Ausmaße der abgewehrten, zugrunde liegenden inneren Angst entsprechen.

Dieselbe innere Angst wird aber auch auf die Opfer der Macht und der Unterdrückung abgewälzt; Menschen mit nicht gespürter, defizitärer Angst ‚müssen‘ förmlich andere in Angst halten, Terror verbreiten, damit sie ihre Angst abwehren können (s. Kapitel 9, Defizitäre Angst).

Die Kenntnis der Kindheitsgeschichten solcher Menschen, mit ihrer Unterdrückung und Anpassung, mit der Mischung von Angst und Aggression, die aus dem chronischen Nicht-geliebt-Sein, Nicht-verstanden und Nicht-im-eigenen-Recht-Angenommen-werden stammt und nach Ausdruck strebt (und in diktatorischen Regimes leicht findet), lässt diese Charakterpathologie verständlich werden. Arno Gruen hat in „Der Fremde in uns“ (2000) die Biographien von Hitler, Frank, Göring und anderen unter dem Aspekt der Verdrängung des „Fremden“, d.h. des eigenen Leides, wozu insbesondere die ungeschützte frühe Angst gehört, ausführlich analysiert.

Göring, der ‚Furchtlose‘ mit der defizitären Angst, dem zahlreiche ‚Heldentaten‘ schon im Ersten Weltkrieg zuzuschreiben waren und der in der Nazizeit für seine Grausamkeit und kalte Skrupellosigkeit berüchtigt war, meinte: „Nicht ich lebe, sondern Hitler lebt in mir“, und vertraute Hjalmar Schacht an: „Jedesmal, wenn ich ihm [Hitler] gegenüberstehe, fällt mir das Herz in die Hosen“ (Gruen 2000, S. 171).

Im gleichen Buch schildert er, wie die skrupellosen Manager für gesund gehalten werden, wenn sie ihre Macht als Identitätsersatz nutzen; und im „Wahnsinn der Normalität“ (1989/1996) die ‚Harmlosigkeit‘ des Verbrechens, das sich als Macht manifestiert.

Die ‚Wirksamkeit‘ der Macht als Angst-Abwehrstrategie wird deutlich, wenn man die Gesichter von Diktatoren sieht, nachdem sie ihrer Macht beraubt wurden. Man denke an Ceausescu oder Saddam Hussein als Beispiele: elende, beängstigte Gestalten, blasse Schatten früherer ‚Größe‘. Die Intensität des Machthungers ist direkt proportional zur Intensität der abgewehrten Angst.

Besitzsucht (Streben nach Besitz)

Da Geld und Besitz auch Macht bedeuten, gehört diese Suchtart in die unmittelbare Nähe des Strebens nach Macht. Schulz-Hencke hat erkannt, dass ein Aspekt des Besitzstrebens auch in der Milderung seiner Angst besteht, die er als „Angst vor dem Unendlichen“ verstand (Schultz-Hencke 1940/1967, S. 19).

Man betrachte die panikartige Angst vor dem Verlust des Besitzes, des Geldes bei vielen reichen Menschen, die ihr ganzes Leben beherrscht.

Bowlby hat in seinen Untersuchungen von verlassenen, deprivierten Kindern beschrieben, wie diese Kinder nach einer „kritischen“ Zeit der Verlassenheit durch die Bezugsperson (meistens die Mutter) „zunehmend egozentrisch werden [und] statt [ihre] Wünsche und Gefühle auf Menschen zu richten, von materiellen Dingen wie Süßigkeiten, Spielsachen und Nahrung präokkupiert werden [und allmählich] gierig auf die mitgebrachten Geschenke“ reagieren (Bowlby 1961, S. 414). Es ist unschwer, in diesen

Beobachtungen die Wurzeln der Besitzgier, des Besitzes als Ersatz von Liebe und Zuwendung, und später als Ersatz von eigener Identität zu sehen.

Diese Art der Angst-Abwehr wird nicht nur sozial gebilligt, sondern auch stark gefördert, denn sie stellt die Hauptachse unserer Marktwirtschaft dar (kaufen, verkaufen, Profit steigern). Darin scheint die Erklärung der Tatsache zu liegen, dass es dem Menschen bisher nie gelungen ist, ein anderes, lebensfähiges Wirtschaftssystem zu kreieren.

Urangst wird nicht bewusst erkannt, sondern mit der Suche nach Sicherheit kompensiert. Je größer die existentielle, meist nicht gespürte Angst, desto größer das Bedürfnis nach Sicherheit. Die moderne Gesellschaft bietet Versicherungen für jede Gefahr; alles kann versichert werden. In früheren Zeiten waren die große Familie, die eigenen Kinder – neben dem Besitz – ,Garanten' der Sicherheit für Alter und Krankheit; im 19. Jahrhundert, dem „Jahrhundert der Sicherheit", was das „Gefühl der Sicherheit der erstrebenswerteste Besitz von Millionen, das gemeinsame Lebensideal (Zweig 1944/2002, S. 16). Diese traditionelle ,Sicherheit' (Kinderreichtum gilt heute noch in armen Ländern als Reichtum und Sicherheit) wurde von Sozial-, Alters-, Lebens- und Krankheitsversicherungen, die die Angst vor der allgegenwärtigen Unsicherheit ,betäuben' sollen, ersetzt. Doch die größte ,Sicherheit' verspricht der Besitz und das Geld; gleichzeitig aber schwingt die Befürchtung mit, diese zu verlieren. Das Suchtmoment an der Besitzsucht beinhaltet, dass das Geld bzw. der Besitz – d.h. die Illusion der Sicherheit – auch vermehrt werden muss. Hinzu kommt, wie bei der Macht, die Identitätsersatz-Eigenschaft des Besitzes: ,Du bist, was du hast'.

Die Besitzsucht ist, wie schon erwähnt (Kapitel 8), meist mit Verarmungsangst gepaart. Während aber Verarmungsangst oft pathologischen Charakter hat, sich durch ständige Spannung und spürbare Verlustangst manifestiert, ist die Besitzsucht nach außen ,normal'. Oft ist sie mit Geiz in unterschiedlichem Ausmaß gepaart. Sie ist insgesamt sozial und kulturell akzeptiert und bekommt durch das Ideal von ,glücklichem Leben' und von Macht einen sehr hohen Wert. Diese sekundären Vorteile der Besitzsucht verschleiern weitgehend ihren krankhaften Charakter und die Tatsache, dass diese Sucht tiefe Angst verdeckt und kompensiert. Bei jeder Sucht zeigt sich die Schwere der Pathologie erst dann, wenn die Kompensation durch das Suchtmittel entzogen wird – so auch bei der Besitzsucht. Menschen, die nach einer Karriere durch Pleite oder sonstiges Unglück ,alles' verloren haben (bereits der Ausdruck „alles" ist hier bezeichnend), fühlen sich selbst vernichtet. Selbstmord ist häufig, weil Suchtmittel und Lebenssinn, Besitz und Identität, „Haben und Sein" (Fromm 1976/1981) dabei eng miteinander verknüpft sind.

Diese häufige Form der Angst führt zu einem ,Lebensstil', der den Besitz und seine Vermehrung zu ihrem einzigen Sinn und Mittelpunkt macht. Der Mensch ist abhängig geworden von den von ihm geschaffenen Dingen, „von den Dingen, Geräten, Waren, Bürokratien [...]. Alle haben die gleiche Aufgabe, ihm sein Identitätserleben zu ermöglichen" (Fromm 1991/2006, S. 124). „Zum Ziel des Lebens wird die Eroberung dessen, was außerhalb der Grenzen des eigenen Selbst liegt", schreibt Arno Gruen, „das In-Besitz-Nehmen von Lebewesen oder Dingen [...]. Statt sich selbst ganz zu besitzen, werden äußere Dinge oder andere Personen in Besitz genommen – wobei das Besitzen-Wollen eine Eigendynamik entwickelt, da es Erleichterung verschafft" (Gruen 1997/2005, S. 32–33). Gruen macht hier auf den gleichen Mechanismus der Besitzergreifung von Dingen *und* Personen aufmerksam. Der Verlust von symbiotisch angeklammerten Personen löst in der Tat ganz ähnliche Symptome der Verlassenheit aus, wie der Verlust des Besitzes; beides führt nicht selten zum Suizid, da der Sinn des Lebens, oder besser: sein Ersatz für den Sinn des Lebens, nicht mehr existiert.

Delumeau weist auf die Geschichte der Panik hin, die nach einem Börsenzusammenbruch ausgebrochen ist – z.B. am so genannten „schwarzen Freitag" vom 24. Oktober 1929 in der Wallstreet – und schreibt: „In all diesen Fällen brach eine irrationale, sich rasch verbreitende Panik aus, geboren aus der nackten Angst vor dem Nichts [...]. Das Spiel der Börse, von dem leider so viele menschliche Schicksale abhängen, kennt letzlich nur eine Regel: den Wechsel zwischen übertriebener Hoffnung und panischer Angst" (Delumeau 1978/1989, S. 24). Die ‚nackte Angst vor dem Nichts', die hinter dem ‚thrill' (Balint) lauert, ist die existentielle Angst. Das erklärt den Panik-Charakter solcher Krisen. Auf den angstgebundenen, aber auch ‚libidinösen' Aspekt des Geldes hat sich Abraham in seiner Schrift „Das Geldausgeben im Angstzustand" (1917) beschäftigt. Das Ausgeben des Geldes ist der Gegenpol zum Anhäufen desselben, beide beruhen jedoch auf dem gleichen angstökonomischen Prinzip". Der Lustgewinn und die damit verbundene Reduktion von Angstaffekten während des Einkaufs sind nach Abraham darauf zurückzuführen, dass sie „Geld statt Libido" ausgeben (1917, S. 65). „Diese regressive Ersatzform der Triebbefriedigung [ist im Stande] auch die Angstzustände [zu] mildern" (Meyer 2005, S. 110).

Ein 48-jähriger Patient mit krimineller Vergangenheit kam wegen familiärer Konflikte in psychotherapeutische Behandlung; bald nach dem Beginn der Therapie erkrankte er an einer halb-gutartigen Tumorart. Geld und Besitz waren immer schon sein einziges Interesse gewesen, deshalb schrak er auch nicht von Raub zurück, als er von einem ‚Kumpel' dazu verführt worden sei. Sein Verhältnis zum Geld war eindeutig erotisch. Jedesmal aber, wenn er finanziellen Erfolg hatte, ‚geschah es', dass er durch eine falsche Spekulation alles, oder fast alles verlor; als er in Therapie kam, war er wieder verarmt. Er litt auch unter Verarmungsängsten. Er war in einer emotional kalter Familie aufgewachsen, hatte eine besitzergreifende Mutter, die ihn noch als Erwachsener symbiotisch festhielt und ihm Schuldgefühle machte. Zum sehr distanzierten Vater konnte er als Kind nur Kontakt bekommen, als er zeigte, wie schnell er zu Geld kommen konnte. Seine erste Erinnerung an dem Vater war, dass dieser ihn fragte: „Was ist das Wichtigste auf der Welt?"; der kleine Junge antwortete, indem er mit den Fingern das Geldzählen zeigte. Daraufhin lächelte der Vater („das einzige, das ihn zum Lächeln brachte"). Im Laufe der Therapie konnte er hinter dem wiederholten Verlust seines Vermögens den Ausdruck eines verinnerlichten, schuldhaften Lebensverbots erkennen. Ebenso wurde deutlich, dass sich hinter der Besitzsucht die Sehnsucht nach der Anerkennung des Vaters, aber auch die Möglichkeit der Autonomie und ‚Befreiung' von der Mutter stand. Die Angst zu verarmen entsprach der existentiellen Angst des verlassenen Kindes, dem ‚versprochen' worden war, ihn erst dann anzunehmen und zu lieben, wenn er einmal reich werden würde.

Genusssucht

Die Genusssucht ist eine harmlosere, besonders in wohlhabenden Schichten weit verbreitete, sozial und kulturell geförderte Variante der Sucht; das Moment der Sucht, der
Abhängigkeit, wird dadurch deutlich, dass der ‚Entzug‘ eines Genussmittels Angst verursacht – nur wird diese nicht als klinisches Symptom gesehen, sondern der Betreffende
findet meistens einen sozial akzeptablen Ersatz.

Die Genusssucht und die sozialökonomische Auswirkung, die Konsumeinstellung,
sind zum ‚Lustprinzip der Industriegesellschaft‘ avanciert (Fabian 1986, S. 131). Die
kapitalistische, heute auch globalisierte Weltwirtschaft würde wie ein Kartenhaus zu-
sammenbrechen, wenn die weltweite Nachfrage plötzlich abnehmen würde. Sogar ein
geringfügiger Rückgang der Kaufkraft oder -lust der Bevölkerung erzeugt Panik; kein
Wunder also, dass die gesamte Wirtschaft – mit Hilfe einer ganzen Armee von Psychologen und anderen Wissenschaftlern – gezwungen ist, den ununterbrochenen Kaufhunger
der Massen in Gang zu halten – und, wenn möglich, zu steigern. Eine derartige Wirt-
schaftsstruktur, die auf künstlich erzeugtem Konsumbedarf basiert, ist in sich pathologisch. Sie hat sich auch im sog. sozialistischen Wirtschaftssystemen nicht grundsätzlich
geändert, weil die Duplizierung der psychologischen und wirtschaftlichen, auf Nachfrage beruhenden Bedürfnisse unverändert geblieben sind.

Faszination der Technik

Battegay schreibt über den modernen Menschen, dass er „gebannt [ist] durch die
Möglichkeiten der Angstabwehr, die in der Technik begründet liegen [...]. In diesem
kommunikationslosen Dasein wird sich seiner aber erst recht die Angst bemächtigen“
(1970/1996, S. 52). In ihrem Vortrag vor der Entgegennahme des Literatur-Nobelpreises
beklagte Doris Lessing, so ein Artikel der Süddeutschen Zeitung, „die Folgen des Inter-
nets. [Dieses habe] eine ganze Generation mit seinen Belanglosigkeiten verführt“ (Süddeutsche Zeitung vom 8./9.12.2007, S. 13). Die Faszination der Technik hat bezüglich der
Angst einen Abwehrcharakter.

Das Faszinosum des Technischen ist so alt wie der Mensch. Der Computer und die
Informatik haben jedoch einen besonderen Reiz, sie erfordern eine konkretistische,
‚linkshirnige‘ Art von Intelligenz, die besonders unter Jugendlichen weit verbreitet ist
und suchtförmig wirken kann. Die Wirtschaft und die Industrie haben das schier unbegrenzte Konsumpotential des Computers und der Mikroelektronik früh erkannt und
produzieren in schwindelerregendem Tempo immer neuere Entwicklungen von Spielen,
Unterhaltungsapparaturen, Foto- und akustischen Geräten, Mobiltelefonen und zahlreichen anderen, deren ungewöhnliche Leistungen oft unnötig sind, aber für viele faszinierend wirken und den Appetit zum Dauerkonsum erregen und damit eine wirksame
Abwehr der Angst, besonders bei der Jugend, ermöglichen.

Betrachten wir einmal eine banale Szene in einer deutschen Großstadt vor einer Ampel, nach der aus der zweispurigen Straße eine einspurige wird: Auf der rechten Spur versammeln sich die ‚Starken' (manche Marken sind aufgrund ihrer hohen Kraft, ihrer ‚Potenz' besonders beliebt), die mit hoher Präzision den genauen Augenblick des Grünwerdens der Ampel ‚ausrechnen', um darauf blitzschnell zu reagieren und den Fahrer der linken Spur rechtzeitig von rechts zu überholen. Besonders wenn es sich um Landstraßen oder bestimmte Autobahnstrecken abends oder nachts handelt, ist oft die Gefahr groß und man bekommt den Eindruck, als ginge es dem Fahrer um Leben und Tod, als würde er sein Leben riskieren, um ‚Erster' zu sein. ‚Eile' kann es kaum sein – manche motorisierte ‚Helden' dieser Art demonstrieren das ostentativ, indem sie sofort nach der Überholung verlangsamen und zeigen, dass sie keine Eile haben. Solch verbissenes, rabiates und riskantes Verhalten muss tiefere Gründe haben: Nicht das Eilighaben schafft die Unruhe, sondern die innere Unruhe das Eilighaben. Hier handelt es sich um ein Leeregefühl, das mit Geschwindigkeit, mit Statussymbolen, mit Aggression, mit Rivalität gefüllt bzw. kompensiert werden *muss*, indem einer drohenden Angst vor Sinnlosigkeit ein kurzlebiger, scheinbaren ‚Sinn' entgegen gesetzt wird: das Surrogat von Bedeutungsgefühl durch Überlegenheit. Das Beispiel des Autofahrens ist deshalb interessant, weil in ihm deutlich wird, welcher tieferen Logik die ‚Koalition' von Wirtschaft (immer leistungsstärkere Autos produzieren) und Psychologie gehorcht.

Die häufige ‚Karriere-Sucht' entspricht einer mehr oder weniger ‚spezifischen' Abwehrform, die diese Manifestation der Angst mit der Form der Besitzsucht kombiniert. Solche Menschen müssen sich ununterbrochen mit anderen messen, andere überwinden, die Besten sein, da in ihrer Geschichte nur durch beste Leistung Zuwendung, Liebe (und dadurch auch Schutz vor der Angst) gewehrt wurden. Angst kann sich auch in der Form einer heftigen Rivalität der Geschlechter, des ‚Geschlechterkampfes' zeigen, die oft genug Thema vor allem des modernen Theaters wurde (etwa bei Arthur Miller oder Eugene O'Neill). Gruen schreibt: „Die Männer tarnen mit diesem Kampf der Geschlechter ihre Angst vor dem Lebendigen, dem Schmerz und dem Leid" (Gruen 1997/2005, S. 43) – wobei diese Feststellung nicht nur für Männer gilt. Es ist bemerkenswert, dass die Bedeutung der Angst bei dem so genannten A-Typ-Verhaltensmuster (Hoffmann, Hochapfel 1999) nicht erkannt und hinter dem Konkurrenzverhalten des ‚gehetzten, unruhigen Erfolgstypus' lediglich der Ausdruck vermehrter Aggressivität und Feindseligkeit gesehen wird (Bräutigam, Christian 1973/1981, Köhler 1985/1989, Hoffmann, Hochapfel 1999, Uexküll 2003).

Rivalität hat mehrere Aspekte, die einander, potenzieren können: Spiel, Neid, Eifersucht, Aggression, kämpferischer Kontaktversuch, Erotik, Machthunger spielen darin eine Rolle. Aber es liegt nahe, den Hauptgrund für zwanghaftes, übermäßiges Rivalisieren in der Angstabwehr zu suchen. Abgewehrt wird damit die narzisstische Angst vor Bedeutungslosigkeit, von mangelndem Sinn im eigenen Leben. Man kann vom Rivalisieren dasselbe sagen wie von Verhaltensformen wie übertriebener Aggression, Zwang, Genusszwang: Je unkontrollierter, unwiderstehlicher, weniger bewusst solche Formen sind, umso näher liegt es, sie als Abwehrstrategien unbewusster existentieller Ängste zu verstehen.

Im symbolischen Akt des Überholens liegt verborgen die Selbstbehauptung, das Stärker, Erfolgreicher sein, vielleicht das Machtgehabe dessen, der mehr oder kräftigere ‚Sklaven‘ hat (das Auto, das jeden Wunsch erfüllt), nicht zuletzt das Gefühl des Lebendigseins, das ‚Gegengefühl‘ der Todesangst.

Auch die übermäßige Eifersucht drückt existentielle Angst aus, die Verlassenheitsangst dessen, der als nicht erster, nicht besser, nicht mehr beachtet, vergessen wird; ebenfalls von der Frühgeschichte des Individuums determiniert. Eifersucht ist ein normales Gefühl, das bereits in ihrer ‚gemäßigten‘ Form mit Verlassenheitsangst einhergeht, wie die Rivalität. Das durch Eifersucht verursachte Leid – in beide Richtungen: als Eifersüchtige(r) und als Opfer der Eifersucht anderer – ist eins der tiefen Themen der Menschheit, virulent besonders bei Kindern. Wenn jedoch dieses Gefühl von Erwachsenen nicht verstanden, oder, noch schlimmer, ausgenutzt und instrumentalisiert werden (zur Abwehr eigener Eifersuchts- und Verlassenheitsängste), können sie zu einem heftigen Motiv werden, das als Abwehr der Urangst das ganze Leben dominiert.

Gewohnheiten

Gewohnheiten sind die ‚gesündeste‘ und harmloseste Form der Angstabwehr. Sie vermitteln uns Sicherheit. Wir wissen, woran wir sind, wie es weitergeht. Wir haben schon in der frühen Kindheit tausende von Gewohnheiten, die uns den Alltag füllen und regeln, ihre Zahl ahnen wir nicht, wenn wir uns mit ihnen nicht beschäftigen. Auch der ‚gesunde Mensch‘ ist auf seine Bewältigungsstrategien gegen die Angst angewiesen. ‚Harmlos‘ sind sie solange sie nicht in ihrer Intensität, in ihrer Unverrückbarkeit den Menschen dominieren. Sie dienen der Stabilität und Geborgenheit durch Regulation von Nähe und Distanz bzw. Kontakt-dosierende Wirkung; dazu gehören das gemeinsame Essen, verschiedene sportliche und andere Rituale und Unternehmungen, etc. Paul Groussac, ein französischer Schriftsteller formulierte es 1904 zutreffend: „Ohne Zweifel: Das Heim, die Familie, die bekannten geliebten Gesichter, die Arbeit, die regelmäßige Abfolge gewohnter Tätigkeiten müssen allesamt Marksteine und Anhaltspunkte sein, die den gefährdeten Verstand im Gleichgewicht halten. Sie geleiten ihn durch das Labyrinth der Klippen, an denen er scheitern könnte: nach Art der antiken Schifffahrt, die sich vorsichtig von Kap zu Kap bewegte und sich furchtsam an der stets sichtbaren Küste orientierte" (zit. b. J. L. Borges, S. 169–70).

Gewohnheiten haben schon bei Kindern eine enorme Bedeutung, Kinder gewöhnen sich extrem schnell und intensiv. Auch ihnen vermitteln die Gewohnheiten und vor allem Wiederholungen ein Sicherheitsgefühl in einer noch größtenteils unbekannten, oft bedrohlichen Umwelt. Jedes Detail eines Spiels, jede Melodie, jeder Rhythmus muss unzählige Male und immer wieder von Neuem wiederholt werden; schon kleine Kinder freuen sich auf das Bekannte, das Vertraute, und ‚korrigieren‘ uns, wenn wir etwas aus dem üblichen Schema ‚vergessen‘ haben.

‚Nachfolger‘ der kindlichen Magie der Wiederholung finden wir in der Musik. Wie in der Volksdichtung spielt die Wiederholung bestimmter rhythmisch-melodischen Sequenzen auch in der Volksmusik eine wichtige Rolle. Die europäische Kultur greift das Wiederholungsschema in den einfachen Musikstücken und Arien – das so genannte

A-B-A-Schema in seiner einfachsten Variante – auf, variiert es im Barock in den musikalischen Formen der Chaconne und des Rondo und entfernt sich allmählich von der einfachen Wiederholung in den ‚raffinierteren‘ Gattungen der Variation und schließlich der Sonatenform der Wiener Klassik, bei der die Wiederholung selber nicht mehr einfache Wiederholung ist, sondern immer komplexere Abwandlung. Ein ähnlicher Entwicklungsprozess liegt – unter dem Aspekt der Wiederholung – auch der klassischen indischen Raga-Musik und dem Jazz zugrunde. Allgemein lässt sich feststellen, zumindest für die ‚klassische‘ Periode der europäischen Musik (in der zeitgenössischen Kulturmusik gelten andere ästhetische Regeln, oder vielmehr sind die meisten der alten aufgehoben, was aus psychologischer Sicht wahrscheinlich ihre mangelnde Popularität mitbegründet): Gleichgültig, wie weit sich das Hauptthema durch die ‚Durcharbeitung‘ oder die Variation verändert hat, *sie kehrt am Ende zurück*. Damit gibt sie dem Ganzen eine Gestalt. Ohne diese Rückkehr, keine klassische Musik – psychologisch ausgedrückt: keine Entspannung, keine Trennung, kein Abschluss.

Interessant ist in diesem Zusammenhang zu beobachten, wie die Unterhaltungsmusik dazu neigt, zum ‚infantilen‘ Schema der unvariierten Wiederkehr einer einzigen melodischen Sequenz, meist getragen von der selben rhythmischen Figur, zurückzukehren. Beides bleibt unverändert, außer einer gelegentlichen Anhebung des Grundtons: C → Cis, oder D → Es, usw. Dieses in sich geschlossene Wiederholen ohne Variation spiegelt die Angst vor Veränderung und vor Trennung in doppelter Hinsicht wider, denn viele dieser Musikstücke enden eigentlich gar nicht, sondern hören allmählich auf: ‚fading out‘, eine musikalische Nicht-Trennung. Macht der Gewohnheit und Angst vor Veränderung und Trennung offenbaren sich auch in diesem ‚Produkt‘ unserer Zeit und zeigen, dass sie lediglich Variationen eines einzigen Phänomens sind: der existentiellen Angst.

Jeder Erwachsene hat, wie bereits gesagt, eine ganz individuelle ‚Mischung‘, eine Kombination eigener Bewältigungs- und Abwehrstrategien der Angst, die lebensgeschichtlich determiniert ist und im Verlauf seines Lebens weitgehend konstant bleibt – gleichsam einen eigenen ‚Angst-Fingerabdruck‘. Dazu gehören seine ganz persönlichen Gewohnheiten. Auch der ‚gesunde‘ Mensch muss sich lebenslang mit dem Problem seiner Urangst auseinandersetzen – ja, gerade durch diese lebenslange und ernste Auseinandersetzung, und durch die Bedeutung, die diese Auseinandersetzung für sein Leben und Wirken einnimmt, kann er m.E. als ‚gesund‘ bezeichnet werden.

Die angstmindernde Wirkung der gemeinsamen Gewohnheiten liegt auch vielen medizinischen und therapeutischen ‚Ritualen‘ (wie der Visite u.a.) zugrunde. Die außerordentlich genaue Regelmäßigkeit des Tagesablaufs in einem Krankenhaus dient der Abwehr von Angst; ebenso vermittelt das Setting einer psychotherapeutischen Klinik Sicherheit und reguliert Nähe und Distanz zu den Therapeuten und unter den Patienten. Dies ist vermutlich ein wenig beachteter Wirkfaktor der stationären Therapie.

15.2 Abwehr- und Bewältigungsformen mit ‚borderlinehafter' Qualität

Hyperaktivität

Hyperaktivität ist eine häufige Abwehrform der Angst bei Kindern und Jugendlichen, die sich als Unruhe, „exzessive Ruhelosigkeit" und „beeinträchtigte Aufmerksamkeit" äußern und zu „Lernschwierigkeiten oder andere(n) schulische(n) Probleme(n)" führen kann (ICD-10, S. 294), wodurch diese Kinder oft erst der Umgebung auffallen. Sie kommt auch bei Erwachsenen oft vor und stellt eine zugespitzte, ‚pathologische' Variante des Aktionismus dar; hier sind, im Gegensatz zum vielfach täuschenden Aktionismus, die Angst, die Unruhe, gleichsam ‚direkt unter der Oberfläche'. Die biologistische Psychiatrie und ihre Forschungsrichtung hat diese Form der Angstbewältigung aufgegriffen und ein „imaginäres Wissen" akkumuliert (Staufenberg 2008, S. 654); das Aufmerksamkeitsdefizit und Hyperaktivität Syndrom (ADHS) sei auf eine Störung des dopaminergen Systems zurückzuführen und zeige eine hohe Erblichkeit (Renner et al. 2008). Dabei ignoriert sie bis heute weitgehend, dass es sich dabei um Jugendliche handelt, deren Störungen als Ohnmacht aufzufassen sind, Angst und Aggression in einer nicht verstehenden und unterstützenden Umgebung – erst durch den ‚Alarmruf' der Hyperaktivität, die im Gegensatz zur Angst beachtet wird, weil sie die schulischen Leistungen gefährdet – auszudrücken. Dass dieser ‚Alarmruf' nicht allein als Hyperaktivität zum Ausdruck kommt, sondern andere ‚Störungen des Sozialverhaltens', Angststörungen, Zwangssymptome, Enuresis u.a. aufweist, wird von der Psychiatrie nicht als Formen eines gleichen Manifestationsspektrums der Angst, sondern als hohe Komorbidität bewertet (Romanos et al. 2008, Jans et al. 2008). Die „hohe Erblichkeit" wird durchaus verständlich, wenn man sich vergegenwärtigt, dass Eltern, die ihre Ängste auch durch Hyperaktivität ausdrücken (Jans et al. 2008), ihre Kinder zu ähnlichem Verhalten ‚anregen': Erstens, weil sie ihre Angst – wie die eigene – gar nicht verstehen, und zweitens, weil sie als Identifikationsfiguren dienen. Denkt man an die enormen weltweiten Absätze der Pharmaindustrie mit ihrem Produkt Methylphenidat (z.B. Ritalin), ist das große Interesse der Forschung an einer solchen Theorie nicht schwer zu verstehen. Weltweit werden schätzungsweise über 10 Millionen Kinder mit Methylphenidat behandelt; allein in Deutschland hat der Verbrauch zwischen 1993 und 2006 um fast 3600%, von 34 kg auf 1221 kg. zugenommen (Haubl, Liebsch 2008, Leuzinger-Bohleber et al. 2008).

Ähnlich werden genetische Einflüsse auch für andere Verhaltensstörungen in der Kindheit und Jugend, wie z.B. für gestörtes Sozialverhalten geltend gemacht (Frick et al. 1992); Enuresis nocturna soll einen „autosomal dominanten Erbgang mit reduzierter Penetranz" aufweisen (Möller et al. 2000), mit Anomalien an den Chromosomen 8, 12 und 13 (Gontard et al. 1997). Untersucht man hingegen die Jugendlichen und ihre Familien sorgfältig – und nicht nur, wie in den Anamnesen aus psychiatrischen Kliniken, summarisch in Hinblick auf ‚frühkindliche Entwicklung, Geburtskomplikationen und Krankheiten in der Familie', und beurteilt dadurch manch eine Familie als ‚intakt', weil sie nach außen so wirkt –, entdeckt man Familien mit unterdrückter Angst und oft unterdrückenden Eltern, deren Not – nicht weniger als die eigene – durch den ‚Indexpatienten' (in der Sprache der Familientherapie) ausgedrückt wird (vgl. Stork 1993, Günter 2001, Hüther 2002, Häusler und Hopf 2002, Leßner 2007, Leuzinger-Bohleber et al. 2008, Staufenberg 2008). Gleichzeitig wird dieser, meist ein Jugendlicher oder ein Kind, zum Kranken erklärt. In der psychiatrischen Klinik wird seine Angst ebenso wie in seiner Primärgruppe übersehen und es wird eine konkrete medikamentöse Therapie eingetzt. Dass diese nicht ohne gravierende Nebeneffekte und sogar Todesfälle appliziert wird, hält nicht von ihrem Einsatz ab.

Im gruppendynamischen Verständnis kann man das künstlich lancierte und in den letzten Jahren gewaltig expandierende (Haubl, Liebsch 2008) Syndrom ADHS als einen verzweifelten Appell des Kindes begreifen, sein Leid – seine Verlassenheit und seine Todesangst – und die Dynamik seiner Umgebung, die an ihm ausgetragen bzw. an ihn delegiert wird, zu verstehen. Deshalb ist das gruppendynamische Verständnis besonders wichtig gerade bei so genannten ‚Verhaltensstörungen‘ des Kindes; sie verdeutlichen in der Regel die (meist unbewusste) Pathologie der Primärgruppe einschließlich trans-generationaler Aspekte. Die Frage ist immer zu stellen: Was drückt das Symptom des Kindes für die Gruppe aus? Welche Bedeutung haben Symptome wie Unruhe, Agitiert-heit, Aufmerksamkeitsdefizit, ‚nicht zuhören‘, in dieser Botschaft (wird dem Kind nicht auch ‚nicht zugehört‘?). Welche Konflikte verbergen sich in der Gruppe oder werden dort tabuisiert – und aus welchen Gründen? Damit wird nicht nur die Verlagerung der Symptomatik des Kindes in die Gruppe erreicht (wo sie hingehört), sondern auch eine entlastende Wirkung für das Kind, die jedem familientherapeutisch oder gruppendyna-misch arbeitenden Therapeuten geläufig ist. Das gruppendynamische Prinzip ist auch ein ethisches Prinzip.

Mittlerweile wird von vielen die Berechtigung der ‚Modediagnose‘ ADHS in Frage gestellt – sogar im medikamentös-psychiatrisch eingestellten Medical Tribune („ADHS: nur eine Modediagnose?“, April 2008, S. 4). In den USA wird die Diagnose besonders häufig gestellt. Seit Schulz-Hencke (1951, S. 51) hält sich die Meinung einer *„angeborenen Hypermotorik“* des Säuglings, auf die die Mutter ängstlich reagiere (König 1986/2000, S. 19, kursiv E. F.) – die aber nie bewiesen wurde. Sie entlastet aber sicherlich Mutter und Familie von jeglichem Schuldgefühl.

Umwandlung in Aggression

Existentielle Angst kann auch durch andere Gefühle ausgedrückt und gleichzeitig ‚ver-schleiert‘ werden: Oft wird sie als Aggression, mitunter als Scham oder Schuldgefühle ‚maskiert‘; Scham oder Schuldgefühle sind ‚konkreter‘, haben meist ein ‚Objekt‘. Die Aggression als ‚Vertreterin‘ der Angst und ihre Bedeutung für die Therapie wird ausführ-licher im Kapitel 21 (Angst und Aggression in der Psychotherapie) besprochen.

Erotisieren und Sexualisieren

Chronifizierte Angststörung ist sehr häufig mit Depression oder depressiver Entwick-lung gepaart. Zu den Abwehrmechanismen, die existentielle Angst, aber auch das Gefühl der inneren Leere und Sinnlosigkeit, der chronischen Langeweile, der Depression mas-kieren und kompensieren, gehören auch die Flucht in sexualisierte Beziehungen und in sexuelle Hyperaktivität. Erotisieren und Sexualisieren haben wenig mit ‚echter‘ in die Persönlichkeit integrierter Erotik und Sexualität zu tun, sie haben eher Abwehrcharakter und hinterlassen ein Gefühl der Leere; Erotisieren heißt der meist unbewusste Vorgang, im Laufe dessen Erotik als Mittel, als ‚Waffe‘ eingesetzt wird. Schon Fenichel erkannte, dass ‚Verliebtheit‘ auch als Abwehr gegen Angst (und Schuldgefühle) wirksam sei kann: „Angst und Schuldgefühle können indirekt herabgesetzt werden, in dem man sich verliebt“ (Fenichel 1977, III, S. 143).

Enge, symbiotische Beziehungen sind auch aus dem stationären Alltag bekannt; Patienten, die Angst vor der Entlassung, im Grunde Trennungs- und Zukunftsangst haben und diese wenig zu spüren (und auszuhalten) imstande sind bzw. ‚betäuben‘ wollen, neigen dazu, sich intensiv zu ‚verlieben‘. Freilich kommt diese Abwehrstrategie der Angst sehr häufig auch im Alltag vor, besonders vor Angst machenden Identitätsschritten oder Grenzsituationen. Es entstehen dabei Paarbildungen, die ausschließlich auf der angstlindernden Wirkung der engen, symbiotischen Beziehung basieren und mit dem realen Kennen des Anderen und der Beziehungsarbeit, die damit verbunden ist, nichts zu tun haben.

Auch im Alltag dienen erotisierte Beziehungen der Angstlinderung – z.b. in Trennungssituationen –, ohne dass dies bewusst wird. Gegenseitige Übertragungen und diese entsprechenden Erwartungen, die an dem oder an der Anderen vorbeigehen, komplizieren viele Partnerschaften. Die dramatischen Folgen solcher ‚Beziehungen‘ lassen sich an der hohen Zahl der Trennungen und Scheidungen ablesen (in Deutschland ca. 2/3 aller Ehen), bei denen oft leider auch Kinder ‚auf der Strecke‘ bleiben. Es ist meine Überzeugung, dass die beschriebene Dynamik die erste Ursache dieser sozialen Katastrophe ist. Alle, oder ein großer Teil der damit verbundenen Gefühle und Phantasien bleiben nämlich unbewusst, Übertragungen oder Projektionen werden nicht erkannt. Die Schule bietet bis heute in der Vorbereitung der jungen Menschen auf Beziehungsarbeit so gut wie keine Hilfe, sie konzentriert sich vielmehr auf die Entwicklung mathematischer und logischer Fähigkeiten, die im späteren Leben kaum eine Rolle spielen. Sie vernachlässigt das, was für das spätere Glück und Unglück – auch der nachfolgenden Generation – unendlich großes Gewicht hat. Wenn die jungen Leute auch in ihrer Familie und ihrer Umgebung kein gutes Beispiel an Beziehungsarbeit erleben, sind sie auf sich selbst verlassen und den Täuschungen der ‚Verliebtheit‘ mit ihren Folgen ausgeliefert.

Angst ist ein eifriger Heiratsvermittler. Dies wird wenig wahrgenommen oder erkannt, da in der Regel besonders Männer ihre Angst wenig spüren, so dass auch im Laufe der Partnerschaft die Konstellation des Mannes der ‚keine Angst‘ hat und der Frau, die nicht nur die eigene, sondern auch die Angst ihres Mannes trägt, zu den häufigsten gehören.

Auch sexuelle Promiskuität kann Angst wirksam binden bzw. ‚betäuben‘, sie ist eine häufige Angst-Abwehrstrategie, besonders bei Patienten und Patientinnen mit Borderline-Persönlichkeitsstörungen.

Identifikation mit dem Angreifer

Anna Freud hat die Identifikation mit dem Angreifer als Abwehrmechanismus in ihrem Buch „Das Ich und die Abwehrmechanismen" bekannt gemacht (A. Freud 1936/1964).[3] Sie stellt einen sehr verbreiteten unbewussten Mechanismus dar. Ferenczi schreibt: „Dieselbe Angst [vor der Autorität] zwingt [die Kinder] automatisch, sich dem Willen des Angreifers unterzuordnen […], sich mit dem Angreifer vollauf zu identifizieren" (Ferenczi 1933, S. 308). Arno Gruen sieht in diesem Mechanismus, der unbewusst in uns allen schlummert, uns dem Gehorsam empfänglich macht und die Aggression auf den Angreifer in Bewunderung und Idealisierung verwandelt, einen wesentlichen Faktor in der Entwicklung unserer westlichen Kultur („Die Identifikation mit dem Aggressor: Die Grundlage unserer Zivilisation", Gruen 1997/2005, S. 85–103).

Sucht

Sucht ist eine der verbreitetsten Bewältigungsformen der Angst; Alkohol, Drogen und andere Suchtmittel unterdrücken die Symptome von Angst (Bauer 2006/2008) und innerer Leere bei depressiven und Borderline-Patienten und fungieren für sie als „narzisstische Plombe" (Dulz 2000, S. 68). Sie bewirken die „Verschmelzung mit der Droge als einem Symbiosepartner" (Röhling 1979, S. 478).

Man gewinnt einen klaren Eindruck von der Angst, die die Sucht ‚bindet', wenn man das Abwehrmittel entzieht. Die Angst hinter dem Suchtverhalten ist schon in der Gegenübertragung spürbar. Am deutlichsten wird sie jedoch, wenn man dem Patienten den Alkohol oder die Droge wegnimmt und er in Entzug gerät: Dann steigert sich die Angst zur Panik, zur Todesangst, die Körper und Seele erfasst und den Menschen zu einer elenden, abhängigen Gestalt ‚degradiert'.

Ich erinnere mich an einen Arzt, den ich als Patienten in der Psychiatrie in der Zeit meiner Ausbildung erlebt habe und der mich damals tief beeidruckt hat: Er war ein würdiger älterer Herr, der Beruhigungsmittelabhängig war und aus seiner Praxis kam, um einen Entzug durchzuführen. Am dritten oder vierten Tag seines Aufenthaltes bettelte er buchstäblich auf den Knien, von Panik ergriffen, nach einem Beruhigungsmittel, würdelos, ein elender Mensch, der nur noch aus Angst bestand.

Condrau hat sich mit der „süchtigen Fehlhaltung" als Angstabwehr beschäftigt und beschreibt die Klinikern bekannte Erfahrung, dass bei Patienten, denen man das Suchtmittel entzogen hat, „die so lange unterdrückten Angstzustände in den Vordergrund [traten]" (1962/1976, S. 158). Art und Schwere der Sucht und der Suchtfehlhaltung sind von biographischen Determinanten bestimmt. Auch Fachleute verkennen die Tatsache, dass Sucht Angst zudeckt und deuten die Angst umgekehrt, als von der Sucht oder von Drogen ‚provoziert'.

---

3 Eigentlich zum ersten Mal von S. Ferenczi beschrieben (1933, S. 308); Anna Freud erwähnt seinen Namen in ihrem Hauptwerk kein einziges Mal.

Man kann Süchte unter soziokulturellen Gesichtspunkten einteilen in solche, die gesellschaftlich akzeptiert werden (,Arbeitssucht‘, Besitzsucht) und andere, die immer als pathologisch gelten (Alkohol, Drogen); deren Mechanismus aber derselbe ist: Sie füllen das ,Loch im Ich‘ (Ammon 1972) und wirken als Identitätsersatz.

Wenn sich neue Patienten in der Klinik Menterschwaige in der Großgruppe vorstellen, ist die Vorstellung von süchtigen Patienten so, als wäre Sucht ihre eigentliche Identität: „Ich heisse …, bin trockener Alkoholiker. Meinen letzten Entzug habe ich vor … Monaten beendet, bin dann vor … Wochen rückfällig geworden“ usw. Man erfährt erst etwas über den *Menschen* der sich vorstellt, wenn man ihn unterbricht und ihm Fragen stellt.

15.3 Abwehr- und Bewältigungsstrategien mit ,psychotischer‘ Qualität

Zwang

Condrau macht auf die etymologische Verwandtschaft der Wörter Ang-st, Eng-e, Bedräng-nis und Zw-ang aufmerksam (1962/1976, S. 55).

Bei den so genannten Zwangsstörungen sind laut ICD 10 (F 42) „vegetative Angstsymptome [...] häufig vorhanden“ (ICD 10, S. 164), auch würden „gelegentliche Panikattacken oder leichte phobische Symptome [...] nicht gegen diese Diagnose [sprechen]“ (S. 165). Die umgekehrte Vorstellung, Zwang sei ein Ausdruck von Angst, findet sich nirgendwo im Manual. Angst taucht auch nur passager (in Verbindung mit dem Über-Ich-Es-Konflikt in einer ausführlichen psychoanalytischen Arbeit über Zwang auf (Lang 2007). Dabei kann immer wieder beobachtet werden, welche gesteigerte Angst oder Panik den unter Waschzwang Leidenden befällt, wenn ihm die Möglichkeit, sich zu waschen, entzogen wird. Eine gezielte, zu rasche Behandlung des Zwangs kann deshalb eine Psychose auslösen. Zwang wird nicht „häufig“ von Angst begleitet, sondern sie ist eine Abwehrform der Angst, ein Fluchtversuch vor einer unerträglichen Angst, die durch ihre Verdinglichung bzw. Konkretisierung des Zwangsobjekts abgewehrt und teilweise erleichtert werden kann. Nach Pohl und Rock (1979, S. 538) wird durch den Zwang die Angst „auf isolierte Bereiche abgeschoben“. Mit anderen Worten wird sie ,verdinglicht‘, konkretisiert, in Handlungen (Zwangshandlungen) oder Rituale (Zwangsrituale) bzw. Zwangsgedanken, oder in übermäßige Ordnung und Disziplin umgewandelt. Ich habe bereits Arieti zitiert (Kapitel 6), der den Zwang für eine Form der Rettung vor der vernichtenden Angst der Schizophrenie betrachtete (Arieti 1979/1989). Pfister spricht von „Angst-Zwangsneurosen“ (Pfister 1975, S. 27, 77).

Der zwanghafte Mensch strebt Sicherheit auf oft süchtige Weise an, er klammert sich an jedes feste Objekt, Detail oder Gewohnheit. Gelingt ihm das nicht, dringt die ursprüngliche Angst heftig durch.

Ein 30-jähriger Mann berichtet, als Kind Angst vor der geringsten Veränderung gehabt zu haben. Darin sei er wie die Mutter gewesen, die nach einem streng nach Regeln und Gewohnheiten reglementierten Alltag lebte. Korrektheit, Pünktlichkeit und Genauigkeit waren für die Mutter – einer alleinerziehenden Ärztin – die wichtigsten Werte. Nur das, was korrekt und ‚fehlerfrei' war, gefiel der Mutter – andernfalls fühlte sich der Sohn in Grund und Boden abgelehnt. Der Patient wuchs auf zu einem zwanghaften, perfektionistischen Mann, der vor Beginn seiner Therapie ständig unter perfektionistischem Leidensdruck stand und sein Selbstwertgefühl von seinen Leistungen abhängig machte.

Dieser Fall verdeutlicht, wie der Weg von der Verlassenheitsangst über Identifikation zum Zwang erfolgt. Zwang und Perfektion werden identifikatorisch von der Mutter übernommen und verinnerlicht; Damit ist die Zuwendung der Mutter ‚gesichert', die an die Bedingung geknüpft ist: „Sei genau", d.h. auch „sei so wie ich". Die Kehrseite der Aufforderung „sei wie ich" lautet aber: „Wenn Du anders bist, dann mag ich dich nicht, dann bist du nicht mein Sohn". Das heißt wiederum, in der eigenen Angst verlassen zu werden, die Mutter zu verlieren (bei sonst kaum vorhandenen Bindungen in der Primärfamilie). Die Identifikation geschieht also vor dem Hintergrund der Verlassenheitsangst und wird zur Rettungsstrategie vor der Vernichtungsangst des Kindes, dem der Verlust der Mutter droht (Fabian 2005b).

In diesem Sinn ist auch unser Leben durch die übermäßig reglementierende und kontrollierende Bürokratie, mit ihren Regeln, Gesetze, Anordnungen usw. – insbesondere in Deutschland – zu verstehen. Viele, erkennbar überflüssige, oder die Freiheit unnötig einschränkende Reglements dienen der Angstabwehr, indem sie ‚Unsicherheiten', d.h. letztlich auch freie Spielräume und Spontaneität und Kreativität, eindämmen. Angstabwehr kann man als Kontrolle bürokratisieren. Die Bestimmungen und Regelungen erreichen auch im medizinischen Alltag ein Ausmaß, das weit über die Grenzen der vertretbaren Ethik hinausreicht. Der Arzt – auch der Psychotherapeut – verbringt immer mehr Zeit mit sinnlosen Formularen, übertriebenen Dokumentationen, die seltenen oder fiktiven juristischen Komplikationen vorbeugen sollten, oder mit Anträgen (die die Entscheidungsbefugnisse des Therapeuten radikal beschränken). Und dies angesichts einer Zeit von ohnehin zunehmender ‚Zeitverknappung' für Ärzte und Patienten (Fabian 2005a).

Ein Chirurg braucht in einem deutschen Krankenhaus, nach einer Untersuchung des Deutschen Krankenhausinstituts (an der über 1000 Ärzte/Ärztinnen beteiligt waren) im Durchschnitt 2,42 Stunden, ein Internist 3,15 Stunden täglich, d.h. 20% bzw. 25% allein für *administrative* Dokumentation (Blatt der Bundesärztekammer, BÄK-Intern, 2004, S. 4). Nach dem gleichen Blatt werden „etwa 2,5 Milliarden Euro für die Dokumentation der neuen Disease-Management-Programme aufgewendet" (BÄK-Intern 2002, S. 2). In dem von der Kassenärztlichen Bundesvereinigung (KBV) herausgegebenen Blatt ‚Klartext' (Januar 2007, S. 11) heißt es: „Der Verwaltungs- und Dokumentationsaufwand in Arztpraxen hat 2005 allein in Westfalen-Lippe Kosten von 159 Millionen Euro verursacht. Hochgerechnet auf die Bundesebene ergeben sich Ausgaben von *1,6 Milliarden Euro.*"[4] Wer bezahlt letztendlich diese Summen? Wem nützt die vermehrte Dokumentation, außer denen, die jede Tätigkeit der Ärzte kontrollieren wollen? Wie viele Menschen aus armen Ländern könnten mit dieser nutzlos ausgegebenen Summe vom Hungertod

---

4   Nicht mitgerechnet werden die Unsummen, die seit Jahren für die sog. Zertifizierung aller Krankenhäuser und Praxen in Deutschland bezahlt – und jährlich erneuert werden.

gerettet werden? Wie destruktiv können letztendlich Bewältigungsstrategien der Angst sein? Ohne Zwang und Bürokratie keine Diktatur, keine Unmenschlichkeit.

Zwang kann auch bösartig, dem Hass nahe sein. Es gibt auch ,bösartige' Angst, die durch extreme Anpassung, mit ,voreilendem' Gehorsam verbunden ist, mit der Bereitschaft, ,über Leichen zu gehen'. In der Nazizeit hat solche abgewehrte ,bösartige' Angst zum Massenmord geführt, aus Gehorsam und Zwang. Die Bürokratie ermöglichte immer schon das perfekte Funktionieren jedes unterdrückenden Regimes. Bürokraten wie Eichmann und viele andere verwalteten auch die Mordmaschinerie der Nazis, ohne erkennbare Spuren von Menschlichkeit.

Bode (2006) führt das übermäßige Sicherheitsbedürfnis der Deutschen auf unbewältigte Trauerprozesse und Ängste zurück. Sie beruht auf einer langen historischen Tradition.

Der Konkretismus

> Anxiety can give way to conscious ,understanding', even though this pseudo-understanding is incorrect. For instance, the idea that ,thunder and lightning is a threat from angry gods'. Even though this statement is incorrect, there is a secondary gain from knowing the source of terror.

> Rosen 1962

Auch der Konkretismus, den ich bereits im Kapitel 7 (Angst in den Psychosen und der Borderline-Störung) bereits beschrieben habe, dient der Angstabwehr. Freilich ist Konkretismus Teil der meisten psychischen Störungen: der Persönlichkeitsstörungen, der Psychosen und der Psychosomatik. Doch ist die psychosomatische ,Struktur' diejenige, die am meisten und in schwerster Form diese Denkstörung aufweist. Zwanghafte Fixierung am Detail, Unfähigkeit, die höheren Implikationen und geistigen oder symbolischen Zusammenhänge wahr zu nehmen geben ,Halt' und Sicherheit – freilich nur falsche Sicherheit, wie jeder Zwang. Dafür können sie das Leben und ihre spontanen Manifestationen erheblich einengen.

Konkretismus, Haften am Detail und Unverständnis für höhere, konzeptionelle Zusammenhänge, ist wesentlicher Teil jeder Bürokratie.

Ein 12-jähriges Mädchen war so begeistert vom ,Kleinen Prinzen' von Saint-Exupéry, dass sie sich mit dem traurigen Ende der Geschichte ,nicht zufrieden' gab und eine ,Fortsetzung' schrieb, in dem der Kleine Prinz später auf die Erde zurückkehrt; sie versah diesen ,zweiten Band' mit eigenen Illustrationen in der Tradition des Autors. Sein Vater war darüber begeistert und wandte sich schriftlich an den Verlag Gallimard in Paris mit der Bitte, seiner Tochter bzw. ihm das Recht einer Publikation dieser ,Fortsetzung' in einem Band von Kindererzählungen auf eigene Kosten zu erlauben. Die ablehnende, konkretistische Antwort des Pariser Verlags lautete: „Hätte Saint-Exupéry einen zweiten Band gewollt, hätte er ihn selber verfasst".

Dissoziative Symptome wie Bewusstseinsspaltung, Depersonalisation (das Gefühl, nicht einer selber zu sein) und Derealisation (das Gefühl, außerhalb der Realität zu sein) sind häufig nach starker Traumatisierung (posttraumatischen Syndromen), aber auch bei Hysterie und psychotischen Erkrankungen, und stellen einen Fluchtmechanismus dar, der als Abwehrform auch bei Persönlichkeitsstörungen häufig vorkommt. Sie entspricht der Flucht vor der unerträglichen Angst, die mit Traumata verbunden ist.

Bei Opfern oder Zeugen von Folter bzw. sexueller Gewalt ist die Dissoziation lebensrettend, weil sie das Überleben durch Abspaltung des Unerträglichen vom Bewusstsein ermöglicht. An dieser Stelle sind aber vor allem diejenigen Menschen von Interesse (da akute Traumatisierung nicht das Thema dieses Buches ist), die schon früh meist kumulativen, schleichenden Traumatisierungen hilflos ausgesetzt wurden. Sie litten unter Angst und Panik; spätere erneute Traumatisierungen treffen auf frühere Traumata, auf alte ‚Narben‘ und reaktivieren diese einschließlich deren Abwehrmechanismen.

Eine 33-jährige Frau, die unter schweren, manchmal tagelang anhaltenden dissoziativen Zuständen litt, berichtete, dass sie im Alter von 15 Jahren vergewaltigt wurde. Danach habe auch die dissoziative Symptomatik begonnen. Im Laufe der stationären Therapie wurde bekannt, dass die Patientin von ihrem eigenen, sehr strengen Vater, mit Gewaltandrohung behandelt, wahrscheinlich auch sexuell bedrängt wurde. Gefühle, insbesondere Unzufriedenheit und Wut, waren in der Familie ‚verboten‘,. Die Mutter war nicht präsent, ‚mischte sich‘ in die Erziehung nicht ein. In der Klinik reagierte sie anfangs mit sofortiger Dissoziation, wenn ein ‚unbeliebtes‘ Thema in den Gesprächen aufkam; während dieser Zustände zitterte sie und ballte ihre Fäuste. Es wurde klar, dass der Dissoziation einerseits die Funktion einer Flucht vor der Angst, andererseits auch der Ausdrucksmöglichkeit von Wut und Scham zukam. Mit der allmählichen Stärkung der Vertrauensbeziehung zum Einzeltherapeuten und der zunehmenden Fähigkeit, in Gruppen Gefühle zu verbalisieren, nahmen Frequenz, Dauer und Intensität der dissoziativen Zustände drastisch ab.

Heute wird der Begriff der ‚Dissozation‘ inflationär verwendet, dabei handelt es sich um eine lange bekannte (von Pierre Janet im 19. Jahrhundert beschriebene) und häufige Abwehrformation der Angst (Dulz, Sachsse 2000). Sie wurde in den letzten Jahren – insbesondere mit ihrer extremen und ‚spektakulären‘ Form, der Multiplen Persönlichkeit – von der Psychiatrie aufgegriffen; in Standardwerken und Wörterbüchern der Psychiatrie findet sich bis ca. 1990 der Begriff nicht einmal im Index erwähnt (Huber 1974, Battegay 1984/1992, Tölle 1982, Möller 1993). Auch der Zusammenhang von Angst und Dissoziation ist erst neulich thematisiert worden (Hoffmann, Eckhardt-Henn 2001, Bolm, Dulz 2002, Thome 2009). Auch dissoziative Phänomene wie die ‚double‘ oder ‚multiple personality‘ sind auf einer Skala zwischen der sozial akzeptierten und der ‚pathologischen‘ Ausprägung des Borderline-Kranken zu erfassen: ‚Normal‘, oder vielmehr allgemein akzeptiert, ist die doppelte Persönlichkeit des Unteroffiziers oder des Offiziers, der ‚nach oben‘ gehorchen muss, während er ‚nach unten‘ befehlen und seine sadistischen Impulse bis zu einem gewissen Grad zu befriedigen quasi ‚berufsbedingt berechtigt‘ ist.

Der mittlere Manager in den großen Firmen tut nicht anders, und niemand findet sein Verhalten krankhaft. Für die Therapie steht fest, dass die konkretistische Festschreibung jeder Persönlichkeitsspaltung ihre Integration als Facetten in die Gesamtpersönlichkeit – letztendliches Ziel der Therapie – erheblich erschwert.

Angst, Depression und Manie

Unter anderen haben sich Abraham (1911, 1924) und Zetzel (1961) mit der Verbindung zwischen Angst und Depression beschäftigt. Für Clarkin et al (2006/2008, S. 3, 123, 169, 245) gehören Angst und Depression eng zusammen. Auch meiner Erfahrung nach gibt es keine Depression, in der nicht die Angst eine wesentliche Rolle spielt; selten habe ich andererseits eine Angsterkrankung ohne Depression gesehen. Die ICD-Diagnose „Angst und Depression, gemischt" (F 41.2) ist schon aus diesem Grund redundant.

Auch der manische Patient drückt Angst durch seine Symptomatik aus. Wenn auch der Maniker sich durch Grenzenlosigkeit, ‚Witz' und aggressiven Spott o.Ä. bemerkbar macht, sind doch hinter diesen Symptomen die Unruhe und die Angst deutlich spürbar. Die Umgebung reagiert in doppeltem Sinn wie die Familie: erstens durch ‚Ausschluss' aus der ‚normalen' Familiengruppe als Kranker, zweitens durch das Nicht-Verstehen der Angst (und oft das Lachen über die meist mehr aggressiven als humorvollen Witze).

Ein 55-jähriger Ingenieur, seit 18 Jahren manisch-depressiv erkrankt, überspielte in den manischen Phasen seine Angst, die jedoch deutlich spürbar war, besonders in der Form von Kontakt- und Gruppenangst, sowie Veränderungs- und Trennungsangst, indem er unabgegrenzt ‚kontraphobisch' mit jedem oberflächlichen Kontakt anstrebte, ohne auf die Reaktion des Anderen zu achten. Eigentlich war dies jedoch Flucht von realem Kontakt, denn er entfernte sich rasch, wenn das Gespräch persönlicher bzw. emotinal echter wurde. Im Laufe der stationären Behandlung wurde deutlich, dass der Pseudo-Kontakt genau jenem, der in seiner Familie herrschte, entsprach. Erst in den depressiven ‚Phasen' konnte der Patient mehr Direktheit im Kontakt ertragen, dann überwog allerdings die Angst vor Veränderung und Trennung derart stark, dass dadurch jede tiefer gehende Therapie auf heftigen Widerstand traf.

15.4 Körperliche Abwehr- und Bewältigungsformen

Psychosomatik

Im Kapitel 10 (Angst und Körper – psychosomatische Aspekte) habe ich die körperlichen Aspekte der Angst, besser gesagt die Angst als Affekt an der Grenze von Körper und Seele, ausführlich besprochen.

Psychosomatische Krankheiten und Symptome wehren Angst auf einer tiefen, körperlichen Ebene ab. Gleichzeitig sind sie Teil der charakteristischen körperlich-seelischen Manifestation der Angst – sowie sie auch andere Gefühle, wie Aggression oder Traurigkeit, ausdrücken und gleichzeitig abwehren können. Die unter der Psychosomatik verborgenen Gefühle bleiben im Körperlichen vom Bewusstsein abgespalten und wirken als interpersonelle Kontaktbarriere; damit wiederepiegeln sie die Kontaktlosigkeit und die Abwehr der Gefühle in ihrer frühen Umgebung.

Besonders Aggression und Angst wind in der Gegenübertragung bei solchen Patienten deutlich spürbar; je schwerer die Psychosomatik, desto mehr strahlen diese Patienten die Gefühle aus, die darin ‚verpackt' sind – bis ein Teufelskreis entsteht: Die Erkrankung wehrt die Angst ab, verursacht aber auch Todesangst, die ihrerseits wiederum durch dieselbe Krankheit abgewehrt wird. Patienten mit schweren Herz-Krankheiten, mit Colitis ulcerosa, mit so genannten autoaggressiven und rheumatischen Erkrankungen sind Beispiele dafür. Die Verknüpfung von Angst und Aggression in der Psychosomatik führt häufig dazu, dass auch Psychotherapeuten die Bedeutung der Angst – beispielsweise bei Hypertonie-Kranke (vgl. Hoffmann, Hochapfel 1999, S. 314) hinter der Aggression nicht erkennen (s.a. Kapitel 21, Angst und Aggression).

15.5 Die so genannte ‚Normalität'

Fromm unterscheidet in seinem Buch „Die Furcht vor der Freiheit" (1941/2006, S. 104) zwei Arten von ‚Normalität' oder ‚Gesundheit': „vom Standpunkt einer funktionierenden Gesellschaft", nämlich bei jemand, der „imstande ist, die ihm zufallende Rolle in der betreffenden Gesellschaft zu erfüllen", d.h. so „zu arbeiten [...], eine Familie gründen", etc., wie von dieser erwartet wird; oder „vom Standpunkt des Individuums aus [...] ein Optimum an Wachstum und Glück". Die soziale Definition der ‚Normalität' beinhaltet die Möglichkeit der „Flucht ins Konformistische" (ebenda, S. 137–151); Normalität ist ein Begriff, der durch Anpassung an die gesellschaftlichen Normen einer gegebenen Zeit bestimmt wird „und zwar völlig unabhängig davon", schreibt Fromm (1991/2006, S. 17), „ob diese Gesellschaft als solche gesund oder verrückt ist". In unserer Gesellschaft ist, nach Gruen, beispielsweise Erfolg „der Maßstab, an dem der Mann gemessen wird, nicht seine Fähigkeit zu lachen, zu spielen oder zärtlich zu sein" (1984/2002, S. 85).

Was ist Normalität in Bezug auf Angst? Ich habe versucht, dieser Frage auch im Kapitel 8.4 (‚Normale' Angst) nachzugehen. Bei der Frage, wie ‚pathologisch' die eine oder andere Bewältigungsstrategie der Angst ist, sollte man auch die differenzierte Betrachtung der Folgen dieser Bewältigung in die Überlegung mit einbeziehen. Der ‚gesunde Mensch' soll nicht ausagieren, sondern bewusst werden; er muss aber auch ‚gesund verdrängen', um sich nicht von Angst überfluten zu lassen und handlungsunfähig zu bleiben; die Skala ist fließend. Winnicott meint, es sei gesund, „wenn diese Abwehrmechanismen nicht rigide sind" (Winnicott 1971/2002, S. 114). Aber wozu führt uns Abwehr und Verdrängung in der heutigen Welt? Sind wir nicht als *Gattung* eine Spezies mit gigantischer Verdrängungskapazität? Verdrängen wir nicht seit jeher kollektiv die offensichtlichsten, bedrohlichsten Katastrophen?

Als *Menschheit* sind wir geradezu spezialisiert auf mehr oder weniger subtile Verdrängungs-*Institutionen* und auf angstverwaltende Bürokratie. Als Beispiel möchte ich hier das Militär und das Krankenhaus erwähnen. Nirgendwo sonst wird die Angst so perfekt maskiert und verdrängt und der allgemeine Konsens darüber so vollkommen, wie in diesen beiden Institutionen. Zum ‚Leugnunskonsens' im Krankenhaus gehören z.B. die unabänderliche Tagesroutine, die Perfektion von Mechanik und Technologie, die

Tabuisierung des Leides und des Todes, die vielfältigen bürokratischen Abwicklungen von der Aufnahme bis zur Entlassung, die harmlosen Bilder von Rosenzüchtungen an den Wänden.

Das Militär basiert auf der perfekten Verdrängung der Angst durch Hierarchie, eingeimpftem Gehorsam, Militärkodex und Patriotismus, Doppelmoral (den Feind töten, unter ‚Verschonung‘ der Zivilisten, als wären uniformierte Soldaten und Offiziere eine andere Gattung, dem Töten freigegeben). Ohne Verdrängung also keine Armee. Denn ein ängstlicher Soldat ist kein guter Soldat, auch wenn Angst menschlich ist. In den Tod geschickte junge Menschen werden nicht erschossen oder aufgeopfert, sondern sind ‚gefallen‘. Wer Angst spürt, ist in Gefahr, als Feigling der Schande preisgegeben zu werden, oder, noch schlimmer, seine ‚Ehre‘ zu verlieren. Wenn er seine Haut retten will, riskiert er, als ‚Deserteur‘ von den eigenen Leuten erschossen zu werden. Die durchsichtige Heuchelei derer, die in Sicherheit, meist hinter der Front ihre ‚Kriegsspiele‘ treiben und dafür Verdienstkreuz und Heldenstatus erlangen, während die ‚einfachen‘ Soldaten in den Schanzen, jedem menschlichen Elend ausgeliefert, als Schachfiguren behandelt und notfalls aufgeopfert werden, wird meist vertuscht.[5]

„Unablässig ist der Mensch bemüht, Angst abzuwehren“, schreibt Schulte (1961, S. 588). „Der banalste und leider nur allzu übliche Weg läuft darauf hinaus, dem anderen oder sich selbst eine Angst als unbegründet auszureden. [...] Das geschieht oft mit bestem Gewissen. Aber diese Methode der Angstbewältigung steht auf schwachen Füßen.“

Die so genannte ‚Normalität‘ kann eine Täuschung sein, hinter der Angst vor der Begegnung mit sich selbst und mit der eigenen Angst verborgen ist – ein Leben in der Angst vor der Angst. In Gruens Worten „kennzeichnet die Pathologie der Normalität, die den Wahnsinn austrickst, die Flucht vor dem Leiden [...]. Es ist nicht nur die Flucht vor dem seelischen Schmerz, sondern auch die Angst vor dem Auseinanderfallen, vor dem sich diese Art Persönlichkeitsstruktur stets bedroht fühlt“ (Gruen 1987/1996, S. 20–21).

Der Preis, den der Mensch, der in der Angst vor der Angst lebt, zahlen muss, ist hoch: Die ‚Normalität‘, die sich aus Angstvermeidung ergibt, führt zu einem ungelebten Leben und zu Verbitterung und Neid denen gegenüber, die anders sind. Ammon betrachtet die angepasste, „kleinbürgerlich“ leere Normalität als Angst-Abwehr, und vor allem Identitätsangst-Abwehr. Von einem Patienten schreibt er: „Sein ganzes Leben war ein einziger Versuch, ohne Unterstützung eine angepasste Fassade der Normalität aufrechtzuerhalten und seine archaische Existenzangst zu verbergen“ (Ammon 1980, S. 122).

---

5 Unter anderen schildern Liddell Hart und Airey Neave sehr genau, wie große Generäle und Strategen, mit Ehren und Ruhm überhäuft, wie Manstein, Rommel, Jodl oder Keitel die Kriegshandlungen wie ein ‚spannendes‘ Spiel betrachteten, das sie – wie narzisstische Kinder – unbedingt gewinnen mussten, ohne Rücksicht auf menschliche Opfer. Mehr noch, sie ‚ignorierten‘ in der Mehrzahl auch die Greuel des Naziregimes und blendeten sie aus, als hätten sie mit nichts anderem zu tun, als mit Kriegsgefechtern. Damit argumentierten sie dann auch, einer alten Tradition folgend, beim Nürnberger Prozess (Hart 1970/1980, Neave 1978).

15.6 Exkurs 1: Angst und Partnerschaft

Eine 38-jährige Frau erzählte in ihrer Sitzung von einem Streit mit dem Ehemann; sie hatte eine neue Stelle und hatte mit großer Überwindung eine Aufgabe übernommen. Kurz darauf kam eine größere Rechnung zur Nachzahlung an, die finanzielle Probleme verursachte. Der Partner deutete an, er möchte, dass die Patientin noch eine andere Aufgabe übernähme, worauf diese sehr wütend reagierte und einen Streit auslöste. Der Ehemann hatte seinerseits kurz davor ein zwar sehr verlockendes Angebot erhalten, das ihm aber aufgrund der Verantwortung große Angst machte. Beide Eheleute waren ohne Vater aufgewachsen, ihre Mütter reagierten unterschiedlich auf Angstmanifestationen ihrer Kinder: Während die Mutter des Partners nachgiebig und gewährend, aber wenig unterstützend war, wurde die Patientin als Kind von der Mutter oft als „Angsthase" beschämt und zurechtgewiesen. Angst war ein Zeichen der Schwäche, das die Mutter sich selber nicht leistete und irritiert und wütend reagierte, wenn sie – vor allem vor der Tochter – unsicher wurde. Die Großmutter der Patientin hingegen war selber so ängstlich, dass sie die Angst der Patientin nicht von den eigenen unterscheiden konnte. Auf diese Weise war von beiden Partnern der unbewusste Wunsch an den anderen, er bzw. sie mögen ihre Ängste – wie ein guter und starker Vater – tragen. Die damit verbundene Frustration war erheblich und wurde mit Aggression ausgedrückt.

Ähnliche Übertragungskonstellationen sind nach meiner Erfahrung sehr häufig: unbewusste Wünsche, die vom Partner/ von der Partnerin, der oder die Ähnliches sucht, enttäuscht werden und eine Quelle von Aggression und Unzufriedenheit in vielen Partnerschaften darstellt. Zusammen mit anderen ähnlichen Übertragungsenttäuschungen, die unbewusst bleiben, steigern sich solche Gefühle durch konkretistische Denkgewohnheiten (z.B. die ausschließliche Fixierung auf finanzielle Probleme) zu einer chronischen Konfliktsituation, die nicht selten zur Scheidung führen kann. Die banale, aber häufige Schlussfolgerung, es sei nicht ‚der richtige Mann' oder die ‚richtige Frau' gewesen, ist in diesem tieferen Sinn zutreffend.

15.7 Exkurs 2: Jüdischer Humor und Angst

Zu den besonderen Eigenschaften, die den klassischen jüdischen Humor unter den verschiedenen Humorarten auszeichnen, gehört, neben der ausgeprägten Tendenz zur Selbstironie als ‚heilsame' Relativierung menschlichen Leides und menschlicher ‚Schwächen' (vgl. Fabian 1998, 2002a, 2006a), auch seine implizite Einstellung zur Angst. Im jüdischen Witz wird der Angst die ‚patriarchalische' kulturelle Aura genommen, indem er die Ideologie des ‚männlichen Mutes' ignoriert oder verhöhnt. Kriegerische ‚Normen', heuchlerisches Heldentum werden als Dummheit entlarvt und Angst von Feigheit differenziert. Der jüdische Witz verdankt viel von seiner befreienden Wirkung der genuinen Menschlichkeit, mit der seine ‚Antihelden' das etablierte Denken in Frage stellen:

Im Ersten Weltkrieg. Soldat Finkelstein gräbt die Schützengräber immer tiefer und tiefer aus. Der Kompaniechef sieht ihn bei der Besichtigung seiner Truppen und ruft aus: „Soldat Finkelstein! So können sie den Feind ja gar nicht sehen!" Darauf Finkelstein: „Wer sagt Ihnen, Herr Kommandant, dass ich ihn sehen will?"

Der jüdische Soldat versucht, von der Front nach Hause zu gelangen. Ein Offizier sieht ihn und ruft ironisch: „Soldat, die Front ist in der anderen Richtung!" Der Soldat antwortet: „Anlauf nehmen wird man noch dürfen!"

Der Feldwebel prüft in der kaiserlich-österreichischen Armee die Moral der Truppe: „Rekrut Katz, weshalb soll der Soldat für seinen Kaiser sterben?" „Sie haben recht", sagt Katz. „warum soll er?"

Vor der Schlacht feuert der Offizier seine Leute an: „Soldaten, jetzt geht es Mann gegen Mann!" Soldat Ruben fragt: „Herr Offizier, könnten Sie mir nicht meinen Mann zeigen? Vielleicht kann ich mich mit ihm arrangieren".

Goldfarb kommt frisch zur Front. Es nähert sich gerade eine feindliche Patrouille, der Offizier gibt den Befehl, zu schießen. Goldfarb ruft entsetzt: „Schießt doch nicht! Seht ihr nicht, dass dort Menschen sind?"

Die naive Entrüstung des Soldaten, dass im Krieg auf Menschen geschossen wird, klingt absurd und komisch in der Situation des Krieges. Ist aber nicht eher der Krieg absurd, der es von den Menschen verlangt, aufeinander zu schießen?

Auch im Krieg – ja, besonders im Krieg – gehört Angst zum Menschsein. Der Mensch ist ohne sie unverstellbar; übertriebener Todesmut ist unehrlich. Die Offenheit des jüdischen Witzes in dieser Hinsicht ist beispiellos: Er macht keinen Halt vor der Angst, so wie er auch wagt, in vielen Witzen den Tod mit der Waffe des Humors zu thematisieren.

Darin besteht nicht zuletzt die Bedeutung des (jüdischen) Humors für die Psychotherapie der ‚Frühstörungen', die alle die therapeutische Arbeit mit der Angst beinhalten. Hier geht es nicht nur um den Lustgewinn, den der Triumph des eigenen Narzissmus beinhaltet (Freud 1905); auch nicht nur um die „Anklage gegen die Wirtsvölker" und ihre Verspottung (Reik 1926), denn der jüdische Witz verspottet die Juden selbst (und sogar den ‚großen Rabbi') mindestens so pointiert, wie er es mit den Nichtjuden tut. Die ‚Pointe' lässt erkennen, dass Todesangst menschlich ist und es ist gerade ihre Verkennung oder ihr ideologisch bedingtes Herunterspielen, die künstlich und der menschlichen Natur entgegengesetzt sind. Vordergründig belächelt der jüdische Witz den Juden, der im Krieg sich deplaziert fühlt und seine Angst zeigt, mit seiner typischen Selbstironie (Fabian 2006a). Doch darunter verbirgt sich Tieferes: Er kehrt die konkrete ‚Realität' der Angstvermeidung um: Der ‚Feige' verkörpert den ‚echten' Menschen, der zu seinen Gefühlen steht. Der Angst ins Gesicht schauen, sie nicht zu verdrängen, ist dem Mut näher, als das protzige ‚Heldenhafte'.

Der jüdische Witz kann in der Psychotherapie von Menschen mit Angst eine wertvolle Hilfe leisten, indem sie die Angst anspricht, offen macht und menschlich sein lässt; auf diese Weise erlaubt es der Witz, die Angst von der in unserer Kultur befürchteten, moralisierten ‚Feigheit' zu trennen.

16. Einige spezielle Abwehrformen: ‚Professionelle Angst'. Die Angst des Wissenschaftlers, des Arztes und des Psychotherapeuten

Die Sucht zu objektivieren, von der die Neuzeit charakterisiert ist, hat fast vergessen lassen, dass die Vermischung von Wahrnehmung und Projektion unausweichlich ist und der entscheidende Unterschied lediglich in dem Mischungsverhältnis liegt.

Krejzi 1963/1992

Hand in Hand mit der Abschwächung der traditionellen kulturellen Angst-Bewältigungsmöglichkeiten und der persönlichen Lebensphilosophie kam eine dritte Möglichkeit auf, nämlich die Flucht in die *Wissenschaft*. Husserl spricht in der „Krisis der europäischen Wissenschaften" von der „Mathematisierung" unserer Lebenswelt als ein „wohlpassendes Ideenkleid [...] der so genannten objektivwissenschaftlichen Wahrheiten" (Husserl 1969/1996, S. 55). Schon sehr früh zeige sich „die Bedenklichkeit der Mathematisierung der Welt, bzw. einer ihr unklar nachgebildeten Rationalisierung [...] in der neuen *naturalistischen Psychologie*" (ebenda, S. 73, kursiv im Original).

Alexander schreibt: „Das grundlegende philosophische Postulat der modernen Medizin besteht in der Annahme, dass der Körper und seine Funktionen in Begriffen der physikalischen Chemie verstanden werden können, dass die lebenden Organismen physikochemische Maschinen seien, und dass das Ideal des Arzttums darin bestünde, zu einem Ingenieur des Körpers zu werden" (Alexander 1950/1985, S. 2). Die „Sucht zum Objektiven" (Bion 1963/1992, S. 18) ist in einer Zeit, in der die Wissenschaft – in Technik, Elektronik, Raumfahrt, in der apparativen Medizin – wahre Triumphe feiert, noch mehr als bereits in Freuds Zeiten zum Wahrzeichen des Wissenschaftlichen geworden. Wissenschaftlich und wirksam ist, was geprüft und objektiviert bzw. statistisch bewiesen ist. Dass dieser Weg voller bewusster und vor allem unbewusster Unvollkommenheiten, Tücken und Unehrlichkeiten behaftet ist, weiß im Grunde jeder Wissenschaftler und jeder Statistiker. Trotzdem besteht darüber eine kollektive Verdrängung, ein Konsens, denn die ‚objektive' Wissenschaft in Frage zu stellen bedeutet letztendlich auch sich selber (als Mensch, als Wissenschaftler) zu hinterfragen. Deshalb werden unter dem Segen der Wissenschaft bei hunderten von Kongressen jährlich tausende Dias gezeigt mit nichtssagenden Daten, die statistisch genauestens ausgerechnet und nach Wahrscheinlichkeiten ‚präzise' untersucht werden. Auf das Publikum wirken sie faszinierend oder hypnotisierend. Damit wird seit langem – besonders in der Psychiatrie und Psychotherapie – eine inhaltsleere, menschenfremde und arrogante Wissenschaft kultiviert und belohnt (mit Geld und Ehren), die vordergründig brilliant wirkt, die aber lediglich „der Aufteilung menschlichen Seins in Kategorien und Fächer dient [bzw.] dazu, unserer Zweifel an unserer Ganzheit zu verstärken und uns unsicher zu machen. Unsere Ganzheit aber gründet auf dem, was uns unser Gefühl und unser Herz sagen" (Gruen 1987/1996, S. 13).

Der Drang nach Wissenschaftlichkeit hat eine wahre Epidemie der Operationalisierung ausgelöst, die droht, den lebenden Menschen in eine Art Präparat zu verwandeln. Wissenschaft bringt Ansehen, Titel und wirtschaftliche Vorteile, und wehrt letztendlich auch Angst ab. Strauß (2005, S. 329) erwähnt in seiner Typologie der „forschenden Fälscherpersönlichkeiten" (Wormer 2003) unter dem Titel „Publish or perish – Motive für die Unehrlichkeit" u.a. den „Selbsttäuscher – blinder Glaube an die (falsche) Methode" und den „Süchtigen – Fälschungs-Sucht und Sucht nach Erfolg".

Doch zu den subtileren Verzerrungen gehören die unbewussten. Kavanau (1967) hat auf den Einfluss von vorgefassten Ideen und Vorurteilen auf das experimentelle Setting hingewiesen. Er zeigte „in einer methodenkritischen Studie, dass experimentelle Situationen oft eher arrangiert werden, um vorgefasste Ideen der Forscher zu bestätigen, als dass sie über die tatsächlichen Reaktionen der Versuchstiere (und ihren bedeutungsmäßigen Hintergrund) Aufschluss geben" (Gruen 2002, S. 29). Auch Wampold (2001) zitiert ein Beispiel das verdeutlicht, wie die Ergebnisse eines Forschers nachweislich durch seine Absichten beeinflusst waren (Buchholz 2008b).

Ammon schreibt (1982, S. 546): „Es wurde nachgewiesen, dass in die Beurteilung menschlicher Persönlichkeiten und Verhaltensweisen ‚implizite Persönlichkeitstheorien', die dem Beurteiler zumeist unbewusst sind, eingehen. Eine maximale Erfahrungsfähigkeit des Forschers als zentrale Bedingung [würde bedeuten], dass der Forscher sich seiner eigenen Gefühle, Erwartungen, Motive, Einstellungen, seinem Erleben insgesamt und seiner Wirkung auf Andere, kurz: seiner eigenen Identität bewusst ist." Vogel (1975) verlangt eine bessere Schulung der klinischen Psychologen zur Selbstkonfrontation und Selbstreflexion bzw. zur Förderung der klinischen Sensibilität.

Gruen zitiert den Chefredakteur der Zeitschrift „Science", Daniel E. Koschland jr., der im Leitartikel vom 29. Oktober 1993 schreibt: „Wenn das Gehirn nicht richtig funktioniert, tendieren manche Nicht-Wissenschaftler dazu, den Grund dafür in den schlechten Eltern, der schlechten Umwelt oder gar in bösen Geistern zu sehen, während ein Wissenschaftler dies auf eine Störung in der Chemie des Gehirns zurückführt [...]. Der Unterschied zwischen einem normalen und einem pathologischen Zustand ist der zwischen freundlicher Chemie und bösartiger Chemie" (Gruen 1997/2005, S. 232.) Auch wenn solche radikalen Aussagen heute nur noch selten zu lesen sind, da die Wissenschaftler vorsichtiger und die multifaktorielle Auffassung Allgemeingut geworden ist, ist solches Denken immer noch sehr verbreitet. „Diese Art des wissenschaftlichen Denkens leugnet die Welt der Gefühle, [so dass] *unsere Ängste*, die uns als wichtige Wegweiser dienen könnten, *verdrängt werden*", schreibt Gruen (ebenda S. 232, kursiv E. F.).

Man kann alles mit allem in Beziehung setzten und statistisch genauestens untersuchen. Bei einem Weltkongress der Psychosomatik in Göteborg, Schweden, wurden auf diese Weise von ‚hochkarätigen' Wissenschaftlern z.B. Anzahl der Tränen mit einer psychosomatischen Krankheit bzw. die Zeit des Lächelns des Patienten mit einem gewissen psychosomatischen Symptom in Beziehung gesetzt und genauestens ‚ausgewertet'. Alexander hat diese Tendenz der Medizin vorausgesehen und vom „Aufkommen des statistischen Menschen" gesprochen (1960, S. 274). Dabei handelt es sich um eine Vermeidungsreaktion durch Intellektualisierung, um ein Verstehen oder Erklären, das (Mit) Fühlen vermeidet, um eine Angstabwehr, die in der Medizin und der Psychiatrie häufig zu finden ist. Man kann sie als *wissenschaftliche Angst-Abwehr* bezeichnen.

Georges Devereux hat die Verbindung zwischen der Angst und Forschung bzw. Wissenschaft genauer untersucht. In seinem Buch „Angst und Methode in den Verhaltenswissenschaften" (1967), in dem er auch offen über seine eigene Erfahrung als Verhaltensforscher berichtet, schreibt er: „Jeder Verhaltenswissenschaftler hat bestimmte Bezugsrahmen, Methoden und Verfahrensweisen zu seiner Verfügung, die – nebenbei – auch die Angst abbauen, die seine Daten erregen, und es ihm folglich ermöglichen, seine Funktion zu erfüllen. Gerade weil sie die Angst abbauen, verwandeln sich diese Manöver jedoch oft systematisch in wahrhafte Gegenübertragungsreaktionen, die zu einem zwanghaften Ausagieren führen, das sich als Wissenschaft maskiert [...]. Ein beträchtlicher Teil der professionellen Abwehrstrategien sind einfach Variationen der Isolierungsstrategie, die angsterregendes Material ‚entgiftet‘, indem sie es verdrängt oder seinen affektiven Inhalt und seine humane wie persönliche Relevanz leugnet" (Devereux 1967, S. 109).

Solche Aussagen treffen auch für die Wissenschaftler zu, die beispielsweise die Angst von psychisch kranken Patienten und ‚gesunder‘ Probanden (wie gesund sind sie in dieser Hinsicht?) mit Hilfe von angsterregenden Bildern in ‚standardisierten Situationen‘ untersuchen, um danach die Wirkung verschiedener Angst-Medikamente zu testen. Und wie verhält es sich mit dem Psychiater, der Angst-Patienten untersucht und behandelt? Was macht er mit der eigenen Angst, die dabei unvermeidlich angesprochen wird? Wie stark wird die eigene Angst in solchen Situationen verdrängt? In wie weit wirkt diese mit bei der Beurteilung und Behandlung? Für den Arzt und Psychiater gilt dasselbe wie für den Wissenschaftler: „Ängste, die durch verhaltenswissenschaftliches Material erregt werden, sind für die Wissenschaftler deshalb relevant, weil sie Abwehrreaktionen mobilisieren, deren Ausprägung und Hierarchie durch die Persönlichkeitsstruktur des Wissenschaftlers bestimmt werden, und diese letztlich die *Art* bestimmt, in der er sein Material verzehrt" (Devereux ebenda, S. 69). Ein großer Teil der ‚objektiven‘ Wissenschaft, zumindest der Verhaltenswissenschaft, kann unter dieser Perspektive gesehen werden; und es führt kein Weg daran vorbei, auch beim objektivsten Forscher oder Arzt auch unbewusste Dynamiken in Kauf zu nehmen, die diese in der Regel nicht kennen (analysierte Wissenschaftler sind sehr selten): „Methodologische Positionen und technische Manöver, die, bei korrekter Anwendung, logisch unangreifbar und wissenschaftlich produktiv sind, können unbewusst *in erster Linie* in den Dienst von Isolierungsstrategien gestellt werden, die die Wahrnehmung der Realität verzerren und die Forschungsergebnisse auf verschiedene Weisen beeinträchtigen" (ebenda, S. 112). So hat sich z. B. auch die Zeitschrift ‚Der Nervenarzt‘ nach US-amerikanischem Vorbild zur Sitte gemacht, auf etwaige ‚Interessenskonflikte‘ bei den Autoren hinzuweisen: Es wird darin beispielsweise zur Kenntnis gebracht, dass der Autor eines Artikels über „Immunologische Aspekte bei schizophrenen Störungen Honorare der Firmen Pfizer, Pharmacia und Janssen-Cilag [erhalten hat]. Die Firmen Pfizer und Pharmacia unterstützten Forschungsprojekte von N. M. Trotz des möglichen Interessenskonfliktes ist der Beitrag unabhängig und produktneutral" (Nervenarzt 2007/3, S. 260). Können wir denn ganz sicher sein, dass der Beitrag „trotz des möglichen Interessenskonfliktes" nicht nur bewusst, sondern auch in den unbewussten Schichten der Persönlichkeit des Forschers keine Tendenziosität, Vorurteile oder Ambivalenz erzeugt hat? Und dies bei der immensen Macht, die die Pharmaindustrie bezüglich der Unterstützung von Forschungsvorhaben auszuüben imstande ist!

Ausdruck der ‚Verwissenschaftlichung‘ der Angst ist die biologistische Theorie der Angst, die in letzter Zeit, wie auch bezüglich anderer seelischer Phänomene und

Störungen, als ‚multifaktoriell‘, aber doch primär als genetisch betrachtet (s. Kapitel 12.1, ‚Ockhams Rasiermesser‘). „Für die Entstehung der Trennungsangst wird eine Wechselwirkung zwischen genetisch oder anderweitig organisch begründeter Angstdisposition und Lebenseinflüssen angenommen“, schreiben Warnke et al. und fügen eine wissenschaftliche Einschätzung der Beteiligung der Erblichkeit bei solchen krankhaften Trennungsängsten hinzu: „Die Erblichkeit wird bis auf 59% geschätzt“ (man beachte, dass eine genaue Zahl [59] und eine Schätzung, d.h. eine implizite Ungenauigkeit nebeneinander stehen (vgl. Fabian 1986, Kapitel 6). Unter den „Lebenseinflüssen“ erscheint nirgendwo die Annahme, dass auch Eltern oft große Schwierigkeiten mit Trennung haben und dass es in vielen symbiotischen Familien ein ausgeprägtes ‚Trennungsverbot‘ herrscht. Vielmehr sind es generell „Temperamentsmerkmale, Eigenheiten des Denkens und Wahrnehmens, Bindungs- und Trennungserfahrungen, aktuelle Konflikte und Erziehungseinflüsse“ (Warnke et al. 2001, S. 36).

Viele Wissenschaftler und die Medien nutzen die Wissenschaftsgläubigkeit eines breiten Publikums aus, den uralten Glauben, eine bestimmte Methode, ein neues Medikament, könnte Leid und Schmerz aufheben. Die Faszination der neuen Technologie, besonders der sog. ‚bildgebenden Verfahren, der funktionellen Kernspintomographie, der Positronen-Emissions-Tomographie (PET) und ihren neueren Entwicklungen, ist enorm. Sie erlauben uns, wie es Rüegg ausdrückt, „beim Denken zuzuschauen“ (2001/2007, S. 11). Sie tragen nicht wenig dazu bei, die Illusion einer ‚Lösung‘ zu nähren. Auch Psychotherapeuten beteiligen sich daran, obwohl sie wissen – trotz manualisierter Anleitungen –, dass es kein ‚Wunder‘ einer bestimmten Methodik gibt, sondern dass es primär auf das menschliche Element, die ‚Kunst‘ des zwischenmenschlichen Kontaktes, die Empathiefähigkeit und die Kreativität des Therapeuten ankommt. So sind große Hoffnungen oft mit einer suggestiven Therapieform, z.B. in der Traumatherapie, vor allem in Deutschland verbunden (vgl. Kernberg 2000), oder mit der so genannten ‚evidence based medicine‘ oder ‚empirically supported therapy‘ (American Psychological Association, s. Wampold 2001). Leitlinien kanonisieren therapeutische Vorgehensweisen in einem Bestreben, „ausreichende Rationalität der Diagnostik und Therapie zu gewährleisten“ (Möller et al. 2006, S. XIII). Doch auch in solche Schriften über die ‚State of the Art‘ schleichen sich tendenziöse Richtungen ein, die davon abhängen, wer der Auftraggeber ist, wer die entscheidende Kommission bildet, welche vorgefertigten Ideen die Autoren haben, etc. Auch in den Kommissionen, die über Diagnostische Einheiten entscheiden, herrschen persönliche Interessen und Intrigen (wie O. Kernberg in seinem Vortrag am 6. Juli 2008 in München, im Rahmen des IKTTP-Kongresses versicherte). Mit Sicherheit wären beispielsweise die Leitlinien zur Behandlung der Depression grundverschieden, wenn die Empfehlungen von einer psychiatrischen, einer analytischen, einer gruppentherapeutischen Gesellschaft, oder einer anderen therapeutischen Richtung ausgearbeitet wären. Wenn beispielsweise in der Broschüre über „Innovation und Wandel in der antidepressiven Therapie in Deutschland“ von Möller et al. die Therapie der Angststörung mit Psychopharmaka in erster Linie angegeben wird und die als zweite „Säule“ empfohlene Psychotherapie ausschließlich aus Verhaltenstherapie besteht (2006, S. 80), dann reicht ein Blick auf die Namen der Autoren und die „freundliche Empfehlung“ der Firma Lundbeck, um zu wissen, wessen Meinungen hier ausschlaggebend sind.

Zur Faszination der Wissenschaftler, aber auch des Laienpublikums, gehören übrigens auch die diagnostischen Bezeichnungen und „seltenen" Syndrome – nicht nur in der Inneren Medizin. Das ADHS-Syndrom, das Asperger-Syndrom, das Gilles-de-la-Tourette-Syndrom und viele andere verdanken ihre Mode und Popularität nicht zuletzt dieser Faszination. Neuerdings wird auch von einer „Orthorexia nervosa" (in Analogie zur „Anorexia nervosa", vgl. Meyer-Groß, Zaudig 2007) gesprochen, die lediglich eine Variante der Zwangkrankheit darstellt (den Zwang, sich gesund zu ernähren, und die damit verbundenen Eigentümlichkeiten), die es vielleicht auch zu einem gewissen Bekanntheitsgrad bringen wird.

Die heute sehr verbreiteten verschiedenen manualisierten Therapiemethoden gehen von einer von der Person des Behandlers unabhängigen Erlernbarkeit einer Methode aus – z.B. Kernbergs manualisierte Therapiemethode für Borderline-Patienten (vgl. Dammann und Janssen 2001, Clarkin et al. 2006/2008) oder für Angsttherapie (Dengler und Selbmann 2000, Hoffmann 2008). Als besonders ‚manualisierbar' und erlernbar gelten verhaltenstherapeutische Behandlungsmethoden. Doch in wie weit spielt die Persönlichkeit des Verhaltenstherapeuten eine Rolle? Wie viel von der Wirkung der Methode ist die Wirkung der Persönlichkeit des Therapeuten und der Beziehung zwischen ihnen und dem Patienten? Devereux schreibt über klinische Modelle im Allgemeinen: „Vernünftige Modelle, gleichgültig, wie abstrakt sie sein mögen [...] beziehen sich auf menschliche Wesen und nicht auf Labor-‚Präparate'. Deshalb ‚klingelt' es bei ihrer Lektüre beim normalen Leser nicht minder als beim Kliniker, während bestimmte Modelle [...] blutlose, wenn auch vielleicht verblüffende Schemata bleiben [...]. Rein intellektualistische Modelle [...] sind so ‚sinnig' wie eine mittelalterliche Abhandlung über die Frage, wie viele Engel auf einer Nadelspitze stehen können; ihre Spitzfindigkeit setzt zwar einen in Erstaunen, kann aber weder die Engel noch die Nadel – oder, in diesem Falle den Autor des Traktats – Wirklichkeit für den Leser werden lassen" (Devereux 1967, S. 118). Orlinsky (2006) schreibt, dass „empirische Forschung vollkommen abstrakt sei [und] reduziere Therapie auf ein Konglomerat von Techniken und einer manualisierbaren Prozedur" (zit. b. Buchholz 2008a, S. 15). Er plädiert für eine Psychotherapieforschung, in der die *Person* des Therapeuten und die des Patienten im Mittelpunkt stehen.

Wampold (2001) gibt Beispiele dafür, wie die Methodik bei der Durchführung so genannter Meta-Analysen (d.h. Analysen mehrerer, nach wissenschaftlichen Kriterien sortierter Studien zu einem Thema), die heute sehr hoch im Ansehen der Fachleute stehen und entscheidende Wirkung auf Therapienormen ausüben, mit einfachen, aber subtilen ‚Manipulationen' über ihre Aussage entscheidet (vgl. Buchholz 2008b, S. 2). Wie tendenziös Wissenschaft und ‚objektive' wissenschaftliche Analysen sein können, veranschaulicht auch der Bericht von Gruen über ein „vielzitiertes Experiment aus der sozial-psychologischen Forschung" (1984/2002, S. 55–58); sein Fazit ist: „Die *Methode* bestimmt, was als Faktum zugelassen wird, nicht die *Realität*" (ebenda, S. 57, kursiv im Original).

Wissenschaft kann, nach Ammon (1982, S. 531–671), nicht von der Person des Wissenschaftlers abgespalten werden; der Forscher ist selbst „Forschungsinstrument" (ebenda, S. 546). I. Burbiel präzisiert: „Das Postulat einer lebendigen, standortbeziehenden Wissenschaft vom Menschen, die sich in dialektischer Auseinandersetzung von Theorie und Praxis dem Identitätsprozess entsprechend entwickelt, betrifft auch die

Person des Wissenschaftlers und Forschers. Es besteht darauf, ihm die Identitätsfrage zu stellen. Wer ist er als Mensch und Wissenschaftler? Der Forscher soll als Mensch sichtbar werden, der für seine Erkenntnisse und Forschungsmethoden verantwortlich gemacht werden kann. Die Trennung von Theorie und Praxis beim Forscher selbst, d.h. die Spaltung von Mensch und Wissenschafter, wie sie lange Zeit über das Wertfreiheits-Postulat und den naturwissenschaftlichen Objektivitätsbegriff wissenschaftstheoretisch gerechtfertigt wurde, wird damit aufgehoben" (Burbiel 1998, S. 231).

Es gibt also ebenso wenig ‚objektive' Wissenschaftler, wie es ‚objektive' Psychiater oder andere Ärzte gibt, besonders wenn es um die Angst geht. Und da diese in der Regel keine oder wenig Kenntnis von ihrem Unbewussten haben, liegt es nahe, dass sie Abwehrformen unterliegen, die sie zum Ausagieren der eigenen Angst beim Patienten veranlasst. Vielleicht die häufigste Art solchen Agierens bei Ärzten ist die Delegation der Angst an den Patienten (Fabian 2004a).

Eine junge Patientin konsultierte einen bekannten Lungenspezialisten, nachdem sie längere Zeit unter Husten gelitten hatte. Dieser sagte ihr nach der Untersuchung: „Es sieht nach Asthma aus, aber es ist noch nicht 100% sicher". Die Patientin war danach mehrere Wochen lang alarmiert und beängstigt über die Möglichkeit, an einer schweren, lebenslang anhaltenden Krankheit zu leiden. Später, nach vorliegen aller Befunde, wurde die Diagnose fallen gelassen (Fabian 2004a).

Der Internist sagte dem älteren Patienten, nach der körperlichen Untersuchung: „Es sieht nicht sehr gut aus. Unter anderen kann es auch Krebs sein, auch wenn es nicht sehr wahrscheinlich ist." Glücklicherweise stellte sich die Erkrankung als gutartig aus, aber der Patient sagte mir, dass seine Ängste nach dieser Aussage die Tage in eine Hölle verwandelt haben (Fabian 2004a).

Eine Gynäkologin sagte dem 15-jährigen Mädchen, nachdem sie es zum ersten Mal untersuchte und 2 Ovarialzysten gefunden hatte: „Du wirst vielleicht später Diabetikerin werden und keine Kinder bekommen." Abgesehen von der medizinischen Unwahr-scheinlichkeit dieser Feststellung spricht die eklatante Unverantwortlichkeit der Ärztin, die die Differentialdiagnosen ungeprüft ausspricht, zumindest von einer krassen Igno-ranz seelischer Vorgänge.

Auch die ‚Wahl' eines schützenden Behandlungskonzeptes erlaubt, eigene Angst durch Biologisieren abzuwehren. Der Autor selber hat es auf Symposia zum Thema ‚Angst' des öfteren erlebt, dass dort der Ton immer sachlich bleibt – was durch das Wissen um die biologischen Vorgänge sehr gut gelingt –, wenn nicht sogar ins zynische kippt, um die eigene Angst abzuwehren. Tretter spricht in diesem Zusammenhang vom ‚homo neu-robiologicus', der „die frei entscheidende, selbstreflektierende Person zu einer Illusion erklärt" (Tretter 2007, S. 99).

Ein erfolgreiches Schema, nach dem Psychiatrie und Pharmaindustrie zusammen-arbeiten besteht darin, dass aus einer generellen Angstform ein ‚Subtypus' abgespalten wird (z.B. Panik oder ADHS). Danach demonstriert die Wissenschaft, dass diesem Sub-typus ein eigener, womöglich spezifischer hirnphysiologischer Mechanismus zugrunde liegt (so z.B. der Panik, die spezifische Rezeptoren involvieren soll). Dies führt zu einer eigenen pharmakologischen Forschung, die dann ebenfalls spezifische Mittel findet – oder zumindest eine spezielle Dosierung des Mittels für diesen Subtypus. Welche Interessen und Geldsummen dahinter stehen, kann man ahnen, wenn man sich die riesige Anzahl der Menschen, die unter Ängsten leiden und als potentielle Konsumenten der betreffenden Medikamente in Frage kommen, vor die Augen führt.

Das „wohlpassende Ideenkleid" (Husserl), in das Therapie hineingezwängt wird, das ‚Scientifizieren', ist *wissenschaftlich sanktionierte Abwehr eigener Angst*. Scientifizieren heißt kategorisieren, teilen, systematisieren, statt in das Wesen des Themas eindringen, die Kategorien, die in der Psychiatrie geschaffen wurden, zu wissenschaftlichen Fakten erhöhen, um miteinander vergleichen und statistisch bearbeiten zu können. Eine solche Wissenschaft ist künstlich und tendenziös. Sie geht von verschiedenen Angstvarianten als eigenen Entitäten aus und ist dann irritiert, wenn Übergänge und Überlappungen die Forschung „komplizieren" (vgl. Angst, Vollrath 1991). Nur ein fundiertes psychodynamisch-gruppendynamisches Konzept kann solche Überlappungen und ‚Komplikationen' überwinden.

Freilich sind Auflistung, Kategorisierung und Statistik auch für die Naturwissenschaft unerlässlich. Ihr Wert muss jedoch in den Humanwissenschaften, und besonders in Psychiatrie und Psychotherapie, stark relativiert werden. Sie dürfen nicht zur Legitimierung einer Methode herangezogen werden. Die Kategorisierung durch die verschiedenen diagnostischen Schlüssel in der Psychiatrie lenkt von der Omnipräsenz der Urangst in den psychiatrischen Erkrankungen ab, folglich auch von der Beschäftigung mit ihr. Das Denken in Kategorien ist der mentale weiße Kittel des Arztes.

Bezüglich der Psychoanalytiker kommentiert Plänkers Freuds Zitat (1926, S. 123), in dem er den Philosophen mit einem Wanderer vergleicht, der in der Dunkelheit singt, um seine Angst zu verleugnen (Motto des Kap. 15): „Wahrscheinlich sind wir [Psychoanalytiker] den Philosophen näher als Freud glaubte und betreiben auch hinsichtlich der Angst eine Arbeit im Dunkeln, bei der es hilfreich ist, ein Lied in Form eines Modells bereit zu haben (zit. b. Plänkers 2003, S. 518. „Als Psychoanalytiker sollten wir auf der Hut sein", schreibt Searles, „wenn wir mit der vielfältigen Art und Weise konfrontiert werden, in der die Konzepte und die Techniken unserer Wissenschaft dazu benutzt werden können, die Angst vor Veränderung, die uns und unsere Patienten erfüllt, zu verdrängen" (1965/1974, S. 165).

Mertens spricht vom ‚geheimen Szientismus' der Psychoanalyse, der in der Bestrebung implizit ist, „dass die metapsychologische Theorie einer neurophysiologischen Ausgangsbasis verhaftet bleibt, in der sich die Theorienbildung und methodologische Elemente der Naturwissenschaft des 19. Jahrhunderts niedergeschlagen haben" (1981/1992, S. 26). Darin besteht m.E. aber auch die Bestrebung, sich der Auseinandersetzung mit dem *Wesen* der Angst durch eine naturwissenschaftlich geprägte „kausal-reduktionistische Erklärungsebene" (Mertens, S. 26) auf der Basis chemisch-physiologischer Vorgänge wissenschaftlich ‚sanktioniert' zu entziehen.

In der Psychotherapie, einschließlich der Psychoanalyse, widerspiegelt sich die ‚Sucht zum Objektiven', zum Biologischen, in einem immerwährenden Versuch, sich den exakteren Naturwissenschaften anzugleichen, insbesondere der Psychiatrie mit ihren genauen Diagnosen, Algorhythmen und Leitfäden einer korrekten Therapie. Dabei ist die Psychiatrie selber ein Spätkömmling in der Großfamilie der Wissenschaften. Sie versuchte von Anfang an, das akkumulierte Wissen neurobiologisch und physiologisch zu verankern. (Griesinger meinte schon 1845: „Geisteskrankheiten sind Erkrankungen des Gehirns" – zit. b. Ammon 1979, S. 23) und damit den ‚exakteren' Schwestern, der Neurologie und insbesondere der Inneren Medizin, gleichzuziehen. Diese versuchten ihrerseits immer schon, im Zuge des Strebens nach Rationalität und Status, die ‚exaktesten', allein der ‚objektiven Logik' gehorchenden Elite-Wissenschaft Mathematik und Physik als Beispiel zu nehmen. Dabei wussten intuitiv denkende Mathematiker wie Gauß oder Russell schon früh, dass die Wissenschaft nicht exakt, sondern subjektiv, den menschlichen Grenzen und den Grenzen seiner Logik unterworfen ist (vgl. Fischer 2000/2004). Die großen Physiker des 20. Jhd. haben mit der Quanten- und Relativitätstheorie die alte, mechanische Logik unserer Weltanschauung revolutioniert und erweitert, so dass Beweise und Sicherheiten mehr und mehr Möglichkeiten oder Wahrscheinlichkeiten weichen müssen. Mit Heisenbergs Worten: „Die objektive Welt der Naturwissenschaft des vorigen [19.] Jahrhunderts war, wie wir jetzt wissen, ein idealer Grenzbegriff, aber nicht die Wirklichkeit" (Heisenberg 1973/1985, S. 108).

Die Psychoanalyse ihrerseits träumte seit ihren Anfängen von einer körperlich und physiologisch begründeten Existenz, einem naturwissenschaftlich ‚objektivierbaren', durch Laborversuche – wie die modernen Psychologie und teilweise die Psychiatrie – erhärteten Wissen. Freuds Worte vom Jahre 1910 klingen programmatisch: „Die Psychoanalyse vergisst niemals, dass das seelische auf dem organischen ruht, wenngleich ihre Arbeit es nur bis zu dieser Grundlage und nicht darüber hinaus verfolgen kann" (Freud 1910, S. 101). Freud selber stand „im Bann jener Wissenschaftsform, die am Ende des 19. Jahrhunderts auf die Höhe ihres *bis heute ungeschmälerten Triumphes* gelangte: der gesetzesbildenden Beobachtungswissenschaft nach Art der Naturwissenschaften. [...] Nur, im Schatten dieses Triumphzuges entfaltet sich ein rigid-eindimensionales Wissenschaftsverständnis, das *alle* Wissenschaftlichkeit für sich beanspruchte. Der ‚logische Empirismus' strebte in unserem Jahrhundert danach, dies Wissenschaftsideal ausnahmslos auf alle humanwissenschaftlichen Disziplinen auszudehnen und auch die Kultur- und Sozialwissenschaften dem Diktat von Maß und Zahl zu unterwerfen" (Lorenzer 1988, S. 429).

Burbiel warnt vor „einer Medizinalisierung und auch zu starker Professionalisierung von Psychotherapie und Psychoanalyse, [die] die Gefahr des Konformismus ohne intellektuelle und seelische Leidenschaft und Reformwillen in sich bergen. Konformismus aber gefährdet die Humanität, da Konformismus die individuelle psychisch-geistige Existenz jedes einzelnen begrenzt" (Burbiel 1996, S. 220).

„Der unsichere Psychotherapeut fürchtet sich vor den Ängsten seiner Patienten. Er möchte nichts über ihre angstverursachenden Erlebnisse hören", schreibt Fromm-Reichmann (1959, S. 39). Eine wichtige Ursache „für die Ablehnung eines Patienten ergibt sich gelegentlich daraus, dass der Patient eigene ungelöste Ängste des Psychotherapeuten erregt" (ebenda, S. 52).

Der Psychoanalytiker muss seine Angst gut kennen – und das nicht nur, um seinen Patienten gut analysieren zu können. Mehr noch: Er muss Angst tragen können, und mit seiner eigenen Person dem angstleidenden Patienten zeigen, dass „begriffene Angst eine Quelle der Gelassenheit und der Kreativität [sein kann]. Der Psychoanalytiker bereitet sich systematisch auf die Arbeit mit angsterregendem Material vor, indem er sich einer

Lehranalyse unterzieht, um mit seinen eigenen Problemen ins Reine zu kommen" (Devereux 1967, S. 124).

Die beste Methode zur Behandlung der Angstpatienten ist die eigene gründliche Analyse des Therapeuten und seiner Angst.

17. Angst und Erziehung

> Wenn Pädagogen in allen Epochen und Kulturbereichen, stets von neuem in
> den Fehler verfallen, die Angstfolgen bei den jungen Menschen (Vertrotzung,
> Aggressionen, Bandenbildung, usw.) nur als asozial zu betrachten und mit
> Gewaltmaßnahmen nieder zu drücken, so haben sie nichts getan, was diese Angst
> mildern könnte.
>
> Battegay 1970/1996

In einer sehr schön geschriebenen Kindergeschichte, „Juli und das Monster" (J. Bauer und K. Boie 1995/2008), wird erzählt, wie Juli Angst hat, auf die Toilette zu gehen, weil er dort ein Monster vermutet. Die Mutter (die im Übrigen dauernd mit Julis kleinem Schwesterchen beschäftigt ist, was die Verbindung zwischen Eifersucht und Angst vor Verlassenheit schon nahegelegt) versucht Juli mit Sätzen wie „Es gibt keine Monster, mein Schatz" ‚abzuspeisen‘, die ihm ebenso wenig helfen, wie die erzieherischen Bemühungen der Kindergärtnerin. Diese letztere legt weit mehr Wert auf das Einprägen von Verhaltensregeln („Zuerst wird hier mal Guten Morgen gesagt"), und vor allem auf ‚anständige‘ Erziehung („Und du weißt ganz genau, dass ihr alleine aufs Klo gehen sollt, zusammen ist verboten") als auf einen Versuch, die Angst des kleinen Juli zu verstehen. Ganz im Gegenteil: Nachdem das „Allerschrecklichste" passiert ist, schützt sie ihn keineswegs vor dem Gelächter der anderen Kinder, sondern wird vorwurfsvoll („Du meine Güte! Auch das noch!") und strafend. Erst ein kleines Mädchen begreift, dass es sich um Angst handelt und findet auch den richtigen Umgang dazu.

Schon im Kindergarten, spätestens aber am Anfang der Schule, wird tendenziell Angst verkannt oder (auch bewusst) nicht berücksichtigt; statt dessen ‚bereitet‘ die Schule auf rücksichtslose Erfolgsstreben und Konkurrenzkampf, die bereits in vielen Familien ohnehin vermittelt werden, vor. Spätestens vor dem großen ‚Sprung‘ ins Gymnasium wird (in Deutschland) die Grundschule zum Schauplatz eines unerbittlichen Notensystems, das die ‚Fittesten‘ für das Gymnasium selektieren soll. Nicht mehr das Wissen, das Können, und schon gar nicht die Kreativität werden hier zum Maßstab, sondern vor allem die Stressresistenz, die gleichzeitig auch Abwehrverhalten von Angst bedeutet.

Zu allen Zeiten versuchte die Pädagogik, in Verkennung der Angst der Kinder auch deren Ausagieren in Aggression zu unterdrücken. In solchen Fällen dupliziert die Schule die Unterdrückungsdynamik der Primärgruppe und kann die schon vorhandenen psychischen Schäden erheblich verstärken. Die Weltliteratur ist reich an Schilderungen erstarrter, sadistischer, kindesmissachtender und einschüchternder Pädagogik und Pädagogen, deren Tradition leicht bis ins Mittelalter zurück verfolgt werden kann (dazu gehören unter vielen anderen Lehrergestalten wie Dr. Mantelsack aus den Buddenbrooks von Thomas Mann, oder der Rex von A. Andersch [Der Vater eines Mörders]). Heinrich Mann schreibt vom „Untertan", der alle Ängste eines Kindes durchgestanden hatte: „Nach so vielen Gewalten, denen man unterworfen war, nach den Märchenkröten, dem Vater, dem lieben Gott, dem Burggespenst und der Polizei, nach dem Schornsteinfeger, der einen durch den ganzen Schlot schleifen konnte, bis man ein schwarzer Mann war, und dem Doktor, der einen im Hals pinseln durfte und schütteln, wenn man schrie – nach allen diesen Gewalten geriet nun Diederich unter eine noch furchtbarere, den Menschen auf einmal ganz verschlingende: die Schule. Diederich betrat sie heulend [...]" (H. Mann 1953/1962, S. 8). Heute sind die Schulmethoden freilich humaner, aber auch die Unterdrückungsmittel subtiler geworden. Strafen sind verboten, aber Beängstigung, Einschüchterung als Mittel zur Anpassung, mitunter Bloßstellung und Erniedrigung sind unter dem geforderten unpersönlichen Leistungsdruck weit verbreitet. Das von der Schule ‚gezüchtete' Menschenbild entspricht dem kognitiv intelligenten, skrupellos konkurrenzfähigen, emotional dürftigen Manager, dessen Kreativität in der Lösungsorientiertheit für seine Firma erschöpft.

Ein Kind konnte seine Hausaufgaben trotz Hilfe der Eltern nicht lösen, weil diese von der Lehrerin ungenügend erklärt und von den Eltern auf dem Niveau des Kindes nicht zu lösen waren. Die Mutter schrieb der Lehrerin einen Brief, in dem sie bat, dem Kind die Hausaufgaben noch einmal zu erklären. Daraufhin holte die Lehrerin das Kind an die Tafel und, nachdem es auch diesmal die Aufgaben nicht lösen konnte, gab ihr die Note 6. Das Kind fühlte sich beschämt und bat die Eltern, in der Schule nicht zu intervenieren oder sich zu beschweren, aus Angst vor weiteren „Racheakten" oder Erniedrigungen.

In meinem eigenen Medizinstudium in Israel war es üblich, die Studenten im 2. Jahr mit dem neuen amerikanischen System der ‚multiple choice' folgendermaßen zu prüfen: In einem kleinen Raum waren ca. 20 Tische mit jeweils 2 Mikroskopen aufgestellt, in denen histologische bzw. pathologische Präparate vorbereitet waren. Neben jedem Mikroskop lag ein Papierblatt, auf dem 5 oder 6 mögliche Lösungen, von welchen nur eine zutraf (multiple choice), aufgelistet waren. Man hatte eine sehr kurze Zeit zur Verfügung, um das Präparat zu beurteilen, die Fragen zu lesen und den Unterschied zwischen den Antworten zu verstehen und schließlich die richtige Antwort auf einem anderen Blatt anzukreuzen. Eine Weckuhr beendete die ‚Runde'; mit ihrem Klingeln mussten alle 40 Studenten zum nächsten Mikroskop übergehen, trafen aber nicht selten auf Kommilitonen, die noch nicht ganz fertig waren, wodurch sich zusätzliche Verzögerung, Aggression und Chaos entstand. Man soll auch bedenken, dass für einen großen Anteil der Studenten die Sprache der Fragen und Antworten nicht die Muttersprache, sondern eine kurz davor erlernte Fremdsprache war.

Ein solches ‚System' dient der Selektion derer, die unter Stress, möglichst ‚angstfrei' die ‚Nerven behalten'. Es bleibt dahingestellt, ob diese Fähigkeit den besseren Arzt ausmacht, sicher ist aber, dass damit diejenigen Mediziner deutlich bevorzugt werden, deren Fähigkeit, Angst zu spüren, defizitär ist (s. Kapitel 9). ‚Auf der Strecke' bleiben diejenigen, die mit angemessener oder vermehrter Angst reagieren; werden diese die schlechtesten Ärzte sein? Schule und Universität ‚züchten' rasches, intellektuelles Denken und gleichzeitig defizitäre Angst.

Wie soziokulturelle Faktoren unsere eigene Beziehung zur Angst, ihre Ausdrucks- und Abwehrformen beeinflussen, und wie Ideologien von ‚Mut und Stärke‘ transgenerational weiter tradiert werden, war Thema in den Kapitel 3 (Angst – Schicksal des Menschen) und 14 (Transgenerationale Angst). Kulturelle Veränderungen sind langsam und erreichen nicht gleichzeitig alle Schichten der Bevölkerung; ‚ganz oben‘ und ‚ganz unten‘ in der Gesellschaft herrscht meistens ein konservativer Kodex. Diese beiden ‚Enden‘ der Gesellschaft, die im Zuge der fortschreitenden Globalisierung weltweit zunehmen – die sehr reichen und die sehr armen –, werden für neue geistige Strömungen relativ ‚immun‘ bleiben. Aber auch die ‚Mitte‘ ist verführbar und ambivalent. Nicht nur wirtschaftliche Interessen, auch die kollektive Angst vor dem Neuen sorgt dafür, dass Waffenindustrie und Kriege weiterhin ‚blühen‘, die Natur trotz mehr Einsicht als früher weiterhin geplündert und zerstört wird, Ausbeutung, Terror und Unterdrückung weiterhin weltweit toleriert – wenn nicht aktiv unterstützt – werden.

Die große Chance der Menschheit – abgesehen von einer erfolgreichen Psychotherapie, die die ‚Vererbung‘ von Pathologie zur nächsten Generation unterbricht, aber nur wenige erreichen kann – ist und bleibt die Erziehung, und besonders die Schule; eine Chance, die bisher verpasst wurde und nach wie vor verpasst wird. Die Schule trägt wenig, wenn überhaupt, zur Vermenschlichung bei, sie bleibt im Wesentlichen ein Instrument der konservativen Politik und der Macht, deren Hauptziel ist, bestehende Verhältnisse zu zementieren und fortzusetzen. Hauptmittel dazu bleibt das Vermitteln von kognitivem Wissen auf Kosten von ganzheitlichem, kreativem Denken, von Individualismus und Konkurrenzdenken auf Kosten von Solidarität und Gruppenbezug, von nach traditionellen ‚bürgerlichen‘ Maßstäben gemessenem Erfolg auf Kosten von menschlichem Glück. Zentraler Teil einer solchen Erziehung ist die Unterdrückung der Gefühle – vor allem der Angst.

Diese ‚männliche‘ Erziehung wird vor allem unseren Söhnen zuteil. Die Ansicht ist weit verbreitet, dass Jungs weniger Angst haben, mehr Aggression und Gewalt in sich tragen (und brauchen!). Dieser Glaube wird durch Beobachtung nicht unterstützt. Er ist tendenziös. „Jungen sind früh dem Druck des Männlichseins ausgesetzt“, schreibt Gruen (1997/2005, S. 58), und die Schule verstärkt diesen Druck auch auf der Ebene der Wahrnehmung, des Fühlens, Denkens und Verhaltens.

18. Angst und Identität

Im Kapitel 8.3 habe ich die Verbindung zwischen Angst und Identität bereits thematisiert. Identität hat in einem tieferen Sinn mit Bewusstmachung und Konfrontation der Angst zu tun. Schriftsteller haben das intuitiv erkannt. So wird es dem Leser von Stefan Zweigs Novelle „Angst“ von 1944 deutlich, dass die Heldin Irene, die immer wieder von heftiger Panik geplagt wird, nicht unter einem ‚einfachen‘, paranoisch gefärbten Panik-Syndrom leidet; Irene sucht sich einen Geliebten nicht nur aus Langeweile. Sie leidet unter der Leere ihrer sinnlosen, ziellosen Existenz, die mit extremer Angst verbunden ist. Sie ist ein Anhängsel ihres Mannes, sie hat keine eigene Identität.

Ammon schreibt bezüglich der Angst bei Borderline-Patienten: „Meines Erachtens manifestiert sich in der vielfältig schillernden Borderline-Pathologie […] eine archaische Identitätsangst, die aus einer pathologisch arretierten Symbiose resultiert und als Ausdruck einer frühen Schädigung der Ich-Entwicklung verstanden und behandelt werden kann. Die zersplitterten Identitäten, die der Borderline-Patient auch in seiner Symptomatik präsentiert, dienen der Abwehr einer unbewussten Identitätsdiffusion und der damit verbundenen existentiellen Ängste" (Ammon 1980, S. 132–133). Deshalb setzen Borderline-Patienten „ständig Widerstände zur Vermeidung von Angst" ein (Ammon 1998, S. 119). Menschen wie Irene leiden unter einer „tödlichen Angst vor Kontakt und Beziehung wegen der erlebten Gefahr, verletzt zu werden, [und unter einem] unstillbaren pathologischen Grundgefühl [...], einem Loch im narzisstischen Persönlichkeitskern, das nie gefüllt werden kann. [Dieses Leid] drückt sich oft aus durch Gefühle unerträglicher Leere und Angst, allein zu sein, und andererseits durch das Suchen nach Identität und verlässlichen Menschen, von denen sie sich doch immer wieder verletzt und unverstanden fühlen" (Ammon 1984, S. 146). Greenson erklärt das Gefühl innerer Leere durch den Widerstand, sich mit der Mutter zu identifizieren, sie „in sich aufzunehmen" (Greenson 1954, S. 206); nach meiner Ansicht handelt sich um einen Trennungswiderstand, der sich darin ausdrückt, dass sich die Patientin (die Greenson zitiert) gerade von der verinnerlichten Mutter nicht trennen kann oder will; sie ist bereits verinnerlicht und hemmt die Autonomieentwicklung der Tochter. Identitätsentwicklung beinhaltet immer Trennungsschritte von verinnerlichten, als Identifikation dienenden Figuren (‚Imagines') und diese verursachen große Ängste.

Zu solchen Patienten, die innerlich verfangen sind und unter der inneren Leere als Angstäquivalent leiden, zählen auch die so genannten „Unerreichten", weil sie sich in der Tiefe ihrer existentiellen Angst emotional nicht erreichen lassen; in manchen Fällen kann dies an einer existentiellen Grenze oder mit nonverbalen therapeutischen Mitteln geschehen. Die „Unerreichten" stellen ein erhebliches therapeutisches Problem dar. Der Kern der Identitätslosigkeit ist „ihre tiefe Verlassenheits- oder Urangst" (ebenda, S. 156). Gruen beschreibt sie bei den angepassten, demagogischen Nazi-Führern, die statt eigener Identität eine aus verschiedenen Identifikationen zusammen ‚geflickte' Persönlichkeit zeigten. In ihrer Kindheit und Jugend blieben ihnen Wärme, Fürsorge und das Verständnis für ihre Angst – die sie später deshalb wie eine Wunde abwehrten – verwehrt.

Am Beispiel des psychosomatisch strukturierten Patienten, der unter einem narzisstischen Defizit leidet, das ihm „das Heraustreten aus der Abhängigkeit der Symbiose und die Abgrenzung der eigenen Identität unmöglich gemacht hat", zeigt Ammon, wie der Identitätsaspekt bei solchen Patienten für die Krankheit von zentraler Bedeutung ist und die psychosomatische Krankheit oder das Symptom als „Ersatz", dass „Loch im Ich" ausfüllt (Ammon 1974, S. 96–97). Für diese Menschen stellt sich die „Frage ‚wer bin ich?', [an die Stelle der] Frage ‚was habe ich?'" (ebenda, S. 97).

Bei Borderline-Patienten, schreibt Ammon, dienen „Pseudo-Identitäten [...] der Abwehr von existentieller Angst, die aus der defizitären Identität resultiert [...]. Der Borderline Patient ist von pathologisch-destruktiver Angst beherrscht, d.h. von der Verlassenheitsangst, vor möglichem Heraustreten aus der Symbiose, vor Abgrenzung, vor dem Nein sagen können. Dies ist die Angst vor Identität", und fügt hinzu: „Jeder Schritt aus der Symbiose hin zur eigenen Identität ist immer mit Angst verbunden" (Ammon 1979, S. 337). Auch die archaische Angst in der Depression bezeichnet Ammon als Identitätsangst (1980, S. 93). Der Depressive hat Angst vor Lebendigkeit: „Wenn in früher Kindheit die Eltern die Lebendigkeit und Lebenslust ihrer Kinder als störend oder gar bedrohlich empfinden, werden diese bald von Unruhe und Angst erfüllt" (Gruen 1984/2002, S. 38).

In diesem Verständnis stellt Identität einen lebenslangen Entwicklungsprozess dar, der beziehungs- und gruppenabhängig ist und eine Ich-Funktion im Rahmen der Persönlichkeitssturktur darstellt (Ammon 1982, Schmolke 1988, Fabian 2007b). Frühstörungen können als Identitätsstörungen, als Störungen verstanden werden, die mit „Pseudo-Identitäten, die der Abwehr von existentieller Angst [dienen, einhergehen]" (Ammon 1998, S. 179) Ihre Therapie kann als Identitätstherapie bezeichnet werden, mit dem umfassenden Ziel der Identitätsentwicklung jenseits der Symptombehandlung der Psychiatrie und der Konfliktlösung und Emanzipation der Psychoanalyse.

Dieser Prozess ist ohne Angst nicht vorstellbar. Da Identitätsfindung ein lebenslanger Prozess ist, der Grenzsituationen beinhaltet (Ammon 1982b, Battegay 1981/2005), muss der Mensch gerade dann Angst konfrontieren, wenn er sich menschlich entwickeln, vertiefen, geistig und emotional reifen will. Angstvermeidung ist demzufolge Identitätsvermeidung – und umgekehrt.

19. Die Angst vor der Angst

She gradually revealed that her anxiety was, on the surface, generating a sense of aliveness and protecting herself from a more basic, fundamental, and devastating anxiety [...]. Anxiety, although painful, served as an organizer of psychic structure and generated sufficient feelings to protect her from existential annihilation.

Giovacchini 1993

In der Regel wird unter Angst vor der Angst lediglich die antizipatorische Angst vor Angstattacken verstanden (Fenichel 1977 II, S. 31, Strian 1995/2003, S. 37, Kapfhammer 2000, S. 1188, Linehan 1996, S. 266, Uexküll 2003, S. 804). Ich verwende den Begriff hier in einem gänzlich anderen Sinn. Gemeint ist die Angst vor der Begegnung des Menschen mit seiner eigenen Urangst, die auch die Begegnung mit der Tiefe des eigenen Seins bedeutet. Die meisten Menschen leben ohne ihrer tieferen Angst bewusst zu werden, sie vermeiden diese aus einer Angst, die größer ist als die verschiedenen bekannten Angstformen (Kapitel 8). Dadurch entgeht ihnen aber jede Möglichkeit des inneren Wachstums, der Entfaltung ihrer eigenen Identität, ihres Menschseins. Ohne Begegnung mit der eigenen Urangst gibt es keine wirkliche menschliche Entwicklung. Der hohe Preis der Angst vor der Angst ist die flache, ‚sinnlose' Existenz. Beispielhaft ist das der Fall mit Borderline-Patienten, die nicht nur wegen ihrer oft quälender Beschwerden zu uns kommen, sondern auch, weil sie spüren, dass ihnen das Gefühl der wahren Existenz fehlt. „Wesentlich beim Borderline-Störung", schreibt Ammon, „ist die Angst vor der Angst und das Weglaufen vor der Angst, die Hinwendung zur Lust und zum Amusement" (Ammon 1998, S. 180). Und allgemein: „Angst im pathologischen Sinne lässt sich als Angst vor der Angst bezeichnen" (Ammon 1979, S. 132).

Sullivan schreibt (1953/1980, S. 33): „Ich glaube, ich kann mit ziemlicher Sicherheit sagen, dass jeder, wirklich jeder Mensch ein Großteil seiner Energie und einen erheblichen Teil seiner Bemühungen im Umgang mit anderen darauf verwendet, mehr Angst, als er bereits hat, zu vermeiden und, wenn möglich, seine Angst loszuwerden." Sullivan benutzt das Bild des „Angst-Gradientes", eines Teiches, in dem sich die Amöben je nach Temperatur des Wassers verteilen (ebenda, S. 180). Ähnlich äußert sich schon der mittelalterliche persische Arzt Ali Ibn Hazm, dessen Worte ich als Motto dem Kapitel 3 (Angst – Schicksal des Menschen) vorangestellt habe.

Die Menschen unterscheiden sich grundsätzlich weniger durch die Qualität ihrer Ängste, als dadurch, wie sie diese spüren und vor allem wie sie mit ihnen – d.h. mit ihrer Angst vor der Angst – umgehen.

Von Napoleon wird erzählt, dass er als junger Soldat in den Schutzgräben von Toulon, das von den Engländern vom Meer heftig bombardiert wurde, saß und vor Angst am ganzen Körper zitterte. Nicht weit von ihm schauten spöttisch zwei kräftige Kerle zu; der eine sagte laut zum anderen, auf den jungen Bonaparte deutend: „Schau dir diesen Jungen an, er bebt vor Angst am ganzen Leib." Daraufhin erwiderte Napoleon: „Ja, es stimmt, ich habe schreckliche Angst. Wenn ihr eine solche Angst hättet, wäret ihr schon längst geflüchtet. Ich aber bleibe."

Warum scheuen die meisten Menschen diese Begegnung, warum haben sie so große Angst vor der Angst? Warum lassen sie sich von der Angst vor der Angst regieren?

Angst vor der Angst ist Flucht vor sich selbst, vor seinen Ängsten, Flucht in die ‚Normalität'. A. Gruen schreibt dazu: „Wir alle sind geprägt vom Diktat unserer Zivilisation, die uns auferlegt, dem Schmerz [...] auszuweichen. Angst muss überspielt werden, man darf ihr nicht ins Gesicht sehen" (1987/1996, S. 21). Wir alle neigen dazu, der Urangst, der Angst vor dem Tod, die uns an unsere Vergänglichkeit erinnert, auszuweichen. Unsere heutige Kultur unterstützt uns darin, sie unterdrückt die Angst – vermehrt seit dem Ende des Mittelalters – und ist besonders kreativ im Erfinden neuer Strategien, um ihr nicht ins Gesicht sehen zu müssen. Die Abschwächung der Religiosität nimmt uns die letzte Hoffnung eines Lebens nach dem Tod. Die Angst vor der Angst hat uns deshalb fest im Griff. Alle Bewältigungs- und Abwehrformen der Angst, die im Kapitel 15 beschrieben wurden – ob sie eine neurotische, borderlinehafte oder psychotische Qualität aufweisen, bis zu denen, die zur ‚Normalität' gehören –, können als Strategien verstanden werden, die uns die Angst vor der Angst, die Begegnung mit unserem inneren Kern, ersparen sollten. Sie ‚schützt' den Menschen letzten Endes auch vor der Auseinandersetzung mit der Endlichkeit seiner Lebenszeit, vor dem Tod, vor der Einmaligkeit seiner Existenz. Sie ist *nicht* die Angst vor dem Tod, sondern die Angst, diese Angst zu konfrontieren, ihr ins Auge zu schauen. Sie ist auch *nicht* die Angst vor der Einmaligkeit unseres Lebens, sondern die Angst davor, diese Tatsache als solche – mit der dazugehörigen Angst – anzuerkennen und daraus Konsequenzen zu ziehen, die unser Leben anders gestalten können.

Die Angst vor der Angst ist wahrscheinlich der mächtigste Faktor des Widerstandes in der Psychotherapie und der häufigste Grund für ihren Abbruch. Für die Patienten stellt sich immer wieder die Frage, ob sie weitere Angst riskieren können und wollen, ob das Vertrauen in die Tragfähigkeit des Therapeuten (oder der Gruppe) ausreicht, um ihre Angst vor der Begegnung mit sich und vor der damit verbundenen Angst zu tragen. Psychotherapie, und insbesondere die Behandlung der Angststörungen, muss, wenn sie

sich nicht mit der Bekämpfung des störenden Symptoms begnügt, die Angst vor der
Angst des Patienten im Visier haben. Die Hilfe des Therapeuten, den Patienten von sei-
nem Angstsymptom zu den Wurzeln seiner Ängste, der Urangst zurück zu führen, ihn in
seiner Angst vor dieser Angst zu verstehen, zu begleiten und zu unterstützen, wird dem
Patienten nicht nur Linderung der störenden Ängste bringen, sondern auch die weitere
Entwicklung seiner Identität ermöglichen (s. Kapitel 22, Therapie).

Der Therapeut muss auch die Angst vor der Angst bei sich kennenlernen und sich
immer wieder unter ihren verschiedenen ‚Masken‘ identifizieren und bewusst machen.
Darin – und nicht in der Andersartigkeit seiner Angst – ist er ein Vorbild für seine Patienten. Ohne die Auseinandersetzung mit der Angst vor der Angst wird der Therapeut
formal, unauthentisch, und kann nicht das Gefühl des Mittragens der Angst des Patienten (das letzten Endes zum Vertrauen führen soll) vermitteln, noch diesem in seinem
Kampf gegen die Angst Identifikationsfigur werden.

20.   Ist Angst messbar?

Die Probleme bei der Diagnostik der Angst und der Angststörungen [liegen]
zunächst in der Natur des Phänomens selbst und in den vielfältigen psychologischen
Determinanten den Wahrnehmung und der Mitteilung von Angst begründet. [...] Ein
anderes Problem der Angstmessung: Angsterleben ist subjektiv. [...] Die körperlichen
Korrelate machen eine weitere Komplikation wahrscheinlich ...

Hoyer et al. 2005

Mit diesen Worten beginnt das Buch von Hoyer, Helbig und Margraf über die testpsychologische Diagnostik der Angststörungen. Die Frage der Messbarkeit der Angst ist mit
der generellen Frage der Messbarkeit von Affekten und Emotionen verbunden. Auf die
Frage, in wie weit die testpsychologische Messung von Gefühlen und Affekten überhaupt
ohne Fälschung oder ohne ‚Verrat‘ an ihrer wahren Natur möglich ist, und in wie fern
unbewusste Qualitäten, Nuancen, und vor allem persönliche Bedeutungen dieser Gefühle durch die Tests verloren gehen, soll hier nicht eingegangen werden. Jedoch möchte
ich am Beispiel eines solchen Tests, des ‚Interaktionsangst-Fragebogens‘ (IAF nach P.
Becker 1997) der Frage nachgehen, ob hier das Gemessene der Bedeutung der Angst als
menschliche Erfahrung und Emotion gerecht wird.

Im IAF werden 10 verschiedene Items (Qualitäten der Angst) durch Angaben des
Probanden gemessen, die „präzise Auskünfte darüber [geben sollten], in welchen spezifischen Situationen ein Klient Ängste erlebt, um gezielt therapeutisch intervenieren
zu können“ (Becker 1997, S. 10): Angst vor physischer Verletzung, vor Auftritten, vor
Normüberschreitung, vor Erkrankung und ärztlicher Behandlung, vor Selbstbehauptung, Abwertung und Unterlegenheit, vor psychischer Schädigung, Bewährungssitua-
tionen, Missbilligung, und schließlich die „globale Angstneigung“. Die Skalen sollten
auch eine Einschätzung darüber erlauben, „wie viel Angst sie [die Probanden] vor der
betreffenden Situation haben“ (ebenda).

Die Skalen basieren auf phänomenologischen Beobachtungen. Durch den Test wird
aber nicht deutlich, ob die jeweilige Angst in ihrer Qualität hemmend oder fördernd ist;

angenommen wird automatisch, dass viel Angst krankhaft und wenig Angst gesund ist. Z.B. heißt es bei der Skala „Globale Angstneigung": „Niedrige Testwerte sprechen dafür, dass die Person selten und nur in schwacher Ausprägung Angst als Zustand erlebt und ein *hohes Selbstwertgefühl* hat" (ebenda, S. 2, kursiv von E. F.). Mit anderen Worten wird *defizitäre Angst* nicht als pathologisch erkannt und Personen mit einer psychosomatischen Struktur, die (weitgehend) unfähig sind, Angst überhaupt zu spüren, werden nach dem Test als gesund, mit „hohem Selbstwertgefühl" abschneiden. Das Leitprinzip ist: Viel Angst = krank, wenig Angst = gesund. Und dies, ohne dem Sinn, der Qualität und der individuellen Bedeutung der Angst Rechnung zu tragen. Das heißt auch, dass die Möglichkeit, „gezielt therapeutisch zu intervenieren", abstrakt bleibt und sich nicht an der spezifischen Funktion der Angst für das betreffende Individuum orientiert. Dieser allgemeine und undifferenzierte Ansatz zieht auch durch die Forschung, wo er den ‚Vorteil‘ der Operationalisierbarkeit aufweist. Dass dabei die wahre Natur der Angst verloren geht und defizitäre Angst als ‚normal‘ gilt (vgl. Kapitel 9), fällt kaum jemandem auf.

Ich habe an anderer Stelle (Fabian 2004b) einige ‚klassische‘ Studien zitiert, bei denen die ‚gesunde‘ Kontrollgruppe aus Personen (z.B. Krankenschwestern) bestand, die keine oder wenig Angst zeigten, ohne diese Gruppe einer kritischen Diskussion zu unterziehen.

Hoyer et al. stellen lediglich fest, dass subjektive Faktoren wie „Simulation oder Dissimulation" als komplizierende Determinanten bei der Angstmessung stören können (2005, S. 12). K. König und R. Tischtau-Schröter betrachten die Problematik differenzierter: „Das Leugnen real vorhandener Gefahren [...] ermöglicht es den Menschen, die weniger Angst ertragen können, relativ angstfrei zu leben, verhindert aber ein sinnvolles Handeln, das der Gefahr begegnen könnte" (1992, S. 37). Hinter diesem Ansatz ist die pragmatische Einstellung erkennbar, die in den meisten psychologischen Tests Emotionen und Affekte vereinfacht: Angst ist da, um „sinnvolles Handeln" zu ermöglichen. Die Problematik aber, defizitäre, nicht gespürte Angst, die nicht Gesundheit, sondern ein Defizit darstellt, zu messen, ist kein Thema in der Testdiagnostik, die gewöhnt ist, sich auf die ‚positiven‘ Merkmale und Zeichen, auf das ‚Sichtbare‘ zu konzentrieren.

Die meisten Militärs, die beim Planen und Abwerfen von Bomben keinerlei Angst spüren bzw. diese abwehren würden, würden bei diesen Angst-Tests als gesund abschneiden.

Zu bemerken ist auch, dass der ‚Interaktions-Fragebogen‘ nach Becker keine richtigen Interaktions-Situationen zwischen zwei oder mehreren Menschen darstellt. Im zitierten Band von Hoyer et al. wird dieser interpersonelle Aspekt nicht einmal erwähnt. Erst in einer solchen Situation zeigt sich jedoch in letzter Instanz, ob die Angst ‚nützlich‘ oder ‚zerstörerisch‘ ist. Angst spielt eine wesentliche Rolle im zwischenmenschlichen Kontakt und ihre Qualität hängt von dieser zwischenmenschlichen Funktion ab (Ammon 1979, S. 132–133).

Andere Angst-Tests, wie der ‚Fragebogen zur Messung der Angst in sozialen Situationen‘ (SAP), das ‚State-Trait-Anxiety-Inventar‘ (STAI) und das ‚Angstbewältigungsinventar‘ (ABI), gehen von den gleichen Prämissen aus wie der IAF; es gibt sogar ein ‚Prüfungsängstlichkeitsinventar‘ (TAI) und einen Test für Kriminalitätsfurcht (Becker 1997). Angst ist außerdem ein Parameter auch bei den sonst üblichen psychologischen Tests, wie SCL-90-R (2002), in dem sie eine unspezifische Skala darstellt, erscheint aber gleich in mehreren Formen, in denen sie sich offen oder latent zeigen kann: Somatisierung, Zwanghaftigkeit, Ängstlichkeit, Unsicherheit im Sozialkontakt, Phobische Angst, Paranoides Denken. Mit anderen worten, man misst die gleiche Angst mehrmals, je nach dem ‚Gesicht‘, das sie gerade nach außen zeigt.

Gemessen wird in der Regel weniger die Angst, als das ‚Merkmal‘ der Änsgstlickeit oder der Angstbereitschaft, das „zeitlich relativ invariant ist" (Uexküll 2003, S. 190) – also die sog. „trait enxiety“, die nach Eysenck (1957) von einem genetisch bedingten hohen kortikalen Arousal ausgeht. Da auch die Prädisposition zur „Ängstlichkeit“ nach diesem Autor genetisch bedingt und fixiert ist, wird die Illusion, dass man sie als wissenschaftliches ‚Objekt‘ behandeln, operationalisieren und messen kann, aufrecht erhalten.

Welche „gezielten therapeutischen Interventionen“ (Becker 1997, S. 10) erlauben die Tests? Gibt es überhaupt gezielte Interventionen? Es gibt sie nur dann, wenn den einzelnen Angstvarianten spezifische Bedeutung beigemessen wird, diese als isolierte Ängste sieht, mit jeweils spezifischen „therapeutischen Interventionen, die sich daraus ableiten lassen“ (ebenda, S. 13). Auch hier ist kennzeichnend, dass es nicht um Therapie, sondern um „Interventionen“ geht; das impliziert, dass ‚spezifische‘ Ängste ‚nur‘ als solche vermindert werden sollten, um den Menschen wieder ‚gesund‘ oder ‚funktionsfähig‘ zu machen: Angst als lästiges Symptom, das gezielt beseitigt werden soll – wie der Chirurg einen Abszess heraus operiert.

21. Angst und Aggression in der Psychotherapie

> Jeder Wut liegt eine Form von Angst zugrunde. Die Aggressivsten haben die größte Angst. Die Geschichte wäre sicherlich anders verlaufen, wenn die Aggressivsten öfter gefragt hätten: Was ist das in mir, vor dem ich die Augen verschließe?
>
> Pollak 1997/2007
>
> Die wichtigste Quelle für Feindseligkeit in der Welt ist nicht die im Menschen wirkende, angeblich böse Natur, wie man heute immer wieder behauptet, sondern die Tatsache, dass die meisten Menschen sich ängstigen.
>
> Fromm 1991/2006

Analog zur Angst kann man auch bei der Aggression zwischen einer situativ bedingten ‚Realaggression‘ und einer tieferen Aggression unterscheiden, die existentielle Wurzeln hat. Diese letztere stammt aus nicht verstandener, nicht ausgedrückter, gleichsam ‚chronifizierter‘ Wut, die gewissermaßen verinnerlicht und zum Teil der Persönlichkeit wurde. Menschen, die eine solche Aggression in sich tragen, brauchen nur wenig, um die Kontrolle über sich zu verlieren: Sie können leicht zum Mörder werden, wenn beispielsweise ein freier Parkplatz vor ihrer Nase von jemand anderem weggenommen wird. Diese Art von Aggression ist in aller Regel Ausdruck einer abgewehrten unerträglichen Angst – eine Auffassung, die in der Literatur des öfteren bestätigt wird (Alexander 1950/1985, Fromm-Reichmann 1959, Condrau 1962/1976, Schwab 1963, Ammon 1971, 1979, Bowlby 1973, Winnicott 1939/1992, Gruen 1986/2002, Hoffmann 2000, Dulz 2000). Pfister schildert (1975, S. 35) den Fall eines Mannes, der seine Angst durch Aggression und Hass maskierte; Zulliger beschreibt den Mechanismus der „Flucht nach vorn" als „Symptomverschiebung" im Krieg wie im Alltag (1966, S. 167–176). Die soziokulturellen Faktoren, die in unserer patriarchalisch geprägten Tradition Aggression als Mut fördern und Angst als ‚Feigheit' disqualifizieren, habe ich im Kapitel 3 (Angst – Schicksal des Menschen) dargestellt. Deshalb ist Angst auch mit Scham verbunden.

Sogar die physiologischen Mechanismen, die beiden, der Angst und der Wut, unterliegen, sind nach F. Alexander und H. Ross „ähnlich, wenn auch wahrscheinlich nicht identisch" (S. 378). Moderne bildgebende Verfahren scheinen zu bestätigen, dass die Amygdala sowohl für die Vermittlung von Angst als auch von aggressivem Verhalten bei Tieren und Menschen ‚zuständig' sei (Raine 1999, S. 19). Nach Rachman (1998/2000) stammen die Wörter für Angst und Ärger (im Englischen anguish und anger) aus derselben Wurzel.

Ellenberger berichtet in seinem Buch „Die Entdeckung des Unbewussten" über eine zeremonielle Heilung bei den Pomo-Indianern aus Kalifornien (in Anlehnung an Freeland 1923): „Der Medizinmann vermutete, er [der ‚Patient'] habe an einer Quelle ein Wasserungeheuer gesehen. Er machte ein Abbild einer großen Schlange mit mehreren Gelenken [...]. Als der Patient die schreckenerregende Erscheinung erblickte, wurde er von so großer Angst gepackt, dass er anfing die Menschen rundrum anzugreifen. Man brauchte 6 Personen um ihn nieder zu halten" (Ellenberger 1985, S. 60).

Trotz der allgemeinen Akzeptanz der Aggression als Ausdrucks- und Abwehrform der existentiellen Angst in der Fachliteratur wird die Aggression viel zu oft in Therapien konkret und als primär verstanden und die Angst, die ihr zugrunde liegt, übersehen oder verkannt. Wie ich im Kapitel 6 (Angst in der Psychoanalyse) diskutiert habe, liegt diese Tatsache in der Tradition der Psychoanalyse selbst begründet. Bei Bordeline-Patienten gehören Wut, Aggression und Hass zu den charakteristischen Symptomen der Erkrankung. Kernberg hält sie für zentral in der Genese der Störung und postuliert eine „angeborene Disposition zur Aggressionsaktivierung", die zu einem „strukturell aggressiven Verhalten bei Kleinkindern" führt (Kernberg 2000a, S. 49). Diese „genetisch-konstitutionell" bedingte Prädisposition wird von „jenen Mechanismen [potenziert], durch die es durch frühe Traumatisierungen immer wieder zu intensiver und chronischer Wut" gegen die primären Objekte kommt (Clarkin et al. 2006/2008, S. 19). Für Kernberg, wie für Melanie Klein, ist also die Angst Folge der angeborenen (und durch Traumatisierungen in der Kindheit verstärkten) Aggression. „Aggression erhöht die Angst vor dem Objekt, auf das die Aggression projiziert wurde" (Clarkin et al., ebenda).

Dulz hält die Aggression hingegen für eine der sekundären Abwehrformen der Angst, „die im Sinne einer Externalisierung der eigenen Entängstigung und Entlastung dient" (Dulz 2000, S. 59) und folgert: „Angst ist also die Basis von Wut/Hass/Aggression (1999, S. 32 und 2000, S. 59). Der Volksmund spricht von ‚Angstbeißern' (Flöttmann 1989/2005, S. 28). Ammon schreibt (1998, S. 183): „Die Wut ist sozusagen die Kehrseite der Angst beim Borderline-Patienten". Er hielt schon früh (1971) die „destruktive Aggression" für eine „Ich-Abwehr der Angst, wobei die Stärke der Aggression der Stärke der Angst entspricht" (Ammon 1971, S. 12–13). Nach Dulz kann die gesamte „Vielfalt der Symptomatik der Borderline-Störungen [...] als Versuch der Entängstigung" verstanden werden (Dulz 2000, S. 59). Dies entspricht auch meiner Erfahrung mit Borderline-

Patienten, die erst nach dem empathischen Verstehen ihrer oft unerträglichen Angst –
die als Wut erträglicher wird –, in einen therapeutischen Kontakt zu bekommen sind.

Ein junger Mann berichtete, dass in seiner Kindheit Angst „kein Thema" war. Der Patient wusste selber nicht, ob er sie nicht spürte, oder ob sie von seiner Umgebung einfach nicht bemerkt oder ignoriert wurde. Stattdessen wurde auf jede aggressive Äußerung mit heftiger Ablehnung reagiert, denn Aggression hätte die Meinung der Nachbarn über den „Hausfrieden" der Familie negativ beeinflusst. Der Patient hatte gelernt, dass Aggression zwar missbilligt, aber – im Gegensatz zur Angst – immerhin bemerkt wurde, und drückte von nun an seine Ängste ausschließlich durch Wut aus. Freilich diente die Wut auch dem (unbewussten) Ausdruck des Protestes über seine Unterdrückung; darüberhinaus ‚erkaufte' er sich, als ein ‚Kind ohne Angst', auch eine gewisse Achtung des Vaters. Aber die primäre Funktion der Aggression war, als Angstäquivalent zu fungieren. Nicht selten finden wir in der klinischen Arbeit derartige, mehrfach determinierte Abwehrformationen der Angst.

Die Gegenübertragung, die uns sozusagen ‚in die Irre führt', indem sie uns Wut statt Angst spüren lässt im Gegensatz zu den Borderline-Patienten, die ihre Angst mit Wut abwehren – oder uns zumindest mit Wut statt mit Angst reagieren lässt – entspricht m.E. der Einstellung der früheren Umgebung des Patienten, die auf dessen Angst mit Unverständnis oder mit Wut und Empörung reagierte.

Die Bedeutung dieser Verbindung zwischen Aggression und Angst für das menschliche Verhalten kann nicht hoch genug eingeschätzt werden für das Verständnis von Gewalt und Kriminalität. So z.B. bei Borderline-Persönlichkeitsstörungen, deren „destruktive Angst, im eigentlichen Sinne Vernichtungsangst, [...] nach außen agiert wird und sich in Formen destruktiver Wut äußert. Diese Form der Angst ist eine der Ursachen der so genannten Borderline-Kriminalität" (Ammon 1979, S. 133). Aber auch bei sonst ‚unauffälligen' Jugendlichen oder Erwachsenen, die ‚plötzlich', ohne Vorwarnung, zu Amokläufern oder Mördern werden, handelt es sich um den gleichen Mechanismus des ‚Kippens' von akkumulierter Angst in (plötzliche) Aggression (Ammon beschreibt vier Fälle von „abruptem Durchbruch destruktiver Aggression", Ammon 1971, S. 38–44). Auslöser ist oft eine Situation, die Angst provoziert und den schon vorhandenen hohen Angstpegel zum ‚kippen' bringt; die Angst schlägt dann ‚plötzlich' in Hass um, aus dem bis dahin ‚unauffälligen' jungen Mann wird ein ‚Angst-Krimineller'. Thomä schreibt: „An das Alternieren von Wut und Angst muss deshalb erinnert werden, weil sich ein solcher Wechsel im menschlichen Verhalten oft nur durch ganz feine Anzeichen verrät" (Thomä 1995, S. 1047). Aggression hebt die oft schwer erträgliche Hilflosigkeit der Angst auf, die „ein Basisgefühl der Borderline-Patienten" ist (Götze 2000, S. 290). „Auch mittels massiver Aggression versucht der Mensch", schreibt Battegay, „sich seiner Lebensangst zu entledigen [...] Greift er die Umgebenden an, braucht er seine Lebensangt nicht auszuhalten" (1970/96, S. 101).

Die Tatsache, dass sich hinter der Aggression oft tiefe, unerträgliche Angst verbirgt, heißt freilich nicht, dass in der Psychotherapie die Arbeit an der Aggression vernachlässigt werden soll. Im Gegenteil, sie stellt einen unverzichtbaren Teil jeder Therapie dar. Aber der Therapeut muss wissen, dass hinter der Aggression auch ein anderes, grundlegendes Gefühl verbirgt, und dass dessen Erkennung, Benennung und die therapeutische Arbeit daran, unerlässliche Teile der Therapie sind. Es kann als Fortschritt der Therapie betrachtet werden, wenn die anfängliche – oft ausschließliche – Wut der Angst Platz macht; es bedeutet, dass seitens des Patienten genug Vertrauen vorhanden ist, um zu ‚riskieren‘, die ‚Schwäche‘ seiner Angst dem Therapeuten zu zeigen.

Der Borderline-Patient delegiert die nicht bewältigte frei flottierende Angst an den Therapeuten oder an die Gruppe, wenn ihm keine anderen Möglichkeiten, vor allem die ‚Umwandlung‘ von Angst in Aggression, zur Verfügung stehen. Auch wenn dies geschieht, und die Wut, die „immer auf denjenigen gerichtet [ist], von dem Kontaktangebot und Leistungsaufruf ausgeht“, muss der Therapeut „empathischer Bundesgenosse gegen diese Angst werden“ (Ammon 1988a, S. 311).

In der Psychotherapie ist es oft nützlich, die Angst nicht zu deuten (der Patient, der sie nicht spürt, nimmt uns diese Deutung übel); es ist eher nützlich, sie dort zu *erkennen*, wo sie als Aggression maskiert auftritt. Die Deutung der Angst ist erst dann angemessen, wenn der Patient mit dieser Erkenntnis umgehen, d. h. selber bereits die Angst spüren kann. Wie eine Therapie stagnieren kann, wenn die Aggression nur konkret und nicht als Ausdruck der Angst verstanden wird, kann man in einer Fallvignette von Benedetti nachlesen:

„Eine Borderline-Patientin litt unter anderem an einer weltfremden Aggressivität, die sich praktisch auf sämtliche Partner ihres Lebens richtete [...]. Dabei hatte die Patientin den Quasi-Wahn entwickelt, dass *alle Menschen sie ablehnten* und dass die eigenen Aggressionen nur eine Antwort auf die Böswilligkeit der Mitmenschen waren [...]. Auch in der Analyse entwickelte diese Patientin eine hartnäckige, mehrere Jahre dauernde negative Übertragung. *Alle Deutungen ihrer Therapeutin waren falsch, waren der Ausdruck ihrer Unfähigkeit, sie zu verstehen* [...]. Die Penetranz der Aggressivität dieser Patientin war so groß, dass die Therapeutin ihr schließlich sagte, *sie müsse sie tatsächlich ablehnen*, d.h. sie müsse die Therapie für zwei Monate unterbrechen [...]. Nach zwei Monaten wurde die Therapie wieder aufgenommen und die Patientin brachte folgenden Traum: Die Therapeutin war die Patientin. Sie lag nun auf der Couch und sie war verrückt [...]“ (Benedetti 1977, S. 648, kursiv von E. F.).

Hätte die Therapeutin nicht so hartnäckig auf die Bearbeitung der Aggression bestanden, sondern versucht zu verstehen, dass „von allen Menschen abgelehnt“ zu werden gleichbedeutend ist mit Alleingelassenwerden und folglich (in der frühen Kindheit) mit Todesangst, dann hätte sie nicht – als Ausdruck ihrer Gegenübertragung – mitagiert und die Patientin „tatsächlich ablehnen“ müssen. Die Patientin sprach die Realität aus, als sie alle Deutungen der Therapeutin für falsch hielt. Es war tatsächlich „verrückt“ von der Therapeutin, diese Patientin auf der Couch zu behandeln und sie mit ihrer Angst abzulehnen.

Bei Patienten mit schizophrenen Psychosen kann die Überschreitung ihrer schwachen Ich-Grenzen nach außen zum ‚Kippen‘ der Todesangst in ebenso heftige Aggression zur Folge haben. Battegay schreibt: „Schizophrene kommen, wenn eine gewisse soziale und räumliche, eine kritische Distanz zu ihnen überschritten wird, häufig in eine schwere Todesangst. Sie fühlen sich dem sich Nähernden wehrlos und vollkommen ausgeliefert

[…] dabei können sie etwa so aggressiv werden, dass sie nicht nur sich selbst noch mehr isolieren, sondern auch andere gefährden können" (Battegay 1970/1996, S. 95).

Ein junger psychotischer Patient sagte: „Ich weiß nicht warum, aber es fällt mir viel leichter, aggressiv zu sein, als Angst zuzulassen." Beim ersten Klinikaufenthalt war er wochenlang wütend, wobei die dahinter liegende Angst kaum erkannt wurde. Später, während seine Therapeutin in der Klinik in Urlaub war, besuchte er seine Freundin. Als er das Gefühl hatte, bei ihr nicht genügend (symbiotische) Zuwendung zu erfahren, kam er zurück und demolierte aus Wut einen Raum in der Klinik, so dass er vorübergehend in eine andere Klinik verlegt werden musste.

Einer mündlichen Mitteilung von Prof. Mundt aus Göttingen (2007) zufolge habe er als junger Arzt einen schizophrenen Patienten in die Klinik aufgenommen, der unter starker Angst litt. Er sprach lange Zeit mit dem Patienten, versuchte ihn emphatisch zu verstehen und es entwickelte sich zwischen den beiden ein Kontakt. Anschließend sah er sich jedoch gezwungen, auf Grund der Tatsache, dass der Patient nicht bereit war, Medikamente einzunehmen, ihn in eine andere Klinik mit einer geschlossenen Abteilung zu verlegen. Als der Patient dort ankam, wurde er von einem Pfleger begrüßt, der sich ihm (bedrohlich?) näherte. Daraufhin zog der Patient eine Pistole aus seiner Tasche und erschoss den Pfleger.

Hier treffen psychodynamische und gruppendynamische Momente zusammen, wie die Verlassenheit durch die als Schutz gewährend erlebte Person (bzw. Elternteil) mit der bedrohlichen Überschreitung der Grenze durch den Pfleger; möglicherweise handelt es sich um Aspekte der gleichen Person in der Vergangenheit im Sinne einer Doublebind-Dynamik, bei der die gleiche Person, etwa die Mutter, Empathie uns Schutz ‚verspricht' und kurz darauf zurückzieht, um zu bedrohen und zu bestrafen.

Wie ist es zu erklären, dass Therapeuten so oft mit ihrer Gegenübertragung auf die Wut des Patienten reagieren, wenn diese lediglich eine Abwehrstrategie der tiefer liegenden Angst darstellt? Liegt diese Gegenübertragung auch der vermehrten Beschäftigung mit der Aggression bei Borderline-Patienten in Therapie und Forschung zugrunde? (vgl. Kernberg). Die Gegenübertragung, die uns sozusagen ‚in die Irre führt', indem sie uns Wut (z.B. bei Borderline-Patienten, die ihre Angst mit Wut abwehren) statt Angst spüren lässt, entspricht m.E. der Einstellung der früheren Umgebung des Patienten, die auf dessen Angst mit Wut und Ablehnung reagierte – sie ist also eine komplementäre Gegenübertragung (Racker 1968). Wie die Familie, kann sich auch der Therapeut ohnmächtig und ratlos fühlen vor der tiefen existentiellen Angst – nicht aber vor seiner Wut! In diesem Sinn kann die aggressive Gegenübertragung des Therapeuten zusätzlich als Abwehr seiner eigenen Angst verstanden werden.

Schibalski schildert eindrucksvoll, wie Gewalt unerträgliche Angst bei einem psychotischen Patienten abwehrt, wobei hier der psychische Mechanismus mit dem von Borderline-Patienten identisch ist:

„Ein mehrfacher Mörder, der in dem Wahn lebte, dass Natur, Menschen und Tiere von extrastellaren Robotern geschaffen seien, um ihn zu quälen und auszuspionieren, geriet im Tagtraum in eine schweren aggressiven Zustand, in dem er begann, die gesamte Einrichtung zu zertrümmern. Wegen der enormen Körperkräfte des Patienten und seiner massiven Erscheinung war die Station binnen kurzem wie leergefegt. Als ich, von dem Lärm alarmiert, den langen Stationsgang betrat, war er gerade dabei, am anderen Ende des ca. 30 m langen Ganges Fensterscheiben zu zertrümmern. Dabei schrie er immer wieder: „Ihr Schweine, ihr Schweine, ihr bringt ihn um." Ich forderte ihn auf, zu mir zu kommen, und sprach seine große Angst an, dass er jemanden umbringen könnte oder umgebracht werden könnte. Er kam dann langsam wie ein gequältes Tier, immer wieder eine Fensterscheibe zerschlagend, näher, wobei ich einerseits stellvertretend für ihn seine Angst verbalisierte und ihm gleichzeitig versicherte, dass ihm nichts passieren könne. Ich führte ihn dann in mein Arbeitszimmer und begann mit ihm Schach zu spielen, da ich wusste, dass er ein ausgezeichneter Schachspieler war. In kurzer Zeit nahm er mir alle meine Figuren, drängte mich mit der massiven Front seiner Offiziere in die Ecke und setzte mich schachmatt. In seinem durch das Schachspiel vermittelten Gefühl der Überlegenheit konnte er seine Angst bewältigen und konnte darüber sprechen, wie er in diesen Zustand geraten war" (Schibalski 1978, S. 253).

Man kann sich leicht vorstellen, wie der Patient in einer anderen Situation, in der seine Angst als Aggression verkannt worden wäre, reagiert hätte: beispielsweise, wenn man ihn übermannt, fixiert oder bedroht hätte. Psychotische Patienten können Angst durchaus spüren und sind – im Gegensatz zu vielen Borderline-Patienten – oft dankbar, wenn der Therapeut sie erkennt und benennt. Macht über andere Menschen ist am besten geeignet, das Gefühl zu erzeugen, man habe keine Angst, indem man anderen Angst macht. In Fenichels Worten: „Kann man andere aktiv bedrohen, so braucht man sich nicht der Angst auszusetzen, selbst bedroht zu werden" (Fenichel 1945/1977, S. 47). Darin liegt möglicherweise auch der tiefere Sinn des Satzes „Angriff ist die beste Verteidigung"; denn wer angreift, verteidigt seine Angst am besten, indem er sie vor dem Angriff anderer schützt.

Macht ist das wirksamste Betäubungsmittel der Angst. Schriftsteller, Filmregisseure und Künstler, oft scharfe – und durch keine Vorurteile gebundene – Beobachter von Menschen, begreifen es intuitiv. In Kay Pollaks Film ‚Wie im Himmel' (2004) sind wir Zeugen eines grausamen Haustyrannen, der seine Frau sadistisch behandelt und fast umbringt; erst nach seiner Verhaftung durch die Polizei entpuppt er sich in seiner wahren Natur als ängstliches, abhängiges Kind. Eugène Ionescos Dramafigur des Königs aus ‚Der König stirbt' erhebt den Despoten zur prototypischen Figur eines jeden Diktators, dessen wahre Angst durch Grausamkeit abgewehrt und erst unmittelbar vor dem Tod sich als solche in all ihrer Intensität zeigt. Die Beispiele von Hermann Göring und anderen Naziführern wurden schon in diesem Zusammenhang erwähnt (Kapitel 15, im Abschnitt ‚Streben nach Macht').

Winnicott, der als einer der ersten den Zusammenhang zwischen Aggression, Delinquenz und frühkindlicher Lebensgeschichte erkannt und erforscht hat, wies, in einem Artikel von 1939, auch auf die Verknüpfung von Aggression und Angst hin: „Liebe und Hass sind die beiden Hauptelemente, aus denen menschliche Beziehungen aufgebaut werden. Beide, Liebe und Hass, haben mit Aggression zu tun. Andererseits kann Aggression auch ein Zeichen von Angst sein" (Winnicott 1984/1992, S. 112). Gleichzeitig sieht er die eine Wurzel dissozialen Verhaltens in der frühen Trennung des Kindes von der Mutter. In einem Brief an das British Medical Journal (vom 16.12.1939) berichten Bowlby, Miller und Winnicott über eine Studie über evakuierte Kinder, die „ergab, dass ein wichtiger äußerer Faktor bei der Entwicklung einer hartnäckigen Delinquenz eine längere Trennung des kleinen Kindes von seiner Mutter ist [...] Neben einer so krassen Form abnormen Verhaltens wie der chronischen Delinquenz lassen sich auch leichtere Formen von Verhaltensstörungen, wie Ängstlichkeit und eine Neigung zu unklarem körperlichen Kranksein, oft auf solche Störungen in der Umwelt des Kleinkindes zurückführen" (1939, S. 22). Und sie warnen, dass solche Trennungen, die durch die Evakuierung der Kleinkinder ohne ihre Mütter verursacht werden, „zum Beispiel ein drastisches Ansteigen der Jugendkriminalität im nächsten Jahrzehnt" zur Folge haben könnte (ebenda, S. 23). Trennungsangst erzeugt Aggression (Bowlby 1973b, S. 245–257).

Bowlby greift das Thema Angst und Aggression nochmals auf in seinem Werk über die Trennung, nachdem Beobachtungen an Kindern, die von ihren Müttern getrennt waren, ergeben hatten, dass diese mit „Traurigkeit, Zorn und späterer Angst" reagierten (1973/1976, S. 41). „Nicht selten entsteht daraus ein Circulus vitiosus" (S. 307). Beide, „Angst und Feindseligkeit gegenüber einer Bindungsfigur [werden] durch ein und dieselbe Person" (S. 306) bzw. „durch die gleiche Art von Situation ausgelöst" (S. 309). Bowlby schließt daraus: „Alle Angst [ist] letzten Endes Trennungsangst" (S. 123).

Zu allen Zeiten versuchte die Pädagogik, in Verkennung der Angst der Kinder auch deren Ausagieren in Aggression zu unterdrücken. Heute sind es die „Gewaltszenen an der Television und im Film", die diesen Prozess nach Battegay (1970/1996, S. 27) fördern, ebenso auch verschiedene Spiele an Automaten oder mit Plastikwaffen, die mit den echten Waffen identisch sind und „so zum angstbesetzten Faszinosum [werden]" (Battegay, ebenda). Und er fügt hinzu: „Heute sind aber die Hilfsmittel der Aggression, der Angstabwehr [...] zu gefährlich geworden" (ebenda, S. 51). Damit meint er die Bedrohung, die von einer Abhängigkeit von „technischen Erfindungen, z.B. auch vom Computer" (Battegay ebenda) herrühren, wodurch die Menschen zusätzlich „Gefahr laufen, gefühlsmäßig zu verkümmern". Die Faszination der Technik ist mehrfach determiniert (s.a. Kapitel 15, Abschnitt ‚Faszination der Technik') und beinhaltet neben der Angstabwehr auch Angstlust, Abwehr von Kontaktangst mit autistischer Betätigung.

Aggression als Maske der Angst manifestiert sich auch in der Politik (Schwarz 1959). Dass Angst und Aggression in ihrer radikalsten Form zusammenhängen, zeigt nicht zuletzt auch die Etymologie des Wortes Terror bzw. Terrorismus. Terror heißt Schreckensherrschaft, eine Politik mit den Mitteln von Angst, Drohung und Gewalt. Sie wird vom lateinischen Wort für Schrecken, also Angst abgeleitet, eigentlich die Angst, die ein Mensch oder ein Regime durch Unterdrückung und Drohung auslöst. Aber dahinter verbirgt sich die nicht gespürte Angst dessen, der sie verbreitet. Gruen hat die Dynamik der Leugnung des Leids und der Angst in seinem „Der Fremde in uns" (Gruen 2000) ausführlich untersucht. Hilflosigkeit gegenüber der tieferen Angst und der inneren Einsamkeit sind dabei wesentlich: „In der Hilflosigkeit verwandelt sich unsere eigene Angst in Wut auf den Unterlegenen" (Gruen 1984/2002, S. 57/58).

Wie ist zu erklären, dass Angst so oft durch Aggression ausgedrückt wird? In den Kapitel 3 (Angst – Schicksal des Menschen), 7 (Angst in den Psychosen und der Borderline-Störung) und 9 (Defizitäre Angst) sind einige Gründe aufgezeichnet, die ich im Folgenden zusammenfassen möchte:

1) Aggression ist leichter zu ertragen als diffuse Angst; in der Wut „spürt" man sich, im Gegensatz zur diffusen Angst;

2) Aggression kann gerichtet sein (z.B. gegen den Therapeuten), diffuse Angst nicht;

3) Angst macht ohnmächtig; Aggression, hingegen, kann gegen etwas oder jemand gerichtet werden (in der Realität und der Übertragung) und damit das Gefühl von Ohnmacht aufheben (freilich gibt es auch ohnmächtige Wut, aber auch diese ist gegen jemand, etwa einen überlegenen Feind, gerichtet);

4) Aggression ist kulturell-sozial meist akzeptabler als Angst (in der patriarchalischen Tradition ist die Konnotation von ‚ängstlich', ‚Feigling', ‚weiblich', etc., während Wut eher mit Männlichkeit, Mut und Tapferkeit assoziiert wird; anhand von aggressiven Verhaltensweisen, die an Jahrmärkten praktiziert werden und mit Aggression einhergehen, macht Balint darauf aufmerksam, „dass die Umgebung nicht allein Aggressivität und Destruktivität duldet und Gelegenheit für sie bietet, sondern darüber hinaus auch noch gleichsam mit dem Individuum zusammen ihre eigene Zerstörung genießt" Balint 1959/1972, S. 18). Heute sprechen eine Reihe von sanktionierten Unterhaltungen wie Spielautomaten, Fernsehfilme, Kriegsspiele für Kinder, für diese These. Dass die Erziehung zum betont aggressiven Verhalten geschlechtsspezifisch besonders die Jungen betrifft, bedeutet nicht, dass Mädchen nicht der patriarchalischen Tradition unterliegen, wie ich im Kapitel 3 betont habe.

5) In der Gegenübertragung ruft Aggression Wut hervor, wird infolgedessen von den Eltern bzw. der Primärgruppe mehr beachtet, Angst hingegen ruft oft Hilflosigkeit hervor (die ihrerseits die Eltern z.B. durch ihre Ohnmacht wütend machen kann).

Als Therapeut muss man der existentiellen Angst immer bewusst sein, auch während man an der Aggression arbeitet. Mit Dulz meine ich „nicht, dass eine therapeutische Bearbeitung von Wut und Hass bei Borderline-Patienten nicht von besonderer Bedeutung wäre" (Dulz 1999, S. 34); der Therapeut kann aber die Angst hinter der Wut nur dann erkennen, wenn er seine eigene Urangst kennt und selbst erfahren hat, dass Aggression imstande ist, diese Angst erfolgreich zu maskieren. Er kann dies den Patienten spüren und auch explizit wissen lassen. Dadurch kann tieferes Vertrauen und Bündnis entstehen.

Ein 56-jähriger Patient reinszenierte ein Leben lang die Ursituation, in der er von der Mutter im Alter von ca. 4 Jahren weggegeben wurde. Die Mutter holte ihn 4 Jahre später zurück, ließ ihn aber deutlich spüren, dass er nur bleiben konnte, wenn er sich stets „brav verhalten" würde. Anpassung, Wut und Schuldgefühle begleiteten jeden zaghaften Trennungsschritt im Leben des Patienten. Erst durch dass Bewusstwerden der damaligen Verlassenheitsangst, der existentiellen Urangst, die in der Tiefe die gleiche geblieben war, und der Tatsache, dass die aktuellen Schritte in sich nicht, oder nur unwesentlich mit Angst verbunden war, gelang es ihm, sich allmählich von seiner Ambivalenz in Trennungssituationen zu lösen. Dieser Prozess ging mit dem Gefühl einer großen inneren Befreiung einher.

Auch beim so genannten ,Gesunden' besteht die Tendenz, Angst durch Aggression auszu-drücken, oder besser gesagt, abzuwehren, und wird durch kulturelle Faktoren verstärkt. „Betrachten wir [...] den so genannten ,Normalen' und nehmen wir an, er habe Angst, also eine sehr unlustvolle Empfindung, die seinen Kontakt mit anderen Menschen stört. Da er in einer Gesellschaft und einer Kultur lebt, in welcher er sein Gesicht und seine Selbstachtung verliert oder zu verlieren glaubt, wenn er Furcht oder Angst eingesteht", schreibt Fromm-Reichmann (1959, S. 15), „so versucht er, sein Angstgefühl in Ärger zu verwandeln [...]. Dann ist der Ärger Ausdruck seines momentanen zwischenmenschli-chen Konflikts und zugleich auch Ausdruck einer Tendenz, den ursprünglich in Form von Angst aufgetretenen, schwereren Konflikt erträglich zu machen".

Auch das Gefühl von Lebendigkeit, das Angst macht, kann beim menschen Wut provozieren: „Unsere eigene Lebendigkeit und die des Anderen machen uns Angst. Bricht diese Lebendigkeit doch einmal durch, so steigt Wut auf, und wir selber wenden uns gegen unsere eigene Freiheit. Es ist die Lebendigkeit selbst, gegen die wir uns stellen" (Gruen, 1886/2002, S. 39). Angst und Aggression gehören zusammen in einer „dyna-mischen Einheit", die Ammon als „archimedischen Punkt von Krankheitsprozessen" bezeichnet (Ammon 1979, S. 133).

Die Aggression ist die große ,Maskerade' der Emotionen: Nicht nur für Angst – auch für Schuldgefühle, Scham, Verletztheit, Entäuschungen, für übermäßige Sensibilität und Greznoffenheit kann sie sehr willkommene Schutz und Abwehr bieten. „Angst [ist] der Überbegriff, dem das Schuldgefühl, aber schließlich auch die Scham, untergeordnet wird", schreibt M. Jacoby in seinem Buch über ,Schamangst' (1991/2004).

Delumeau weist darauf hin, dass das „Kippen" von Angst in Aggression ganze Men-schengruppen erfassen kann, vor allem wenn diese Menschen als Gruppe auch einem „Entzug von Liebe und ,Bindung', [die] nur Angst und Hass erzeugen [kann]" unterliegt (Delumeau 1978/1989, S. 32, 34–37). Historisch begegnen wir oft dem Phänomen, dass diffuse Angst in einer Menschenmasse plötzlich in Aggression „umkippt"; In diesem Sinne interpretiert beispielsweise Delumeau die Studentenunruhen von 1968 und be-schreibt in seinem Buch „Angst im Abendland" wie die Zukunftsängste der Studenten und Ihre „Besorgnis über die sich eröffnenden Perspektiven und die nahe Zukunft [im Sinne einer] globalen Angst" (ebenda, S. 204) in eine diffuse destruktive Aggression um-schlugen.

Auch für die Aggression in all ihren Formen, und insbesondere als Abwehrform der Angst, ist Gruppentherapie die Therapie der Wahl. Angst, wie die sekundäre Aggression ,verteilen' sich in einer gruppendynamisch gut geführten Gruppe und polarisieren sich nicht zwischen Patienten und Therapeuten, wie im zweier-Setting der Einzeltherapie. Ein weiterer Vorteil der Gruppe liegt darin, dass die häufige Befürchtung vieler Patien-ten, durch Wut oder ,Undankbarkeit' den Therapeuten zu verlieren (entsprechend sol-cher Familiendynamiken, in denen Drohungen dieser Art implizit oder explizit benutzt worden sind) weitgehend aufgehoben wird. In Gruppen entstehen immer verschiedene ,Fraktionen', von denen in der Regel zumindest eine zur Verbündung und Unterstüt-zung bereit ist. Die Identifikation mit der Aggression anderer Teilnehmer der Gruppe, selbst für Patienten, die eigene Aggression (noch) nicht spüren können, ist ein weiterer therapeutisch wirksamer Aspekt der Gruppentherapie. Die gelegentliche Verbündung der gesamten Gruppe gegen den Leiter ist gruppendynamisch nicht als ein ödipaler

‚Mordversuch' im Freud'schen Sinne, sondern vielmehr ein wichtiger ‚Test', der, wenn
vom Leiter (bzw. den Leitern) ‚bestanden' wird, die Gruppe schließt und erheblich zur
Stabilität und Arbeitsfähigkeit der Gruppe beiträgt, ja für diese unerlässlich ist (vgl. Ammon 1976b: „Was macht eine Gruppe zur Gruppe?").

„In der Gruppe werden Angst und Aggression zu sozialen Bindemitteln" (Battegay
1970/1996, S. 76). „Die Gruppe entspricht einem Versuch, die Angst zu überwinden.
Doch liegt an ihrer Schwelle auch Angst. Ob wir in diesem Zusammenhang an die Initiationsriten in den archaischen Kulturen, an die Weihen der verschiedenen Religionen,
an die Rekrutierung für das Militär [...] denken, immer begleitet Angst den Übergang
in die Gruppe der Erwachsenen, der Vollberechtigten, der Verantwortlichen [...]. Angst
wird also demjenigen, der in eine Gruppe eintritt, aber auch jenem, der sie verlassen
muss" (ebenda, S. 145, 146).

Die Gruppe bedeutet die „archaische Lösung" für den Menschen. Containment wird
viel größer in Gruppen; wenn der Patient sie verinnerlicht, kann er aus seiner Einsamkeit allmählich heraustreten. Gruppentherapie gewinnt damit eine anthropologische Dimension, die Dimension der Rückkehr zur Gruppe und zum Gefühl der menschlichen
Solidarität.

21.1   Angst und Hass

Hass ist eine gesteigerte Form der Aggression, die auf eine Person gerichtet ist und extreme Ausmaße annehmen bzw. als Identitätsersatz, der dem Leben einen (destruktiven)
‚Sinn' gibt, fungieren kann (Fabian 2002b). Kernberg spricht von einem „komplexen,
strukturierten Abkömmling von Wut [...], der die vereinten Wünsche widerspiegelt, ein
schlechtes Objekt zu zerstören, es leiden zu lassen und es mit Hilfe des wütenden Selbst
zu kontrollieren" (1997, S. 17). Hass ist demnach das Ergebnis einer Spirale, die durch die
Potenzierung der „genetisch-konstitutionell bedingten" Wut durch frühe Traumatisierungen bis zum „Teufelskreis internalisierter, von Hass beherrschter Objektbeziehungen"
entsteht (Clarkin et al. 2006/2008, S. 19). Hass ist auch die „Reaktion auf den eigenen
Neid" (ebenda, S. 196), auf den primären Neid, der von Melanie Klein als Ursache der
frühkindlichen Aggression angesehen wurde (Stephan 1992, S. 266).

Eine Wut, die die Ausmaße einers intensiven Hasses annimmt, kann psychodynamisch immer zur Verlassenheit und der damit verbundenen Ohnmacht, Scham und Erniedrigung – oft durch die verlassende Mutter – zurückgeführt werden. Der Mörder aus
Hass ‚ermordet' dann die oder den, die oder der ihn ersatzweise als Nachfolger(in) der
oder des ursprünglichen Verlassenden die alte Wunde aufreist und Angst, Schmerz und
Scham bis zur Unerträglichkeit steigert. In diesem Sinn kann Hass als Versuch verstanden werden, die innere Angst, den inneren Schmerz, den „Fremden in uns", wie Gruen es
nennt (2000), nach außen zu projizieren. Gruen spricht auch von der Identitätslosigkeit
vieler führender Nazis als Beispiele fehlender Identität, die in Hass auf alles Lebendige,
alles Menschliche umgeschlagen hat. Hass projiziert die eigene Angst, indem sie durch
Terror anderen Angst macht. Identitätslose, schwache Persönlichkeiten können leicht
manipuliert und instrumentalisiert werden, um ihre Urangst und die ‚Sinnlosigkeit'
ihres Lebens als Hass und religiösen Fanatismus zu kanalisieren und daraus lebende

Kanonenkugeln gegen zivile Bevölkerung, Kinder und alte Menschen zu machen, die an den empfindlichsten Punkten der Bevölkerung eingesetzt werden.

Hass als Ausdruck der maskierten Angst wird in der Literatur selten erwähnt (vgl. Pfister 1975, S. 35, Riemann 1961/2003, S. 32).

Zu den Hauptformen der Abwehr eigener innerer Angst und Identitätslosigkeit zählt Gruen die Identifikation mit der Person des Aggressors, der er eine zentrale Rolle in unserer Kultur einberaumt. Solche Menschen versuchen „die Angst vor der inneren Leere durch die Identifikation mit einer symbolischen Stärke zu verdrängen [...]. Wir brauchen nur an die Bilder aus dem nationalsozialistischen Deutschland zu erinnern, an die Menschen in ihren ‚Operettenuniformen‘, die andere demütigten und ermordeten. Diese Bilder wie auch die heutigen Bilder aus Jugoslawien, Ruanda, Russland und überall dort, wo der Versuch, auf diese Weise eine Identität zu schaffen, [...] zeigen Menschen, auf deren Gesichtern Hohn und Verachtung geschrieben stehen" (Gruen 1997/2005, S. 205–206).

Gibt es eine ‚maligne‘ Form der Angst? Wenn chronische, unverstandene Angst unterdrückt und manipuliert und durch Aggression ausgedrückt wird, kann sich die Aggression im Laufe der Zeit von ihrer Funktion als Angstabwehr ablösen und zu einer ‚selbständigen‘ Eigenschaft werden (Burbiel 2008, mündliche Mitteilung). Die identitätsersetzende Funktion des Hasses, opportunistische, religiöse oder politische Manipulation können diesen Prozess intensivieren und aus abhängigen Persönlichkeiten gefährliche Terroristen erzeugen.

21.2 Angst und Suizid

„Ohnmächtig ausgeliefert zu sein ist ein Basisgefühl der Borderline-Patienten. Ohnmacht aber löst Angst und Wut aus", schreibt Götze (2000, S. 290); er weist in diesem Zusammenhang auf die Gefahr der Suizidalität hin. Die Explosivität der als Wut und Hass abgewehrten Angst tritt akut zutage in Situationen von Verlassenheit von Partner/ Partnerin, die wahrscheinlich die häufigste Ursache des Suizids bei Borderline-Kranken darstellen. In dieser Konstellation wird die aus der Verlassenheit erzeugten Urangst als Aggression gegen sich selbst ausagiert; die scheinbare Selbst-Aggression ist aber eigentlich die Rache auf die, welche die Verlassenheit verursacht haben – vertreten durch Partner in einer symbiotischen Beziehung, die die Beziehung (meist plötzlich) abbrechen. „Selbstmord ist oft ein Racheakt, dass heißt eine Aggression oder ein partieller Mord, gerichtet gegen die, welche zurückbleiben", schreibt Karl Menninger. Er „kann Flucht sein vor befürchteter Zurückweisung, vor der Angst, abhängig zu werden" (1968, S. 269). Götze zitiert einen suizidalen Borderline-Patienten, der im gleichen Gespräch sagt: „Ich fühle mich zu einem großen Teil fremdbestimmt und habe Angst vor diesem Gefühl" und, wenig später: „Immer fürchtete ich, verlassen und dadurch vernichtet zu werden" (ebenda, S. 288).

„Suizidalität gehört zu den verheerenden Folgen von Angst für das Selbsterleben", schreiben Bolm und Dulz. „Menschen, die einem Übermaß an Angst ausgeliefert sind, fühlen sich in Ihrer Gesamtexistenz unter anderem gespalten, unlebendig, ohnmächtig, automatisiert und der Willkür von dissoziativen Symptomen ausgeliefert. Ohnmacht,

Depression und Selbsthass können die Folge sein. Dann kann Suizid als Ausweg erscheinen, um einen unerträglichen Selbstzustand durch Selbstvernichtung zu beenden" (2002, S. 256).

Wenn von Angst und Suizid die Rede ist, handelt es sich scheinbar um einen Widerspruch: Kann Todes*angst* zum gewollten, geplanten Tod führen? Hier bedeutet aber Todesangst auch Angst vor einem Leben, das von Angst und Leere beherrscht wird. „Wiederholt haben wir mit Patienten sprechen können, die ihren Suizidversuch deshalb ausgeführt hatten, weil sie ihre Todesangst nicht mehr aushalten konnten", schreibt Battegay (1970/96, S. 94), und fügt an anderer Stelle hinzu: „Es ist oft eher diese Lebensangst als die Sterbensnot, die sie zum Selbstmord verleitet" (ebenda, S. 104).

22. Therapie der Angststörungen

> Selbst die Psychiater, zu deren Beobachtung sich doch die ungewöhnlichsten und
> verwunderlichsten seelischen Phänomene drängten, zeigten keine Neigung, deren
> Details [der hysterischen Neurose] zu beachten und ihren Zusammenhängen
> nachzuspüren. Sie begnügten sich damit, die Buntheit der Krankheitserscheinungen
> zu klassifizieren und sie, wo immer es nur anging, auf somatische, anatomische
> oder chemische Störungsursachen zurückzuführen. In dieser materialistischen oder
> besser: mechanistischen Periode hat die Medizin großartige Fortschritte gemacht,
> aber auch das vornehmste und schwierigste unter den Problemen des Lebens in
> kurzsichtiger Weise verkannt.
>
> Freud 1925

Wenn Angst wesentlicher Teil jeder psychischen Krankheit oder Störung ist, dann ist Psychotherapie im weiteren Sinne Angsttherapie. Dies mag ein Grund sein, weshalb uns unsere Patienten immer wieder durch ihr Agieren, die Abbruchdrohungen, durch ihre Aggression, uns (im Falle der Borderline-Patienten) testen, indem sie uns entwerten oder durch projektive Mechanismen zum Aggressor machen. Sie stellen uns damit die Frage: „Werden Sie auch so sein wie die Anderen, die mich in meiner existentiellen Angst nicht verstanden, gedemütigt, bestraft, traumatisiert haben, mich und mein Vertrauen missbraucht haben?", „Werden Sie mir auch in den Rücken fallen?" oder „wie die Anderen, mir nicht glauben?" Deshalb der häufige Satz (oder die nicht artikulierte Überzeugung), der Therapeut tue „nur seine berufliche Pflicht". Viele Patienten, besonders solche, die sich auf ‚desintegriertem Strukturniveau' (OPD 2) befinden und ihre Gefühle nicht verbal artikulieren können, werden ihre Angst durch Agieren ausdrücken (vgl. Battegay 2006, Fabian 2006b).

Andere Patienten, die Beziehungstraumata erlebt haben, in deren Geschichte Vertrauen, Nähe und Schutz in ihr Gegenteil umgeschlagen wurden, oder diese nie erleben durften werden verständlicherweise paranoisch reagieren, öfters abbrechen wollen, um sich keiner Re-Traumatisierung auszusetzen. Für viele Patienten, deren Geschichte früh von Verlassenheit und Vernachlässigung gekennzeichnet war, ist schon der Urlaub des Therapeuten traumatisch. „Warum sollte ich ihm vertrauen?", denken sie, „er ist ja sowieso bald ganz weg".

Patienten stellen uns implizit auch andere Fragen: „Verstehen Sie überhaupt meine Angst? Kennen Sie sie auch (denn man versteht nur das richtig, was man selber auch kennt)?" Und die Hauptfrage: „Sind Sie wirklich bereit, meine Angst mitzutragen?" Die innere Bejahung dieser Frage von Seiten des Therapeuten kann zur tieferen Grundlage der therapeutischen Beziehung werden.

Angst ist ein Teil des menschlichen Schicksals – ein wesentlicher Teil, der aus keiner menschlichen Beziehung, Betätigung oder Errungenschaft wegzudenken ist. Die Therapie kann Angst lindern, in Beziehung binden, erträglich machen; sie kann aus Angst kreativierende Kräfte erzeugen. Sie kann aber Angst nicht ‚heilen'. „Wohnt Angst [...] nicht dem Leben notwendigerweise inne als eine nie loszuwerdende, auch psychotherapeutisch nicht zu beseitigende Mitgift unseres Daseins?", fragt sich M. Boss (1962, S. 32).

Bücher aus der Laienliteratur mit Titeln wie „Angst bewältigen" (Schmidt-Traub, 2005), „Angstfrei leben" (Bassett, 2000), „Frei von Angst und Panik" (v. Witzleben, Schwarz, 2004; 2007 neu aufgelegt unter dem Titel „Endlich frei von Angst") sind heute weit verbreitet. Im letzteren Werk empfehlen die Autoren die „Befreiung von Angst" in sieben Schritten (mit „praktischen Tipps"), wovon der erste Schritt den Untertitel trägt: „Weg von der Angst – hin zum Glücklichsein". Solche Bücher sind irreführend, und trügerisch, weil sie die Illusion einer Befreiung von Angst, eines Lebens ohne Angst verheißen. Sie suggerieren darüber hinaus, dass der Therapeut ein (glücklicherweise) angstfreier Mensch ist, oder seine Ängst bereits überwunden hat. „Es zeigt sich immer deutlicher", schreibt Borens im Vorwort zu Guido Meyers „Konzepte der Angst in der Psychoanalyse", „dass diese Verfahren, abgesehen von einer gewissen, leider oft nicht ungefährlichen Oberflächenkosmetik, keine bleibenden Besserungen erzielen können. Immer mehr Leute, die diesen Prozeduren unterzogen wurden, kommen in die psychotherapeutische (psychoanalytische) Praxis und berichten darüber, dass ihre Ängste sich zwar unter der Behandlung modifiziert haben, dass aber gerade dadurch um so drängendere Fragen und Probleme aufgetaucht sind, denen Ihre Therapeuten ratlos oder gar abweisend gegenüber stehen" (2005, S. 11).

Es gilt, in der Therapie die Angst bewusst zu machen, zu verstehen, mitzutragen, durch Kontakt die Einsamkeit des Patienten zu verringern und damit auch seine Angst erträglicher zu machen. Deshalb kommt es in der Behandlung der Angst-Patienten nicht in erster Linie auf die Methodik an, sondern auf die Person des Therapeuten, wie ich weiter unten ausführlicher schildern werde. Nur derjenige Therapeut ist authentisch, der selber die Angst und ihre ‚Spielarten' kennt, sie konfrontiert und gelernt hat, sich in seiner Angst mit anderen Menschen zu verbünden.

Angst „macht den Menschen zum Menschen" (Ammon 1979, S. 132) in dem Sinn, dass der Mensch durch das *Bewusstsein* seiner existentiellen Angst geistige Tiefe erlangt. Angst ist auch einer der tiefen Gründe zum menschlichen Kontakt und zur Solidarität. Angst liegt auch unserer Sehnsucht nach dem Unvergänglichen zugrunde – und dem Schönen in der Kunst, Musik, Literatur. Sie macht uns empfänglich für das Geistige.

Im Folgenden werde ich, von diesen allgemeinen Ansätzen ausgehend, auf die einzelnen Haupt-Therapiemethoden eingehen, um ihren Stellenwert für die gesamte Behandlung der Angststörungen zu beleuchten.

Unter dem Aspekt der Angst, der hier Thema ist, ist die Frage einer scharfen diagnostischen Trennung von vorwiegend theoretischem Interesse. Den meisten Klinikern ist ohnehin bewusst, wie oft die Entscheidung schwer fällt und nur für den Kostenträger unbedingt gefällt werden muss. Die Übergänge zwischen Borderline-Störungen und Schizophrenie, bzw. zwischen den Psychosen sind fließend und berechtigen für die klinische Arbeit keine scharfe Trennung. Die Unterschiede zwischen den einzelnen Patienten mit Borderline-Störung untereinander sind größer, wie auch diejenigen zwischen den schizophrenen Individuen, als zwischen den diagnostischen Kategorien (dies gilt auch für die Unterscheidung zwischen den einzelnen Persönlichkeitsstörungen – vgl. dazu Kapitel 7 und 8). Alle Borderline-Patienten zeigen regelmäßig narzisstische, histrionische, depressive, (zumindest latent) antisoziale und abhängige Züge.

Weit wichtiger als die diagnostische Kategorisierung ist für den Therapeuten das Verständnis für die Art, die individuelle psychodynamische und gruppendynamische Geschichte der Angst des Patienten, seine eigene Art der Manifestation und der Abwehr, sein Bewusstwerden dieser Varianten und schließlich seine Bereitschaft, mit dem/den Therapeuten gegen die Angst vor der Angst anzukämpfen. Erst dann kann der ‚Sinn‘ der Angststörung für den individuellen Patienten richtig verstanden und der Weg zur Heilung eingeschlagen werden.

22.1 Medikamentöse Therapie

Die medikamentöse Behandlung der Angst wird hier nur kurz erwähnt. Sie ist nicht Hauptanliegen dieser Arbeit. Die Anzahl der ausführlichen Texte und Monographien zum Thema ist groß; erwähnt seien z.B. Strian 1995/2003, Kapfhammer 2000, Boerner 2000, Ströhle 2003, Schmauß, Messer 2006, Volz 2007.

Es wäre vermessen und inhuman, einem Menschen mit Zahnschmerzen ein schmerzlinderndes Mittel zu verweigern; mit der gleichen Begründung sind Medikamente gegen Angst, sog. Anxiolytika, notwendig. Aus der medikamentösen Therapie soll aber niemals eine Behandlung für sich erwachsen, oder gar eine Alternative zur Psychotherapie, da die Gründe der Angsterkrankung mit dem Medikament nicht zu beeinflussen sind. Menschen, die unter Angst leiden, sind allein und verzweifelt; sie brauchen mindestens einen anderen Menschen, der diese Angst versteht und mitträgt. Das Medikament ersetzt den Mitmenschen nicht; im Gegenteil: Die alleinige Gabe eines Mittels wiederholt die Situation in der Kindheit mit ihrer Verlassenheit. Medikamentöse Therapie ist als Unterstützung der Psychotherapie zu verstehen. Manche Autoren plädieren für eine Miteinbeziehung der medikamentösen Therapie in das Beziehungsgeschehen besonders bei Borderline-Patienten und begreifen die medikamentöse Therapie von Borderline-Patienten als „zentralen Bestandteil der therapeutischen Beziehung, [die] auch eine psychodynamisch sinnvolle Ausgestaltung" erfordert (Bolm, Dulz 2002, S. 256).

Zu den wirksamen Anxiolytika gehören nach heutiger Erfahrung vier Klassen von Substanzen:
1. Trizyklische Antidepressiva (TZA)
2. Serotonin-Wiederaufnahmehemmer (SSRI)
3. Beruhigungsmittel (Tranquilizer, Benzodiazepine)
4. Sonstige (z.B. das 5-HT^1-Agonist Azapiron)

Über die Wirkung dieser Mittel verweise ich auf die oben zitierte Literatur. Infolge der aus Sicht der Neurobiologie angenommenen Stress-Dysregulation bei den Angsterkrankungen sucht man heute nach dem Effekt von stressvermindernden Medikamenten (Antidepressiva, natriuretische Peptide) sowohl bei der Depression als auch bei den Angsterkrankungen (Ströhle 2003).

Wie bereits bemerkt, ist die wissenschaftliche Forschung auf eine ‚saubere‘ Trennung der verschiedenen Formen der Angst angewiesen; der gesamten Forschung liegt eine solche Trennung zugrunde und sie wird in der Regel ohne jegliche Kritik akzeptiert. Ansonsten wäre ein großer Teil der Aussage dieser Forschung zweifelhaft. Eine solche Trennung ist jedoch nicht möglich, wie ich bereits betont habe, ohne das Wesen der Angst zu verkennen; diagnostische Kategorien bleiben artifiziell. Manche Autoren haben sich in der Tat kritisch über die scharfe Trennung der verschiedenen Angst-Syndrome geäußert (Tyrer 1986, Barlow, Di Nardo 1991, Noyes, Hoehn-Saric 1998, Kapfhammer 2000). Dass eine solche Trennung auch tendenziös sein kann, habe ich im Kapitel 16 (Professionelle Angst), ausführlich diskutiert und darauf hingewiesen, dass die Ziele einer wissenschaftlichen Arbeit erheblich von unbewussten Faktoren, aber auch vom Geldgeber, der Universität, oder der Pharmaindustrie und ihren Dependancen beeinflusst werden kann. Ist ein Patient in einer Studie, die den Effekt von Medikamenten bei Panikstörungen, GAD, Phobien und Depression vergleicht, tatsächlich so ‚sauber‘ nur in einer dieser Kategorien zu sehen, obwohl diese Diagnosen (vgl. Kapfhammer 2000) oft fließende Übergänge aufweisen? Und wer entscheidet darüber, unter welchen Diagnosen die Probanden in die Studie eingehen? Ist dieser Kliniker oder Forscher ‚objektiv‘ genug?

Abgesehen von den erheblichen Schwierigkeiten bei Medikamenten-Studien, ‚saubere‘ diagnostische Kategorien und Gruppen voneinander zu trennen, ist Zweifel auch bezüglich der für solche Studien obligatorischen Kontrollgruppen angebracht, wie ich bereits im Kapitel 20 (Ist Angst messbar?) diskutiert habe.

Durch einen Teil der Pharmaindustrie und der Forscher wird suggeriert, dass eines Tages die Menschen nicht mehr unter Angst werden leiden müssen. Es wird um *das* Mittel gegen die Angst geforscht, wie früher um *das* Mittel gegen Malaria oder Syphilis, auf das alle, die unter Angst leiden, warten und hoffen. Dann werde Psychotherapie, insbesondere die tiefenpsychologische Psychotherapie, bestenfalls eine fakultative Stütze der medikamentösen Behandlung. Wenn auch mit einem halben Lächeln, doch spricht Bandelows Satz diese Hoffnung klar aus, wenn er meint, angeflügelt durch die Entdeckung der Vomeropherine (Substanzen, die sich an Rezeptoren des vomeronasalen Organs, eines Organs, das in der Nase zu finden ist, binden): „In der nahen Zukunft werden sicherlich klinische Studien zur Behandlung von Angstpatienten mit Vomeropherinen durchgeführt werden – und es wird vielleicht ein Nasenspray gegen Angst entwickelt werden“ (Bandelow 2005, S. 115).

Der Stellenwert der anxiolytischen, medikamentösen Behandlung ist unzweifelhaft: Wie im Falle der Psychosen, der Depression, der Zwangserkrankungen und anderer Krankheiten, können die Symptome der Krankheit eine tiefergehende psychotherapeutische Aufdeckung und Bearbeitung vereiteln. Ein Patient, der unter erheblicher Angst – z.B. in der Form der Kontaktangst – leidet, ist auf dringende symptomatische Hilfe angewiesen. Damit wird die tiefenpsychologische Therapie oft erst richtig beginnen können. Ein wirksames Anxiolytikum wird zu Wohltat für die Menschheit, genauso wie ein wirksames Schmerzmittel. Diese Tatsache ist aber nicht mit der *Therapie der Angst* zu verwechseln. Und umgekehrt auch, Anxiolytika können den Angstpegel zu weit unterdrücken, so dass Angst nicht mehr spürbar wird.

Wenn es um die medikamentöse Therapie der Angst geht, sollten wir uns an Hoffmanns Worte erinnern: Diese dient der Behandlung der Angst, nicht der Angstkrankheiten oder der Angststörungen (Hoffmann 2007, S. 69).

22.2 Verhaltenstherapie

Die Verhaltenstherapie wird in den ‚offiziellen' Praxisleitlinien zur Behandlung der Angststörungen als erste Alternative für die Therapie von Spezifischen Phobien, Panikstörungen mit und ohne Agoraphobie, Sozialer Phobie und Generalisierten Angststörungen empfohlen (Dengler, Selbmann 2000, S. 80–87). Sie geht auf die Theorie vom Lernen und Konditionieren zurück (vgl. Marks 1977/1993, 2000, Kapfhammer 2000, S. 1187, 1213–1215, 1218, Hoyer et al. 2005) und betrachtet das Symptom Angst als konditioniertes bzw. gelerntes Verhalten, das ursprünglich von einem Reizstimulus ausgeht. Nach Eysenck (1957) unterscheiden sich die Menschen untereinander durch ihre ‚Angstbereitschaft', d.h., dass manche sind leichter konditionierbar als andere. „Personen mit Angststörungen werden bereits durch sehr gering aktivierende oder belastende Reize stärker als Personen der Kontrollgruppe aktiviert" (Schonecke, Herrmann 2003, S. 191).

Nach diesem Konzept ist die ‚Angstbereitschaft' eine biologische Konstante des Individuums. Die Beziehung zwischen Reiz und Angstbereitschaft ist operationalisierbar und damit ‚wissenschaftlich' behandelbar. Die Qualität der Emotion ‚Angst' und die psychodynamischen Komplexitäten der eigenen Geschichte des Patienten sind dabei von keinem wesentlichen Interesse, sofern sie nicht das Lernen bzw. Konditionieren des Angstverhaltens betreffen.

Verhaltenstherapeutische Elemente sind im Übrigen auch der Psychoanalyse nicht fremd; sogar Freud mischte Verhaltensratschläge in seine Therapien und gab sie an seine Schüler weiter. In bezug auf die Angst erwähnt Hoffmann, dass Freud als erster 1919 die ‚typisch verhaltenstherapeutische' Methode der Symptomkonfrontation bei Phobien beschrieben hat (Hoffmann 2007, S. 70). Ferenczi erwähnt einen „mündlich erteilten Rat Professor Freuds" als dieser ihm riet, die Patienten dazu aufzufordern, „ihre phobisch gesicherte Einstellung zu verlassen und gerade das zu versuchen, wovor sie am meisten Angst" hätten (Ferenczi 1919b, S. 270).

Das Konzept des Lernens durch Identifikation stellt einen wichtigen Berührungsschnittpunkt zwischen Psychoanalyse und Verhaltenstherapie dar. Wir wissen heute, dass der Identifikation, vor allem mit wichtigen Bindungspersonen, eine zentrale Rolle im Erlernen von Verhaltensweisen zukommt (Hoyer et al. 2005). So kann auch ‚Ängstlichkeit' etwa von einer ängstlichen Mutter ‚erlernt' werden: Das Kind spürt, wenn die Mutter bei dem Anblick eines Hundes zusammenzuckt und übernimmt durch Identifikation die Furcht vor dem Hund, ohne jemals eine eigene schlechte Erfahrung mit einem Hund gemacht zu haben (Fabian 2005b). Auf ähnliche Weise werden nicht nur Furcht vor Tieren, vor Fremden – mit den dazugehörigen rationalisierenden Vorurteilen, bis hin zu Fremdenhass oder Rassismus –, sondern auch generell ‚ängstliche' Einstellungen und Verarbeitungsweisen wichtiger Identifikationspersonen übernommen. Wie bereits im Kapitel 8 (Die vielen Gesichter der Angst) und 15 (Einige Bewältigungs- und Abwehrformen der Angst) betont, werden dabei die individuellen Audrucks- und Abwehrformen der Angst beeinflusst – nicht die Angst selber oder das Leid unter der Angst.

Als symptomatische Therapie wird die kognitive Verhaltenstherapie zurecht auch von Psychoanalytikern empfohlen (z.B. Battegay 1970/1996, S. 151, Hoffmann 2000, S. 236, Hoffmann 2008, S. 10, 20). Sie kommt zweifelsohne in Frage, um auslösende Momente von Panik, Angst, oder phobische Symptome soweit unter Kontrolle zu bringen, dass eine tiefenpsychologische Psychotherapie möglich wird; damit wird ihre Bedeutung für die Angstbehandlung analog zur Bedeutung der medikamentösen Therapie. Wie diese, kann die Verhaltenstherapie wirksam Symptome lindern, so z.B. einem agoraphobischen Patienten ermöglichen, sein Haus zu verlassen und in die Therapie zu gehen. Als symptomatische Behandlung hat sie ihren festen Stellenwert. Sie kann jedoch die tiefenpsychologische Therapie nicht ersetzen. Damit werden medikamentöse und Verhaltenstherapie als Zusatztherapien zur tiefenpsychologischen Vertiefung der Behandlung gesehen, und nicht umgekehrt.

Die Verhaltenstherapie wurde seit ihren Anfängen von Effizienzstudien begleitet; sie eignet sich gut zur Operationalisierung, weshalb sie vor allem von der Psychiatrie als ‚nachvollziehbar' angesehen wird. Der Hauptgrund, weshalb die Psychoanalyse es mit der Psychiatrie wesentlich schwerer hatte (und hat), liegt nicht, wie oft behauptet, in der Tatsache, dass die erstere weniger auf wissenschaftliche Nachweise ihrer therapeutischen Wirkung zurück blicken kann, sondern vielmehr darin, dass die Psychiatrie ihre Grundthese von biologischer Entstehung psychischer Krankheiten für die Verhaltenstherapie nicht, wohl aber für die Psychoanalyse revidieren müssten. Schon die Grundannahme der Psychoanalyse, der Mensch werde maßgeblich von seiner unbewussten Psychodynamik, die auf wichtige frühkindliche Erlebnisse zurückgeht, bestimmt, ist der biologischen Wissenschaft zumindest zweifelhaft. Vor allem würde sie aber nicht nur die psychiatrische Denkweise in Frage stellen, sondern die Psychiater auch dazu bewegen, ihre Einstellung *zu sich selber* kritisch zu überdenken; sie könnten nicht mehr ‚außerhalb' der Krankheiten bleiben, sondern müssten sich mit sich – und mit ihren eigenen Ängsten konfrontieren. Verhaltenstherapie macht dem Therapeuten weniger Angst, weil er aus dem therapeutischen Prozess ‚draußen bleibt'. Es nimmt kein Wunder also, wenn behauptet wird, Angstkrankheiten seien das Gebiet der kognitiv-behavioralen Therapien, bzw. sei die Verhaltenstherapie bei Angsterkrankungen der therapeutische Ansatz der Wahl (Marks 1977/1993, Dengler, Selbmann 2000, Hoffmann, Bassler 2000, Warnke et al. 2001, Zwanzger, Deckert 2007).

Die „Praxisleitlinien für Angsterkrankungen" (Dengler, Selbmann 2000) empfehlen eine psychodynamische Behandlung bei generalisierten Angststörungen, spezifischen oder sozialen Phobien bzw. Panikstörungen erst nach unwirksamer Psychoendukation und Beratung, und dann als Therapie ‚zweiter Wahl' („wenn unwirksam oder abgelehnt") nach der kognitiven Verhaltenstherapie, die nach den Kriterien der APA (American Psychiatric Association) aufgrund von wissenschaftlichen Studien als effektiver eingestuft wurde (S. 3–4, 80–87). Dies führen die Autoren auf „Skepsis [der psychodynamisch orientierten Therapeuten] gegenüber den gegenwärtig in der Psychiatrie verwandten Diagnose – und Klassifikationssystemen, [so wie] große Vorbehalte gegenüber Studiendesigns [...]" zurück (ebenda, S. 18). „Vorbehalte gegenüber Studiendesigns und Skepsis gegenüber Klassifikationssystemen begründen jedoch nicht die geringer eingeschätzte Effektivität einer Therapie. In einer guten therapeutischen Interaktion spielt sich noch etwas anderes ab als Anwendung von Theorie oder ‚Interventionen' aufgrund von diagnostischen Urteilen. Auch hier wissen wir mittlerweile recht gut, dass Diagnose und dann folgende Behandlung wenig bis gar nichts miteinander zu tun haben" (Buchholz 2005, S. 69).

Mit „psychodynamischen Verfahren" ist auch wenig über die Qualität einer Therapie ausgesagt, da diese im höchsten Maße von der Person des Therapeuten und seinen therapeutischen Fähigkeiten, seiner Empathie, seiner Gesamtpersönlichkeit, aber auch von der Methode, die er benützt, abhängig ist (Beispielsweise können ‚Psychodynamische Verfahren' im Grunde sehr unterschiedliche Methoden bezeichnen).

Die ‚offizielle' Meinung, die in der Psychiatrie vorherrscht, dass Psychoanalyse sei nicht die ‚Methode der Wahl' in der Behandlung der Angststörungen (manche erwähnen sie nicht einmal als Möglichkeit der Therapie – vgl. „Aktueller Stand der Therapie" bei Lauer et al. im ‚Nervenarzt' 2006), liegen zwei Arten Irrtümer zugrunde: Erstens, dass mit Psychoanalyse die ‚klassische' Couch-Analyse und nicht ihre späteren, an die Therapie von Persönlichkeitsstörungen und Psychosen weiterentwickelten Modifikationen gemeint ist; zweitens, dass für die psychoanalytisch-psychodynamischen Therapiemethoden unbedingt erst ein Konflikt nachgewiesen werden muss (Boerner 2000). Konfliktmodelle, die innerhalb der tiefenpsychologischen Psychotherapie eine wichtige Rolle spielen, bedeuten nicht, dass Konflikte notwendig sind für die Behandlung. Als viel wichtiger haben sich m.E. die beziehungszentrierten Erneuerungen der Psychotherapie erwiesen, sie werden wahrscheinlich in Zukunft noch an Bedeutung zugewinnen (vgl. Orlinsky 2008).

Die Verhaltenstherapie ist für den Laien leicht verständlich und einleuchtend, erfordert keine Einsicht in das Unbewusste und ist daher auch medienwirksam; sie ist nicht auf Fachbegriffe wie Unbewusstes, Übertragung, Traumdeutung etc. angewiesen, die dem Laien unverständlich und schon deshalb *angstbesetzt* sind. Sie ist, wie gesagt, leicht operationalisierbar und kann sich auf ‚nachgewiesene Wissenschaftlichkeit' berufen, während die psychoanalytischen Methoden ‚wissenschaftlich nicht bewiesen' seien. Freilich sind die Beweismethoden naturwissenschaftlicher Prägung und ihre Aussage je nach (bewusster oder unbewusster) Absicht beeinflusst; zudem heißt die ‚wissenschaftliche Beweisführung' nicht unbedingt, dass die Methode besser ist als eine andere, sondern nur, dass sie bestimmte Kriterien, die als wissenschaftlich gelten, für die betreffende(n) Studie(n) erfüllt hat. Populärwissenschaftliche Publikationen zitieren deshalb gern Verhaltenstherapeuten (zumal, wenn sie auch einen Professorentitel besitzen, der in unserer mitteleuropäischen Kultur schon für sich ein Qualitätsmerkmal ist): B. Bandelow ist ein Beispiel, er hält Angsterkrankungen hauptsächlich für genetisch begründet (Öko-Test Nr. 16, April 2008, S. 19) und propagiert populäre Therapiemethoden, zumal er psychoanalytische Methoden (unter denen er heute noch die bei Angsterkrankungen völlig undenkbare Couch-Analyse versteht) für unwirksam hält: „Mit dem Mechanismus der Verdrängung arbeitet man heute gar nicht mehr. Wir wissen nicht einmal, ob es so etwas überhaupt gibt" (ebenda, S. 12). Psychoanalyse ist viel weniger medienwirksam.

Positiv anzumerken ist beim Ansatz der Verhaltenstherapie die Tatsache, dass sie dazu motiviert, die Angst nicht zu verdrängen oder abzuwehren, sondern ihr gewissermaßen ‚ins Auge zu schauen‘, sie zu konfrontieren. Battegay (1970/1976, S. 29) schreibt: „Wie uns die kognitive Psychotherapie und die kognitive Verhaltenstherapie [...] gelehrt haben, ist es ja gerade das Ins-Auge-Fassen, das Erkennen der Angst und deren Durchstehen, die uns ein ‚Coping‘, eine Bewältigung des Angsterlebens bzw. der sie erzeugenden Aufgaben überhaupt ermöglichen." Die Verhaltenstherapie hat den Verdienst, dass sie den unter Angst Leidenden voll auf seine Angst aufmerksam macht. Gleichzeitig ist damit auch ein Nachteil verbunden, da sie nicht weiter in der Tiefe nach den Gründen dieser Angst sucht. Die Tendenz zur Standardisierung und Manualisierung ist gerade in der Verhaltenstherapie sehr stark, ebenso wie das Ausklammern der Bedeutung des Therapeuten als Mensch; folglich wird der ‚austauschbare‘ Therapeut am ehesten auf die Beschäftigung mit der ‚erlernbaren‘ Methodik konzentriert. In diesem Zusammenhang sind auch manche Exzesse der Verhaltenstherapie zu sehen, beispielsweise die ‚internetgestützte Therapie‘ (Köllner 2007). Kritische Stimmen aus den eigenen Reihen sind deshalb zu beachten: „Die zum Zwecke besserer Beforschung standardisierte Therapie ist dann im Durschnitt *besser untersucht*, aber nicht notwendig deshalb auch die *bessere Therapie!*" (Butollo et al. 1999, S. 148, kursiv im Original). Allerdings kann in den letzten Jahren auch im Bereich der kognitiven Verhaltenstherapie eine „zunehmende Betonung des Therapiebündnisses" beobachtet werden (Hoffmann 2008, S. 20).

Die Verhaltenstherapie ist die ‚Methode der Wahl‘ auch bei Patienten, die eine tiefenpsychologische Therapie ablehnen – aus Angst, Misstrauen, oder aus anderen Gründen –, oder die zu wenig Reflektions- und Introspektionsfähigkeit besitzen. Dazu gehören auch Patienten mit eingeschränkten kognitiven Fähigkeiten oder Intelligenz. Die Hauptindikation für die Verhaltenstherapie der Angst ist dann gegeben, wenn die Angst vor der Angst zu groß ist und die Begegnung des Patienten mit der Tiefe seiner Angst mindestens so groß ist wie das Leid selbst. In solchen Fällen soll man mit einer Verhaltenstherapie als symptomzentrierte Behandlung beginnen, um später, bei vorhandenem therapeutischen Bündnis und verbesserter Einsichtsfähigkeit, mit einer tiefenpsychologischen Psychoterapie die Behandlung fortzuführen. Deren Domäne ist die existentielle Angst.

22.3 Psychoanalyse und tiefenpsychologisch fundierte Psychotherapie

> Gesund wäre somit nicht der Angstfreie, sondern der, der seine Ängste kennt, mit ihnen umgehen kann und weiß, dass Angst zuerst und vor allem ein Teil der ‚condition humaine‘ ist. Dies einem Patienten zu vermitteln, kann bereits die eine Hälfte der Therapie darstellen.
>
> Hoffmann 1994

Unter tiefenpsychologisch fundierter Psychotherapie verstehen wir im deutschsprachigen Raum eine modifizierte, im Sitzen stattfindende Therapie auf psychoanalytischer Basis (Mertens 1990/2000, S. 190–229).

Im Kapitel 6 (Angst in der Psychoanalyse) habe ich die Entwicklungsgeschichte der Angst im psychoanalytischen Denken und in der analytischen Praxis umrissen und auf die Tradition der Sexualisierung der Angst, die von Freud angefangen durch die psychoanalytische Literatur zieht und deren Auswirkungen heute noch zu spüren sind, hingewiesen.

Die Psychoanalyse hat die Angst ödipalisiert (s. Kapitel 6, Angst in der Psychoanalyse). Freud sah als Ziel einer Psychoanalyse an, ein starkes Ich zu bilden, das „möglichst frei von Angst ist" (Plänkers 2003, S. 510). Die klassische Psychoanalyse richtet sich an Patienten, die ein höheres ‚Strukturniveau' haben und Angst besser tolerieren; bei Patienten mit Angsterkrankungen im Rahmen einer Borderline-Störung oder einer ‚psychotischen Struktur' wäre die klassische Couchanalyse ein „grober Kunstfehler" (Ammon 1988a).

In diesem Zusammenhang meinte Fenichel: „Ein verängstigtes Kind braucht zunächst vor allem äußere Zuwendung oder vielmehr narzisstische Zufuhr, um weniger hilflos und der Allmacht näher zu sein. Es braucht den Kontakt mit der Mutter, d.h. die Berührung von etwas ‚Gutem', um die ‚böse' Angst in ihm durch Introjektion zu bekämpfen" (Fenichel 1945/1977, III, S. 44).

Angsttherapie kann am besten mit den Begriffen ‚Neubeginn' (Balint), ‚containment' (Bion) und ‚holding' (Winnicott) beschrieben werden. Winnicott hat als Erster die volle Bedeutung der Angst als zentrales Symptom psychischer Erkrankungen erkannt, die vom Säuglingsalter herstammt und unter pathologischen Bedingungen, die – nach Winnicott – an der Unfähigkeit der Mutter liegen, mit dem Baby und seinen Ängsten umzugehen, und sich durch Angsterkrankungen im Erwachsenenalter manifestieren kann. *Die tiefenpsychologische Therapie ist implizit immer auch Angsttherapie,* indem sie Vertrauen und Beziehung aufbaut, Einsamkeit bewusst macht und verringert, Empathie und tragende Unterstützung spürbar macht. Der Patient kann erfahren, dass seine Einsamkeit die Folge frühkindlicher Fehlentwicklung ist, Folge mangelnder Empathie, Traumatisierungen oder Vernachlässigung, und dass sie durch den therapeutischen Prozess veränderbar ist.

Ziel der Therapie von Angststörungen ist m. E. nicht, die Psychodynamik der Angst zu erforschen und zu deuten, sondern die (unbewusste) Dynamik ihrer (Haupt-)Manifestationsformen auf die durch die eigene Geschichte bzw. die verinnerlichte Psychodynamik und Gruppendynamik zurück zu führen; auch Fenichel hält die „Aufdeckung von Systemen charakterlicher Angstabwehr" für einen ersten Schritt, aber noch nicht für die Analyse der Angst selbst (Fenichel 1945/1977 III, S. 52). Der Therapeut muss vielmehr dem *individuellen Schicksal* der Angst in der Geschichte des Patienten nachgehen. Nur so kann verstanden werden, warum und in welcher Form Angst von *diesem* Menschen ausgedrückt oder abgewehrt wird. Damit entsteht ein Verständnis und eine empathische *Annahme* der Angst, die in der Kindheit (und meistens auch danach) fehlten bzw. verweigert wurden. Wenn sie verstanden und angenommen wird, verringert sich die Angst vor der Angst.

Die Angst vor der Angst, ihre spezifischen Konstellationen bewusst werden zu lassen und psychotherapeutisch zu bearbeiten, ist der Kern der Angst-Therapie. Sie verlangt vom Therapeuten neben wichtigen persönlichen Eigenschaften (vgl. Kapitel 22.7), Erfahrung und besonderer Empathiefähigkeit, ein hohes Maß an Einsicht in die eigene

Abwehrkonstellationen; erst dann kann er die Angst des Anderen mittragen, in Bions Sprache ‚containment' ermöglichen.

Am Beispiel des Borderline-Patienten schreibt Ammon: „Diese Angst muss während des ganzen [therapeutischen Prozesses] immer wieder berücksichtigt werden [...] Borderline-Patienten laufen ständig vor der Angst davon, haben Angst vor der Angst, also Identitätsangst, und kein Stehvermögen gegen Angst. Der Schutzraum der therapeutischen Beziehung wird dem Borderline-Patienten zunächst ermöglichen, schrittweise mehr Angst zu tolerieren" (Ammon 1979, S. 351).

Zur Dauer der tiefenpsychologischen Angsttherapie können nach meiner Erfahrung keine *a priori* Angaben gemacht werden. Ich halte jede solche Begrenzung am Anfang der Therapie – wie sie z. B. Hoffmann (2008, S. 32–33) empfiehlt –, für formalistisch. Wie jede tiefenpsychologische Therapie, kann auch die Angsttherapie erst dann beendet werden, wenn der Patient strukturell soweit ‚gewachsen' ist, dass er imstande ist, seine Abwehrmechanismen zu erkennen und sich mit seiner existentiellen Angst in Beziehung zu setzen, und vor allem sich durch menschlichen Kontakt zu helfen. Die Dauer der Therapie muss demnach individuell bestimmt sein und sich nicht nach einem Schema richten; sie hängt von verschiedenen Faktoren ab, zu denen vor allem die Einsichtsfähigkeit und die Motivation gehören – wobei letztere die Bereitschaft, Vertrauen zum Therapeuten zu bilden und mit ihm die Angst vor der Angst ‚anzugehen', beinhaltet.

Bei Patienten mit defizitärer Angst ist ein Wendepunkt der Therapie erreicht, wenn der Patient anfängt seine Angst zu spüren. Nach Ammon ist das Zuviel an Angst die ‚destruktive Angst'; zu viel oder zu wenig Angst sind jedoch zwei Seiten der gleichen Medaille, die sich nur auf der Symptomebene voneinander unterscheiden (vgl. Kapitel 9, Defizitäre Angst). Auch ihre Therapie unterscheidet sich nicht voneinander. Im Falle von Patienten mit defizitärer Angst haben besonders die körperlichen und die nonverbalen Therapien einen wichtigen Stellenwert (s. Kapitel 22.5 und 22.6).

Es ist für den Patienten wichtig zu begreifen, dass Angst nicht nur ein Übel ist, das von Therapeuten oder Gruppe ‚geheilt' werden soll. Sie ist auch zentraler Teil jener Grenzsituationen, die im Leben eine große Rolle spielen, indem sie den Menschen verändern, ihm Einsicht und Tiefe verleihen können, ihn seinem inneren Wesen (nach Battegay) näher führen kann. „Den Menschen [erwachsen] in Grenzsituationen auch Gefühle und Erkenntnisse, die ihnen zumindest bis zu einem gewissen Grade gemeinsam sind. Ich denke hier an die beim Anstoßen an eine Grenze in jedem Menschen reaktiv aufkommende Angst, die nicht selten aber auch fasziniert, weil derjenige, der an die Grenze des menschlichen Daseins stößt, gleichzeitig, vielleicht erstmals, sein inneres Wesen zu erahnen vermag. So wird dem Menschen die Grenzerfahrung etwa zum sinngebenden Ereignis, um dessen Verständnis er sich strebend bemüht" (Battegay 2005, S. 8). Battegay betont, dass viele Menschen solche Situationen unbewußt suchen. Dies gilt besonders für einsame Menschen, also für solche, die nicht selten unsere therapeutische Hilfe suchen. „Individuen, die in nur wenige mitmenschliche Beziehungen einbezogen sind, haben oft mehr als andere das Bedürfnis, Grenzsituationen zu erfahren, um erstmalig oder wieder einmal – in einer solchen extremen Befindlichkeit – sich selbst zu erfahren" (ebenda, S. 15). Besonders bei Borderline-Patienten, betont Ammon, sollten solche Grenzsituationen im Rahmen der Therapie herbeigeführt werden, um dem Patienten strukturelles Wachstum zu ermöglichen. Erst „der Schutzraum der therapeutischen Beziehung wird dem Borderline-Patienten zunächst ermöglichen, schrittweise mehr Angst zu tolerieren" (Ammon 1979, S. 351). Am Beispiel des Borderline-Patienten spricht Ammon von „Identitätsangst"; die Therapie muss also eine Identitätstherapie sein, die sich im Kontext der Kontaktarbeit im Rahmen der therapeutischen Beziehung abspielt und in Gruppen fortgesetzt wird.

Der interpersonelle Ansatz der Psychoanalyse ist verwandt mit der Philosophie der ‚Begegnung' (Buber, Husserl, Levinas), die besonders in der jüdischen Denktradition und Ethik verankert ist. Levinas führt jede Ethik auf die zwischenmenschliche Begegnung zurück: „Die Begegnung mit dem anderen Menschen bietet uns den ursprünglichen Sinn überhaupt, und in seiner Verlängerung findet man allen weiteren Sinn" (Taureck 1997, S. 14). Deshalb ist besonders in der Therapie des Angstpatienten jede ‚manualisierte' oder jedes sonst methodisch festgeschriebene Verfahren abwegig, denn in der Angst mehr als in jeder anderen Krankheitsmanifestation kommt es auf die *Beziehung* mit dem Anderen an, auf das zusammen gewonnene Vertrauen, auf die Tragfähigkeit der Beziehung. Auch die wissenschaftliche Aufarbeitung solcher Therapien ignoriert die ‚Seele' der Therapie, nämlich die Beziehungsarbeit. Therapie der Angst heißt Therapie der Einsamkeit, Kontakt- und Beziehungstherapie.

Der Angst-Patient kommt zwar wegen seiner Angst in die Therapie, aber Therapie macht auch Angst. Ein großer Teil dieser Angst ist die Angst vor dem Neuen, die in jedem Patienten vor und in der Therapiesituation auftritt. Castelnuovo-Tedesco macht darauf aufmerksam, wie wenig sich die Therapeuten mit dieser Angst beschäftigen: „At a time when there is much discussion concerning the efficacy of psychotherapy, hardly any notice has been given to the finding that all patients, in varying degrees, approach treatment with many reservations because they fear the possibility of change. To put the issue more directly, there is a fundamental fear of change, of which the principal manifestation is the fear of treatment" (Castelnuovo-Tedesco 1991, S. 119). Er erkennt in der Angst vor dem Neuen einen der wesentlichen Widerstände der Psychotherapie und stellt die Hypothese auf, dass die Bedrohung des Selbst durch die Therapie umso größer wird, je instabiler die psychische Struktur ist: „The more unstable the self-organisation, the more likely it is that the patient will feel threatened and that change will be resisted. In such cases, treatment may be experienced as destabilizing and special efforts will be made to prevent this" (ebenda, S. 122). Aber es sind in der Mehrzahl gerade diese Patienten, die mit ihrer Angst hilfesuchend zu uns Therapeuten kommen. Und hinzu kommt, dass sie früher die Erfahrung gemacht haben, mit der Angst alleine gelassen zu werden, und diese Erfahrung auch in der Therapie befürchten, ja agierend wiederholen.

Die Angst vor der Therapie ist mit der Angst vor dem Neuen zwar eng verbunden, hat jedoch auch andere wichtige Aspekte. Man kann sagen, dass alle Gesichter der Angst uns in der Psychotherapie begegnen. Damit wird jede Therapie zu einem Balanceakt für den Patienten, der zwischen dem großen Leid der Angst und der Angst vor der Angst hin und her schwanken muss. Diese ‚Ambivalenz' ist bei Patienten mit sog. Frühstörungen bei weitem wichtiger als der ödipale, oder narzisstische Widerstand, der in der Fachliteratur einen so großen Raum einnimmt (z. B. bei Kernberg). Sie kann paranoische Formen annehmen: „[They often] fear being manipulated, used, hurt, depreciated, of dismissed, and being subjugated and deprived of their free will and autonomy" („Angst, manipuliert, benutzt, verletzt, entwertet, oder entlassen zu werden, und [die Angst] unterjocht und des eigenen freien Willen und der eigenen Autonomie beraubt zu werden") (Castelnuovo-Tedesco 1991, S. 125). Kein Patient ist frei von solchen Ängsten: „It is important to keep in mind that these phenomena are seen in all patients, in varying degrees and throughout the course of treatment, although they are more intense in the early phases" (ebenda, S. 125–126).

22.4 Analytische Gruppentherapie

> Das Eingebettetsein in eine Gemeinschaft setzt das allgemeine Angstniveau herab.
>
> Zulliger 1966

Therapiegruppen, wie Gruppen im Allgemeinen, können Angst tragen und Angst lindern, besonders wenn sie gut strukturiert sind; umgekehrt vermehren Gruppen, besonders solche mit unklaren Grenzen und Führung, die Angst ihrer Mitglieder. In der Fachliteratur finden sich Hinweise auf diesen doppelten Aspekt der Gruppe (Ammon 1973, 1979, Battegay 1973, 2000, König, Tischtau-Schröter 1984/1992, Pühl 1988/2005): als tragender, mütterlicher ‚Körper‘, der Vertrauen und Wärme gibt, und als bedrohliche ‚Mutter‘, die festhält und die Individualität des Einzelnen aufzulösen droht. Diese letztere, paranoische Auflösungs- oder Verschmelzungsangst kann als Variante (und Steigerung) der Kontaktangst bzw. der Angst vor der Nähe verstanden werden, während die ‚heilsame‘ Wirkung der Gruppe auf einer tieferen Ebene stattfindet. Der Mensch ist ein Gruppenwesen (Battegay, Ammon); er hat immer schon in Gruppen – in Horden, Clans, Stämmen, Dorfgemeinschaften – gelebt und lebt heute noch, sofern die ursprünglichen sozialen Strukturen nicht von der westlichen Zivilisation gelockert und allmählich aufgelöst werden. Erst ab der so genannten ‚industriellen Revolution‘ um 1850 änderte sich seine Lebensform zunehmend und beschleunigte sich der Prozess des Zerfalls von Großgruppe und Großfamilie.

Wenn wir die etwa 3 Millionen Jahre seiner Entwicklung auf die 24 Stunden eines Tages teleskopieren, dann hat die Veränderung seiner sozialen Lebensstrukturen erst in den letzten 4,6 Sekunden stattgefunden. In seinem Inneren ist der Mensch also ein ausgesprochenes Gruppenwesen geblieben, auch wenn er dies nicht bewusst erkennt. Seine Isolation und Entfremdung, besonders in den Großstädten, fordert einen hohen Preis: Seine Ängste nehmen zu mit seiner Einsamkeit. Die Gruppe – in der Form der Gruppentherapie gruppendynamisch und therapeutisch gesteuert – bedeutet also im tieferen Sinn eine ‚Rückkehr‘ zum Ursprung menschlichen Daseins.

In einer gruppentherapeutischen Sitzung spricht Herr A. darüber, dass er unter diffuser Angst leide, deren Gründe er nicht kenne.

Frau B.: Ich kenne auch solche Ängste.

Therapeut: Wer kennt sie noch in dieser Gruppe?

Herr C. berichtet über seine Angst in der neuen Arbeitsstelle.

Herr D.: Hast Du vielleicht Angst vor dem Neuen?

Herr A.(nach einigen Minuten): Ich war vorhin sehr erleichtert, als einige hier gesagt haben, dass sie auch Angst kennen.

In derselben Gruppe tauchen in einer anderen Sitzung nacheinander die Themen Wut, Schuldgefühle, Angst auf. Wut und Aggression machen Schuldgefühle, werden aber auch durch Schuldgefühle hervorgerufen. Das Gespräch mündet in das Thema Angst, die beiden, der Wut und den Schuldgefühlen, zugrunde liegt. Erst nach dieser Erkenntnis kann sich die Gruppe schließen, kommt das Gefühl von Verbündung und Solidarität auf.

Die letztere Wirkung tritt in Gruppen häufig auf und beruht auf der Reaktivierung der Angst vor dem Verschlungenwerden (projiziert auf die als ‚große Mutter‘ erlebte Gesamtgruppe). Sie nimmt oft die Form paranoider Ängste an und findet mitunter vehementen Ausdruck in Therapiegruppen; viele Teilnehmer befürchten, „in einem anonymen Kollektiv zu versinken" (Battegay 2000, S. 172). Möglicherweise ist die Angst vor „verschlingenden Gruppen" aus historischen Gründen besonders in Deutschland sehr groß, wenn man bedenkt, dass noch in der Generation der Eltern und Großeltern Gruppenzwang herrschte und der Versuch, das Individuelle in Gruppen auszuschalten, realen Charakter hatte.

Die Kontaktangst ist als eine Variante der Fusionsangst, der Angst zu verschmelzen, die eigenen Grenzen zu verlieren, anzusehen; es ist demnach nachvollziehbar, dass gerade die Gruppenangst bei Borderline-Patienten in aller Regel groß ist und paranoische Formen annimmt: in Gruppen ‚vervielfacht sich‘ die Kontaktangst – aber auch das Gegenteil kommt in Gruppen, wenn auch seltener, vor: Manche Menschen haben weniger Angst in Gruppen als im Einzelkontakt, weil Gruppen ihnen das Gefühl von mehr Sicherheit geben; in ihrer Biographie finden wir gute Erfahrungen in Gruppen wie Kindergarten und Schule, oft im Gegensatz zu den Erfahrungen in ihren Familien.

In der Gruppentherapie kommt das Dilemma der Ambivalenz oft ‚gespalten‘ zum Vorschein, d.h., durch verschiedene Mitglieder der Gruppe vertreten, was zur inneren Auseinandersetzung innerhalb der Gruppe im Sinne eines Beziehungsgeschehens, und damit zur Bearbeitung auf der persönlichen Ebene der Gruppe führen kann. Nach Ammon sind die häufigen Idealisierung und Idolisierung des Therapeuten Abwehrformen der Kontaktangst (Ammon 1988, S. 13, 171).

In einer Gruppensitzung wurden beide Varianten der Angst von zwei verschiedenen Borderline-Patienten nacheinander geäußert: a) (zum Therapeuten) „Ich habe Angst vor dem Verlust des Kontaktes zu Ihnen" und b) „Ich habe im Gegenteil Angst, wenn Sie sich mir nähern".

Insgesamt lässt sich die Ambivalenz von Borderline-Patienten in der Gruppentherapie deshalb besser behandeln, weil dort die Abhängigkeitsängste, bezogen auf den Therapeuten, unter den Mitgliedern der Gruppe ‚geteilt‘ und dadurch das Dilemma der Abhängigkeit vom Therapeuten vermindert werden kann.

Die Angst vor Gruppen ist gleichzeitig die Angst vor der Begegnung mit sich, die Angst vor eigenen Identitätsschritten. Hirsch schreibt: „Gruppenangst ist immer Identitätsangst" (2004, S. 276).

Insgesamt kann man sagen, dass Gruppentherapie – meistens kombiniert mit Einzeltherapie, oder mit einer nonverbalen, expressiven Therapie –, die Therapie der Wahl bei Angststörungen darstellt, weil in ihr die Einsamkeit, *der behandelbare Teil der Angst,* am besten günstig verändert werden kann. Menschen, die Angst alleine ertragen mussten, spüren bald nach Beginn der Gruppentherapie die ‚Wohltat‘ des Teilens der Angst und der Verbündung darüber mit anderen Menschen.

Menninger drückt es poetisch aus in seinem „Das Leben als Balance“: „Geteiltes Leid ist halbes Leid: Der Leidende liebt Gesellschaft, weil innere Not stets das kindliche Bedürfnis wachruft, Hilfe von Menschen zu erhalten. Liebe geben bedeutet Liebe zu empfangen [...]. Die Beruhigung des beunruhigten Kindes findet ihr Gegenstück in zahlreichen subtileren zwischenmenschlichen Gesten im Leben der Erwachsenen, darunter verschiedenartigen Gruppenzugehörigkeiten und anderen Formen von Gesellung“ (K. Menninger 1968, S. 133).

Die Gruppe ist die Ausdehnung der interpersonellen Situation: Vom Ich und Du der Zweiersituation in der Therapie wird ein Ich und Wir. Ammon betrachtet den Menschen als ein Gruppenwesen, das in Gruppen krank oder gesund wird, deshalb ist die Gruppentherapie die wesentliche Therapie für sog. frühgestörte Menschen, die in ihrem Leben wenig Zuwendung, Liebe und Verständnis in ihren frühen Gruppen erfahren haben (Ammon 1979). Battegay schreibt: „Zu seiner Selbstverwirklichung ist der Mensch auf andere, mit ihm wirkende und an ihm beteiligte angewiesen. Martin Buber (1936) führte an, dass der Mensch ‚am Du zum ich‘ werde. Er meinte damit, dass sich das Individuum nur an den Reaktionen der anderen erkenne und als wirksam erweise. Im Licht der menschlichen Gruppenbezogenheit können wir sagen, dass der Mensch am „Wir zum Ich“ wird (Battegay 2000, S. 37). Die Mitglieder der Therapiegruppe werden zu „Alliierte des Ichs“ des Angst-Patienten (Benedetti 1992, zit. b. Battegay 1970/1996, S. 152).

Ein junge Frau, die vor einer wichtigen beruflichen Veränderung stand, die ihr Angst verursachte, malte sich alle möglichen ‚Katastrophen‘ aus, wenn sie den neuen Schritt wagen würde; sie verglich die neue Aufgabe mit einem zusätzlichen Ball beim Jonglieren. Sie war vaterlos und wuchs als Einzelkind mit einer streng kontrollierenden, narzisstischen, das Kind fast nur über Leistungsforderung bindenden Mutter auf, die sie mit Liebesentzug bestrafte, wenn ihre eigenen Ansprüche nicht von der Tochter befriedigt wurden. Gegen die Angst, die Liebe und Unterstützung der Mutter zu verlieren, hatte sie keinen Verbündeten.

Neben der Einzeltherapie nahm sie an der Tanztherapie teil; dies war ihre erste therapeutische Erfahrung mit Gruppen. Sie träumte, dass der Therapeut in einer Gruppe von Bekannten die Räume verteilte und ihr auch einen angemessenen Raum zuwies. Im zweiten Teil des Traumes entschied die Tanzgruppe, die Fensterjalousien zu öffnen, so dass helles und freundliches Licht durch die Glasveranda hineinkam. Sie assoziierte damit den Wunsch, der Therapeut, der die (Lebens)räume verteilt, möge sie vor der neuen ‚Mutter‘ schützen, wie sie es damals vom Vater vergeblich gewünscht hätte. Den Therapeuten, und durch diesen die Gruppe von ‚neuen Geschwistern‘ wollte sie als Verbündete gegen die eigene existentielle Angst gewinnen, um diese in ihrem neuen Identitätsschritt zu überwinden –, damit „helles und freundliches Licht“ hineinkommen mag. Der Traum illustriert auch den Weg vom Vater/Therapeuten als Schutz zur Gruppe der ‚Geschwister‘, der der Weg der Gruppentherapie und gleichzeitig der Weg aus der Einsamkeit mit der Angst ist.

22.5 Körperorientierte Therapien

Angesichts der Tatsache, dass die Angst ein eminent körperliches Geschehen ist, ja sich oft hauptsächlich oder nur körperlich manifestiert (s. Kapitel 10, Angst und Körper), ist es erstaunlich, wie wenig – wenn überhaupt – die Diskussion über einen körpertherapeutischen Zugang zur Angststörung in die psychotherapeutische Fachliteratur Eingang gefunden hat. In aller Regel führt das Thema Körpertherapie immer noch eine Randexistenz (in der neueren Ausgabe der Psychotherapie von Senf und Broda [1996/2007] wird dem Thema kein eigenes Kapitel gewidmet; im „Tiefenpsychologisch Fundierte Psychotherapie" von Wöller et al. [2001/2007] sind es 10 Seiten von 400 [Autoren Trautmann-Voigt und Voigt], im ausführlichen Band „Psychotherapie. Ein Lehrbuch für Ärzte und Psychologen" von Reininger et al. [2007] wiederum 13 Seiten von 780 [Autor M. Wilke]). Die Gründe, die im Allgemeinen die Integration des Körpers in die Psychoanalyse immer schon erwschwert haben, dürften aud bezüglich der Körpertherapie der Angststörungen gelten. Kutter bringt die Problematik auf den Punkt: „Mit Phantasien und Affekten haben Psychoanalytiker in der Regel keine Probleme. Sie sind deren ureigenster Gegenstand. Die körperliche Ebene dagegen ist definitionsgemäß während des psychoanalytischen Prozesses ausgeschlossen. Außerdem gilt das Gebot der Neutralität. Körperliche Berührung beschränkt sich auf die konventionelle rituelle Begrüßung und Verabschiedung" (Kutter 2001, S. 159). Umgekehrt ist es aber auch erstaunlich, dass die Angst in vielen der Körpertherapie gewidmeten Werken nicht oder nur am Rand erwähnt wird (Gaddini 1998, Geißler 1998, Röhricht 2000, Kutter 2001, Geuter 2006).

Ferenczi, einer der Pioniere der Einbeziehung des Körpers in die Psychoanalyse, meinte, dass „aus dem körperlichen Agieren des Patienten in der Behandlung auch Teile der präödipalen öder präverbalen Geschichte erschließen lassen" (zit. b. Röricht 2000, S. 56). Groddeck war der erste Psychoanalytiker, der eine Kombination von Psychoanalyse und Körpertherapie intuitiv ‚wagte'. Lange Zeit danach standen die beiden Richtungen in einem kühlen, wenn nicht sogar fremden Verhältnis zueinander. Erst in den letzten Jahrzehnten wärmt sich die Beziehung wieder etwas auf und die Zusammenführung der Psychoanalyse bzw. der tiefenpsychologischen Psychotherapie und der Körpertherapie wird erneut, besonders im Hinblick auf die Therapie der Persönlichkeitsstörungen, diskutiert (Geuter 2006). Hüther liefert „neurobiologische Argumente für den Einsatz körperorientierter Verfahren in der Psychotherapie" (2005b) und betont, wie auch Geuter (ebenda), dass in einer modernen Psychotherapie die Körperarbeit nicht fehlen darf, da der Körper sich implizit an die frühesten, vorsprachlichen Erfahrungen ‚erinnert'; andere Autoren folgen dieser Argumentation (Streeck 2000, Heisterkamp 2004, Ansermet, Magistretti 2005). Streeck spricht vom „Gedächtnis des Körpers" (2000, S. 103).

Allerdings wird die Thematik dadurch erschwert, dass es mittlerweile eine große Anzahl von verschiedenen Körpertherapien gibt, deren Effizienz nicht, oder nur von den diese praktizierenden Therapeuten anerkannt wird. Geuter teilt die körpertherapeutischen Verfahren in die „eher funktional-übungsorientierten oder wahrnehmungsorientierten Richtungen der Atem-, Entspannungs- und Bewegungstherapie und die eher konflikt- und affektorientierten, aufdeckenden Methoden der neoreichianischen Richtungen, der Tanztherapie und [...] der Konzentrativen Bewegungstherapie" (Geuter 2006, 119–120) ein. Allerdings wird nicht überzeugend dargestellt, wann die eine und wann die andere Methode eingesetzt werden soll. Es bleibt also weitgehend offen, welche Körpertherapie für wen (z.B. bezogen auf die Angststörungen) geeignet ist und wie die Problematik der Körpergrenzen zwischen Therapeut und Patient (besonders bei früh traumatisierten Menschen) zu behandeln ist. Die Frage der Integration körperlicher und verbaler Therapiemethoden ist im Wesentlichen ungelöst; es wird kontrovers diskutiert, in wie weit die verbale und die körperliche Psychotherapie vom gleichen oder von unterschiedlichen Therapeuten durchgeführt werden sollten und, im letzteren Fall, wie muss die Zusammenarbeit zwischen ihnen gestaltet sein.

Eine Körperpsychotherapie, die ‚diagnosespezifisch‘ vorgibt, ein differenziertes Instrumentarium für Angstkrankheiten, Depression, Schizophrenie u.a. einzusetzen und unter den ‚störungsspezifischen Interventionen‘ bei Angsterkrankungen verschiedene Übungen verschreibt (z.B. „Partnerübungen" unter dem Motto „der Angst ins Gesicht schauen" [Röhricht 2000, S. 138], „rituelle Tänze zur ‚Bannung‘ der Angst" [ebenda S. 137], oder „spezifische" Verfahren gegen soziale Phobie und Agoraphobie [Görlitz 1998]), ist sehr fraglich und lässt vermuten, dass sie mit diesem psychiatrisch-verhaltenstherapeutisch orientierten Ansatz das ‚Entréebillett‘ (wie Heine es nannte) in die Welt der anerkannten und angesehenen Therapien erwerben will. Auch hier (wie auch in der Verhaltenstherapie, der Musiktherapie oder der Psychosomatik) wird übersehen, dass es bei der Überlappung und den Formalismus diagnostischer Kriterien von einer ‚störungsspezifischen‘ Methode kaum die Rede sein kann und dass der Fokus auf das *zwischenmenschliche Geschehen* auch hier weit wichtiger ist, als rezeptartige Anweisungen, die sich nach der vermeintliche Kategorie der Angststörung richten. Dass es besonders im Falle der Angst um die zentrale Frage des Therapeuten geht, der empathisch die Angst des Patienten mitspüren und mittragen kann und der selbst auch in diesem bereich analysiert ist und seine eigenen Grenzen und die des Patienten gut kennt (s. weiter unten, 22.7), liegt auf der Hand.

Nicht selten werden die Grenzen der Patienten in manchen körperlichen Methoden und Praktiken rasch überschritten, gerade wenn man bedenkt, dass viele Patienten, die uns als ‚Angst-Patienten‘ aufsuchen, im Grunde (auch) körperlich Missbrauchte und Misshandelte sind. U.a. aus diesem Grund hält Bauriedl die Konzepte der Psychoanalyse und der Körpertherapien für „unvereinbar": „Diese Patienten, schreibt sie, „haben gelernt, den Körperkontakt mit Nähe, und Sexualität mit Zuneigung zu verwechseln und erleben es deshalb als aggressiv und zynisch, wenn der Analytiker ‚nur spricht‘" (Bauriedl 1998, S. 357). Viel Erfahrung und ein gekonnter Umgang mit Gegenübertragungsgefühlen sind in der Behandlung solcher Patienten unerlässlich, können aber leider häufig nicht vorausgesetzt werden.

Der Therapeut muss spüren, wie weit er in den körperlichen Kontakt mit dem Patienten treten kann, wie viel oder wie wenig Körperkontakt er dem Patienten ermöglichen muss. Dazu muss er *sich*, sein Körpergefühl, seine Abgrenzungsfähigkeit, neben den Gefühlen seiner Gegenübertragung gegenüber dem Patienten, gut kennen und verstehen. Die Gefahren, die zu wenig Selbstkenntnis und Introspektion (bzw. zu viel Wagnis und Enthusiasmus, häufig bei manchen überzeugten und militanten Therapeuten) seitens des Therapeuten auslösen, sind vielfältig und können gravierend sein. Ist der Therapeut imstande, den erwähnten Anforderungen zu ensprechen und hat er auch die nötige therapeutische und Lebenserfahrung, ist es ratsam, in der Therapie spärlich und kritisch von Körperkontakt Gebrauch zu machen: So zum Beispiel kann die Berührung der Schulter des Patienten heilsam wirken, wenn er ängstlich oder traurig ist, oder ein symbolischer Händedruck in Momenten von besonderer Nähe und Vertrauen, usw.

Nähe und Distanz bzw. Körperkontakt sind in der Therapiegruppe leichter zu regulieren, die Möglichkeiten des Körperkontaktes sind dort vielfältiger, wenn auch die Frage der klaren Grenzen nicht weniger kritisch ist. Entspricht der Körperkontakt zwischen Therapeut und Patient in der Einzeltherapie dem Körperkontakt zwischen Eltern und Kind (mit den daraus folgenden Gefahren der Erotisierung bzw. Sexualisierung dieses Kontaktes), so handelt es sich in der Gruppe um den Körperkontakt zwischen ‚Geschwistern‘, der in der eigenen Geschichte in der Regel (aber nicht immer!) weniger belastet ist.

Von besonderer Bedeutung sind körperlichen (aber auch die anderen nonverbalen Therapiemethoden – s. nächstes Kapitel) in der Behandlung von Patienten mit defizitärer Angst, die meist auch psychosomatische, narzisstische und alexithymische Züge zeigen (Ammon 1984, 1986b).

Mit dem Medium des Körperausdrucks (Tanz) oder des Kontaktes zum Tier über körperliches ‚Getragenwerden‘ (Reittherapie), werden solche Patienten oft in der Gruppe emotional ‚erreicht‘; an Erfahrungen in diese Richtung mangelt es nicht, vor allem in der Tanz- und Reittherapie (vgl. G. Ammon 1986, M. Ammon 1996, Reitz 1986, 1999, 2001, 2005, Fabian et al. 2009). Diese Erfahrung kann einen Wendepunkt in der Therapie einleiten, wie die folgende Fallvignette von G. Ammon illustriert:

Eine ständige Schweigerin, die von den Eltern wegen grober Verwahrlosung, Lern- und Berufsunfähigkeit und Depression zu uns in Behandlung kam, schwieg über 2 Jahre in den formalen Therapien und träumte auch während der meisten milieutherapeutischen Aktivitäten. Erst nach Einführung der Tanztherapie konnte sie durch ihren Körper sich innig und eindringlich als orientalische Sklavin, die gefesselt war, ausdrücken. [Durch die Erfahrung des therapeutischen Tanzes] wurde sie spürbar für sich selbst, die Gruppe und die Therapeuten. Von da an begann eine Entwicklung, die vergleichbar war mit der Entwicklung eines Kindes in einem gütigen und annehmenden Elternhaus (Ammon 1984, S. 157).

An dieser Stelle kann die Problematik der Körpertherapien nur kurz skizziert werden. Insgesamt ist der Stellenwert der Körpertherapien in der Behandlung der Angststörungen noch nicht gesichert, da es an Erfahrungen besonders in der Art, der Dosierung, der Abstinenz und Abgrenzung und in der Kooperation zwischen dem verbalen und Körpertherapeuten weitgehend fehlt; der Diskurs ist meist – wie so oft in der Geschichte der Psychoanalyse – durch ideologische Überzeugungen, missionarischen Eifer und unbewusste Machtkämpfe belastet (vgl. Bauriedl 1998). Berücksichtigt man das am Anfang dieses Kapitels Gesagte, dass Angst ein eminent körperliches Phänomen ist, dann ist zu erwarten, dass die Bedeutung der Körpertherapien besonders auf diesem Gebiet zunehmen wird und dass in Zukunft die integrierte Kombination verbaler und körperlicher Psychotherapiemethoden zur Therapie der Wahl für die Angststörungen – aber auch für Persönlichkeitsstörungen, Psychosen und psychosomatische Erkrankungen – avancieren wird.

22.6 Nonverbale (expressive) Therapien

Zu den nonverbalen (oder expressiven) Therapien gehören die Kunst-(Mal-)Therapie, die Theatertherapie und die Musiktherapie; sie werden heute in den meisten psychosomatischen oder psychotherapeutischen Kliniken in Deutschland praktiziert (vgl. Fabian et al. 2009). Sie werden in der Regel als Gruppentherapien angeboten, die oft weniger Angst machen als die verbalen Gruppentherapien, da sie sich für den Kontakt des spezifischen Mediums der jeweiligen Therapie bedienen. Insofern können sie eine Zwischenstellung zwischen Einzeltherapie und (verbaler) Gruppentherapie bei Patienten einnehmen, die unter starken Gruppenängsten leiden. Darüber hinaus werden in jeder dieser Therapieformen die ‚gesunden‘, konstruktiven Aspekte – die so genannte ‚Ressourcen‘ – der Patienten zentral benutzt (Ammon 1976, 1982, Dulz und Schneider 1995/2004, Fabian 2009) und der Kontakt kann auf tiefer, nonverbaler, und damit auf einer existentiellen Ebene zustande kommen. Die Tanz- und Reittherapie gehören auch zu den nonverbalen Therapien, nehmen aber als Körpertherapien eine Sonderstellung ein.

Die therapeutische Wirkung der Musik-, Mal-, Tanz- und Theatertherapie, die für Kliniker, die sie verwenden, oft bei den unterschiedlichsten Patienten beeindruckend sein kann, rührt nicht zuletzt vom archaischen Charakter dieser Medien her: Sie stellen alte, verinnerlichte, in Menschengruppen seit dem Beginn der Menschheit religiös und rituell verankerte Ausdrucksmöglichkeiten für die tiefsten individuellen und kollektiven menschlichen Empfindungen dar.

Es ist gerade bei Borderline-Patienten – aber nicht nur bei ihnen – extrem wichtig, die einzelnen nonverbalen Therapien mit den verbalen zu integrieren, um den Spaltungstendenzen in der Angstabwehr entgegen zu wirken. Ein eklektisches ‚Nebeneinander‘ verschiedener therapeutischen Methoden, ohne die Integration durch ein umfassendes Konzept und durch den engen Kontakt der Therapeuten untereinander ist besonders bei Borderline-Patienten kontraindiziert (Ammon 1976, Burbiel 1997, Fabian et al. 2009).

Durch das meist nicht oder nur wenig in der frühen Entwicklung belastete Medium der Musik, des Malens oder des Theaterspiels können Patienten ihre Angst in all ihren Formen auf allgemeingültige Weise ausdrücken oder auf die Bühne bringen und ‚inszenieren‘. Damit ist nicht nur Ausdruck des verbal oft wenig Fassbaren, mit den Mitteln der Bildsprache und der Musik nuancenreicher Darstellbaren möglich, sondern auch die Partizipation der Zuschauer und Zuhörer in der Gruppe. Die Gruppendynamik, die sich mit dem Medium der Musik (Schmidts 1994, 2006) oder des Theaters (Urspruch 1993, 2005) oder auch der Tanztherapie (M. Ammon 1996, Reitz 2001, 2005, Burbiel 2008) gleichsam räumlich, ‚dreidimensional‘ darstellen lässt, erlaubt den Blick in die Genese der aktuellen Manifestations- und Abwehrform der Angst.

Die Maltherapie bietet dem Angstpatienten „ein Milieu, das [ihm] den sicheren [gibt] für das Durchleben [seiner] archaischen Ängste“ (Ammon 1979, S. 432). Maltherapie ermöglicht die Entfaltung kreativer Prozesse in Gruppen und zeigt ein tiefe Wirkung bei traumatisierten Patienten (Kress, Bihler 2004, 2007, 2008). Ammon hat ihre Bedeutung für die Schizophrenietherapie mit seiner ausführlichen Dastellung der Patientin „Juanita“ (1972a) klinisch illustriert.

Die Musiktherapie ist besonders für Patienten geeignet, die unter Angst, v.a. unter Kontaktangst leiden; sie wurde deshalb schon in ihren Anfängen in der Behandlung autistischer Kinder erfolgreich eingesetzt; das Medium der Musik erlaubt es, Kontakt – und damit auch Kontaktangst – zu ‚dosieren‘ (Schmidts, Fabian 1998, Schmidts 1994, 2005).

Neben den erwähnten Wirkungen bietet die Theatertherapie auch die besonders bei Borderline-Patienten wichtige Möglichkeit des konstruktiven Ausagierens; die Auseinandersetzung mit der Rollenfindung und –darstellung hat oft tiefgehende Grenzerfahrungen zur Folge (Urspruch 2005). Zudem erlaubt die Wahl der Rolle, aber auch der Wechsel nicht mehr aktueller, ‚überholter‘ Rollen, gleichsam einen ‚Gradmesser‘ der therapeutischen Entwicklung.

Auch hier gilt der Grundsatz, dass die verschiedenen nonverbalen Therapien nur dann im vollen Umfang therapeutisch wirksam sind, wenn sie mit verbalen Therapien kombiniert und vor allem wenn sie nicht eklektisch ‚nebeneinander‘, sondern auf der konzeptionellen Ebene und auf der Ebene der Therapeuten integriert werden (Burbiel 1997).

22.7   Der Therapeut

> Der Therapeut muss einen Weg beschreiten, der dazu führt, dass der Patient das Vertrauen zumindest zu einem Menschen wieder gewinnt. Er muss zunächst eine Ausnahme für den Patienten sein [...], jemand, der bereit ist, mit dem Patienten alle Ängste und Befürchtungen zu teilen, die dieser hat [...] und vor allem der ihm hilft, seine Angst abzubauen und ihn mit hoffnungsvoller Erwartung gegenüber der Zukunft erfüllt.
>
> Arieti 1979

Die Anforderungen an den Therapeuten, der Patienten mit Angststörungen behandelt, sind vielfältig. Gerade bei sog. ‚Angstpatienten‘ – unter denen sich im Grunde genommen alle Patienten mit Persönlichkeitsstörungen und Psychosen, Depression, Zwang, Sucht und Psychosomatik befinden –, sind die Eigenschaften des Therapeuten, weit mehr als die Methode, die er anwendet, von eminenter Bedeutung. Hier ist die Person des Therapeuten mit seiner Fähigkeit, nicht nur die Angst des Patienten zu begreifen, zu teilen und zu tragen, sondern implizit immer auch mit seiner eigenen existentiellen Angst zu ringen, diese zu erkennen und zu akzeptieren, unerlässlich.

Es wundert nicht, dass – wenn man bereit ist anzuerkennen, dass alle Frühstörungen eigentlich Angstkrankheiten sind –, immer deutlicher wird, dass die Person des Therapeuten und ihre Eigenschaften den ersten und wichtigsten Wirkfaktor in der Psychotherapie im Allgemeinen darstellen (Luborsky et al. 1997, Najavits 2001, Grawe 2005, Sandell et al. 2007, Orlinsky 2008, Buchholz 2008a).

Vom Borderline-Therapeuten fordert Wurmser „emotionale Gegenwart und Spontaneität, Echtheit und Menschlichkeit“, außerdem soll er taktvoll und geduldig sein (Wurmser 2001, S. 30). Ammon geht noch weiter: Nach ihm soll der Therapeut „verspielt sein, playfulness besitzen, frei sein von moralischem Denken, frei von psychiatrischem Kategoriendenken; er muss fähig sein, frei und ganzheitlich konzeptionell zu denken und auch danach leben, einen Lebensstil besitzen“ (Ammon 1984, S. 160). Für den Therapeuten des Patienten, der unter Angststörung leidet, sind dies wichtige Eigenschaften, die jedoch nicht ausreichen. Die Unsicherheit, oder vielmehr die nicht bearbeitete eigene Angst des Therapeuten (im Sinne der Einsicht in die eigenen Mechanismen der Angst und ihrer Abwehrformen) kann negative folgen für die Therapie haben. Fromm-Reichmann schreibt dazu: „Wo Sicherheit fehlt, entsteht Angst; wo Angst ist, entsteht Angst vor der Angst des anderen. Der unsichere Psychotherapeut fürchtet sich vor den Ängsten seiner Patienten. Er möchte nichts über ihre Angst und ihre Angst verursachenden Erlebnisse hören. So vereitelt er etwa die Absicht des Patienten, diese seine Erlebnisse psychotherapeutisch zu betrachten; er glaubt, den Patienten beruhigen zu müssen, während in Wirklichkeit er selber Beruhigung nötig hat. Dadurch hindert er den Patienten daran, wichtiges affektives Material in Worte zu kleiden und durchzuarbeiten. Ferner bildet die Angst des Psychotherapeuten für den Patienten einen Maßstab für seine eigenen Angst erweckenden Eigenschaften. Wenn der Psychotherapeut sehr ängstlich ist, so wirkt das auf den Patienten wie eine Bestätigung seiner eigenen Furcht, bedrohlich, also ‚schlecht‘ zu sein. Mit anderen Worten, die Angst des Therapeuten vermindert die Selbstachtung des Patienten“ (Fromm-Reichmann 1959, S. 39).

Welche menschlichen und beruflichen Eigenschaften muss der Therapeut von ‚Angstpatienten‘ haben? Vor allem die Fähigkeit, containment (haltende Funktion) zu gewähren, ferner Tragfähigkeit, Empathiefähigkeit, flexible Abgrenzung, geistige Tiefe, Verspieltheit, eigene Authentizität, Kreativität und Identität. Er muss eine vertiefte Kenntnis seiner eigenen Angst besitzen und nachreflektieren können, welche Manifestations- und Abwehrformen er selber benutzt, um mit der eigenen existentiellen Angst fertig zu werden, d.h. nicht seine Angst, wohl aber seine *Angst vor der Angst überwunden* zu haben. Erst dann ist er imstande, die vielfältigen Angstvarianten im Patienten wieder erkennen und bearbeiten zu können. Vor allem muss der Therapeut mit der eigenen Person zeigen, dass Angst Teil des menschlichen Schicksals und nicht nur des Schicksals des Patienten ist, und dass auch er, der Therapeut, selber Wege gefunden hat, mit dieser Angst zu leben, ja durch sie zu wachsen und menschliche Tiefe zu bekommen. Sein Lebensstil als gruppenfähiger Mensch kann dem Patienten verdeutlichen, dass auch er die Anderen braucht, um aus seiner Einsamkeit heraus zu kommen und auf diese Weise seine Angst mit ihnen zu teilen. Der Therapeut, der Angst- und Furchtlosigkeit vortäuscht, wird bei sog. Angstpatienten keinen Erfolg haben, denn sie werden durchschauen, dass diese lediglich Fassaden sind. Technisches *know-how*, Geschick, Erfahrung helfen nur dann, wenn sie von einer entsprechenden Persönlichkeit getragen werden.

Die Ansicht, dass Angst ein interpersonelles Geschehen darstellt, hat große Relevanz für die Therapie der Angst. Thomä nennt seine therapeutische Methode „Meistern“ und meint damit eine gemeinsame, kreative Bewältigung der Angst im therapeutischen Prozess zwischen Therapeut und Patient im analytischen Übertragungs-Gegenübertragungs-Geschehen (Thomä 1995, S. 1059–1060). „Diese Aufgabe [des Meisterns der neurotischen Angst] kann nicht einseitig gelöst werden“ (ebenda, S. 1060). Der Therapeut wird deshalb vom Patienten – in der Einzel- wie in der Gruppentherapie – ‚getestet‘, weil ihm das Vertrauen zukommen soll, dem Patienten beim „Meistern“ seiner Ängste zu helfen.

Patienten, die unter vermehrter Angst leiden, sind traumatisierte, oder mikrotraumatisierte, verlassene oder missbrauchte Menschen, deren Misstrauen groß ist und die aufgrund gerade dieses Misstrauens einsam sind auch angesichts ihrer Angst. Thomäs

Folgerung in seiner ausgezeichneten Arbeit über die Therapie neurotischer Ängste, nämlich dass „chronische Ängste zu einem Verlust an Vertrauen und Selbstsicherheit [führen]" (ebenda, S. 1036), könnte umgekehrt werden: Der Verlust an Vertrauen und Selbstsicherheit *muss* zu chronischen Ängsten führen. Der therapeutische Prozess des Angstpatienten ist ein Vertrauensbildungsprozess eines grundsätzlich enttäuschten und misstrauischen Menschen. „Besteht [der Therapeut] die Prüfung, so verringert sich die Angst" (Eagle 1984, S. 125).

Es muss hier nochmals betont werden, dass die in unserer Zeit sehr verbreitete Manualisierung von Therapien die Illusion nährt, dass Therapie nach einem Schema erlernbar ist, quasi unabhängig von der Person des Therapeuten. Sogar die Behandlung von Panik, bei der es besonders auf die menschliche Empathie, die Tragfähigkeit und das Mitgefühl dem angstgeplagten Menschen gegenüber ankommt, wird manualisiert (Milrod 1997). Allein eine erlernte Technik verfehlt die Angst des Patienten.

Übermäßige, unkontrollierbare Angst kann immer auf die Einsamkeit des verlassenen, vernachlässigten, missbrauchten und misshandelten, oder in seinem Menschsein nicht beachteten und manipulierten Kindes zurück geführt werden. Deshalb ist Angsttherapie Kontakttherapie. In der Person des Therapeuten – und später oder parallel – der ‚Gruppengeschwister' – kann der Patient die wiedergutmachende und heilende *Erfahrung* machen, dass der Weg aus dem Leid der Angst mit dem Weg aus der Einsamkeit identisch ist.

22.8 Allgemeine Grundsätze der Angsttherapie. Angst und Einsamkeit

Sie brauchte ein paar Stunden Rast von sich selber, von dieser selbstmörderischen Einsamkeit der Angst.

S. Zweig 1912

Zusammenfassend kann gesagt werden, dass folgende Prinzipien für die Therapie von Angststörungen wesentlich sind:

Angst als existentielle Angst kann nicht behandelt werden. Es ist illusionär, die „elementare Angst beim Patienten energisch [zu] bekämpfen", wie es Binder (1949, S. 706) fordert. Was wir behandeln können, ist die Angst vor der Angst. Wichtiger als das Eruieren der Konflikt- und Auslösersituation, die zur Angstattacke, zur Panik oder zu einer sonstigen klinischen Manifestation der Angst geführt hat, ist die Entwicklung eines empathischen Verständnisses für das persönliche Angst-Schicksal des Patienten – d.h., unter welchen psychodynamischen und gruppendynamischen Bedingungen die individuelle Konstellation der Angst-Manifestationen und der Angst-Abwehrstrategien entstanden ist und welche Funktionen diese für die Homöostase der Persönlichkeit, ja für das Überleben des Individuums erfüllten. Was wir bei unseren Patienten erreichen können ist, ihre extreme, lähmende Angst, die sie am Leben hindert, dadurch zu lindern, dass wir sie ihnen deutlich machen auch dort, wo sie sie verdrängen, abwehren, oder gar nicht spüren und mit anderen Gefühlen und Verhaltensweisen ausagieren. Der Weg dahin führt jedoch über das Bewusstwerden der Angst, nicht über ihre Bagatellisierung.

Einsamkeit ist die siamesische Zwillingsschwester der Urangst. „Das der Mensch von heute sich derart ängstigt“, schreibt Fromm (1991/2006, S. 126), „hat mit der Tatsache zu tun, dass er entfremdet ist, dass es keinen gesellschaftlichen Zusammenhang mehr gibt“. Die biologische Forschung bestätigt die Erfahrung, dass frühe Verlassenheit Angst, Panik und eine ‚Stressbereitschaft‘ erzeugt, die im „Gedächtnis des Körpers“ gespeichert werden (Bauer 2006/2008, S. 67). Gegen diese Einsamkeit muss die eigentliche Therapie gerichtet sein. Ich habe K. Menninger schon im Kapitel 20.4 (Gruppentherapie der Angst), zitiert: „Geteiltes Leid ist halbes Leid. Der Leidende liebt Gesellschaft, weil innere Not stets das kindliche Bedürfnis wachruft, Hilfe von Menschen zu erhalten“ (Menninger 1968, S. 133). Riemann ist einer der Wenigen, die eine Verbindung zwischen Angst und Einsamkeit feststellen (wenn auch in einem anderen Zusammenhang): „Mit dem Individuationsprozess […] fallen wir aus der Geborgenheit des Dazugehörens, des ‚Auch-wie-die-anderen-Seins‘ heraus, und erleben die Einsamkeit des Individuums mit Angst“ (Riemann 1961/2003, S. 13).

Die Therapie der Angstkrankheiten besteht nicht darin, die Angst zu nehmen, sondern, im Gegenteil, die Quelle der Angst als Urangst erst richtig bewusst zu machen, um dann nach Wegen der Verbündung, Wegen aus der Einsamkeit der Angst gemeinsam mit dem Therapeuten – oder mit der Gruppe – zu suchen.

Aggression sollen wir jederzeit *auch* als Äquivalent der Angst verstehen (s. Kapitel 21). Das heißt keineswegs, auf Aggression nicht zu reagieren, sondern die Bereitschaft, auch den anderen Aspekt der Aggression, als ein (auch kulturell gefördertes) Ventil für oft unerträgliche Angst zu verstehen und anzunehmen – und wenn nötig, zu interpretieren.

Der Therapeut muss an sich arbeiten, um die Angst des Patienten durch seine eigene besser zu verstehen. Nur ein Therapeut, der die Angst kennt und sich mit ihr auseinandergesetzt hat, kann authentisch wirken.

Für den angstgeplagten Menschen gilt: Jedes empathische Zuhören, jedes Zeichen der Verbündung, das dem Patienten signalisiert, dass er mit seiner Angst nicht allein ist, *ist* in einem allgemeinen Sinn Therapie. Battegay gibt davon ein rührendes Beispiel in Zusammenhang mit seiner Arbeit mit Holocaust-Überlebenden: „Als Therapeuten können wir nur immer wieder zeigen, dass wir bereit sind, als unzerstörbare Helfer bedingungslos mit ihnen jene Strecken der Panik durchzugehen, die sie immer wieder zu durchschreiten haben“ (Battegay, Rauchfleisch 1990, S. 139). Jede künstliche oder vorgeschriebene Begrenzung der Therapie ist im Falle der Angststörung unangemessen, ja unethisch.

Therapie ist der Ort, an dem der Patient jemanden findet, der im Rahmen einer tragenden und empathischen Beziehung seine Angst versteht und bereit ist, mit zu tragen – wenn auch nur für eine begrenzte Zeit. Die Erfahrung, dass dies möglich ist, d.h. dass die Einsamkeit kein Schicksal ist und bleiben muss, ist wichtig, weil der Patient sie auch nach der Therapie wiederholen und aktiv mitgestalten kann.

Zusammenfassend sind folgende Aspekte vom Therapeuten in der Behandlung von Angstpatienten zu beachten:

1. Verstehen und dem Patienten begreiflich machen, welche Manifestations- und Abwehrformen der Angst ihm durch die eigene Geschichte entstanden sind.
2. Zurückführen der Angst- und Abwehrformen auf die ursprüngliche, die existentielle Urangst. Erst nach deren Spüren kann der Mensch tiefere Bindung erfahren und an Tiefe gewinnen. An diesem Punkt kann die eigentliche Therapie der Angstkrankheiten, der destruktiven oder der defizitären Angst, beginnen. Das heißt, das ‚Memento mori‘ der Antike und des Mittelalters wieder herzustellen. Ziel der Therapie ist, die Angst vor der Angst zusammen zu bekämpfen.
3. Der Therapeut soll zu jeder Zeit Angst in seiner interpersonellen Dimension verstehen. Die implizite Frage des Angst-Patienten ist immer: ‚Können Sie meine Angst verstehen, tragen, teilen? Sind Sie bereit, sich mit mir in meiner Einsamkeit zu verbünden?
4. Das Gefühl von Bindung und Veränderung kann im Patienten oft erst durch die Zweiersituation der Einzeltherapie entstehen, dann (oder parallel) durch die Gruppentherapie – oft sind nonverbale und Körpertherapien von großer Wirkung. Tiefer Sinn der Gruppentherapie ist, die archaische Erfahrung (wieder) herzustellen, dass man Angst teilen kann – und dieses Teilen heilsam ist –, und dass man durch das Zugehörigkeitsgefühl in der Gruppe die Angst nicht nur erträglich, sondern auch zum Motor des Kontaktes mit anderen Menschen und der eigenen Entwicklung werden kann.

Eine geglückte Therapie ist, wenn der Mensch weniger Angst vor seiner Angst hat, seine Grundängste begriffen hat und bereit ist, sie anzunehmen und an ihnen zu wachsen; mit anderen Worten wenn er bereit ist, sich über seine Ängste mit anderen Menschen zu verbünden, das Gemeinsame gerade durch die Angst aufzuspüren.

23. Ausblick: Angst und menschliche Entwicklung

Der Stier, wenn er existiert, existiert schon als Stier. Für den Menschen hingegen ist Existieren nicht ohne Weiteres sein wie er eben ist, sondern lediglich die Möglichkeit, Mensch zu werden, und die dahinführende Bemühung.

Ortega y Gasset 1939

Im Folgenden möchte ich kurz die Hauptgedanken dieses Buchs noch einmal zusammenfassen. Wie bereits im Vorwort betont: Es ist nicht Ziel dieser Arbeit, alles Lebendige und Kreative reduktionistisch auf die Angst zurück zu führen.

Freilich ist der Mensch nicht nur ein Ängstlicher, sondern auch ein Schaffender, ein Spielender, ein Liebender, ein Abenteurer, ein sich Entwerfender. Aber ohne die Erkenntnis der Angst und den immer wieder erneuten Kampf mit ihr bleibt er unvollständig, weil er von der Angst ‚gelebt‘ wird.

Angst ist allgegenwärtig im menschlichen Leben, in Gesundheit und Krankheit. Doch der Mensch leidet heute unter der Tendenz, die Urangst – oder die existentielle Angst, die Todesangst – als Grund und Quelle seiner vielfältigen Ängste, durch zahlreiche Abwehrstrategien zu verdrängen. Der Kranke, der unter Angst leidet, verdrängt, wehrt ab und leugnet, oft ist er außerstande, das Gefühl der Angst überhaupt wahrzunehmen. Der Mensch, der keine Angst spürt oder seine Angst vollkommen verdrängt, wirkt nicht nur als Mitmensch unecht, oberflächlich, kontaktunfähig, identitätslos. Ihm fehlt der Kontakt zu sich und folglich zu den Anderen. Er wird zu einer potentiellen Gefahr für die Menschheit, denn er ist leicht manipulierbar und er wird sich selber und andere manipulieren. Defizitäre Angst und seine kollektive Form, das Nicht-Spüren der Gefahren, denen die Menschheit heute ausgesetzt ist, kann uns unaufhaltsam zur Katastrophe führen.

Aber Angst ‚muss‘ auch verdrängt werden, wenn der Einzelne nicht von ihr ‚verschluckt‘ werden will; gerade heute bombardieren uns die Medien unerbittlich mit Meldungen, die Angst oder Panik auslösen, und die uns auch Schuldgefühle machen, denn wir können nicht immer auf sie adäquat reagieren. Aber der ‚gesunde‘ Mensch neigt auch zur Verdrängung, zur Rationalisierung seiner eigenen existentiellen Angst. Er fühlt sich, vielleicht mehr als jemals in seiner Geschichte, mit ihr allein gelassen. Die Religion steht ihm nicht mehr – oder immer weniger – als Trost zur Verfügung. Nicht nur, dass die Menschen im Zuge der weltweiten Globalisierung ihre kulturell-religiösen Traditionen rapide verlieren: Auch die Bewusstmachung der Geschichte der großen Religionen und ihrer Hüter, die nach wie vor moralische Leitgedanken auf ihren Zungen haben, aber vor politischem Kalkül, Gewinnsucht und Heuchelei nicht zurückschrecken, schwächt ihre Glaubwürdigkeit weiter ab. Und die blutige Geschichte des Christentums, mit ihrer passiven oder aktiven Hilfe zum Völkermord, mit der Inquisition, mit ihrer antisemitischen Tradition, von denen es sich nur zögernd und meist wenig überzeugend distanziert, schrecken viele differenziert wahrnehmende und fühlende Menschen ab. Die Macht der Technologie, der rasche Gewinn, das Verschwinden lang gepflegter lokaler Traditionen und ethischer Normen, die weitere Zerbröselung der Familie, tun ein Übriges dazu. Die neue Ersatzreligion, das Kultivieren des Konsums, des Genusses, die Faszination der Technologie, bietet nur vorübergehende Erleichterung; die darunter liegende Angst kann sie nur kurz betäuben. Trotz seiner vielfältigen Abwehrstrategien wird der moderne Mensch von seiner *Angst vor der Angst* regiert. Dieselbe Angst vor der Angst stellt, in seinen verschiedenen Formen und Varianten, den größten Widerstand im Rahmen der Psychotherapie dar.

Erst wenn er diese Angst bewusst machen (nicht immer ist dies allein möglich, vor allem der psychisch Kranke bedarf hier der Therapie und Begleitung) und ihre Bedeutung für sein Leben erkennen kann, gewinnen Genuss, Freude, ein kreatives Leben und das Streben nach Glück eine tiefere Dimension, werden sie authentisch. Ohne der Urangst immer wieder ins Gesicht zu schauen – „In die Sonne schauen“, wie Yalom es nennt (2008) – gibt es keine menschliche Entwicklung.

Angst ist lebenswichtig – und nicht nur im banalen Sinne der Real- oder Signalangst, die uns bewahrt, auf eine Schlange im Wald zu treten. Sie gehört zum Leben in einem tieferen Sinne, sie ermöglicht uns, die Potenziale des Menschseins auszuloten, das Menschwerden zu erleben. Sie kann die Zuwendung zum Leben, die Bewusstheit des eigenen Seins fördern oder erst entstehen lassen. Irene, die Heldin der Erzählung ‚Angst‘ von Stefan Zweig (1912/2005), ‚entdeckt‘ am Schluss der Novelle die Grundlage ihrer Angst, und damit die wahre Beziehung zu ihrem Mann, zu ihren Kindern, zum eigenen Leben; nachdem sie immer schon unter dem Joch der unbestimmten Angst dahin lebte, fängt sie nun an, nach der – zunächst verheerenden – Grenzerfahrung mit der Panik –, über den Sinn des Lebens nach zu reflektieren. Erst nachdem sie aufhört, vor der furchtbaren Angst zu flüchten – bis zum Suizidversuch –, wird sie gewahr, dass diese Erfahrung ihr das Leben verändert, ihr Bewusstheit gebracht hat. Nicht nur Irene, sondern auch ihr Mann ändert sich durch Irenes Grenzerfahrung der Angst. Die Urangst war ja die ganze Zeit da, wie Zweig durch die Beschreibung der Leere ihres Lebens erkennen lässt; jetzt wird sie aber *bewusst*. Erst dadurch kann sie allmählich ihre befreiende Wirkung entfalten. Manche Menschen erlangen diese Bewusstheit erst viel zu spät, an der Grenze, die eine ernsthafte Erkrankung mit sich bringt, oder erst am Rande des Todes.

So quälend sie auch oft sei, so viel Leid, Zweifel und Verzweiflung sie auch erzeuge: In der Frage, ob und wie wir die Angst, statt sie auf hunderte von Arten zu verschleiern, wirklich kennen lernen, begreifen, wahrnehmen und zur Verbündung mit anderen Menschen nutzen können, steckt eine große Chance – die Chance des Auswegs aus der Einsamkeit und die Chance, innerlich zu wachsen. Und damit verknüpft ist eine große Chance für das Individuum und auch für die Menschheit unserer Zeit. Ammon hat am deutlichsten den kontaktfördernden Charakter der Angst unterstrichen; seinen Satz, „Die (konstruktive) Angst macht den Menschen zum Menschen" (Ammon 1979, S. 132), habe ich bereits zitiert. Ammon brachte die menschliche Angst auch in Verbindung mit seiner Persönlichkeit, mit seinem lebenslangen Ringen nach eigener Identität. Und Riemann schrieb: „Die Begegnung mit den großen Ängsten ist ein Teilaspekt unseres reifenden Weiterschreitens" (1961/2003, S. 201).

Wie andere auch (Sullivan, Battegay, Ammon, Riemann, Kutter) betrachte ich Angst als ein Haupt-Motor des Lebens – und auch jeder Psychotherapie. Sie tritt in der Therapie in verschiedenen Formen auf, die erkannt und als Abwehrstrategien auf ihre Ursprünge zurückgeführt werden müssen: Angst vor Identitätsschritten, vor tiefem Kontakt und Begegnung mit dem Therapeuten und vor allem mit sich selber, vor dem existentiellen Thema der Begrenztheit des Lebens. Ohne die Fähigkeit, Angst zu spüren und zu kommunizieren, gibt es keinen tiefergehenden menschlichen Kontakt. Zum Menschwerden (im Sinne des Zitats von Ortega y Gasset am Beginn dieses Kapitels) gehört vor allem das Kennenlernen, das Erkennen der eigenen existentiellen Angst, das Lernen, mit ihr zu leben, und die Verbündung mit den Mitmenschen, die diese Erkenntnis beinhaltet. Auch Sullivan sieht in der Konfrontation mit der Angst den Hauptweg zum Menschwerden: „Like any mammalian creature, man is endowed with the potentialities for undergoing *fear*, but in almost complete contradistinction to infrahuman creatures, man in the process of becoming a person always develops a great variety of processes directly related to the undergoing of *anxiety*" (Sullivan 1948, S. 3, kursiv im Original).

In seinem Hauptwerk, „Die Interpersonale Theorie der Psychiatrie", deren Mittelpunkt sein Konzept der Angst bildet (1953/1980, S. 418), schreibt Sullivan: „Sicher ist, dass kein Mensch, ob reif oder entsetzlich krank, gegen jegliche Möglichkeit von Angst oder Furcht oder gegen irgendeines der Bedürfnisse gefeit ist, die das Leben kennzeichnen. Aber je größer der Grad der Reife, die man erlangt, um so weniger wird Angst störend in das Leben eingreifen und um so weniger wird man infolgedessen sich selbst und anderen Menschen zur Last fallen" (ebenda, 347–348).

Die Therapie der Angststörung muss die Hilfe beinhalten, die Angst vor der Angst zu erkennen und zu bearbeiten. Nicht die Angst kann durch Therapie überwunden werden, sondern die Angst vor der Angst. Therapie der Angst heißt Therapie der Einsamkeit. Battegay bezeichnet die Angst als „Movens der Reifung" (Battegay 1970/1996, S. 47), der uns „dazu bestimmen [soll], nach Weggenossen Ausschau zu halten" (S. 106). Sie ist auch ein wichtiger „Reiz für Entwicklung, Differenzierung und Aufbau psychischer Strukturen" (Kutter 2001, S. 39). Die Therapie der Angststörung, die es allein auf die Bekämpfung der Angst abzielt, kann nicht mehr als eine im Augenblick entlastende, ‚kosmetische' Wirkung haben. Die Therapie muss den Menschen, der unter seinen Ängsten leidet, in der Tiefe, in seinem inneren Kern erreichen, zur Identitätstherapie (Ammon) werden. Damit kann sie dem Patienten menschliche Tiefe, Kontaktfähigkeit und Kreativität, einen höheren Grad an Freiheit ermöglichen. Schon Kierkegaard wusste, dass der Mensch „die Möglichkeit der Freiheit […] in der Angst erfährt" (Weischedel 1966/1975, S. 233).

Letztendlich kann der Therapeut die Angst seines Patienten nicht nehmen; schon die Illusion selbst ist gefährlich. Er kann aber den ängstlichen, aber auch den *defizitär ängstlichen* oder agierenden Menschen durch seine eigene Erfahrung mit der Urangst zum Wagnis der Begegnung mit seiner eigenen Angst verhelfen. Und er kann ihn aus seiner Einsamkeit heraus begleiten, seine Angst mittragen und ihn zur Gruppe, zu den anderen Menschen führen. „Die Gruppe entspricht einem Versuch, die Angst zu überwinden" (Battegay 1970/1996, S. 145); sie ist die archaische ‚Lösung' des unter Entfremdung und Einsamkeit leidenden Menschen.

Was uns auch immer die religiösen Mystiker oder die alten Stoiker lehren mögen: Für unsere Patienten ist nicht erreichbar, die Todesangst zu überwinden. Geht es uns selber da anders? Solche Versuche beinhalten, zumindest in unserer Kultur, immer die Gefahr der intellektualisierenden Abwehr und der Selbsttäuschung.

Auch die Gefahr einer biologistischen Banalisierung der Angst ist heute groß. Deshalb klingt die Warnung gerade aus der Feder eines biologisch orientierten Forschers ernst: „In einer rapide sich wandelnden Welt wird Angst weniger im Kontext ihrer evolutiven Wertigkeit gesehen, als sie als essentielle Komponente biologisch sinnvollen Verhaltens selektiert wurde. Vielmehr wird Angst heute als u.U. noch für die Erziehung wichtiges Regulativ" (Landgraf 2003, S. 274).

Angst und das Streben nach Sicherheit waren auch, nach Ansicht Hüthers, die „Triebfeder" der Entwicklung der Wissenschaft (2005a, S. 111). An anderer Stelle warnt Hüther jedoch, auch „‚aus neurobiologischer Perspektive' [vor der] Unterdrückung von Gefühlen, [der] Trennung zwischen Denken und Fühlen und [der] Abspaltung des Körpers vom Gehirn" und fragt sich, „welchen Sinn […] all diese Trennungen […] für den Zusammenhalt von und für das *Überleben* des *Einzelnen* in einer *menschlichen Gemeinschaft* machen. In einer von Leistungsdruck und Konkurrenzdenken geprägten Gesellschaft, in der man bereits als Kind dazu angehalten oder zumindest ermutigt wird, sein ‚Ich' durch die Abwertung und auf Kosten anderer zu stärken, sind solche Abgrenzungs- und Abspaltungsprozesse unvermeidlich. Für Menschen, die eine solche, von Effizienzdenken, von Machbarkeitswahn und vom Egoismus geprägte Gemeinschaft hineinwachsen, macht weder Achtsamkeit noch Behutsamkeit irgendeinen Sinn." (2007, S. 228, kursiv im Original). Und er fährt fort: „Das menschliche Gehirn ist auf Offenheit und Verbindungen knüpfen, auf ‚Konektivität' angelegt, und alles, was die Beziehungsfähigkeit von Menschen – zu sich selbst, zwischen Ihrem Denken und Fühlen, zwischen Gehirn und Körper, aber auch zu anderen Menschen, zur eigenen Geschichte, zur Kultur und zur Natur – verbessert und stärkt, führt zwangsläufig zur Ausbildung einer größeren Konektivität" (ebenda). Dazu gehört auch das Spüren von Angst, das Bewusstwerden der Angst als einer Hauptemotion des Menschen und ihrer Bedeutung für das Schicksal und die Existenz des Menschen. Ohne die Angst zu spüren, gibt es keine „Konektivität", keine Beziehungsfähigkeit zu sich und zu den Anderen.

Nach Pühl „stand an der Wiege der Menschheit immer schon die Gruppengebundenheit als Gegenstück zur Instinktgebundenheit beim Tier". Die philogenetische Entwicklung des Menschen wäre ohne das „Bedürfnis nach Zugehörigkeit" nicht vorstellbar; „Zugehörigkeitswünsche [sind] ein ‚natürliches Bedürfnis' im wahrsten Sinne des Wortes" (Pühl 1988/2005, S. 120).

Der in diesem Buch geäußerte Gedanke, dass der Mensch (wie auch Todorov 1998 schreibt) ein Sozialwesen ist, der seine Interpersonalität und seine Verbindungen zur Gruppe der Mitmenschen weitgehend eingebüßt hat, aber diese wieder finden kann, geht von der Prämisse aus, dass dem Menschen die Möglichkeit der Solidarität mit dem Anderen latent *innewohnt*, und dass er darauf in seiner Angst zurückgreifen kann. Angst und Einsamkeit bedingen sich gegenseitig. Die archaische ‚Lösung' für den angstgeplagten Menschen bedeutet den Austritt aus seiner kulturell bedingten Einsamkeit und den Schritt zur Solidarisierung. Dies kann jedoch nur dann geschehen, wenn das Individuum und seine Umgebung ihre Urangst zu spüren lernen und diese zum Anlass der Verbündung nehmen. In einer Gesellschaft, die durch die materielle Angstabwehr geblendet ist und die defizitäre Angst schon als Kind durch Identifikation ‚erlernt', sind einer solchen Verbündung rasch Grenzen gesetzt.

Als Menschheit haben wir möglicherweise den Höhepunkt der kollektiven Verdrängung der Angst erreicht. Haben wir eine Katastrophe nötig, um uns als Menschheit davon zu überzeugen, dass wir keinen anderen Ausweg aus der Bedrohung unserer Zivilisation haben, als die Verbündung in der gemeinsamen menschlichen Angst? Ich neige dazu, aufgrund meiner Erfahrung mit Patienten und vielen anderen Menschen, zu glauben, dass eine solche aufrüttelnde Katastrophe globalen Ausmaßes nicht unbedingt nötig ist. Ich hoffe vielmehr, dass eine Einsicht auch ohne eine globale Katastrophe sich durchsetzten wird, dass ein Lernprozess in Ansätzen bereits im Gang ist, der aber noch längere Zeit – und, ich glaube, auch leider wiederholte, schmerzhafte Warnungen – brauchen wird; ein Lernprozess, der das Wahrnehmen und Reagieren von Gefahren außerhalb unserer persönlichen Tragweite beinhaltet, und der unsere bereits vorhandenen biologischen Fähigkeiten zur Verbündung und Solidarität schärfen wird.

Die Menschheit ist viel langsamer lernfähig als der Einzelne, sonst würde sie, spätestens nach den letzten zwei verheerenden Weltkriegen und nach den Warnungen des Club of Rome, nach den bedrohlichen Ausmaßen, die die weltweite ökologische Krise unserer Erde schon seit Jahrzehnten erkennbar zeigt, schneller den Kurs wechseln. Die Widerstände sind enorm: neben der eigenen, individuellen Angst vor der Angst, auch der von der gesamten Menschheit als Spezies. Die Chance, von unseren Kindern zu lernen, haben wir, als Menschheit, bisher verpasst. In der Schule lernen nur sie von uns, und dort auch nicht das Beste. Deshalb ist die Hoffnung noch nicht stark genug. Sie wird wachsen, wenn wir uns wieder besinnen werden, dass wir Gruppenwesen sind und nur zusammen als Gruppe, in Solidarität, überleben und das Leben lebenswert gestalten können.

Ich vermute, dass Beethovens Größe nicht nur in seiner Musik besteht. Es ist kein Zufall, dass er nicht nur gegen Ende seins Lebens in seiner 9. Sinfonie dem Gedanken nach menschlicher Verbrüderung, sondern noch einmal, gleichsam als Vermächtnis, in seiner Missa Solemnis die erhabenste Melodie findet für die Worte des Benedictus. Die Hoffnung auf die Begegnung mit dem Anderen hat niemand schöner, erhabener ausgedrückt.

Literatur

Abelin, E. (1971): The role of the father in the separation-individuation process. In: McDewitt, J. B., Settlage, C. F. (Hrsg.): Separation-Individuation. New York: Intern. Universities Press.

– (1977): The role of the father in core gender identity and in psychosexual differentiation. In: Amer. Psychoanal. Assn. 26, 1978, 143–161.

Abraham, K. (1911): Die psychosexuelle Grundlage der Depressions- und Exaltationszustände. In: Zentralblatt für Psychoanalyse 2, 1912.

– (1917): Das Geldausgeben im Angstzustand. In: Cremerius (Hrsg.) (1982): Gesammelte Werke in zwei Bänden. Frankfurt a. M., S. Fischer.

– (1924): Versuch einer Entwicklungsgeschichte der Libido auf Grund der Psychoanalyse seelischer Störungen. In: Neue Arbeiten zur ärztlichen Psychoanalyse 11, Intern. Psychoanalytischer Verlag.

ADHS: nur eine Modediagnose? In: Medical Tribune 2, April 2008, S. 4.

Adler, R. (1981): Schmerz. In: Uexküll, Th. V. (Hrsg.): Lehrbuch der Psychosomatischen Medizin, 2. Auflage. München, Wien, Baltimore: Urban & Schwarzenberg.

Akin, F. (2004): Gegen die Wand. Film, Wüste Filmproduktion.

Albom, M. (1997): Tuesdays with Morrie. Dtsch. (2002): Dienstags mit Morrie. München: Goldmann Verlag, 16. Auflage.

Alexander, F. (1950/1985): Psychosomatische Medizin. Grundlagen und Anwendungsgebiete. Berlin, New York: Walter de Gruyter.

– (1960): The Western Mind in Transition. New York: Random House.

Alexander, F., Ross, H. (Hrsg.) (1952): Dynamic Psychiatry. Chicago: The University of Chicago Press.

Ameling, M., Schmolke, M. (2007): Recovery. Das Ende der Unheilbarkeit. Bonn: Psychiatrie-Verlag.

Ammon, G. (1971): Gruppendynamik der Aggression. Berlin: Pinel.

– (1972a): Auf dem Wege zu einer Psychotherapie der Schizophrenie. In: Dyn. Psychiat. 5, 81–107.

– (1972b): Zur Genese und Struktur psychosomatischer Syndrome unter Berücksichtigung psychoanalytischer Technik. In: Dyn. Psychiat. 5, 223–251.

– (1973): Dynamische Psychiatrie. Darmstadt, Neuwied: Luchterhand.

– (1974): Psychoanalyse und Psychosomatik. München: Piper.

– (1976a): Das Borderline-Störung – ein neues Krankheitsbild. In: Dyn. Psychiat. 9, 317–348.

– (1976b) (Hrsg.): Analytische Gruppendynamik. Hamburg: Hoffmann und Campe.

– (1979) (Hrsg.): Handbuch der Dynamischen Psychiatrie, Bd. I. München: Ernst Reinhardt.

– (1982a) (Hrsg.): Handbuch der Dynamischen Psychiatrie, Bd. II. München: Ernst Reinhardt.

– (1982b): Identität – ein Geschehen an der Grenze von Raum und Zeit. Zum Prinzip der Sozialenergie. In: Dyn. Psychiat. 15, 114–128.

– (1984): Die Unerreichten. Zur Behandlungsproblematik des Urnarzißmus. In: Dyn. Psychiat. 17, 145–164.

– (1986a): Der mehrdimensionale Mensch. Zur ganzheitlichen Schau von Mensch und Wissenschaft. München: Pinel.

– (1986b): Humanstruktureller Tanz – Heilkunst und Selbsterfahrung. In: Dyn. Psychiat. 19, 317–342.

– (1988a): Vorträge 1969–1988. München: Pinel.

– (1988b): Zur humanstrukturellen Verwobenheit von Psychosomatik und Schizophrenie. In: Dyn. Psychiat. 21, 1–19.

– (1998): Das Borderline-Störung. Krankheit unserer Zeit. Berlin: Pinel.

Ammon, G., Finke, G., Wolfrum, G. (1998): Ich-Struktur-Test nach Ammon, ISTA. Frankfurt a. M: Swets & Zeitlinger.

Ammon, M. (1996): Untersuchungen zur Bedeutung und Effizienz der humanstrukturellen Tanztherapie. In: Musik-, Tanz- unde Kunsttherapie 7.

– (2002): Kindheit und Pubertät von schizophren strukturierten Patienten. Bonn: Psychiatrie-Verlag.

Ammon, M.; Bihler, T. (2007): Die transgenerationale Transmission psychischer Traumata. In: Dyn. Psychiat. 40, 1–25.

Angenendt, J. (2007): Ist die Panikstörung nur eine Frage der Neurobiologie? In: Info Neurologie und Psychiatrie 9/4, 6–8.

Angst, J., Dobler-Mikola, A. (1985): The Zurich study, VI. A continuum from depression to anxiety disorders. In: Europ. Arch. Psychiat. Neurol. Sci. 235, 179- 186.

Angst, J., Vollrath, M. (1991): The natural history of anxiety disorders. In: Acta Psych. Scand. 84, 446–452.

Anouilh, J. (1943/1988): Antigone. Stuttgart: Reclam Verlag.

Ansermet, F., Magistretti, P. (2005): Die Individualität des Gehirns. Neurobiologie und Psychoanalyse. Frankfurt a. M.: Suhrkamp.

APA (2001): Leitlinien zur Behandlung der Borderline Persönlichkeitsstörung. Bern, Toronto, Seattle: Hans Huber.

Arieti, S. (1961): A re-examination of the phobic symptom and of symbolism in psychopathology. Am. J. Psychiatry 118, S. 106–110.

– (1979/1989): Schizophrenie. Ursachen, Verlauf, Therapie.

Aristoteles (1952/1982): Nichomachean Ethics. Harmondsworth, Middlesex: Penguin Classics.

Auden, W. H. (1948): The Age of Anxiety. London: Faber & Faber.

BÄK intern (2002) – Informationsblatt der Bundesärztekammer, Februar 2002.

BÄK intern (2004) – Informationsblatt der Bundesärztekammer, April 2004.

Bachmann, I. (1966/2004): das Buch Franza. Requiem für Fanny Goldmann. München, Zürich: Piper.

Balint, M. (1959/1972): Angstlust und Regression. Beitrag zur psychologischen Typenlehre. Hamburg: Rowohlt Taschenbuch Verlag.

– (1970/1973): Therapeutische Aspekte der Regression. Hamburg: Rowohlt Taschenbuch Verlag.

Bandelow, B. (2005): Die Zukunft der Angsttherapien. Der sechste Sinn. In: Psychoneuro 3, 115.

Bandelow, B., Sojka, F., Brooks, A., Hajak, G., Bleich, S., Rüther, E. (2006): Panic disorder during pregnancy and postpartum period. In: Europ. Psychiat. 21, 495- 500 .

Barlow, D. H., Di Nardo, P. A. (1991): The diagnosis of generalized anxiety.

disorder: Development, current status, and future directions. In: Rapee, R. M., Barlow, d. H. (Hrsg.): Chronic Anxiety: Generalized anxiety disorders and mixed anxiety-depression. New York: Guilford, 95–118.

Bassett, L. (2000): Angstfrei leben. Weinheim: Beltz Verlag.

Bateman, A., Fonagy, P. (2004): Psychotherapy for Borderline Personality. Disorder. Mentalization-Based Treatment. New York: Oxfürd University Press.

Battegay, R. (1970/1996): Angst und Sein. Frankfurt am Main: Edition Wötzel. 3. Auflage 1996.

– (1973): Der Mensch in der Gruppe. Bern: Hans Huber.

– (1981/2005): Grenzsituationen. Stuttgart: Hans Huber; Stuttgart: Kreuz Verlag.

– (2000): Die Gruppe als Schicksal. Gruppenpsychotherapeutische Theorie und Praxis. Göttingen: Vandenhoeck & Ruprecht.

– (2006): Psychodynamische Aspekte des Agierens. In: Dyn. Psychiat. 39, 269–290.

Battegay, R., Glatzel, J., Pöldinger, W., Rauchfleisch, U. (Hrsg.) (1884/1992) : Handwörterbuch der Psychiatrie. Stuttgart : Ferdinand Enke Verlag.

Battegay, R., Rauchfleisch, U. (Hrsg.) (1990) : Menschliche Autonomie. Göttingen : Vandenhoeck & Ruprecht.

Baudelaire, Ch. (1861/1973): Les Fleurs du Mal. Paris: Prestige du Livre.

Bauer, J. (2002/2005): Das Gedächtnis des Körpers. München, Zürich: Piper.

– (2005/2008): Warum ich fühle, was du fühlst. Intuitive Kommunikation und das Geheimnis der Spiegelneurone. München: Wilhelm Heyne.

– (2006/2008): Prinzip Menschlichkeit. Warum wir von Natur aus kooperieren. München: Heyne.

Bauer, J., Boie, K. (1995/2008): Juli! Geschichten zum Vorlesen. Weinheim, Basel: Beltz & Gelberg, 121–142.

Bauriedl, T. (1998): Ohne Abstinenz stirbt die Psychoanalyse. Über die Unvereinbarkeit von Psychoanalyse und Körpertherapie. In: Forum der Psychoanalyse 14, 342–363.

Beck, U., Beck-Gernsheim, E. (Hrsg.): Riskante Freiheiten. Frankfurt am Main: Suhrkamp, 336–350.

Becker, E. (1976): Die Dynamik des Todes. Olten: Walter.

Becker, J. (1979): Der Boxer. Frankfurt am Main: Suhrkamp.

Becker, P. (1997): Interaktionsangst-Fragebogen – IAF. Göttingen: Beltz Test GmbH, 3. Auflage.

Benedetti, G. (1977): Das Borderline-Störung. Ein kritischer Überblick zu neueren psychiatrischen und psychoanalytischen Auffassungen. In: Nervenarzt 48, 641–650.

– (1983/1991): Todeslandschaften der Seele. Göttingen: Vandenhoeck & Ruprecht, 3. Auflage.

Binder, H. (1949): Über die Angst. In: Schweizerische Medizin. Wochenschr. 79, 705–711.

Bion, W. (1962): Eine Theorie des Denkens. In: Spillius, E. B. (Hrsg.) (1988): Melanie Klein heute. Entwicklungen in Theorie und Praxis. Stuttgart: Verlag Intern. Psychoanal. Bd. 1, S. 225–235 .

– (1963/1992): Elemente der Psychoanalyse. Frankfurt am Main: Suhrkamp.

Birnbaumer, N. (2007): Des Teufels Hirn: Neuroplastizität und Psychopathie. Vortrag in der Münchener LMU am 2.4.2007.

Blos, P. (1985): Son and Father. Before and Beyond the Oedipus Complex. (dtsch. 1990: Sohn und Vater. Diesseits und Jenseits des Ödipuskomplexes. Stuttgart: Klett-Cotta.

Bode, S. (2006): Die deutsche Krankheit – German Angst. Stuttgart: Klett-Cotta.

Boerner, R.-J. (2000): Behandlung von Angststörungen. In: Möller, H.-J. (Hrsg.): Therapie psychiatrischer Erkrankungen. Stuttgart, New York: Thieme, 645–658 und 695–709.

Bolm, Th.; Dulz, B. (2002): Psychotische und psychosenahe Zustände bei Patienten mit Persönlichkeitsstörungen – Auswirkungen auf Suizidalität und Behandlungspraxis. Persönlichkeitsstörungen 4/252–260.

Borges, J. L. (1974/2003): Buch der Träume, S. 170. Frankfurt am Main: Fischer.

Bornstein, B. (1935): Phobia in a two-and-a-half year old child. In: Psychoanal. Quarterly 4, 93–119.

Boss, M. (1962): Lebensangst, Schuldgefühle und psychotherapeutische Befreiung. Bern: Hans Huber.

Bowlby, J. (1961): Die Trennungsangst. In: Psyche 15, 411–464 .

– (1973a): Mütterliche Zuwendung und geistige Gesundheit. München: Kindler.

– (1973b): Attachment and Loss, Bd. II New York: Basic Books.

– (1973/1976): Trennung. München: Kindler.

Bowlby, J., Miller, E., Winnicott, D. W. (1939): Die Evakuierung kleiner Kinder. Brief an das British Medical Journal. In: Winnicott, D. W. (1984/1992): Aggression, 2. Auflage. Stuttgart: Klett-Cotta.

Bräutigam, W., Christian, P. (1973/1981): Psychosomatische Medizin. Stuttgart, New York: Thieme.

Braun, K., Bogerts, B. (2001): Erfahrungsgesteuerte neuronale Plastizität. In: Der Nervenarzt 72, 3–10.

Brenner, C. (1955/1982): Grundzüge der Psychoanalyse. Frankfurt am Main: Fischer Taschenbuch Verlag. (Englisch: An Elementary Textbook of Psychoanalysis. New York: International Universities Press).

Brockhaus Enzyklopädie 1973. Wiesbaden: F. A. Brockhaus.

Buchheim, P. (1992): Angststörungen – Syndrom, Persönlichkeit und Beziehung. In: Fortschr. Med. 110, 399–402.

Buchheim, P., Krause, R. (2003): Editorial. In: Persönlichkeitsstörungen PTT 7, 207–209.

Buchholz, M. B. (1993): Dreiecksgeschichten. Ein klinische Theorie psychoanalytischer Familientherapie. Göttingen: Vandenhoeck & Ruprecht.

– (1995): Die unbewusste Familie. Lehrbuch der psychoanalytischen Familientherapie. München: Pfeiffer.

– (2005): Herr und Knecht oder gleichberechtigt nebeneinander? Über das Verhältnis von psychotherapeutischer Profession und Wissenschaft. In: Kernberg, O. F., Dulz, B., Eckert, J.: Wir Psychotherapeuten. Stuttgart, New York: Schattauer, S. 68–79.

– (2008): Rezension: Wampold, B. E. (2001): The Great Psychotherapy Debate. Models, Methods and Findings. Im Internet unter: http://www.bbpp.de/buchholz/Rezension.

Bülow, G. v. (2003): Erfahrungen bei der Integration der Mehrgenerationen- Perspektive in die psychoanalytische Arbeit. In: Dyn. Psychiat. 36, 121–147.

Burbiel, I. (1997): Günter Ammon's conception of the Borderline Syndrome. In: Dyn. Psychiat. 30, 292–299.

– (1998): Das Menschenbild in der Dynamischen Psychiatrie als ethisches Prinzip der humanstrukturologischen Wissenschaft und Forschung. In: Dyn. Psychiat. 31, 224–234.

Burbiel, I., Apfelthaler, R., Fabian, E., Schanné, U., Wolfrum, G. (1992): Stationäre Psychotherapie der Psychosen – Eine testpsychologische katamnestische Untersuchung. In: Dyn. Psychiat. 25, 214–276.

Burbiel, I.; Dworschak, M.; Schmolke, M. (1994): Grundzüge Dynamisch- Psychiatrischer Diagnostik. In: Dyn. Psychiat. 27, 187–201.

Burbiel, I., Rettenberger, M. (2008): A group conflict in dance therapy – attempt at a group dynamic integration. Vortrag gehalten am 14. Weltkongress der Psychiatrie in Prag (21 Sept. 2008).

Burlingham, D. (1980/1984): Labyrinth Kindheit. Beiträge zur Psychoanalyse des Kindes. Frankfurt am Main: Fischer Taschenbuch Verlag.

Butollo, W., Rosner, R., Wentzel, A. (1999): Integrative Psychotherapie bei Angststörungen. Bern, Göttingen, Toronto, Seattle: Hans Huber .

Buzzati, D. (1966/1992): Le K. Paris: Robert Laffont.

Camões, L. de (1997): Mudam-se os tempos (Es wandeln sich die Zeiten). In : Portugiesische Gedichte/Poemas Portugueses. München: dtv.

Cassidy, J., Mohr, J. J. (2001): Unsolvable fear, trauma, and psychopathology: Theory, research, and clinical considerations related to disorganized attachment across the life span. In: Amer. Psychol. Assoc. , S. 275–298.

Castelnuovo-Tedesco, P. (1991): Dynamic Psychiatry. Explorations in Psychotherapy, Psychoanalysis, and Psychosomatic Medicine. Madison, Conn.: International Universities Press.

Cheren, S. (1989): Psychosomatic Medicine. Theory, Physiology, and Practice. Madison, Conn.: International Universities Press.

Chessick, R. D. (1972): Externalization and existential anguish in the borderline Patient. In: Arch. Gen. Psychiat. 27, 764–770.

Ciompi, L. (1982/1992): Affektlogik. 3. Auflage, Stuttgart: Klett-Cotta.

Clarkin, J. F., Yeomans, F. E., Kernberg, O. F. (2006/2008): Psychotherapie der Borderline-Persönlichkeit. Manual zur psychodynamischen Therapie. Stuttgart, New York: Schattauer.

Compton, A. (1972a): A study of the psychoanalytic theory of anxiety I. The development of Freud's theory of anxiety since. In: J. Amer. Psychoanal. Ass. 20, 3–34.

– (1972b): A study of the psychoanalytic theory of anxiety II. Developments in the theory of anxiety since 1926. In: J. Amer. Psychoanal. Ass. 20, 341–394.

– (1980): A study of the psychoanalytic theory of anxiety III. In: J. Amer. Psychoanal. Ass. 28, 739–774.

– (1992): The psychoanalytic view of phobias. In: The Psychoanalytic Quarterly 56/2, 206–253.

Condrau, G. (1962/1976): Angst und Schuld als Grundprobleme der Psychotherapie. Frankfurt am Main: Suhrkamp Taschenbuch.

Cremerius, J. (1978): Zur Theorie und Praxis der Psychosomatischen Medizin. Frankfurt am Main: Suhrkamp.

Dammann, G., Janssen, P. L. (2001): Psychotherapie der Borderline-Störungen. Stuttgart: Thieme.

Danieli, Y. (1981): Differing adaptational styles in families of survivors of the Nazi Holocaust. In: Child Today 10 (5), 6–10.

Deaglio, E. (1994): Die Banalität des Guten. Die Geschichte des Hochstaplers Giorgio Perlasca, der 5200 Juden das Leben rettete. Frankfurt a. M.: Eichborn.

Deckert, J., Domschke, K. (2003): Genetische Befunde bei Angsterkrankungen. In: Psycho Neuro 29/4, 154–158.

Delumeau, J. (1985/1978): Angst im Abendland. Die Geschichte kollektiver Ängste im Europa des 14. bis 18. Jahrhunderts. Hamburg: Rowohlt.

De M'Uzan, M. (1974): Psychodynamic mechanisms in psychosomatic symptom formation. In: Psychotherapy Psychosomatics 23, 103–110.

Dengler, W., Selbmann, H. K. (2000): Praxisleitlinien in Psychiatrie und Psychotherapie, Bd. 2, Leitlinien zur Diagnostik und Therapie von Angsterkrankungen. Darmstadt: Steinkopff.

Denis, A. (2002/2008): Stille in Montparnasse. Ein Romanbericht. München: btb.

Devereux, G. (1967): Angst und Methode in den Wissenschaften. München: Carl Hanser Verlag. Original (1967): From Anxiety to Method in the Behavioral Sciences. Den Haag, Paris: Editions Mouton & Co..

Diagnostisches und Statistisches Manual Psychischer Störungen (DSM-IV). 2. Auflage, 1998. Göttingen, Bern, Toronto, Seattle: Hogrefe.

Diagnostisches und Statistisches Manual Psychischer Störungen – Textrevision – (DSM-IV-TR), 2003. Göttingen, Bern, Toronto, Seattle: Hogrefe.

Dicks, H. V. (1950): Personality traits and National Socialist ideology; a war-time study of German prisoners of war. In: Human Relations, Bd. III, S. 120, 135.

Dilling, H., Mombour, W., Schmidt, M. H. (Hrsg.) (2005): Internationale Klassifikation psychischer Störungen, ICD-10. 5. Aufl. Bern, Göttingen, Toronto, Seattle: Hans Huber.

Dörrie, D. (2008): Kirschblüten (Film).

Draijer, N. (1990): Die Rolle von sexuellem Mißbrauch und körperlicher Mißhandlung in der Ätiologie psychischer Störungen bei Frauen. In: System Familie 3, 59–73.

Dulz, B. (1999): Wut oder Angst – welcher Affekt ist bei Borderline-Störung der zentrale? In: Persönlichkeitsstörungen PTT 3, 30–35.

– (2000): Der Formenkreis der Borderline-Störungen: Versuch einer deskriptiven Systematik. In: Kernberg, O. F., Dulz, B., Sachsse, U. (2000): Handbuch der Borderline-Störungen. Stuttgart, New York: Schattauer. 57–74.

Dulz, B., Sachsse, U. (2000): Dissoziative Phänomene: vom Tagtraum über die Multiple Persönlichkeit zur Dissoziativen Identitätsstörung. In: Kernberg, O. F., Dulz, B., Sachsse, U. (2000): Handbuch der Borderline-Störungen. Stuttgart, New York: Schattauer. 237–257.

Dulz, B., Schneider, A. (2004): Borderline-Störungen. 2 Aufl. Stuttgart, New York: Schattauer.

Dulz, B., Ramb, Ch. (2009): Beziehungszentrierte psychodynamische Borderline-Psychotherapie. In: Fabian, E., Dulz, B., Martius, Ph.: Stationäre Therapie von Borderline-Störungen in Deutschland. Stuttgart, New York: Schattauer, S. 35–49.

Eagle, M. (1984): Neuere Entwicklungen in der Psychoanalyse. München, Wien: Verlag Intern. Psychoanalyse.

Egil's Saga (1978). Harmondsworth, Middlesex: Penguin Classics.

Egle, U. T., Hoffmann, S. O., Joraschky, P. (1997/2000): Sexueller Mißbrauch, Mißhandlung, Vernachlässigung. Stuttgart: Schattauer.

Eliade, M. (1961): Mythen, Träume und Mysterien. Salzburg: O. Müller.

Ellenberger, H. (1985): Die Entdeckung des Unbewußten. Geschichte und Entwicklung der dynamischen Psychiatrie von den Anfängen bis zu Janet, Freud, Adler und Jung. Zürich: Diogenes.

Engel, E. L. (1977): The need for a new medical model: A challenge for biomedicine. In: Science 196, 129–136.

Epstein, S. (1972): The nature of anxiety with emphasis upon its relationship to expectancy. In: Speilberger, C. D. (Hrsg.): Anxiety: Current trends in theory and research. New York: Academic Press.

Eysenck, H. J. (1957): The dynamics of anxiety and hysteria. London: Routledge & Kegan Paul.

Fabian, E. (1986): Der Mut zur Utopie. Versuch einer Ethik für unsere Zeit. Düsseldorf: Erb Verlag.

– (1998): Concretism and identity aspects in the Jewish joke. In: Psychoanalysis and Contemporary Thought 21/3, 423–441.

– (1999a): Gruppendynamische Aspekte der Geschwisterrivalität bei Zwillingen am Beispiel psychotisch erkrankter Patienten. In: Dyn. Psychiat. 32, 9–28.

– (1999b): Vatersehnsucht, Muttersehnsucht. Gruppendynamische Faktoren in der Entwicklung des Ödipuskomplexes. In: Gruppenpsychotherapie und Gruppendynamik 35, 72–89.

– (2002a): On the differentiated use of humor and joke in psychotherapy. In: Psychoanalytic Review 89/3, 398–412.

– (2002b): Das Phänomen Hass – eine dynamisch-psychiatrische Betrachtung. In: Dyn. Psychiat. 35, 489–513.

– (2003): The significance of group dynamics for the inpatient psychotherapay in the Hospital Menterschwaige, Munich – A clinical illustration of Günter Ammon's concept of Dynamic Psychiatry. In: Group Analysis 36/2, 274–287 (2004a): Informed consent – or the physician's anxiety delegated to the patient. In: Medicine and Law 23, 355–358.

– (2004a): Informed consent – or the physician's anxiety delegated to the patient. Medicine and Law 23, 355–358.

– (2004b): Towards a psychodynamic and group-dynamic conception of Psychoneuroimmunology. In: Dyn. Psychiat. 37, 327–342.

– (2004c): Gruppendynamische Aspekte der Geschwisterrivalität. In: Gruppenpsychotherapie und Gruppendynamik 40, 65–84.

– (2005a): Dynamische Psychiatrie in einer Zeit der Veränderungen. In: Dyn. Psychiat. 38, 36–45.

– (2005b): Zur Bedeutung der Identifikation in der Psychoanalyse. In: Dyn. Psychiat. 38, 245–273.

– (2006a): Ironie und Selbstironie in der Psychotherapie. In: Dyn. Psychiat. 39, 50- 66.

– (2006b): Agieren aus der Sicht der Dynamischen Psychiatrie. In: Dyn. Psychiat. 39, 250–268.

– (2007a): Agieren aus der Sicht der Dynamischen Psychiatrie. In: Dyn. Psychiat. 39, 250–268.

– (2007b): Identität und Psychotherapie heute. Ammons Konzept der Identitätstherapie ‚revisited'. Vortrag gehalten am 1.11.2007 im Institut der Deutschen Akademie für Psychoanalyse in München.

– (2009): Die Arbeit mit kontruktiven Anteilen bei Borderline-Patienten in der Klinik Menterschwaige. In: Dyn. Psychiat. 41, 243–256.

Fabian, E., Dulz, B., Martius, Ph. (2009): Stationäre Borderline-Therapie in Deutschland. Stuttgart, New York: Schattauer.

Fairbairn, W. R. D. (1941): A revised psychopathology of the psychoses and psychoneuroses. In: Psychoanal. Studies of the Personality (1952). London: Tavistock.

– (1943): The war neuroses – Their nature and significance. In: Psychoanal. Studies of the Personality (1952). London: Tavistock.

– (1992/2000): Das Selbst und die inneren Objektbeziehungen. Gießen: Psychosozial-Verlag.

Federn, P. (1913): Beispiel von Libidoverschiebung während der Kur. In: Int. Z. Psychoanal. 1, 303–306.

Fenichel, O. (1945/1977): The Psychoanalytic Theory of Neurosis. New York: Norton. Deutsch: Psychoanalytische Neurosenlehre. Olten, Freiburg: Walter Verlag.

Ferenczi,S. (1909): Introjektion und Übertragung. In: Schriften zur Psychoanalyse, Bd. I. Frankfurt am Main: Fischer Verlag 1982, 12–47.

– (1917): Von Krankheits- und Pathoneurosen. In: Schriften zur Psychoanalyse, Bd. I. Frankfurt am Main: Fischer Verlag 1982, 242–252.

– (1919a): Die Nacktheit als Schreckmittel. In: Schriften zur Psychoanalyse, Bd. I. Frankfurt am Main: Fischer Verlag 1982, 284–287.

– (1919b): Zur Frage der Beeinflussung des Patienten in der Psychoanalyse. In: Schriften zur Psychoanalyse, Bd. I. Frankfurt am Main: Fischer Verlag 1982, 269–271.

– (1921): Psychoanalytische Betrachtungen über den Tic. In: Schriften zur Psychoanalyse, Bd. II. Frankfurt am Main: Fischer Verlag 1982, 39–69.

– (1925): Zur Psychoanalyse von Sexualgewohnheiten. In: Schriften zur Psychoanalyse, Bd. I. Frankfurt am Main: Fischer Verlag 1982, 147–181.

– (1932/1988): Ohne Sympathie keine Heilung. Das klinische Tagebuch von 1932. Frankfurt am Main: S. Fischer.

– (1933): Sprachverwirrung zwischen den Erwachsenen und dem Kind. Die Sprache der Zärtlichkeit und der Leidenschaft. In: Schriften zur Psychoanalyse, Bd. II. Frankfurt am Main: Fischer Verlag 1982, 303–313.

Ferreira, A. (1963): Family myths and homeosthasis. In: Arch. Gen. Psychiat. 9, 457–463.

Fiedler, P. (2007): Zwang und anankastische Persönlichkeitsstörung aus verhaltenstherapeutischer Sicht. In: Persönlichkeitsstörungen PTT 11, 75–85.

Fischer, G., Gurris, N., Pross, C., Riedesser, P. (2003): Psychotraumatologie – Konzepte und spezielle Themenbereiche. In: v. Uexküll (Hrsg.): Psychosomatische Medizin. Modelle ärztlichen Denkens und Handelns. 6. Auflage, München, Jena: Urban & Fischer.

Flöttmann, H. B. (1989/2005): Angst. Ursprung und Überwindung. Stuttgart: Kohlhammer.

Freud, A. (1936/1964): Das Ich und die Abwehrmechanismen. München: Kindler. Originalausgabe Wien: Internationaler Psychoanalytischer Verlag.

– (1965): Normality and Pathology in Childhood. Assessment of Development. New York: International Univ. Press.

– (1976): Fears, anxieties, and phobic phenomena. In: Die Schriften der Anna Freud (1980), Bd. X, 2811–2817. München: Kindler.

Freud, A., Burlingham, D. (1949/1971): Heimatlose Kinder. Zur Anwendung psychoanalytischen Wissens auf die Kindererziehung. Frankfurt am Main: Fischer.

Freud, S. (1895): Über die Berechtigung, von der Neurasthenie einen bestimmten Symptomkomplex als ‚Angst-Neurose' abzutrennen. GW I, 315–342.
– (1898): Die Sexualität in der Ätiologie der Neurosen. GW I, 489–516.
– (1900): Die Traumdeutung. GW II-III, 1–642.
– (1905a): Drei Abhandlungen zur Sexualtheorie. GW V, 27–145.
– (1905b): Der Witz und seine Beziehung zum Unbewussten. GW VI, 5–269.
– (1909): Analyse der Phobie eines fünfjährigen Knaben. GW VII, 241–377.
– (1910): Die psychogene Sehstörung in psychoanalytischer Auffassung. GW. VIII, 94–102.
– (1913): Die Disposition zur Zwangsneurose. GW VIII, 442–452.
– (1917): Vorlesungen zur Einführung in die Psychoanalyse. GW XI.
– (1920): Jenseits des Lustprinzips. GW XIII, 1–69.
– (1923): Das Ich und das Es. GW XIII, 237–289.
– (1925): Die Widerstände gegen die Psychoanalyse. GW XIV, 98–110.
– (1926): Hemmung, Symptom und Angst. GW XIV, 111–205.
– (1930): Das Unbehagen in der Kultur. GW XIV, 419–506.
Frick, P. J., Lahey, B. B., Loeber, R., Stouthamer-Loeber, M., Christ, M. A, Hanson, K. (1992): Familial risk factors to oppositional deviant disorder and conduct disorder: Parental psychopathology and maternal parenting. In: J. Consult. Clin. Psychol. 60, 49–55.
Fromm, E. (1976/1981): Haben oder Sein. München: dtv.
– (1941/2006): Die Furcht vor der Freiheit. München: dtv.
– (1991/2006): Die Pathologie der Normalität. Zur Wissenschaft vom Menschen. Frankfurt am Main, Berlin: Ullstein.
Fromm-Reichmann, F. (1959): Intensive Psychotherapie. Grundzüge und Technik. Stuttgart: Hippokrates-Verlag.
Gaddini, E. (1998): Das Ich ist vor allem ein körperliches. Beiträge zur Psychoanalyse der ersten Strukturen. Tübingen: diskord.
– (1978): Psychoanalyse und Psychotherapie. Stuttgart: Klett-Cotta.
Gaus, E., Merkle, W. (1992): Stationäre Psychotherapie und Psychosomatik in einem Allgemeinkrankenhaus – der heutige Stand in Esslingen. In: Uexküll, Th. V. (Hrsg.) (1992): Integrierte Psychosomatische Medizin in Praxis und Klinik, 253–267.
Gay, P. (1989): Freud. Eine Biographie für unsere Zeit. Frankfurt am Main: S. Fischer.
Gebsattel, V. E. v. (1957): Die phobische Fehlhaltung. In: Baeyer, W. R. v., Frankl, V. E., Gebsattel, V. E. v.: Handbuch der Neurosenlehre und Psychotherapie, unter Einschluss wichtiger Grenzgebiete (5 Bd.). München, Berlin: Urban & Schwarzenberg.
Geißler, P. (Hrsg.) (1998): Analytische Körperpsychotherapie in der Praxis. München: Pfeifer.
Geuter, U. (2006): Körpertherapie. Der körperbezogene Ansatz im neueren wissenschaftlichen Diskurs der Psychotherapie. In: Psychotherapeutenjournal 2, 116–122 und 3, 258–264.
Giovacchini, P. L. (1993): Borderline Patients, the Psychosomatic Focus, and the Therapeutic Process. Northvale, New Jersey, New York: Jason Aronson.
Görlitz, G. (1998): Körper und Gefühl in der Psychotherapie – Basisübungen. München: Pfeiffer.
Götze, P. (2000): Suizidalität der Borderline-Patienten. In: Kernberg, O.; Dulz, B.; Sachsse, U. (2000): Handbuch der Borderline-Störungen. Stuttgart, New York: Schattauer.

Goldfarb, W. (1943): Infant rearing and problem behaviour. In: Amer. J. Orthopsychiatry 13, 249–265.

Goldhagen, D. J. (2002/2004): Die katholische Kirche und der Holocaust. Eine Untersuchung über Schuld und Sühne. München: Goldmann.

Graham, N. M.; Bartolomeusz, R. C.; Taboonpong, N., La-Brooy, J. T. (1988): Does anxiety reduce the secretion rate of secretory IgA in saliva? In: Med. J. of Australia 148, 131–133.

Graves, R. (1955/1975): Myths, 2. Harmondsworth, Middlesex: Penguin Books.

Grawe, K. (1998) Psychologische Therapie. Göttingen: Hogrefe.

– (2005): Empirisch validierte Wirkfaktoren statt Therapiemethoden. In: Report Psychologie 7/8, 311.

Greenson, R. R. (1954): The struggle against identification. In: J. Amer. Psychoanal. Assoc.2, 200–217.

Grinberg, L. (2000): Schmerzvolle Affekte bei Borderline-Patienten. In: Kernberg, O. F., Dulz, B., Sachsse, U. (2000): Handbuch der Borderline-Störungen. Stuttgart, New York: Schattauer.

Grinker, R., Werble, B., Drye, R. C. (1968): The Borderline Syndrome: A Behavioral Study of Ego-Functions. New York, London: Basic Books.

Gross, C., Hen, R. (2004): The developmental origins of anxiety. In: Nat. Review Neurosc. 5, 545–552.

Groussac, P. (1904): El viaje intelectual. In: Borges, J.L. (1974/2003): Buch der Träume, S. 170. Frankfurt am Main: Fischer Verlag.

Gruen, A. (1984/2002): Der Verrat am Selbst. Die Angst vor Autonomie bei Mann und Frau. München: dtv.

– (1989/1996): Der Wahnsinn der Normalität. Realismus als Krankheit: eine grundlegende Theorie zur menschlichen Destruktivität. München: dtv.

– (1997/2005): Der Verlust des Mitgefühls. Über die Politik der Gleichgültigkeit. München: dtv. 5. Auflage 2005.

– (2000): Der Fremde in uns. Stuttgart: Klett-Cotta.

Gunderson, J. G. (2001/2005): Borderline Personality Disorder. Washington, London: American Psychiatric Publishing. Deutsch (2005): Borderline. Diagnostic, Therapie, Forschung. Bern, Göttingen, Toronto, Seattle: Hans Huber.

Hales, R. E., Milty, D. A., Wise, M. G. (1997): A treatment algorithm for the Management of anxiety in primary care patients. In: J. Clin. Psychiatry 58, suppl. 3, 73–80.

Hart, L. (1970/1980): Geschichte des Zweiten Weltkriegs. 2 Bände. Bergisch Gladbach: Gustav Lübbe.

Hattingberg, H. v. (1914): Analerotik, Angstlust und Eigensinn. In: Int. Z. Psychoanal. 2, 244–258.

Haubl, R., Liebsch, K. (2008): Mit Ritalin leben. Zur Bedeutung der AD[H]S-Medikation für die betroffenen Kinder. In: Psyche 62 (7), 673–713.

Hawkrigg, J. J. (1975): Agoraphobia. In: Nursing Times 71, 1280–1282.

Hediger, H. (1959): Die Angst des Tieres. In: Die Angst, Studien aus dem C. G. Jung-Institut, Bd. X. Zürich, Stuttgart: Rascher.

Heisenberg, W. (1969/1985): Der Teil und das Ganze. Gespräche im Umkreis der Atomphysik. München: dtv.

Heisterkamp, G. (2004): Enactments. Basale Formen des Verstehens. In: Psychoanalyse und Körper 3 (5), 103–130.

Hellner, H. (1969): Über die Angst. Stuttgart: Hippokrates.

Herrmann, I. (1936): Sich-Anklammern – Auf-Suche-Gehen. In: Intern. Ztschr. F. Psychoanal. 22, 349–370.

Hettema, J.M., Neale, M.C., Kendler, K.S. (2001): A review and meta-analysis of the genetic epidemiology of anxiety disorders. In: Am. J. Psychiatry 158, 1568–1578.

Hirsch. M. (1975): Die Familiendynamik bei psychosomatischen Reaktionen über drei Generationen. In: Dyn. Psych. 8, 385–393.

– (2004): Psychoanalytische Traumatologie – Das Trauma in der Familie. Stuttgart, New York: Schattauer.

Hoch, P. H., Pollatin, P. (1949): Pseudoneurotic forms of schizophrenia. In: Psychiat. Quart. 33, 248–276.

Hoehn-Saric, R. (1982): Comparison of generalized anxiety disorder with panic disorder patients. In: Psyhopharmacol. Bull. 18, 104–108.

Hoell, J. (2001): Ingeborg Bachmann. dtv.

Hoffmann, S. O. (1994): Angststörungen. In: Psychotherapeut 39, 25–32.

– (2000): Angst – ein zentrales Phänomen in der Psychodynamik und Symptomatologie des Borderline-Patienten. In: Kernberg, O.; Dulz, B.; Sachsse, U. (2000): Handbuch der Borderline-Störungen. Stuttgart, New York: Schattauer.

– (2007): Die Ängste und die Psychosomatische Medizin. In: Ärztl. Psychotherapie und Psychosom. Medizin 2, S. 69–70.

– (2008): Psychodynamische Therapie von Angststörungen. Einführung und Manual für die kurz- und mittelfristige Therapie. Stuttgart, New York: Schattauer.

Hoffmann, S. O., Bassler, M. (2000): Psychodynamisch orientierte Therapie von Panikstörungen und Phobien – Pathogenetische Annahmen und Ergebnisse. In: Dengler, W., Selbmann, Hs. K. (Hrsg.) 2000.

Hoffmann, S. O., Hochapfel, G. (1999): Neurosenlehre, psychotherapeutische und psychosomatische Medizin. Stuttgart, New York: Schattauer.

Hoffmann, S. O., Eckhardt-Henn, A. (2001): Angst und Dissoziation – zum Stand der wechselseitigen Beziehung der beiden psychischen Bedingungen. In: Persönlichkeitsstörungen 5, 28–39.

Holzkamp, K. (1973): Verborgene anthropologische Voraussetzungen der allgemeinen Psychologie. In: Gadamer, H. G., Vogler, G. (Hrsg.): Neue Anthropologie, Bd. 5, Stuttgart.

Hoppe, C. (2007): Neuromarketing. In: Sokol, B. (Hrsg.): Die Gedanken sind frei … – Hirnforschung und Persönlichkeitsrechte. Düsseldorf: LDI-NRW.

Hoyer, J., Helbig, S., Margraf, J. (2005) : Diagnostik der Angststörungen. Göttingen, Bern, Wien, Toronto, Seattle, Oxford, Prag : Hogrefe Verlag.

Huber, G. (1974): Psychiatrie. Systematischer Lehrtext für Studenten und Ärzte. Stuttgart: Schattauer.

Huebschmann, H. (1977): Der Herzinfarktkranke als Borderline-Patient – Nichterleben von Körper und Todesnähe. In: Dyn. Psychiat. 10, 285–296.

Hüther, G. (2005a): Biologie der Angst. Wie aus Streß Gefühle werden. Göttingen : Vandenhoeck & Ruprecht.

– (2005b): Mein Körper – das bin doch ich… Neurobiologische Argumente für den Einsatz körperorientierter Verfahren in der Psychotherapie. In: Psychoanalyse und Körper 4 (7), 7–23.

– (2007): Die neurobiologischen Grundlagen der Suche des Menschen nach Sinn. In: PTT 11, 219–228.

Husserl, E. (1969/1996): Die Krisis der europäischen Wissenschaften und die transzendentale Phänomenologie. Hamburg : Felix Meiner.

v. Ijzendoorn, M. (1995): Adult attachment representations, parental responsiveness, and infant attachment: A meta-analysison the predictive validity of the Adult Attachment Interview. In: Psychol. Bulletin 117, 387–403.

Internationale Klassifikation Psychischer Störungen (ICD-10) (2005), 5. Auflage. Bern, Göttingen, Toronto, Seattle: Hans Huber.

Ionesco, E. (1972): Le roi se meurt. Paris: Librairie Larousse.

Irmscher, J. (1962/1990): Lexikon der Antike. München: Wilhelm Heyne.

Jacobs, W. J., Nadel, L. (1999): The first panic attack: A neurobiological theory. In: Can. J. Exp. Psychol. 53, 92–107.

Jacoby, M. (1991/2004): Schamangst und Schuldgefühl. Ihre Bedeutung für die Psychotherapie. Solothurn, Düsseldorf: Walter/ Patmos paperback.

Jacoby, R. (1983/1990): Die Verdrängung der Psychoanalyse oder Der Triumph des Konformismus. Frankfurt am Main: Fischer Taschenbuch Verlag.

Jans, T., Kreiker, S., Warnke, A. (2008): Multimodale Therapie der Aufmerksamkeitsdefizit-/Hyperaktivitätsstörung im Kindesalter. In: Der Nervenarzt 79 (7), 791–800.

Jaspers, K. (1948): Allgemeine Psychopathologie, 5. Auflage. Berlin, Heidelberg: Springer.

– (1965/1974): Kleine Schule des philosophischen Denkens. München: Piper.

Jung, C. G. (1921): Psychologische Typen. Zürich: Rascher.

Kafka, F. (1914/1982): Vor dem Gesetz. In: Franz Kafka: Sämtliche Erzählungen. Frankfurt am Main: Fischer Taschenbuch Verlag.

Kahn, C. (2006): Some determinants of the multigenerational transmission process. In. Psychoanal. Review 93 (1), 71–92.

Kalevala. Das finnische Epos. (1967/1979): München: dtv.

Kandel, E. R. (1998): A new intellectual framework for psychiatry. In: Amer. J. Psychiat. 155, 457–469.

Kapfhammer, H.P. (2000a): Angststörungen. In: Möller, H. J., Laux, G., Kapfhammer (Hrsg.): Psychiatrie und Psychotherapie, S. 1179–1227. Berlin, Heidelberg, New York, Barcelona, Tokio: Springer.

Katsuragi, S., Kunugi, H., Sano, A., Tsutsumi, T., Isogawa, K., Nanko, S., Akiyoshi, J. (1999): Association between serotonin transporter gene polymorphism and anxiety-related traits. In: Biol. Psychiatry 45, 368–370.

Kavanau, J. L. (1967): Behavior of white meeted mice. In: Science, 155.

Keck, M.E.; Thöringer, C.K. (2005): Angsterkranungen: Tiermodelle und Humangenetik. Psychoneuro 31/3, 139–144.

Kendler, K. S. (1996): Major depression and generalized anxiety disorders. Same genes, (partly) different environments – revisited. In: British J. Psychiatry 168/30, 262–272.

Kerényi, K. (1966/1992): Die Mythologie der Griechen. München: dtv.

Kernberg, O. F. (1967): Borderline Personality Organization. In: J. Amer. Psychoanal. Assoc. 15, 641–685.

– (1975/1983): Borderline-Störungen und pathologischer Narzißmus. Frankfurt am Main: Suhrkamp.

– (1984/1991): Schwere Persönlichkeitsstörungen. Theorie, Diagnose, Behandlungsstrategien. Originalausgabe (1984): Severe Personality Disorders. New Haven, London: Yale University Press. Deutsch (1991) Stuttgart: Klett-Cotta, 3. Auflage.

– (1989/1993): Psychodynamische Therapie bei Borderline-Patienten. Bern, Toronto, Göttingen, Seattle: Hans Huber.

– (Hrsg.) (1996/2001): Narzisstische Persönlichkeitsstörungen. Stuttgart, New York: Schattauer. Korrigierter Nachdruck 2001.

– (1997): Aggression, Trauma und Hass in der Behandlung von Borderline-Patienten. In: PTT/Persönlichkeitsstörungen 1, 15–23.

– (2000a): Borderline-Persönlichkeitsorganisation und Klassifikation der Persönlichkeitsstörungen. In: Kernberg, O. F., Dulz, B., Sachsse, U. (2000): Handbuch der Borderline-Störungen. Stuttgart, New York: Schattauer.

– (2000b): Wahrscheinlich werden in der nächsten Generation schwere Persönlichkeitsstörungen häufiger sein. Interview in: Psychotherapie im Dialog 4, 84–89.

– (2007): Psychodynamische Psychotherapie, Objektbeziehungen und Übertragung fokussierend. Vortrag gehalten am Borderline-Symposium Höhenried am 3.10.2007.

Kernberg, O. F., Dulz, B., Sachsse, U. (2000): Handbuch der Borderline-Störungen. Stuttgart, New York: Schattauer.

Kernberg, O. F., Dulz, B., Eckert, J. (Hrsg.) (2005): Wir: Psychotherapeuten über sich und ihren „unmöglichen" Beruf. Stuttgart, New York: Schattauer.

Kessler, R.C., Chiu, W.T., Demler, O. et al. (2005): Prevalence, severity, and co-morbidity of 12-months DSM-IV disorders in the National Comorbidity Survey Replication. In: Arch. Gen. Psychiatry 62, 617–627.

Keupp, H. (1994): Ambivalenzen postmoderner Identität. In: Beck, U., Beck-Gernsheim, E. (Hrsg.): Riskante Freiheiten. Frankfurt am Main: Suhrkamp, 336–350.

Khan, M. (1974/1977): Selbsterfahrung in der Therapie. München: Kindler.

Kielholz, P., Adams, C. (Hrsg.) (1989): Die Vielfalt von Angstzuständen. Köln: Deutscher Ärzte-Verlag.

Kierkegaard, S. (1844/1984): Der Begriff Angst. Europäische Verlagsanstalt (1995): Metzler Philosophen Lexikon, 2. Aufl. Stuttgart, Weimar: Metzler Verlag.

Kieslowski, K. (1988): Ein kurzer Film über das Töten (Dekalog 6).

Kind, J. (1992): Suizidal – Die Psychoökonomie einer Suche. Göttingen: Vandenhoeck & Ruprecht.

‚Klartext' (2007), Organ der Bundes-Kassenärztlichen Vereinigung (KBV), 1, 11.

Klein, M. (1931): Frühe Angstsituationen im Spiegel künstlerischer Darstellungen. In (1975): Ges. Schriften Bd. I. Stuttgart: frommann-holzboog, 397–407 .

– (1932): Die Psychoanalyse des Kindes. Wien: Internationaler Psychoanalytischer Verlag.

– (1957/1975): Neid und Dankbarkeit. Die Bedeutung früher Angstsituationen für die Ich-Entwicklung. In (1975): Ges. Schriften Bd. III. Stuttgart: frommann-holzboog, 279–368.

– (1997): Die Bedeutung früher Angstssituationen für die Ich-Entwicklung. In: Die Psychoanalyse des Kindes. Ges. Schriften, Bd. II. Stuttgart: frommann- holzboog, 185–247.

Klein, D. F. (1981): Anxiety reconceptualized. In: Klein, D. F., Rabkin, J. G. (1981): Anxiety: New research and changing concepts. New York: Raven Press.

Klußmann, R. (1998): Psychosomatische Medizin (4. Auflage). Berlin, Heidelberg, New York: Springer.

Knoblauch, H. (2007): Schizophrenie, Humangenetik und genetische Beratung. In: Der Nervenarzt 78/3, 243–252.

Köhler, Th. (1985/1989): Psychosomatische Krankheiten. Stuttgart, Berlin, Köln: Kohlhammer.

Köllner, V. (2007): Kognitive Verhaltenstherapie bei Angststörungen – alte Probleme und neue Entwicklungen. In: Ärztl. Psychotherapie und Psychosom. Medizin 2, S. 78–83.

Köllner, V., Kindermann, I. (2007): Somatische Abklärung bei Patienten mit Angststörungen. In: Ärztl. Psychotherapie und Psychosom. Medizin 2, S. 73–77.

König, K. (1986/2000): Angst und Persönlichkeit. Das Konzept vom steuernden Objekt und seine Anwendungen. Göttingen: Vandenhoeck & Ruprecht.

König, K., Tischtau-Schröter, R. (1992): Angst und Panik. In: Battegay, R., Glatzel, J., Pöldinger, W., Rauchfleisch, U. (1984/1992) (Hrsg.): Handwörterbuch der Psychiatrie. Stuttgart : Ferdinand Enke Verlag.

Koenigsberg, H. W. , Siever, L. J. (2000): Die Neurobiologie der Borderline- Persönlichkeitsstörung. In: Kernberg, O.; Dulz, B.; Sachsse, U. (2000): Handbuch der Borderline-Störungen. Stuttgart, New York: Schattauer, 207–216.

Koenigsberg, H. W., Kaplan, R. D., Gilmore, M. M., Cooper, A. M. (1985): The relationship between syndrome and personality disorder in DSM III: experience with 2462 patients. In: Amer. J. Psychiat. 142, 207–212.

Koestler, A. (1974/1976): The Heel of Achilles. Essays 1968–1976. London: Picador.

Kogan, I. (1995): The cry of mute children.: A psychoanalytic perspective of the second generation of the Holocaust. London: Free Association Books.

Kohut, H. (1966): Formen und Umformungen des Narzißmus. In: Psyche 20/II, 561–587.

Krejci, E. (1992): Einleitung. In: Bion, W. (1963/1992): Elemente der Psychoanalyse. Frankfurt am Main: Suhrkamp, S. 3–25.

Kress, G., Bihler, T. (2004): Die Entwicklung der visuellen Sprache – Erfahrungen aus der Maltherapie. In: Dyn. Psychiat. 37, 207–240.

– (2007): Die Arbeit mit Traumata in der Maltherapie – Ein Fallbericht. In: Dyn. Psychiat. 40, 69–100.

– (2008): Kreative Schritte aus dem Trauma. Ein Fallbeispiel aus der Maltherapie der Klinik Menterschwaige. In: Dyn. Psychiat. 41, 120–137.

Krohne, H. W. (1976): Theorien zur Angst. Stuttgart: Kohlhammer.

Kurosawa, A. (1952): ‚Ikiru' (Einmal wirklich leben) (Film).

Kutter, P. (2001): Affekt und Körper. Neue Akzente der Psychoanalyse. Göttingen: Vandenhoeck & Ruprecht.

Landgraf, R. (2003): Neurobiologie und Genetik der Angst im Tiermodell. Nervenarzt 74, S. 274–278.

Landsberg, P. L. (1937): Die Erfahrung des Todes. Luzern: Vita Nova.

Lang, H. (2007): Zwang und Anankastische Persönlichkeitsstörungen aus psychoanalytischer Sicht. In: Persönlichkeitsstörungen PTT 11, 87–97.

Lauer, D., Hölzel, L., Hornyak, M. (2006): Generalisierte Angststörung mit Komorbidität. Behandlung mit Pregabalin. In: Der Nervenarzt 77 (11), 1363–1367.

Leckman, J. F., Weißman, M. M., Merikangas, K., Pauls, D. L., Prusoff, B. A. (1983): Panic disorder and major depression. Increased risk of depression, aldoholism, panic, and phobic disorders in families of depressed probands with panic dosorder. In: Arch. Gen. Psychiat. 40, 1055–1060.

LeDoux, J. E. (1998): Das Gedächtnis für Angst. In: Güntürkün, O (Hrsg.): Biopsychologie. Heidelberg, Berlin, Oxford: Spektrum Akadem. Verlag 96–103.

Lempa, G., Böker, H. (1999): theorie und Therapie der schizophrenen Psychose aus psychoanalytischer Sicht. In: Psychotherapie 4, 98–106.

Lessing, D. (2007), Artikel, Süddeutsche Zeitung vom 9/10.12.2007, S. 13.

Leuzinger-Bohleber, M., Fischmann, T., Göppel, G., Läzer, K. L., Waldung, C. (2008): Störungen der frühen Affektregulation: Klinische und extraklinische Annäherungen an ADHS. In: Psyche 72 (7), 621–653.

Lévai, J. (1948): Raoul Wallenberg. Budapest: Magyar Téka.

Linehan, M. M. (1993/1996): Dialektisch-Behaviorale Therapie der Borderline- Persönlichkeitsstörung. München: CIP-Medien.

Linehan, M. M., Koerner, K. (1993): A behavioral theory of borderline personality disorder. In: Paris, J. (Hrsg.): Borderline Personality Disorder: Etiology and Treatment. Washington, D. C.: American Psychiatric Press, 103–121.

Lohmer, M. (1990): Stationäre Psychotherapie bei Borderlinestörungen. In: Janssen, P. L. (Hrsg.): Psychoanalytische Therapie der Borderlinestörungen. Berlin, Heidelberg, New York: Springer.

– (2002): Borderline-Therapie. Psychodynamik, Behandlungstechnik und therapeutische Settings. Stuttgart, New York: Schattauer.

Lorenzer, A. (1988): Freud: Die Natürlichkeit des Menschen un die Sozialität der Natur. In: Psyche 5, 426–438.

Luborski, L., McLellan, A. T., Diguer, L., Woody, G., Seligman, D. A. (1997): The psychotherapist matters. Comparison of outcome across twenty-two therapists and seven patient samples. In: Clin. Psychol. Sci. Pract. 4, 53–65.

Lundbeck (2005): Man braucht im Leben nichts zu fürchten. Ein Ratgeber für Menschen mit Angststörungen und deren Angehörige. Hamburg: Lundbeck GmbH.

– (2006): Dem Leben wieder in die Augen sehen! Ein Ratgeber für Menschen mit sozialer Phobie und deren Angehörige. Hamburg: Lundbeck GmbH.

– (2006): Souverän bleiben! Ein Ratgeber für Menschen mit Panikstörung und deren Angshörige. Hamburg: Lundbeck GmbH.

Marc Aurel (1977): Selbstbetrachtungen. Stuttgart: Reclam.

Malizia, A. L., Cunningham, V. J., Bell, C. J., Liddle, P. F., Jones, T., Nutt, D. J. (1998): Decreased brain GABA(A)-benzodiazepine receptor binding in panic disorder; preliminary results from a quantitative PET study. In: Arch. Gen. Psychiatry 55, 715–720.

Margraf, J., Ehlers, A. (2002): Beckangst-Inventar: BAI. Frankfurt a. M.: Swets & Zeitlinger B. V.

Marinoff, L. (1999/2005): Bei Sokrates auf der Couch. Philosophie als Medizin für die Seele. München: dtv.

Marks, I. (1969): Fears and Phobias. London: Heinemann Medical.

– (1997/1993): Ängste verstehen und bewältigen. Berlin, Heidelberg, New York: Springer.

Marty, P., de M'Uzan, M. (1963): La pensée opératoire. In : Rev. Franc. Psychanalyse 27 (Suppl.), 1345.

Maser, J., Cloninger, C. R. (1990) (Hrsg.): Comorbidity of mood and anxiety disorders. Washington, D. C.: APP.

Massing, A., Reich, G., Sperling, E. (1992/1994): Die Mehrgenerationen-Familientherapie, 3. Auflage. Göttingen: Vandenhoeck & Ruprecht.

Masterson, J. F. (1976): Psychotherapy of the Borderline Adult. A Developmental Approach. New York: Brunner & Mazel.

Masterson, J. F., Rinsley, D. B. (1975): The borderline syndrome: the role of the mother in the genesis and psychic structure of the borderline personality. In: Int. J. Psychoanal. 56, 163–177.

Matakas, F. 2008): Zur Behandelbarkeit der Schizophrenie. In: Psyche 62, S. 735- 770.

Medical Tribune (2008): ADHS: nur eine Modediagnose? Nr.2, April, S. 4.

Meng, H. (1934): Das Problem der Organpsychose. In: Int. Z. Psychoanal. 20, 439- 458.

Menninger, K. (1968): Das Leben als Balance. Seelische Gesundheit und Krankheit als Lebensprozeß. München: Piper Verlag.

Mentzos, S. (Hrsg.) (1984/1997): Angstneurose. Frankfurt a. M.: Fischer Verlag.

– (2000): Die psychotischen Symptome bei Borderline-Störungen. In: Kernberg, O. F., Dulz, B., Sachsse, U. (2000): Handbuch der Borderline-Störungen. Stuttgart, New York: Schattauer, S. 413–426.

Mentzos, S., Thomä, H. (2006): Können Psychogenese und Psychodynamik der Angstneurose auf eine Neidproblematik reduziert werden? In: Psyche 60/11, S. 1145- 1155.

Mertens, W. (1981/1992): Psychoanalyse. Stuttgart, Berlin, Köln: Kohlhammer.

– (1990/2000): Einführung in die psychoanalytische Therapie. Stuttgart, Berlin, Köln: Kohlhammer.

Mertens, W., Waldvogel, B. (2000): Handbuch psychoanalytischer Grundbegriffe. Stuttgart, Berlin, Köln: Kohlhammer. 2. Auflage 2002.

Metzler Philosophen Lexikon (1995). Stuttgart, Weimar: J.B. Metzler Verlag.

Meyer, G. (2005): Konzepte der Angst in der Psychoanalyse, 2 Bd. Frankfurt am Main: Brandes & Apsel.

Meyer, J. E. (1979/1982): Todesangst und das Todesbewußtsein der Gegenwart. Berlin, Heidelberg, New York: Springer.

Meyer-Groß, G., Zaudig, M. (2007): Orthorexia nervosa. In: Persönlichkeitsstörungen PTT 11, 131–139.

Milrod, B. L., Busch, F. N., Cooper, A. N., Shapiro, T. (1997): Manual of Panic- Focused Psychodynamic Psychotherapy. Washington: American Psychiatric Press.

Milrod, B., Leon, A. C., Busch, F., Rudden, M., Schwalberg, M., Clarkin, J., Aronson, A., Singer, M., Turchin, W., Klass, E. T., Graf, E., Teres, J. J., Shear, M. K. (2007): A randomized controlled clinical trial of psychoanalytic psychotherapy for panic disorder. In. Amer. J. Psychiatry 164, 265–272.

Möller, H. J. (Hrsg.) (1993): Therapie psychiatrischer Erkrankungen. Stuttgart: Enke.

Möller, H. J., Müller, W. E., Schmauß, M. (2006): Innovation und Wandel der antidepressiven Therapie in Deutschland. Stuttgart, New York: Thieme.

Montaigne, M. de (2006): Philosophieren heißt sterben lernen. In: Von der Freundschaft. München: Beck dtv, 3. Auflage.

Morris, D. (1967): The Naked Ape. Deutsch: Der nackte Affe. München, Zürich: Droemer/ Knaur.

Mueller, N., Schwarz, M. J. (2007): Immunologische Aspekte bei schizophrenen Störungen. In: Nervenarzt 78, 253–263.

De M'Uzan, M. (1974): Psychodynamic mechanisms in psychosomatic symptom. formation. In: Psychother. Psychosom. 23, 103–110.

Najavits, L. M. (2001): Helping ‚difficult‘ patients. In: Psychother. Research 11, 131–152.

Neave, A. (1978): Nuremberg. A personal record of the trial of the major Nazi war criminals in 1945–46. London, Glasgow, Toronto, Sidney, Auckland: Grafton Books.

Neumann, U. (2001): Platon. Hamburg: Rowohlt Taschenbuch.

Neumeister, A., Bain, E., Nugent, A. C., Carson, R. i., Bonne, O., Luckenbaugh, D. A., Eckelman, W., Herscovitch, P., Charney, D. S., Drevets, W. C. (2004): reduced serotonin type 1A receptor binding in Panic disorder. In: J-Neurosc. 24, 589–591.

Noyes, R., Hoehn-Saric, R. (1998): The anxiety disorders. Cambridge: Cambridge University Press.

Nuechterlein, K. H., Dawson, M. E. (1984): A heuristic vulnerability/stress model of schizophrenic episodes. In: Schizophr. Bull. 10, 300–312.

Öko-Test ‚Kompakt' Angst, Nr. 16, April 2008.

OPD2 – Operationalisierte Psychodynamische Diagnostik (2006) (Hrsg.: Arbeitskreis OPD). Bern: Hans Huber.

Orlinsky, D. E. (2006): Comments of the state of Psychotherapy research (as I see it). Paper versandt über das SPR-Netzwerk. (zit. b. Buchholz 2008, S. 15).

– (2008): Die nächsten 10 Jahre Psychotherapieforschung. Eine Kritik des herrschenden Forschungsparadigmas mit Korrekturvorschlägen. In: Psychother., Psychosom., Mediz. Psychol. 58 (9/10), 345–354.

Osada, A. (1951/1983): Kinder von Hiroshima. Japanische Kinder über den 6. August 1945. Frankfurt am Main: Röderberg.

Otto, R. (1963): Das Heilige. München: C. H. Beck.

Panksepp, J. (2003): Trennungsschmerz als mögliche Ursache für Panikattacken – neuropsychologische Überlegungen und Befunde. In: PPT- Persönlichkeitsstörungen 7, 245–252.

Panksepp, J., Harro, J. (2003): The future of neuropeptides in biological psychiatry and emotional psychopharmacology: Goals and strategies. In: Panksepp, J. (Hrsg.): Textbook of Biological Psychiatry. New York: Wiley.

Petri, H. (1987): Angst und Frieden. Psychoanalyse und gesellschaftliche Verantwortung. Frankfurt am Main: Fischer Taschenbuch Verlag.

Peurifoy, R. Z. (2007): Frei von Angst – ein Leben lang. Bern, Toronto, Göttingen, Seattle: Hans Huber.

Pfister, O. (1975): Das Christentum und die Angst. Zürich: Buchklub Ex Libris.

Plänkers, T. (2003): Veränderungen im psychoanalytischen Verständnis der Angst. In: Psyche 57/6, 487–522.

Platon (1973): Hauptwerke. Stuttgart: Kröner Verlag.

Pohl, J., Rock, W. (1979): Zwang. In: Ammon, G. (1979) (Hrsg.): Handbuch der Dynamischen Psychiatrie, Bd.I. München: Ernst Reinhardt.

Poliakov, L. (1955/1981): Histoire de l'antisémitisme. Paris : Calmann-Lévy.

Pollak, K. (1994/2007): Durch Begegnungen wachsen, München: Südwest Verlag.

– (2004): Wie im Himmel, Sonet Film, AB.

Propping, P. (1989): Psychiatrische Genetik. Berlin, Heidelberg, New York: Springer.

Pühl, H. (1988/2005): Angst in Gruppen und Institutionen. Berlin: Leutner.

Rachman, S. (1998/2000): Angst. Diagnose, Klassifikation und Therapie. Bern, Göttingen, Toronto, Seattle: Hans Huber.

Racker, H. (1968): Transference and Countertransference. New York: International Universities Press.

Raine, A. (1999): Murderous minds: Can we see the mark of Cain? In: Cerebrum 1, 15–30.

Rattner, J.; Danzer, G. (1997): Österreichische Literatur und Psychoanalyse. Salzburg: Königshausen & Neumann.

Reik, Th. (1926): Zur Psychoanalyse des jüdischen Witzes. In: Imago 12, 14–25.

Reininger, C., Eckert, J., Hautzinger, M., Wilke, E. (2007): Psychotherapie. Ein Lehrbuch für Ärzte und Psychologen. Heidelberg: Springer.

Reitz, G. (1986): Zur Integration des Humanstrukturellen Tanzes im gruppentherapeutischen Prozess. In: Dyn. Psychiat. 19, 353–366.

– (2001): Gruppendynamische Prozesse in der ambulanten humanstrukturellen Tanztherapie. In: Dyn. Psychiat. 34, 254–267.

Reitz, G., Rosky, T., Schmidts, R., Urspruch, I. (2005): Heilsame Bewegungen. Musik-, Tanz- und Theatertherapie. Darmstadt: Wissenschaftliche Buchgesellschaft.

Renner, T. J., Gerlach, M., Romanos, M., Herrmann, M., Reif, A., Fallgatter, A. J., Lesch, K.-P. (2008): Neurobiologie des Aufmerksamkeitsdefizit-/ Hyperaktivitätssyndroms. In: Der Nervenarzt 79 (7), 771–781.

Rensing, L., Koch, M., Rippe, B., Rippe, V. (2006): Mensch im Stress. Psyche, Körper, Moleküle. München: Elsevier – Spektrum Akademischer Verlag.

Rentsch, T. (2001) (Hrsg.): Martin Heidegger, Sein und Zeit. Berlin: Akademie Verlag.

Richter, H.-E., Beckmann, D. (1969/2004): Herzneurose. Gießen: Psychosozial-Verlag.

Riemann, F. (1961/2003): Grundformen der Angst. München, Basel: Ernst Reinhardt.

Rinsley, D. B. (1977): An object relations view of borderline personality. In: Hartocollis, P. (Hrsg.): Borderline Personality disorders. New York: International Universities Press, 47–70.

Rizzolatti, G., Craighero, L., Fadiga, L. (2003): The mirror system in humans. In: Stamenov, M., Gallese, V. (Hrsg.): Mirro neurons and the evolution of brain and language. Amsterdam: John Benjamins, S. 37–59.

Rockland, L. H. (1992): Supportive Therapy for Borderline Patients: A Psychodynamic Approach. New York: Guilford Press.

Röhling, G. (1979): Sucht. In: G. Ammon (Hrsg.): Handbuch der Dynamischen Psychiatrie, Bd. I. München: Ernst Reinhardt, 463–491.

Röhr, H.-P. (2006): Die Angst vor Zurückweisung. Hysterie verstehen. Düsseldorf: Walter Verlag.

Röhricht, F. (2000): Körperorientierte Psychotherapie psychischer Störungen. Göttingen, Bern, Toronto, Seattle: Hogrefe.

Romanos, M., Schwenck, C., Walitza, S. (2008): Diagnostik der Aufmerksamkeitsdefizit- und Hyperaktivitätsstörung im Kindes- und Jugendalter. In: Der Nervenarzt 79 (7), 782–790.

Rosen, J. N. (1962): Direct Psychoanalytic Psychiatry. New York, London: Grune & Stratton. Dtsch.: Psychotherapie der Psychosen, 1964. Stuttgart: Hippokrates.

Rosenfeld, H. (1981): Zur Psychopathologie und psychoanalytischen Behandlung einiger Borderline-Patienten. In: Psyche 35, 338–352.

Rotenberg, V. (1993): Richness against freedom: Two hemisphere functions and the problem of creativity. In: Europ. J. High Ability 4, 11–19.

Roth, G. (1994/1997): Das Gehirn und seine Wirklichkeit. Kognitive Neurobiologie und ihre philosophischen Konsequenzen. Frankfurt am Main: Suhrkamp.

– (2007): Neurobiologie der Psyche. Vortrag gehalten am Borderline-Symposium Höhenried am 3 Oktober 2007.

Roth, M. (1959): The phobic anxiety-depresonalization syndrome. In: Proc. Royal Soc. Med. 52, 587–595.

Rudolf, G. (2004): Strukturbezogene Psychotherapie. Stuttgart: Schattauer Verlag.

Rüegg, J. C. (2001/2007): Gehirn, Psyche und Körper. Neurobiologie von Psychosomatik und Psychotherapie. Stuttgart, New York: Schattauer.

– (2005): Neurophysiologie von Gefühlen und Regungen: Angst und Panik. In: Balint 6, 10–13.

Ruppert, S., Zaudig, M., Konermann, J. (2007): Zur Frage der Komorbidität von Zwangsstörung und Zwanghafter Persönlichkeitsstörung. In: Persönlichkeitsstörungen PTT 11, 98–110.

Sable, P. (1994): Separation anxiety, attachment and agoraphobia. In: Clin. Social Work J. 22 (4), 369–383.

Sandler, A. M. (1981): Frühkindliches Erleben und Psychopathologie der Erwachsenen. In: Psyche 35, 305–318.

Sartre, J.-P. (1962): Der Aufschub. Reinbek bei Hamburg: Rowohlt Taschenbuch. Franz.: Le sursis. Paris: Gallimard.

Schacht, L. (2003): Die früheste Kindheitsentwicklung und ihre Störungen aus der Sicht Winnicotts. In: Uexküll, Th. v.: Psychosomatische Medizin. Modelle ärztlichen Denkens und Handelns. 6. Auflage, München, Jena: Urban & Fischer.

Schachter, F. F. (1985): Sibling Deidentification in the Clinic; Devils vs. Angels. In: Family Process 24, 415–427.

Scharfetter, C. (1990): Schizophrene Menschen. München: Psychologie Verlags Union, Urban & Schwarzenberg.

Scheibe, G., Tress, W., Reister, G. (1997): Psychoanalytische Modellvorstellungen und die DSM-IV-Klassifikation von Angststörungen. Widerspruch oder Ergänzung? In: Z. Psychosom. Med. 43, 138–152.

Schepank, H. (1974): Erb- und Umweltfaktoren bei Neurosen. Tiefenpsychologische Untersuchungen an 50 Zwillingspaaren. Berlin, Heidelberg, New York: Springer.

– (1996): Zwillingsschicksale. Verlauf psychogener Erkrankungen bei hundert Zwillingen über drei Jahrzehnte. In: Z. Psychosom. Med. Psychoanal. 42, 312- 328.

– (2003): Vererbung und Umwelt. In: Uexküll, Th. v. (Hrsg.): Psychosomatische Medizin. Modelle ärztlichen Denkens und Handelns. 6. Auflage, München, Jena: Urban & Fischer, 107–113.

Schibalski, W. (1978): Formen des therapeutischen Mitagierens und seine strukturelle Bedeutung. In: Dyn. Psychiat. 11, 252–265.

Schiffelholz, T., Aldenhoff, J. (2001): Neuronale Plastizität – das Geheimnis der Gedächtnisbildung? In: Nervenheilkunde 20, 189–193.

Schmauß, M., Messer, T. (2006): Angsterkrankungen. In: Psychiatrische Erkrankungen. In: Therapietabellen 32, 9–14.

Schmid, W. (2007): Glück. Frankfurt am Münster, Leipzig: Insel.

Schmidt-Traub, S. (2005): Angst bewältigen. Berlin: Springer.

Schmidts, R. (1994): Musiktherapie in der Dynamischen Psychiatrie. In: Dyn. Psychiat. 27, 220–231.

– (2005): Musik als Welt-, Fremd- und Selbsterfahrung. In: Reitz, G., Rosky, T., Schmidts, R., Urspruch, I. (2005): Heilsame Bewegungen. Musik-, Tanz- und Theatertherapie. Darmstadt: Wissenschaftliche Buchgesellschaft, 15–36.

Schmidts, R., Fabian, E. (1998): Indications and therapeutic effect of humanstructural inpatient music therapy. In: Dyn. Psychiat. 31, 109–118.

Schmitz, H. (2000): Die Verwaltung der Gefühle in Theorie, Macht und Fantasie. In: Benthien, C., Fleig, A., Kasten, I. (Hrsg.): emotionalität: Zur Geschichte der Gefühle. Weimar, Wien: Böhlaus.

Schmolke, M. (1988): Der Identitätsbegriff bei Ammon – ein Vergleich mit anderen psychologischen Schulen. In: Dyn. Psychiat. 21, 313–325.

Schneider, K. (1923/1950): Die Psychopathischen Persönlichkeiten. Wien: Franz Deuticke.

– (1950/1971): Klinische Psychopathologie. Stuttgart: G. Thieme.

Schonecke, O. W., Herrmann, J. M. (2003): Psychophysiologie. In: Uexküll, T. v. (Hrsg.): Psychosomatische Medizin. Modelle ärztlichen Denkens und Handelns. München, Jena: Urban & Fischer Verlag, 175–208.

Schürmann, A. (1949): Observation of a phobia. In: Psychoanal. Study of the Child 3/4, 253–270.

Schüßler, G. (2002): Ergänzungsreihe. In: Mertens, W., Waldvogel, B. (Hrsg.): Handbuch psychoanalytischer Grundbegriffe. Stuttgart, Berlin, Köln: Kohlhammer, 165–166.

Schulte, W. (1961): Angstsyndrome. In: Monatskurse f. ärztl. Fortbildung 11, 586.

Schultz-Hencke, H. (1940/1969): Der gehemmte Mensch. Entwurf eines Lehrbuchs der Neo-Psychoanalyse. Stuttgart: Thieme.

– (1951): Lehrbuch der analytischen Psychotherapie. Stuttgart: Thieme.

Schwab, E. (1963): Angstbewältigung durch geduldete Aggressivität. Aus der Behandlung einer kindlichen Neurose. In: Institut für Psychotherapie und Tiefenpsychologie Stuttgart: Angst und Aggression. Stuttgart: Ernst Klett.

Schwarz, U. (1959): Die Angst in der Politik. In: Die Angst, Studien aus dem C. G. Jung-Institut, Zürich.

SCL-90-R (2002) (die Symptom-Checkliste von Derogatis, deutsche Version). Göttingen: Hogrefe.

Searles, H. F. (1960): The Nonhuman Environment in Normal Development and in Schizophrenia. New York: International Universities Press.

– (1965/1974): Der psychoanalytische Beitrag zur Schizophrenieforschung. Collected Papers on Schizophrenia and Related Subjects. München: Kindler.

Sèchehaye, M.-A. (1951): Autobiography of a Schizophrenic Girl. New York: Grune & Stratton.

Seligman, M. E. P. (1975): Helplessness. On Depression, Development and Death. Dtsch.: Erlernte Hilflosigkeit. Weinheim: Psychologie-Verlags-Union.

Senf, W., Broda, M. (Hrsg.) (1996/2007): Praxis der Psychotherapie. Ein integratives Lehrbuch. Stuttgart, New York: Thieme.

Sharma, T. (1999) in: Schizophrenie – eine progressive Erkrankung? In: Psychiatrie und Dialog 4, S. 16.

Shear, M.K., Cooper, A.M., Klerman, G.L., Busch, F.N., Shapiro, T. (1993): A psychodynamic model of panic disorder. In: Am. J. Psychiatry 150/6, 859–866.

Sheehan, D., Ballenger, J., Jacobsen, G. (1980): Treatment of endogenous anxiety with phobic, hysterical and hypochondriacal symptoms. In: Arch. Gen. Psychiat. 37, 51–59.

Sifneos, P. E. (1972): Short-term psychotherapy and emotional crisis. Cambridge, Mass.: Harvard Univ. Press.

Skácel, J. (1957/1991): Fährgeld für Charon. Gifkendorf: Merlin.

Sloterdijk, P. (2006): Zorn und Zeit. Frankfurt am Main: Suhrkamp.

Snaith, R. P. (1968): A clinical investigation of phobias. In: Brit. J. Psychiat. 114, 673–698.

Solomon, J., George, C. (1999): The place of disorganization in attachment theory: Linking classic observations with contemporary findings. In: Solomon, J., George, C. (Hrsg.): Attachment disorganization. New York: Guilford, 3–32.

Sperling, M. (1952): Animal phobias in a two-year-old child. In: Psychoanal. Study of the Child 7, 115–125.

Spielberg, S. (1993): Schindlers Liste, Film.

Spillius, E. B. (Hrsg.) (1988): Melanie Klein heute. Entwicklungen in Theorie und Praxis. Stuttgart: Verlag Intern. Psychoanal., 2 Bände.

Spinoza, B. de (1927): The Philosophy of Spinoza. New York: The Modern Library.

Staufenberg, H. (2008): Bewegung und Bedeutung. Aus einer psychoanalytisch- psychotherapeutischen Behandlung eines so genannten „ADHS-Kindes". In: Psyche 62 (7), 654–672.

Stephan, I. (1992): Die Gründerinnen der Psychoanalyse. Eine Entmythologisierung Sigmund Freuds in zwölf Frauenportraits. Stuttgart: Kreuz.

Stern, A. (1938): Psychoanalytic Investigation of and therapy in the border line group of neuroses. In: Psychoanal. Quarterly 7, 476–489.

Stern, D. (1992): Die Lebenserfahrung des Säuglings. Stuttgart: Klett-Cotta.

Stone, M. H. (1996): Langzeitanamnese von narzißtischen und Borderline- Patienten. In: Kernberg, O. F. (Hrsg.) (1996/2001): Narzisstische Persönlichkeitsstörungen. Stuttgart, New York: Schattauer. Korrigierter Nachdruck 2001, 131–154.

Störig, H.J. (1950/1993): Kleine Weltgeschichte der Philosophie. Frankfurt am Main: Fischer Taschenbuch Verlag.

Strauß, B. (2005): Über Unehrlichkeit in der Forschung. In: Kernberg, O. F., Dulz, B., Eckert, J.: Wir Psychotherapeuten. Stuttgart, New York: Schattauer, S. 327–337.

Streeck, U. (2000): Diagnose Persönlichkeitsstörung: zum Verlust der interpersonellen Dimension im medizinischen Krankheitsmodell. In: Kernberg, O. F., Dulz, B., Sachsse, U. (2000): Handbuch der Borderline-Störungen. Stuttgart, New York: Schattauer, 99–113.

– (2007): Psychotherapie komplexer Persönlichkeitsstörungen. Grundlagen der psychoanalytisch-interaktionellen Methode. Stuttgart: Klett-Cotta.

Strian, F. (1986): Psychophysiologische Differenzierung von Angst und Depression. In: Helmchen, H., Linden, M. (Hrsg.): Die Differenzierung von Angst und Depression. Berlin, Heidelberg, New York: Springer.

– (1995/2003): Angst und Angstkrankheiten. München: C. H. Beck.

Ströhle, A. (2003): Die Neuroendokrinologie von Stress und die Pathophysiologie und Therapie von Depression und Angst. In: Der Nervenarzt 74/3, 279–291.

Sullivan, H. S. (1948): The meaning of anxiety in psychiatry and in life. In: Psychiatry 11, S. 1–13.

– (1953/1980): Die interpersonale Theorie der Psychiatrie. Frankfurt am Main: S. Fischer.

– (1962): Schizophrenia as a Human Process. New York: W. W. Norton.

Swartz, M., Blaser, D., George, L., Winfield, I. (1994): Estimating the prevalence of borderline personality disorder in the community. In: J. Person. Disord. 4, 257–272.

Tati, Jacques (1958): Mon oncle. Film.

Taureck, B. H. F. (1997): Emmanuel Lévinas zur Einführung. Hamburg: Junius.

Therapietabellen Psychiatrie Sonderdruck 25, 2004, 3. Auflage. Gauting: Westermayer Verlag.

Thomä, H. (1995): Über die psychoanalytische Theorie und Therapie neurotischer Ängste. In: Psyche 49, 1043–1067.

Tillich, P. (1991): Der Mut zum Sein. Berlin, New York: de Gruyter.

Todorov, T. (1998): Abenteuer des Zusammenlebens. Versuch einer allgemeinen Anthropologie. Frankfurt am Main: Fischer.

Tölle, R. (1982): Psychiatrie. Sechste Auflage. Berlin, Heidelberg, New York: Springer.

Torgensen, S. (2000): Genetische Aspekte bei Borderline-Störungen. In: Kernberg, O.; Dulz, B.; Sachsse, U. (2000): Handbuch der Borderline-Störungen. Stuttgart, New York: Schattauer.

Trautmann-Sponsel, R. D., Toninschek, I., Zaudig, M. (2003): Differentielle Diagnostik und Verhaltenstherapie von Ängsten bei Persönlichkeitsstörungen. In: PPT-Persönlichkeitsstörungen 7, 211–222.

Trautmann-Voigt, S., Voigt, B. (2001/2007): Körpertherapeutische Interventionen im psychotherapeutischen Setting. In: Wöller, W., Kruse, J. (2001/2007): Tiefenpsychologisch fundierte Psychotherapie. Basisbuch und Praxisleitfaden. Stuttgart, New York: Schattauer, S. 376–386.

Trencsényi-Waldapfel, Trencsényi-Waldapfel, I. (1968/1989): Die Töchter der Erinnerung. Götter- und Heldensagen der Griechen und Römer. Berlin: Rütten & Loening.

Tress, W., Wöller, W., Hartkamp, N., Langenbach, M., Ott, J. (2002): Persönlichkeitsstörungen. Leitlinie und Quellentext. Stuttgart, New York: Schattauer.

Tretter, F. (2007): Materialistische Menschenbilder in der Medizin und der Bedarf an Philosophie. In: Bayerisches Ärzteblatt 62/2, S. 99.

Tschuschke, V. (2008): Was hat die Seele mit Krebs zu tun? II. Informationstag Bonn (Internet).

Tweed, J.L., Schoenbach, J.J., George, L.K. et al. (1989): The effects of childhood parental death and divorce on six-month history of anxiety disorders. In: Br. J. Psychiatry 154, 823–828.

Twenge, J. M. (2000): The age of anxiety? Birth cohort change in anxiety and neuroticism 1952–1993. In: J. of Personality and Social Psychology 79, 1007- 1021.

Tyrer, P. (1986): Classification of anxiety disorders: A critique of DSM-III. In: J. Affect. Dis. 11, 99–104.

Uexküll, Th. v. (Hrsg.) (1981): Lehrbuch der Psychosomatischen Medizin, 2. Auflage. München, Wien, Baltimore: Urban & Schwarzenberg.

– (2003) (Hrsg.): Psychosomatische Medizin. Modelle ärztlichen Denkens und Handelns. 6. Auflage, München, Jena: Urban & Fischer.

Urspruch, I. (1993): Theatertherapie – eine milieutherapeutische Erweiterung ambulanter Psychotherapie. In: Dyn. Psychiat. 26, 73–89.

– (2005): Psychoanalytische Theatertherapie. In: Reitz, G., Rosky, T., Schmidts, R., Urspruch, I. (2005): Heilsame Bewegungen. Musik-, Tanz- und Theatertherapie. Darmstadt: Wissenschaftliche Buchgesellschaft, 94–158.

Vogel, H. (1975): Die klinische Testuntersuchung als soziale Interaktion und die Interferenz zwischen Diagnostik und Therapie. In: Schraml, W. J., Baumann, U.: Klinische Psychologie I, Theorie und Praxis. Bern, Stuttgart: Hans Huber.

Volz, H.-P. (2007): Medikamentöse Therapie der Angsterkrankungen. In: Ärztl. Psychotherapie und Psychosom. Medizin 2, S. 69–70.

Waelder, R. (1970): Hemmung, Symptom und Angst – vierzig Jahre später. In: Psyche 24/I, S. 87–100.

Wampold, B. E. (2001): The Great Psychotherapy Debate. Models, Methods and Findings. Mahwah, N. J., London: Lawrence Earlbaum Associates.

Warnke, A., Hemminger, U., Wewetzer, C. (2001): Angststörungen und Depressionen bei Kindern und Jugendlichen. In: Freisleder, F. J., Schlamp, D., Naber, G. (Hrsg.): Depression, Angst, Suizidalität. Affektive Störungen im Kindes- und Jugendalter. München, Bern, Wien, New York: W. Zuckschwerdt.

Weiner, H., Fawzy, I. F. (1989): An integrative model of health, disease, and illness. In: Cheren, S. (1989): Psychosomatic Medicine. Theory, Physiology, and Practice. Madison, Conn.: International Universities Press.

Weischedel, W. (1966/1975): Über Philosophen. Esslingen: Robugen GmbH.

Weizsäcker, V. v. (1949): Psychosomatische Medizin. In: Psyche 3, 331–341.

Wilke, E. (2007): Körperorientierte Therapien. In: Reininger, C., Eckert, J., Hautzinger, M., Wilke, E. (2007): Psychotherapie. Ein Lehrbuch für Ärzte und Psychologen. Heidelberg: Springer, S. 378–388.

Will, H., Grabenstedt, Y., Völkl, G., Banck, G. (1998): Depression. Psychodynamik und Therapie. Stuttgart, Berlin, Köln: W. Kohlhammer.

Winnicott, D. W. (1948): Paediatrics and psychiatry. In: Collected Papers: Through Paediatrics to Psycho-Analysis. London: Tavistock.

– (1969/1980): Kind, Familie und Umwelt. München, Basel: Ernst Reinhardt.

– (1970): The mother-infant experience of mutuality. In: Benedek, E. J. A., Benedek, T. (Hrsg.): Parenthood: Its Psychology and Psychopathology. Boston: Little, Brown & Co.

– (1971): Playing and Reality. Dtsch. 2002: Vom Spiel zur Kreativität, 10. Auflage. Stuttgart: Klett-Cotta Verlag.

– (1984/1992): Aggression. 2. Auflage. Stuttgart: Klett-Cotta.

– (1990): Der Anfang ist unsere Heimat: Essays zur gesellschaftlichen Entwicklung des Individuums. Stuttgart: Klett-Cotta.

Wittchen, H.-U., Schulte, D. (1988): Diagnostische Kriterien und operationalisierte Diagnosen. Grundlagen der Klassifikation psychischer Störungen. In: Diagnostica 34, 3–27.

Witzleben, I. v., Schwarz, A. A. (2004): Frei von Angst und Panik. Neue Auflage (2007): Endlich frei von Angst. München: Gräfe & Unzer.

Wöller, W., Kruse, J. (2001/2007): Tiefenpsychologisch fundierte Psychotherapie. Basisbuch und Praxisleitfaden. Stuttgart, New York: Schattauer.

Wolf, K. (2006): CME Schizophrenie und Bipolare Störungen. Emotionen bei schizophrenen Patienten. Stuttgart: Thieme Verlag, Neuss: Janssen-Cilag.

Wolberg, A. R. (1973): The Borderline Patient. New York: Intercontinental Medical Book Corp.

Wormer, H. (2003): Aber die Ergebnisse stimmen trotzdem – eine kleine Typologie forschender Fälscherpersönlichkeiten. Süddeutsche Zeitung, 10.6.2003.

Wurmser, L. (2001): Therapeutische Ansätze bei schweren psychischen Störungen in der Psychoanalyse. In: Dammann, G., Janssen, P. (Hrsg.) (2001): Psychotherapie der Borderline-Störungen. Stuttgart, New York: Thieme, S. 14–31.

Yalom, I. D. (2008): In die Sonne schauen. Wie man die Angst vor dem Tod überwindet. München: Random House/btb.

Zetzel, E. (1961): Zum Krankheitsbild der Depression. In: Psyche XIV, S. 641–650.

– (1974): Die Fähigkeit zu emotionalem Wachstum. Stuttgart: Klett.

Ziolko, H. U. (1970): Halluzinationen und Neurose. In: Psyche 24, 40–56.

Zorn, F. (1977): Mars. München: Kindler.

Zubin, J., Spring, B. (1977): Vulnerability – a new view of schizophrenia. In: J. Abnorm. Psychol. 86, 103–126.

Zulliger, H. (1966): Die Angst unserer Kinder. Stuttgart: Ernst Klett Verlag.

Zwanzger, P., Deckert, J. (2007): Angsterkrankungen. Ursachen, Klinik, Therapie. In: Der Nervenarzt 78/3, S. 349–359.

Zweig, S. (1944/2002): Die Welt von Gestern. Frankfurt am Main: Fischer Taschenbuch Verlag.

– (1912/2005): Angst. 15. Auflage. Frankfurt am Main: Fischer Verlag.